經濟學

滿分總複習（上）

編輯大意

一、 本書根據民國107年教育部發布之十二年國民基本教育技術型高級中等學校群科課程綱要－商業與管理群「經濟學」學習內容編寫而成。

二、 本書內容與「技專校院入學測驗中心」公布的統測考試範圍相同，可供商業與管理群同學作為高二課堂複習及高三升學應試使用。

三、 本書分為上下冊共十九章，上冊十章、下冊九章。

四、 本書已彙整所有審定課本之重點，並將重點文字套上**粗藍色**或**粗黑色**，套粗藍色文字最重要、次之為套粗黑色文字，以幫助同學明確掌握考試重點及命題趨勢。

五、 本書各章均具有下列特色：

　1. **本章學習重點**：列出每章的章節架構，與該章節的統測常考重點。

　2. **統測命題分析**：分析各章歷年統測的命題比重。

　3. 「114」：於統測曾經出題之主題處標示考試年份。
　　　（例如：114表示為114年統測考題）

　4. **黃金5秒鐘**：明確指出考試的重點。

　5. **記憶要訣**：強化對重要內容的記憶。

　6. **教學範例**：提供例題解析，加強對該主題的理解。

　7. **練習一下**：提供類題練習，增進對該主題的熟悉度。

　8. **學以致用**：節末試題，供學生分節練習之用。

　9. **滿分印鑑**：章末試題，供學生統整練習之用。

　10. **進階挑戰題**：切合統測趨勢提供難度較高之題目，供學生斟酌自主練習之用。

　11. **情境素養題**：切合統測趨勢提供情境試題，供學生練習之用。

　12. **統測臨摹**：整合近年統測試題，供學生練習之用。

六、 為提升本書之品質，作者在編寫過程中已向多位資深教師請益並力求精進；倘若本書內容仍有未盡完善之處，尚祈各界先進不吝指賜教，以做為改進之參考。

編者 謹誌

考試重點在這裡

一、經濟學的統測題目大致可分為五種類型，針對這五種題型的準備方式如下：

1. **基本觀念題**：以經濟學的各種專有名詞、原理的基本概念為主，同學只要掌握各章的主題重點、**充分記憶各項定義**，並從定義去思考，即可獲得基本分數。

2. **綜合比較題**：主要是測驗學生的綜合分析判斷能力，同學可在詳讀各章重點之後，多加**研讀本書中的比較表**，以利獲取高分。

3. **圖形理解題**：經濟學中很多重要的理論都可用圖形來表示，因此須**具備繪製與解析經濟圖形的能力**。

4. **公式計算題**：此類型的題目通常套用公式即可正確作答，同學只要**熟記公式，反覆練習**常考範圍的題目，便可有效得分。

5. **素養導向題（實務導向題）**：亦稱「情境素養題」。經濟學非常貼近生活，加上近年來積極推廣所學內容能夠「務實致用」，因此越來越多將**時事情境融入題目**的素養導向題，學生必須根據情境敘述，結合所學之相關概念，方能判斷出正確答案。

    如有跨領域之素養導向題組，同學可將題組中各小題視為單一學科之個別題目，針對經濟學之個別題目，解題技巧與上述相同。

二、近年來統測出題比重如下圖所示。

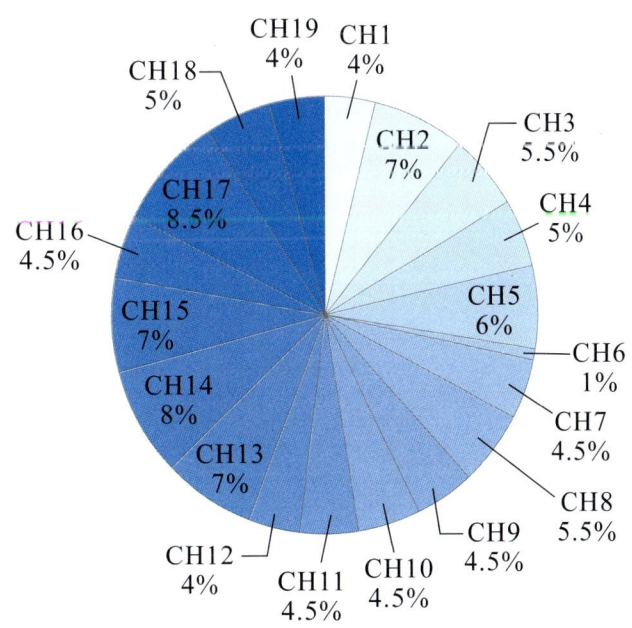

114年統一入學測驗 經濟學 試題分析

一、出題範圍

今年經濟學共出25題，各題均在108課綱範圍之內，其中：

1. 題目設計貼近生活經驗，輔以圖形、數學函數、表格、理論應用及公式計算，著重專業能力的測度，情境事件描述的文字複雜度較少。
2. 題目難易度適中，有15題為「**下列何者正確／錯誤**」之題目，考生可運用經濟知識應用於身邊的實例，將生活經驗與所學知識作連結，即可順利作答。
3. 連續4年設計有**跨科題組題**，符合108課綱實務導向題命題方向。

本次出題內容，旗立的課本、參考書、測驗卷**完全命中**！針對這些題目，同學只要熟讀旗立經濟學課本及參考書且仔細答題，應可獲得高分。

二、難易度／題型分析

1. 簡單題14題（56%），中等題9題（占36%），難題2題（占8%）。
2. 今年試題的高標預估會在92分上下，低標預估在88分左右。
3. **基本觀念題**共15題（占60%），綜合比較題5題（20%），計算題5題（20%），其中有3題圖形題、4題表格題。

三、配分比例

經濟學共19章，今年上冊共出12題，下冊出13題，第6章未出題。各章命題題數與比重如下：

章次	章名	題數	比重	章次	章名	題數	比重
1	經濟基本概念	1	4%	11	工資與地租	1	4%
2	需求與供給	3	12%	12	利息與利潤	1	4%
3	消費行為理論	1	4%	13	國民所得	1	4%
4	生產理論	1	4%	14	所得水準的決定	2	8%
5	成本理論	1	4%	15	貨幣與金融	2	8%
6	市場結構與廠商收益	0	0%	16	政府	1	4%
7	完全競爭市場產量與價格的決定	1	4%	17	國際貿易與國際金融	2	8%
8	獨占市場產量與價格的決定	2	8%	18	經濟波動	1	4%
9	不完全競爭市場產量與價格的決定	1	4%	19	經濟成長與經濟發展	2	8%
10	分配理論	1	4%				

總題數：25題，共計100%

114年統一入學測驗 經濟學 各章出題重點

上冊		下冊	
章	出 題 重 點	章	出 題 重 點
CH1 經濟基本概念	• 經濟學的種類 • 生產可能曲線	CH11 工資與地租	• 地價的計算
CH2 需求與供給	• 供給函數 • 供給點彈性 • 供需變動對均衡價格的影響	CH12 利息與利潤	• 利潤學說
CH3 消費行為理論	• 消費者剩餘	CH13 國民所得	• 經濟福利指標
CH4 生產理論	• 生產三階段	CH14 所得水準的決定	• 均衡所得的計算 • 投資乘數
CH5 成本理論	• 長期平均成本的變動判斷	CH15 貨幣與金融	• 貨幣政策 • 現金交易說
CH6 市場結構與廠商收益	—	CH16政府	• 市場失靈與政府對策 • 代理問題
CH7 完全競爭市場產量與價格的決定	• 完全競爭廠商的短期均衡分析	CH17 國際貿易與國際金融	• 絕對利益與比較利益 • 國際貿易理論
CH8 獨占市場產量與價格的決定	• 獨占廠商的短期均衡分析 • 獨占廠商的訂價策略	CH18 經濟波動	• 景氣動向指標涵蓋的項目
CH9 不完全競爭市場產量與價格的決定	• 寡占市場的訂價方法	CH19 經濟成長與經濟發展	• 經濟成長與自然生態
CH10 分配理論	• 邊際生產力理論		

目 錄

CH1 經濟基本概念

- 1-1 經濟學的概念 1-2
- 1-2 經濟學的成立與演進 1-5
- 1-3 經濟學的種類與研究方法 1-13
- 1-4 經濟資源的配置 1-16
- 1-5 經濟體系與經濟制度簡介 1-24

CH2 需求與供給

- 2-1 需求 2-2
- 2-2 需求彈性 2-12
- 2-3 供給 2-20
- 2-4 供給彈性 2-29
- 2-5 市場均衡與價格機能 2-34
- 2-6 政府對市場價格的干涉 2-40

CH3 消費行為理論

- 3-1 慾望與消費 3-2
- 3-2 效用的意義與法則 3-4
- 3-3 消費者最大滿足的決策 3-8
- 3-4 消費者剩餘 3-16
- 3-5 家庭消費定律 3-20
- 3-6 消費者主權及消費者保護運動 3-21

CH4 生產理論

- 4-1 生產的一般概念 4-2
- 4-2 生產者剩餘 4-3
- 4-3 生產函數 4-7
- 4-4 短期產量分析 4-8
- 4-5 生產三階段 4-14
- 4-6 人口論 4-15

CH5 成本理論

5-1 成本與利潤的觀念 5-2

5-2 短期成本分析 5-6

5-3 長期成本分析 5-16

CH6 市場結構與廠商收益

6-1 市場結構的類型與特徵 6-2

6-2 四種廠商的需求曲線與收益情形 ... 6-10

CH7 完全競爭市場產量與價格的決定

7-1 完全競爭廠商的短期均衡 7-2

7-2 完全競爭廠商的長期均衡 7-10

7-3 完全競爭市場的評論 7-12

CH8 獨占市場產量與價格的決定

8-1 獨占廠商的短期均衡 8-2

8-2 獨占廠商的長期均衡 8-5

8-3 獨占廠商的訂價策略 8-8

8-4 獨占市場的評論 8-13

CH9 不完全競爭市場產量與價格的決定

9-1 獨占性競爭市場產量與價格的決定 9-2

9-2 寡占市場產量與價格的決定 9-7

CH10 分配理論

10-1 所得分配的基本概念 10-2

10-2 所得分配不均度的測量 10-3

10-3 所得分配與社會福利 10-5

10-4 生產要素需求的特性及其決定因素 10-8

10-5 生產要素分配理論 10-9

素養導向題（實務導向題）示例 ... 素養-2

114年統一入學測驗試題 114-1

經濟學　滿分總複習（上）

編 著 者	旗立財經研究室
出 版 者	旗立資訊股份有限公司

住　　　　址	台北市忠孝東路一段 83 號
電　　　　話	(02)2322-4846
傳　　　　真	(02)2322-4852
劃 撥 帳 號	18784411
帳　　　　戶	旗立資訊股份有限公司
網　　　　址	https://www.fisp.com.tw
電 子 郵 件	school@mail.fisp.com.tw
出 版 日 期	2021/05 月初版
	2025/05 月五版
I S B N	978-986-385-394-7

光碟、紙張用得少
你我讓地球更美好

國家圖書館出版品預行編目資料

經濟學滿分總複習/旗立財經研究室編著. -- 五版.
-- 臺北市：旗立資訊股份有限公司, 2025.05-
　冊；　公分
　ISBN 978-986-385-394-7(上冊：平裝)

1.CST: 經濟學 2.CST: 商業教育 3.CST: 技職教育

528.8353　　　　　　　　　　　114005637

Printed in Taiwan

※著作權所有，翻印必究

※本書如有缺頁或裝訂錯誤，請寄回更換

大專院校訂購旗立叢書，請與總經銷
旗標科技股份有限公司聯絡：
住址：台北市杭州南路一段15-1號19樓
電話：(02)2396-3257
傳真：(02)2321-2545

CH 1 經濟基本概念

本章學習重點

114年統測重點
經濟學的種類、生產可能曲線

節名	必考重點	
1-1 經濟學的概念　最常考「古典學派」	• 經濟問題產生的原因 • 財貨的意義與種類	★★★★☆
1-2 經濟學的成立與演進	• 經濟學派的代表學者與基本理論	★★★☆☆
1-3 經濟學的種類與研究方法	• 經濟學的種類區分 • 經濟學的研究方法	★☆☆☆☆
1-4 經濟資源的配置　約2年考1次	• 機會成本的概念 • 生產可能曲線	★★★★★
1-5 經濟體系與經濟制度簡介	• 經濟體系構成要素 • 各種經濟制度	★☆☆☆☆

統測命題分析

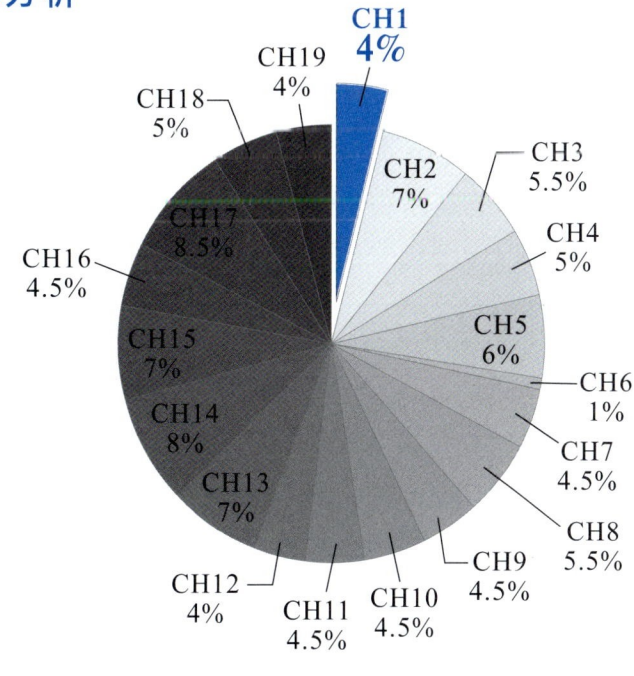

1-1 經濟學的概念

一、經濟概述

項目	說明
經濟	人類為滿足慾望，付出代價取得生活資源的一切謀生活動
經濟行為	人們付出代價（有償）取得並利用各種資源，以滿足慾望的一切行為
經濟原則	以既定的代價獲得最大的滿足，或以最小的代價獲得既定的滿足
經濟學	1. 是一門研究人類經濟行為的社會科學，也是一門選擇的科學 2. 是研究如何選擇具有多種不同用途的有限資源來生產財貨，以使人類的慾望獲得滿足

二、經濟問題發生的原因 109

原因	說明
資源稀少性 （資源有限）	1.「資源的數量」相對於「人類無窮的慾望」，顯得有限，亦即： 資源有限 + 慾望無窮 = 稀少性（兩項條件必須同時符合） 2. 為經濟問題發生的最主要原因 3. 稀少性不等於貧窮：稀少性是「相對」的概念；貧窮是指無法達到基本生活所需，是「絕對」的概念。
資源具有 多種用途	若將資源（如雞蛋）用於某一用途（如煎荷包蛋）時，便無法同時將此資源用於其他用途（如作成魯蛋）
慾望無窮	人類的慾望永遠填不滿，滿足了一個慾望又會產生新的慾望

三、基本的經濟問題與解決方法 102 105 106 110

> 沒有時間性與空間性

不論過去、現在或未來，不管是高所得國家或低所得國家，以下六大基本經濟問題都會發生。

經濟範疇	六大基本問題	解決方法
個體 經濟面	1. 生產什麼（What）？ 2. 如何生產（How）？ 3. 何時生產（When）？ 4. 為誰生產（For Whom）？ 合稱 4W	透過價格機能（即亞當斯密所謂一隻看不見的手）來解決 （詳見本書第2章2-5節）
總體 經濟面	5. 如何維持經濟穩定？ 6. 如何促進經濟成長？	透過財政政策或貨幣政策來解決（詳見本書下冊第15、16章）

四、財貨的意義與種類 [106]

1. **財貨的意義**：財貨是商品與勞務之統稱。
   (1) **商品**：是指能滿足人類慾望的有形財貨；例如：汽車、手機、食品。
   (2) **勞務**：是指看不到也摸不到的無形財貨；例如：藝人表演、醫生看診治療。

2. **財貨的分類**：

分類方式	種類	說明	釋例
取得代價（取得途徑）	自由財（無償財）	不需付出任何代價就能取得的財貨	雨水、空氣
	經濟財（有償財）	• 必須支付代價才能取得的財貨 • 經濟學較重視經濟財的探討	自來水、電腦
用途	消費財	以消費為目的，直接用來滿足人類慾望的財貨	衣服、飲料
	資本財（生產財）	以生產為目的，用來生產消費財所需的財貨；僅能間接滿足人類的慾望	機器設備、原料
耐用長短	非耐久財（消耗財）	只供使用一次或短期就消耗掉的財貨	食物、燃料
	耐久財	可以使用多次或長期反覆使用的財貨	房屋、家具
使用特性	私有財	擁有者（使用者）獨享的財貨	手機、衣服
	公共財	所有人都可以共享的財貨	軍隊、路燈

學以致用 1-1

(A) 1. 經濟原則是指 (A)如何以最少的代價獲得最大的滿足 (B)如何增加國民所得 (C)如何賺取最大利潤 (D)如何杜絕地下經濟。

(D) 2. 經濟學研究的重點在於 (A)如何發揮政府機能 (B)如何在股票市場中賺錢 (C)建立理論模型 (D)資源稀少性及選擇的問題。
   解 經濟學著重於研究人類的選擇問題，而選擇問題是因為資源具有稀少性而來。

(A) 3. 經濟財是指 (A)必須付出代價才能取得的財貨 (B)比較便宜的財貨 (C)短期內就能消耗掉的財貨 (D)比較昂貴的財貨。

(C) 4. 直接滿足人類慾望的財貨，稱為
   (A)私有財 (B)耐久財 (C)消費財 (D)資本財。

next...

(B)5. 人們常感嘆「錢總是不夠用」，請問這句話最符合下列哪一個經濟概念？
(A)天下沒有白吃的午餐　(B)資源有限，慾望無窮
(C)一隻看不見的手　(D)價格機能。

(D)6. 關於資源與選擇，下列何者錯誤？
(A)資源可能具有多種用途
(B)選擇是一種做取捨的行為
(C)因資源具有稀少性，所以人們需做選擇
(D)就經濟學的角度而言，只要資源數量有限，此資源便具有稀少性。
解 資源必須同時符合「數量有限」及「慾望無窮」兩項條件，才具有稀少性。

(B)7. 子晴是一位化粧師，請問對子晴而言，其為客戶化粧所使用的化粧品應歸屬於何種財貨？
①消費財　②資本財　③自由財　④耐久財　⑤消耗財　⑥公共財。
(A)①④⑥　(B)②⑤　(C)②③　(D)①③⑤。

(C)8. 當前許多企業傾向將非核心工作委外處理，這是因為長期而言，「委外處理」比「僱用全職員工」要來得便宜。由以上所述可知，價格可引導企業解決哪一方面的經濟問題？
(A)生產什麼　(B)何時生產　(C)如何生產　(D)為誰生產。

9. 請在底線中寫出經濟學的六大基本問題與解決方法。

六大基本問題	解決方法
個體經濟面 ① 生產什麼（What）？ ② 如何生產（How）？ ③ 何時生產（When）？ ④ 為誰生產（For Whom）？	透過 __價格機能__ 的運作來解決
總體經濟面 ⑤ 如何維持經濟穩定？ ⑥ 如何促進經濟成長？	政府利用 __財政政策__ 或 __貨幣政策__ 來解決

10. 李大仁書桌上有以下①～⑥項物品，請判斷這六項物品分別屬於耐久財、非耐久財、或是勞務？
A.耐久財　　B.非耐久財　　C.勞務

__A__ ①筆記型電腦一部　　__B__ ④咖啡一杯
__B__ ②泡麵一碗　　　　　__B__ ⑤奇異果兩顆
__C__ ③魔術師上電視表演　__A__ ⑥iPhone一台

1-4

1-2 經濟學的成立與演進 [104] [106] [107] [109]

一、經濟學的成立

1776年之前,人們對經濟問題的研究只是片段零星的進行,而無系統化論著。1776年**亞當斯密**出版**國富論**,對經濟問題提供完整的思考架構,經濟學從此被視為獨立的學科,**亞當斯密**因而被尊稱為**經濟學之父、經濟學始祖**。

二、發展過程演進圖

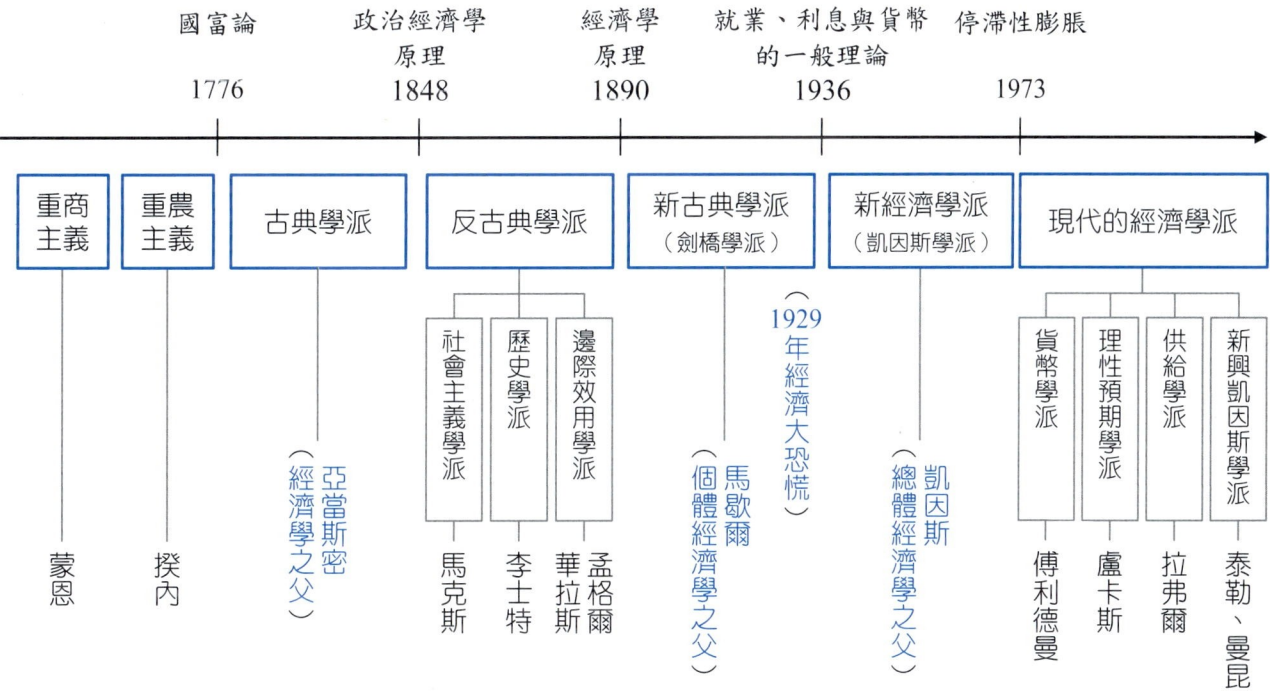

三、西元1776年前的經濟思想

經濟思想	重商主義	重農主義
時間	16世紀末到18世紀中期	18世紀後半期
代表學者	英國學者蒙恩	法國學者揆內
重要論點與主張	1. 一國強弱決定於所擁有金銀的多寡 2. 對外:實施保護貿易,鼓勵出口,限制進口,以累積金銀數量 3. 對內:主張政府干涉、經濟管制 4. 應積極擴張殖民地	1. 社會存在自然秩序與法則,土地是國富的來源,農業是立國致富的根本 2. 對外:主張自由貿易 3. 對內:主張自由放任,反對政府干涉
影響	1. 國內:金銀過多、物資缺乏、物價膨脹 2. 國外:國際貿易萎縮、引發殖民地戰爭	影響亞當斯密的自由經濟思想甚深

經濟學 滿分總複習（上）

四、西元1776年後的經濟學發展

1. 古典學派 104 106 107 109

> 此時期的經濟學被稱為**政治經濟學**

時間	1776年（亞當斯密著國富論）～1848年（約翰密爾著政治經濟學原理）
代表學者	• 亞當斯密－經濟學之父、經濟學始祖 • 李嘉圖、馬爾薩斯、賽伊、約翰密爾、辛尼爾
基本主張	• 主張自由放任，反對政府干涉 • 以演繹法研究經濟學（CH1） • 強調自利心（利己心），認為市場會受到價格機能（一隻看不見的手）指引，最終達到供需均衡（CH2） • 提出稀少地租說（CH11）、利率學說之投資儲蓄說（CH12） • 根據賽伊法則（供給創造需求），強調供給面，假設充分就業為常態（CH14） • 認為財貨價格取決於生產成本

代表學者之著作與主張	亞當斯密	• 1776年出版世界第一本有關經濟學的著作國富論，奠定經濟學的基礎，使經濟學成為一門獨立的科學 • 強調自利心，提出價格機能（CH2） • 首先提出鑽石與水的矛盾（CH3） • 反對政府干涉私人經濟活動（CH16） • 提出絕對利益法則，是首位提出國貿理論者（CH17） • 主張自由貿易（CH17） • 認為專業分工為經濟成長的關鍵（CH19）
	李嘉圖	• 著有政治經濟學與賦稅原理 • 提出邊際報酬遞減法則（CH4） • 提出差額地租說（CH11） • 提出比較利益法則（CH17）
	馬爾薩斯	著有人口論（CH4）
	賽伊	提出賽伊法則，即供給創造需求（CH14）
	約翰密爾	著有政治經濟學原理
	辛尼爾	提出利息學說之忍慾說（CH12）

1-6

2. 反古典學派

時間	1848年～1890年		
學派	社會主義學派	代表學者：馬克斯	
		著作與主張：	
		• 著有**資本論**	
		• 主張**政府干涉**	
		• 主張實施**共產主義**、**反對私有財產制**，以解決貧富不均問題（CH1）	
		• 提出利潤學說之**剝削說（剩餘價值說）**（CH12）	
	歷史學派	代表學者：李士特	
		基本主張：	
		• 主張**政府干涉**	
		• 以**歸納法**研究經濟學（CH1）	
		• 主張**保護貿易，保護幼稚工業**（CH17）	
	邊際效用學派（奧地利學派）	代表學者：**華拉斯**（**數理經濟學先驅**）、孟格爾、大克拉克、龐巴衛克	
		基本主張：	
		• 認為財貨價格取決於**邊際效用**，而非總效用（CH3）	
		• **解釋鑽石與水的矛盾**（CH3）	
		• 華拉斯：提出**一般均衡分析法**	
		• 大克拉克：提出**邊際生產力說**（CH10）	
		• 龐巴衛克：提出利息學說之**迂迴生產說**及**時間偏好說**（CH12）	

黃金5秒鐘

古典學派與反古典學派的部分主張比較：

項目	古典學派	反古典學派
政府干涉	反對	贊成（社會主義學派、歷史學派）
經濟學研究方法	演繹法	歸納法（歷史學派）
鑽石與水的矛盾	提出	解釋（邊際效用學派）
財貨價格	決定於**生產成本**	決定於**邊際效用**（邊際效用學派）

3. 新古典學派（劍橋學派）

時間	1890年（馬歇爾著經濟學原理）～1936年
代表學者	• 馬歇爾－個體經濟之父 • 熊彼得、皮古、羅伯遜
基本主張	• 承襲古典學派，主張自由放任，尊重市場機能，反對政府干涉 • 提出折衷價值論（供需決定市場均衡價格）（CH2） • 提出利率學說之可貸資金說（CH12）
代表學者之著作與主張	**馬歇爾** • 1890年出版經濟學原理，以經濟學一詞替代古典學派的政治經濟學 • 運用部分均衡分析法建立個體經濟學理論體系 • 建立折衷價值論，又稱剪刀式價值論或二元價值論（CH2） • 提出需求彈性、供給彈性的概念（CH2） • 提出消費者剩餘的概念（CH3） • 提出長短期的概念（CH4） • 提出準租（CH11） • 將企業家精神列為第四個生產要素（CH12） • 提出貨幣數量學說之現金餘額說（CH15） **皮古** • 著有福利經濟學，後人尊稱為福利經濟學之父 • 建立現金餘額說理論基礎（CH15） **熊彼得** • 提出利潤學說之創新說（CH12） • 提出景氣循環四階段（CH18） **羅伯遜** 提出現金餘額方程式（CH15）

黃金5秒鐘

學派	古典學派	新古典學派
代表學者	亞當斯密（經濟學之父）	馬歇爾（個體經濟學之父）
主張比較	使經濟學成為一門獨立科學	建立個體經濟學理論體系
	主張自由放任，反對政府干涉	主張自由放任，反對政府干涉
	提出價格機能	建立折衷價值論
	利率學說－投資儲蓄說	利率學說－可貸資金說

4. 新經濟學派（凱因斯學派、需求面經濟學派） 107

時間	1936年（凱因斯著就業、利息與貨幣的一般理論）～1970年代（1973年石油危機）
代表學者	• 凱因斯－總體經濟學之父、新經濟學之父 • 薩穆遜、哈樂德
興起原因	1929年經濟大恐慌，各國失業率大增，古典學派無法解決
基本主張	• 反對自由放任，主張政府干涉 • 主張失業為常態，充分就業是目標 • 強調需求面，提出有效需求理論，主張政府應增加公共支出以解決失業問題
代表學者之著作與主張	凱因斯： • 1936年出版就業、利息與貨幣的一般理論，該理論有效解決當時的失業問題 • 以數理法研究經濟學（CH1） • 以國民所得為研究中心，建立總體經濟學理論體系（CH14） • 提出需求創造供給（CH14） • 重視財政政策，強調政府功能（CH14） • 提出有效需求理論（CH14） • 提出投資邊際效率MEI（CH14） • 提出基本消費心理法則（CH14） • 提出乘數原理（CH14） • 提出節儉的矛盾（CH14） • 提出流動性偏好說（CH15） • 提出景氣循環理論之心理說（CH18） 薩穆遜： • 著有經濟學 • 提出經濟福利淨額NEW（CH13） 哈樂德：提出經濟成長理論之哈樂德模型（CH19）
影響	美國小羅斯福總統實施的新政與此學派理論相符，推行財政政策解決了經濟大恐慌問題

黃金5秒鐘　　　強調供給面　　　強調需求面

學派	古典學派	新經濟學派
對失業看法	充分就業為常態	失業為常態
供需關係的主張	供給創造需求 （賽伊提出）	需求創造供給 （凱因斯提出）

經濟學 滿分總複習（上）

> **黃金5秒鐘**
> 新經濟學派興起原因－經濟大恐慌
> **現代的經濟學派**興起原因－停滯性膨脹

5. 現代的經濟學派

時間	1970年代（1973年石油危機）
興起原因	1973年中東戰爭導致石油危機，各國出現**停滯性膨脹**，凱因斯學派無法解決

學派		
貨幣學派 107 （重貨幣學派） （芝加哥學派）	代表學者：傅利德曼	
	基本主張： • 主張**自由經濟，反對政府干涉** • **重視貨幣政策**，認為**貨幣供給不穩定**是導致經濟波動的主因，主張政府應**維持貨幣供給成長率的長期穩定** • 提出以**法則替代權衡**，政府的貨幣政策須採長期穩定法則，而非短期權衡 • 主張採取**浮動匯率**	
供給學派 （供給面學派） （雷根經濟學）	代表學者：拉弗爾	
	基本主張：（為美國**雷根總統**所採用） • 主張**自由經濟，反對政府干涉** • 主張以**減稅**（降低稅率）來刺激投資、提高生產力，使總供給增加，以促使物價下降、失業率下降 • 主張減少政府支出、降低貨幣供給增加率	
理性預期學派 （新興古典學派）	代表學者：盧卡斯	
	基本主張： • 主張**自由放任**，尊重市場價格機能 • 認為政府的經濟政策在民眾的**理性預期**下皆**無效** • 提出**內生成長理論**（CH19）	
新興凱因斯學派	代表學者：泰勒、曼昆	
	基本主張： • 延續凱因斯學派之主張，加入**理性預期**概念 • 主張物價與工資僵固性為常態 • 認為政府政策在**短期有效**，但長期無效，故政府應實施**權衡性**干預政策	

> **黃金5秒鐘**

主張政府干涉，反對自由放任 （大政府）	反對政府干涉，主張自由放任 （小政府）
1. 重商主義　　　4. 新經濟學派 2. 社會主義學派　5. 新興凱因斯學派 3. 歷史學派	1. 重農主義　　　4. 貨幣學派 2. 古典學派　　　5. 供給學派 3. 新古典學派　　6. 理性預期學派

學以致用 1-2

(A)1. 下列哪位學者主張政府干涉、實施保護貿易,且認為一國擁有愈多金銀表示國力愈強?
(A)蒙恩 (B)盧卡斯 (C)揆內 (D)亞當斯密。

(D)2. 自1776年亞當斯密出版「國富論」,至1848年約翰密爾出版「政治經濟學原理」,這個階段的經濟學派稱為
(A)凱因斯學派 (B)新興古典學派
(C)新古典學派 (D)古典學派。

(C)3. 「供給能創造其本身的需求」,這是下列哪一位學者的主張?
(A)盧卡斯 (B)凱因斯
(C)賽伊 (D)李嘉圖。

(C)4. 1930年代經濟大恐慌時,主張政府應增加公共支出的學者為
(A)李嘉圖 (B)盧卡斯
(C)凱因斯 (D)皮古。

(D)5. 貨幣學派的代表學者為
(A)賽伊 (B)李士特 (C)華拉斯 (D)傅利德曼。

(B)6. 下列哪一個經濟學派主張政府應降低稅率,以刺激私人投資,增加產出?
(A)凱因斯學派 (B)供給學派
(C)歷史學派 (D)劍橋學派。

(B)7. 強調人人皆有自利心,並提出價格機能,認為市場無形中會受到一隻看不見的手所引導的學者是
(A)馬歇爾 (B)亞當斯密
(C)凱因斯 (D)李嘉圖。

(B)8. 主張政府政策在民眾的理性預期下都會失效的學者為
(A)拉弗爾 (B)盧卡斯
(C)傅利德曼 (D)薩穆遜。

(C)9. 提出「供需共同決定均衡價格」理論的經濟學派為
(A)凱因斯學派 (B)新經濟學派
(C)新古典學派 (D)新興凱因斯學派。

(B)10. 主張以「法則替代權衡」的經濟學派為
(A)凱因斯學派 (B)重貨幣學派
(C)古典學派 (D)理性預期學派。

next...

(A)11. 對「鑽石與水的矛盾」提出了合理解釋的經濟學派為
(A)邊際效用學派
(B)凱因斯學派
(C)古典學派
(D)新古典學派。

(B)12. 下列何者不是古典學派的主張？
(A)充分就業是常態
(B)主張保護幼稚工業
(C)政府不應干涉市場
(D)強調專業分工。

解 提出保護幼稚產業→歷史學派。

(D)13. 下列哪個學派主張政府干涉？
(A)新古典學派
(B)古典學派
(C)供給面學派
(D)新興凱因斯學派。

(C)14. 下列敘述何者錯誤？
(A)經濟學之父是亞當斯密
(B)福利經濟學之父是皮古
(C)個體經濟學之父是凱因斯
(D)數理經濟學先驅是華拉斯。

解 個體經濟學之父→馬歇爾；總體經濟學之父→凱因斯。

15. 請在下列空格中填入正確答案

學派名稱	學派別稱	代表學者	代表學者尊稱	是否主張政府干涉（○、×）
重農主義	－	揆內	－	×
古典學派	－	亞當斯密	經濟學之父	×
歷史學派	－	李士特	－	○
新古典學派	劍橋學派	馬歇爾	個體經濟學之父	×
新經濟學派	凱因斯學派	凱因斯	總體經濟學之父	○
貨幣學派	芝加哥學派	傅利德曼	－	×

1-3 經濟學的種類與研究方法 109 110 111 114

一、經濟學的種類

1. 依「研究對象」區分： 111

種類	個體經濟學	總體經濟學
創始者	馬歇爾（個體經濟學之父）	凱因斯（總體經濟學之父）
學派別	新古典學派	新經濟學派
研究對象	個別消費者、廠商或產業	整個社會或國家
研究方法	部分均衡分析法註	一般均衡分析法註
研究重點	價格	國民所得
別稱	價格理論、廠商理論	所得理論
基本假設	充分就業是社會的常態 資源不會有閒置的狀況	失業是社會的常態 充分就業是目標
探討內容	(1) 消費理論 (2) 生產理論 (3) 交換理論 (4) 分配理論 (5) 福利經濟學	(1) 國民所得 (2) 就業水準 (3) 物價水準 (4) 貨幣政策與財政政策 (5) 國際貿易與國際金融 (6) 經濟穩定與經濟成長

註：部分均衡分析法：研究「單一市場」如何透過供需的調整達到均衡狀態。（提出者：馬歇爾）
一般均衡分析法：研究「整個市場」在各經濟單位相互影響的均衡狀態。（提出者：華拉斯）

教學範例 1 —— 依「研究對象」區分，判斷經濟學的種類

請判斷以下各項問題是屬於「個體經濟學」或「總體經濟學」的研究範疇。

1. Covid-19（嚴重特殊傳染性肺炎）疫情趨緩後，政府如何恢復景氣、振興經濟？
2. 探討雞蛋為何會出現供不應求的情形？
3. 探討台灣的經濟成長率是多少？
4. 開設一家冷飲店，賣哪幾種飲料較能被消費者接受？應僱幾位工讀生？

解 1、3：以「整個國家」為研究對象，屬「總體經濟學」。
2、4：以「個體單位」為研究對象，屬「個體經濟學」。

2. 依「研究性質內容」區分： 111 114

種類	實證經濟學	規範經濟學
別稱	唯真經濟學	唯善經濟學
意義	以客觀的事實，來解釋經濟現象，注重事實的推論，不作任何主觀的價值判斷	以主觀的價值判斷，來分析經濟政策的合理性以及利弊得失
研究方法	對經濟現象做事實描述	對經濟現象做價值判斷
研究重點	探討經濟現象的因果關係	探討經濟政策應該如何的問題
釋例	機場捷運開通（因），沿線各捷運站周邊房價隨之上漲（果）	台灣是否應該興建環島高速鐵路以平衡東西部的發展

> **記憶要訣**
> 客觀地實證因果關係→唯真
> 主觀地規範應該如何→唯善

教學範例 2 ── 依「研究性質」區分，判斷經濟學的種類

請判斷以下各項敘述，是屬於規範經濟學或實證經濟學的研究範疇。

1. 俄羅斯與烏克蘭發生戰爭，衝擊國際金融與全球經濟。
2. 台灣是否應該加入亞洲基礎設施投資銀行。
3. 東南亞發生8.2級大地震，重創泰國的觀光產業。
4. 政府是否應該大量興建平價住宅，以抑制房價飆漲。
5. 歷史建築應該拆除還是繼續保留，如何在文化資產維護及商業發展之間取得平衡。
6. 台灣電價調漲對於通貨膨脹所造成的影響。

解 1、3、6：涉及「因果關係」，屬「實證經濟學」。
2、4、5：探討「應該如何」，屬「規範經濟學」。

練習一下 ── 判斷經濟學的種類

「某年台灣的主要貿易夥伴排名依序為：中國、美國、日本」，是屬於規範經濟學或實證經濟學的研究範疇？

答 對經濟現象做「事實描述（唯真）」，屬「實證經濟學」。

二、經濟學的研究方法

研究方法	說明
演繹法	1. 是指以眾所皆知的觀念為基本假設，來推導出各種經濟理論 2. 古典學派學者多採用此法 3. 較為主觀、抽象
歸納法	1. 是指透過觀察諸多個別現象而統整出共同的結論，並藉以建立經濟法則 2. 歷史學派學者多採用此法，為哲學家培根所提出 3. 較為客觀、注重事實
數理法	1. 是指採用算數、代數、幾何圖形、微積分等數學方法來研究經濟理論 2. 邊際效用學派學者華拉斯為數理經濟學之父；而自凱因斯之後的學者普遍採用此法
模型法	是指先提出假設，再建立理論模型，藉以分析經濟現象

學以致用 1-3

(A)1. 分析經濟體系中之某種產業、廠商、家庭或消費者的各自經濟行為法則，是屬於何種經濟學之範疇？
 (A)個體經濟學　(B)總體經濟學　(C)規範經濟學　(D)土地經濟學。

(D)2. 下列何者不是總體經濟學所討論的內容？
 (A)經濟成長　(B)國民所得　(C)就業水準　(D)生產與分配。

(B)3. 探討經濟現象「應該如何」的問題，是屬於哪一種經濟學的研究範疇？
 (A)實證經濟學　　　　　　(B)規範經濟學
 (C)比較經濟學　　　　　　(D)制度經濟學。
 解 探討「應該如何」的問題，是屬於「規範經濟學」的研究範疇。

(B)4. 「經濟成長」重要還是「維護生態環境」重要，是屬於下列哪一種經濟學的研究範疇？　(A)實證經濟學　(B)規範經濟學　(C)靜態經濟學　(D)動態經濟學。
 解 對經濟現象做「主觀價值判斷」，是屬於「規範經濟學」的研究範疇。

(B)5. 經濟學所研究的，係在解釋經濟現象的本質者屬於
 (A)規範經濟學　　　　　　(B)實證經濟學
 (C)個體經濟學　　　　　　(D)福利經濟學。
 解 實證經濟學以「客觀」的角度解釋經濟現象本質。

(D)6. 歷史學派主張以下列哪一種方法來研究經濟學？
 (A)數理法　(B)模型法　(C)演繹法　(D)歸納法。
 解 歷史學派學者李士特主張以歸納法來研究經濟學。

1-4 經濟資源的配置 [102] [103] [104] [108] [110] [113] [114]

一、機會成本 [103]

別稱	經濟成本、選擇成本
意義	當資源有多種用途時，若選擇其中一種，所必須放棄其他用途中**價值最高**者
發生原因	1. 資源具有**多種用途** 2. 資源有限具**稀少性**
理性決策	理性決策者會選擇**機會成本最低**的方案
釋例	天下沒有白吃的午餐、魚與熊掌不可兼得 天下沒有不勞而獲的事、有得必有失 不愛江山愛美人、不入虎穴焉得虎子

教學範例 3 ── 機會成本的應用 ──

恩瑛暑假有三個當工讀生的工作機會可選擇，其月薪依序為銀行4萬元、餐廳3.5萬元、農場3.2萬元，若恩瑛為理性的決策者，請問她應該選擇哪一個工作？

解 恩瑛選擇不同工作的機會成本如下表所示：

工作選擇	機會成本
選擇到銀行工作	放棄到餐廳工作的薪資：3.5萬元
選擇到餐廳工作	放棄到銀行工作的薪資：4萬元
選擇到農場工作	放棄到銀行工作的薪資：4萬元

恩瑛應該選擇到 __銀行__ 當工讀生，因為其機會成本最 __低__ 。

 **教學範例 4** ── 判斷機會成本

王老先生有塊地可用來種植稻米、水果與蔬菜。若王老先生種稻米可獲得10,000公斤；種水果可獲得20,000公斤；種蔬菜則可獲得5,000公斤。假設王老先生選擇種蔬菜，則其機會成本為何？

解 機會成本為放棄的其他用途中，價值最 ___高___ 者。

選擇種蔬菜，放棄 $\begin{cases} 稻米：\underline{\quad 10,000 \quad} 公斤 \\ 水果：\underline{\quad 20,000 \quad} 公斤 → 價值最高 \end{cases}$

若選擇種蔬菜，則其機會成本為 ___20,000___ 公斤。

 **教學範例 5** ── 計算機會成本

李老先生有一塊土地。若出租每年有$12,000的租金收入；若以$150,000賣掉並同時投資等值的長期債券，每年可有15%的利息收入。若李老先生選擇保留土地，不租也不賣，則其機會成本每年為若干？

解 李老先生選擇不租也不賣，所放棄的用途包括：

(1) 出租：租金年收入為$12,000。

(2) 賣掉投資：年利息收入為$150,000 × 15% = $22,500 → 價值最高

∴若選擇不租也不賣，則其機會成本為$22,500。

練習一下 ── 計算機會成本（變化題）

求職中的又菁得到四個工作機會，她將這些工作的薪水加以比較後，整理成下表。請根據表中資訊判斷，又菁若到達芙鞋業工作，可獲得的薪水及機會成本各是多少元？請填入表中空格。

公司名稱	薪水（元）	機會成本（元）
優尼酷服飾	32,000	42,000
晶華珠寶	35,000	42,000
澄果設計	38,000	42,000
達芙鞋業	(42,000)	(38,000)

二、生產可能曲線（PPC） 102 104 108 110 113 114

1. PPC的意義：

又稱產品轉換曲線、生產轉換曲線。是指在**一定的技術水準**及**資源固定不變**的情況下，一經濟社會**充分利用**資源生產**兩種財貨**，所能生產出的**最大產量**組合之軌跡。

2. PPC的基本假設：

(1) 資源與生產技術**固定**。

(2) 現有資源與技術皆已**作充分及有效的利用**（即充分就業）。

(3) 一種資源只能用以生產**兩種財貨**。

(4) 資源具有**多種**用途，且可以**有限度的替代使用**。

3. PPC之表與圖：

機會成本

生產組合	X財	Y財	邊際轉換率（$MRT_{XY}=\left\|\frac{\Delta Y}{\Delta X}\right\|$）
A	0	40	
	1	−2	$2=\left\|\frac{-2}{1}\right\|$
B	1	38	
	1	−3	$3=\left\|\frac{-3}{1}\right\|$
C	2	35	
	1	−5	$5=\left\|\frac{-5}{1}\right\|$
D	3	30	
	1	−7	$7=\left\|\frac{-7}{1}\right\|$
E	4	23	
	1	−10	$10=\left\|\frac{-10}{1}\right\|$
F	5	13	
	1	−13	$13=\left\|\frac{-13}{1}\right\|$
G	6	0	
	ΔX	ΔY	

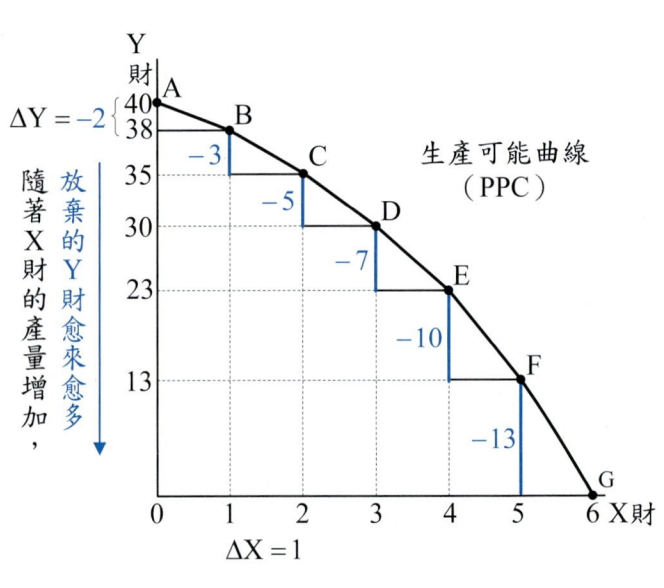

4. PPC的切線斜率（絕對值）：

PPC線上切線**斜率**的絕對值等於**邊際轉換率**MRT_{XY}，是指使用資源同時生產X財與Y財時，每**增加一單位X財**的產量（**因**），所必須**減少生產Y財**的數量（**果**）。

MRT_{XY}的公式為：

$$MRT_{XY}=\left|\frac{\text{減少生產 Y 財的數量}}{\text{增加一單位 X 財的產量}}\right|=\left|\frac{\Delta Y}{\Delta X}\right|$$

分子為「果」

分母為「因」

5. PPC的特性：

   (1) **負斜率曲線**：PPC是指欲**增加**X財的產量，必須**減少**Y財的產量，故PPC為由**左上向右下**延伸的**負斜率**曲線。

   (2) **凹向原點**：因為機會成本隨著X財產量的增加，所必須減少生產Y財的數量愈來愈多，因此生產X財的**機會成本遞增**，使得PPC凹向原點。

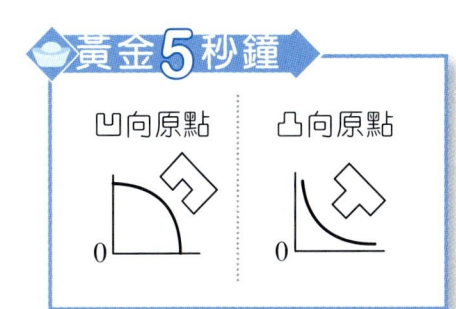

黃金5秒鐘

凹向原點　凸向原點

教學範例 6 —— 由PPC判斷生產的機會成本

右圖為某農場之米與小麥的生產可能曲線，請問增產第4單位小麥之機會成本為

(A) 1單位米　　(B) 3單位米
(C) 9單位米　　(D) 1/9單位米。

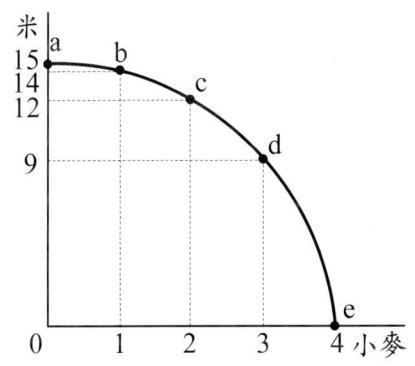

解 (C)，增產第4單位小麥須放棄生產9單位米

$$\left(= \left| \frac{0-9}{4-3} \right| = 9 \right)$$

練習一下 —— 計算邊際轉換率

假設某國使用一定的資源生產手機與電腦兩種財貨，其生產可能組合如下表所示，試根據下表資料計算邊際轉換率，並回答問題。

答 1.

手機（X財）	電腦（Y財）	邊際轉換率 $\left(MRT_{XY} = \left\| \frac{\Delta Y}{\Delta X} \right\| \right)$
100	100	$0.7 = \left\| \frac{86-100}{120-100} \right\|$
120	86	$1.05 = \left\| \frac{65-86}{140-120} \right\|$
140	65	$1.25 = \left\| \frac{40-65}{160-140} \right\|$
160	40	

2. 隨著手機的增產，所放棄生產電腦的機會成本 __遞增__ ，邊際轉換率也 __遞增__ 。（遞增、遞減、不變）

6. PPC的圖形應用： 113

(1) 反映資源的利用是否達到生產效率：

生產點位置	經濟意義	圖形
位於PPC線上（A點、B點）	• 資源與技術皆已充分利用，即社會已達充分就業 • 生產效率最大，以最少成本獲得最大產量 • 線上每一點都是最大產量的組合	
位於PPC線內（C點）	• 資源或技術未充分利用（有閒置情況），即社會未達充分就業（存在失業情形） • 生產過程無效率	
位於PPC線外（D點）	目前的資源與技術，尚無法達到的生產組合	

註：人們在做選擇時，應選機會成本最低之方案，或是落在PPC線上的生產組合來生產，才能達到最大滿足，生產效率也最高。

(2) 反映經濟成長或衰退：

> 不代表產品品質的好壞變化

PPC移動方向	經濟意義	圖形
整條向外移動（$PPC_0 \rightarrow PPC_2$）	技術進步或資源增加，促使經濟成長	
整條向內移動（$PPC_0 \rightarrow PPC_1$）	技術退步或資源減少，促使經濟衰退	

PPC亦可反映以下兩種狀況（各版審定課本均未提及，老師可自行斟酌補充）：

狀況	單一財貨「技術水準或資源」的變化	「資源配置」的情形
圖形	X財技術進步或資源增加	著重於生產X財
	Y財技術進步或資源增加	著重於生產Y財

三、效率

1. **投入、生產與產出的關係：**

   (1) **投入**：生產者所使用的**生產要素**，包括土地、勞動、資本、企業家精神。

   (2) **生產**：將生產要素加以轉換並**創造（增加）效用**的過程。

   (3) **產出**：投入生產要素後所生產出來的**財貨**（包括商品與勞務）。

2. **效率的意義：** 產出最大或成本最小

   是指在**既定的投入**下，獲得**最大的產出**；或是在**既定的產出**下，廠商的**投入最小**。

> **黃金5秒鐘**
>
> 在經濟學上，效率有兩種：
>
> 1. **生產效率**（技術效率）：即上述之「效率」。
> 2. **經濟效率**（配置效率）：是指**同時**達到以下條件：
>   - 生產者：產出最大或成本最低（即上述生產效率）
>   - 消費者：效用最大（即符合邊際效用均等法則，詳ch3）
>   - 社會福利最大（P = MC，詳ch7）

學以致用 1-4

(A) 1. 生產可能曲線的兩軸代表
　　(A)生產兩種財貨的產量　　(B)購買兩種財貨的價格
　　(C)消費兩種財貨的效用　　(D)使用兩種資源的數量。

(B) 2. 在正常情況下，生產可能曲線為
　　(A)正斜率　(B)負斜率　(C)水平線　(D)垂直線。
　　解 因為增加X財的產量必須「減少」Y財的產量，所以PPC為「負」斜率。

(B) 3. 生產可能曲線上切線的斜率稱為
　　(A)邊際替代率　(B)邊際轉換率　(C)邊際效用　(D)邊際技術替代率。
　　解 PPC的斜率為邊際轉換率MRT。

(C) 4. 在其他條件不變的情況下，若有些資源未被使用，則生產之產量組合會落在生產可能曲線之何處？
　　(A)線上　(B)線外　(C)線內　(D)可能在線上或線外。
　　解 若資源與技術尚未充分利用，生產過程無效率，則生產之產量組合會落在生產可能曲線之「線內」。

(D) 5. 兩軸分別是「農產品」與「非農產品」的一條生產可能曲線，若整條線向外移動，代表　(A)失業人口增加　(B)國民所得減少　(C)成本遞增　(D)經濟成長。

next…

(A)6. 有效率的生產是指
(A)固定的投入，最大的產出　(B)固定的投入，最少的產出
(C)最大的投入，固定的產出　(D)最大的投入，最少的產出。

(B)7. 在生產可能曲線上，橫軸為國防武器，縱軸為民生用品，為了增產4單位的國防武器，必須減產10單位的民生用品，則其邊際轉換率為
(A)0.4　(B)2.5　(C)6　(D)14。

解　$MRT = \left|\dfrac{-10}{4}\right| = 2.5$。

(C)8. 人們在進行選擇時，應如何選擇才能達到最大滿足，生產效率也最高？
①機會成本最低
②機會成本最高
③落在PPC線內的生產組合
④落在PPC線上的生產組合
(A)①③　(B)②③　(C)①④　(D)②④。

解　人們在做選擇時，應選擇「①機會成本最低」之方案，或是落在「④PPC線上」的生產組合來生產，才能達到最大滿足，生產效率也最高。

(B)9. 如果你擁有一間房子並決定用來開書店，則
(A)因為房子是你的，所以沒有機會成本
(B)因為房子還可被用作其他用途，所以有機會成本
(C)此決定不涉及任何成本的問題
(D)此決定唯一要付出的成本就是取得房子的代價。

解　B：一種資源具有多種用途，選擇其一則必須放棄其他用途，此為機會成本的概念。

(C)10. 關於生產可能曲線的基本假設與說明，下列敘述何者錯誤？
(A)現有資源與技術皆已作有效的利用
(B)資源間具有替代性
(C)現有資源與技術水準不斷改變
(D)當生產點位於PPC線外，表示該點為目前技術水準下不可能達到的生產組合。

解　C：現有資源與技術水準固定不變。

(D)11. 某一經濟社會之生產可能曲線（PPC）如右圖所示，則下列敘述何者正確？
(A)I點的生產組合，表示有失業現象
(B)若生產組合點由H點移至G點時，表示技術進步
(C)其邊際轉換率（MRT_{XY}）呈遞減狀態
(D)G點與H點的生產組合表示已達充分就業。

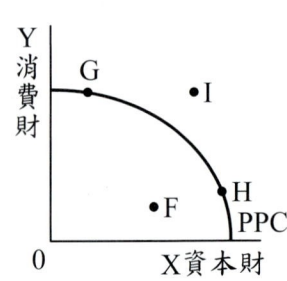

解　A：I點的生產組合，表示以現有的資源與技術水準尚無法達成。
　　B：H、G點都在PPC上，皆為相同技術水準下的產出。
　　C：PPC凹向原點是因為邊際轉換率遞增與機會成本遞增。

(A)12. 下列何者不是生產點落在生產可能曲線上的經濟意義？
(A)失業人數不斷增加
(B)生產效率最佳
(C)線上的每一點都是產量最大的生產組合
(D)技術與資源皆已充分利用。

(B)13. 以下哪些敘述隱含有「機會成本」的經濟觀念？
①腳踏兩條船
②天下沒有白吃的午餐
③有捨才有得
④不入虎穴，焉得虎子
(A)①②③ (B)②③④ (C)①③ (D)②④。

14. 假設甲國只生產X、Y兩種財貨，其生產可能曲線為PPC₀；當甲國經濟成長或經濟衰退時，生產可能曲線會如何移動，請繪製在下圖中。

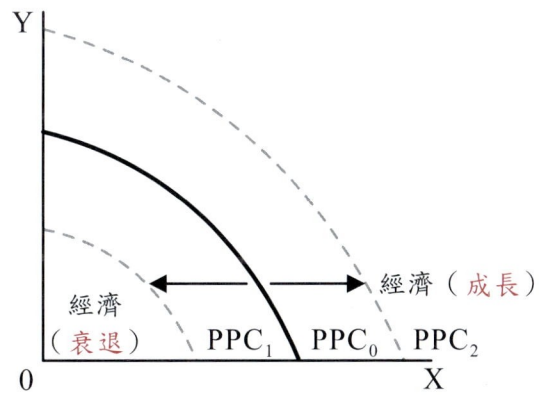

15. 楚曼逛精品店，看到手錶、皮包、項鍊三項精品，她購買這三項精品的滿足程度如下表所示。由於楚曼的預算不足，只能買一項精品，在不考慮其他因素的情況下，請問楚曼選擇購買項鍊的機會成本是 __100__ 單位。

精品	手錶	皮包	項鍊
滿足程度	100單位	90單位	80單位

解 機會成本是指放棄選擇中「價值最高」者，因此楚曼選擇購買項鍊的機會成本，是放棄擁有手錶的滿足程度「100單位」。

1-5 經濟體系與經濟制度簡介

一、經濟體系的構成要素

二、經濟循環圖

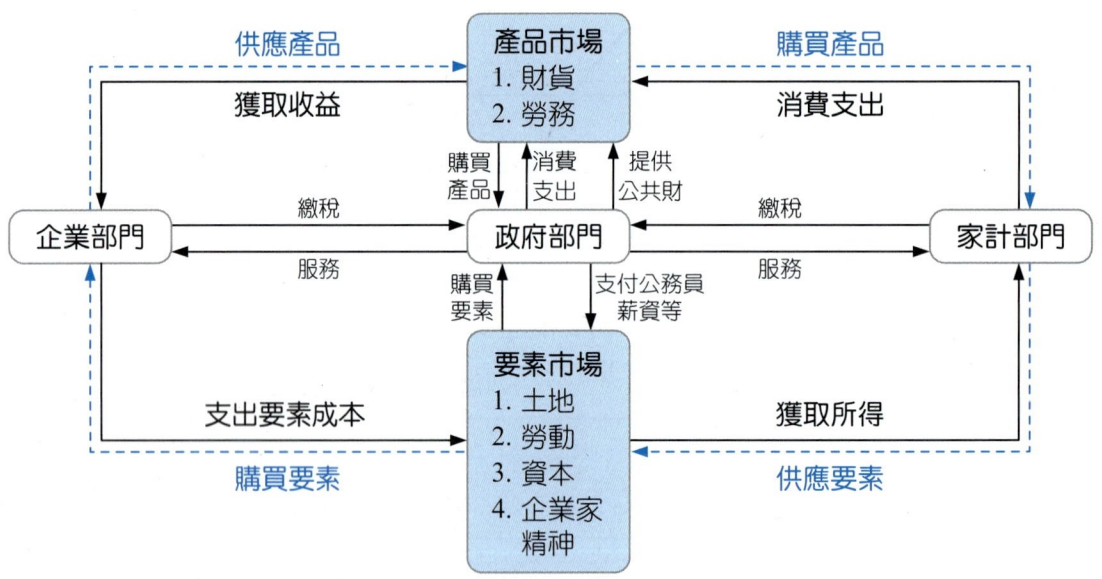

市場 決策單位	產品市場 買方	產品市場 賣方	要素市場 買方	要素市場 賣方
家計部門	✓ 消費支出			✓ 獲取所得
企業部門		✓ 獲取收益	✓ 支出要素成本	
政府部門	✓ 消費支出	✓ 提供公共財	✓ 購買要素支出	

三、經濟制度 110

1. 各種經濟制度比較：

比較項目 \ 制度	市場經濟制度（自由經濟制度）（資本主義經濟制度）	混合經濟制度（新資本主義經濟制度）	控制經濟制度（計畫經濟制度）社會主義經濟制度	控制經濟制度（計畫經濟制度）共產主義經濟制度
經濟型態	實施自由經濟	市場經濟為主 控制經濟為輔	控制經濟為主 市場經濟為輔	實施控制經濟
解決經濟問題方法	價格機能	價格機能（較多）＋政府控制（較少）	政府控制（較多）＋價格機能（較少）	政府控制
政府干涉經濟活動	反對政府介入	政府的介入主要是為了彌補民間需求的不足	政府有極大的控制權	完全由政府統一計劃
人民選擇自由	享有充分的選擇自由	享有絕大部分的選擇自由	少部分選擇自由	無選擇自由
決策權歸屬	人民決定	人民有選擇自由 政府有權力干涉	大部分政府決定	政府決定
財產權歸屬	人民所有（以私有財產為基礎）	人民所有	人民保有部分財產	政府所有（生產工具歸國有）
採行國家	美、英、加拿大	目前大部分國家（如中華民國、南韓、印度）	中國、古巴	北韓
政府控制力	最弱（民主）────────────────────────────→ 最強（集權）			
經濟效率（資源配置效率）	最高 ────────────────────────────→ 最低			
所得分配平均度	最不平均（貧富不均）────────────────────────────→ 最平均（均貧）			

即凱因斯所謂的「貧窮於富裕之中」

2. 我國所採行的民生主義經濟制度：

(1) 主張：以私有財產及市場經濟為主，但必須對個人資本有所限制。

(2) 性質：屬於計畫性的自由經濟，也是混合經濟制度的一種。

(3) 特徵：
- 承認私有財產。
- 政府機能增加。
- 尊重就業自由與社會福利。
- 主張國營、民營企業並重。

學以致用 1-5

(B)1. 混合經濟制度是
(A)以計劃經濟為主，自由經濟為輔
(B)以自由經濟為主，計劃經濟為輔
(C)以控制經濟為主，市場經濟為輔
(D)以計劃經濟為主，資本主義經濟為輔。

(D)2. 下列何者不是市場經濟制度的特性？
(A)私有財產　　　　(B)價格機能
(C)就業自由　　　　(D)經濟活動由政府統一規劃。
解 D：市場經濟制度的經濟活動由「人民」自行規劃。

(B)3. ①共產主義經濟制度　②自由經濟制度　③混合經濟制度。
在上述各種經濟制度中，政府對一國經濟的控制力由大至小排序，依序為
(A)①②③　(B)①③②　(C)②③①　(D)③①②。
解 ①共產主義經濟制度＞③混合經濟制度＞②自由經濟制度。

4. 下圖為經濟循環圖，請在①～⑧的底線中填入適當內容。

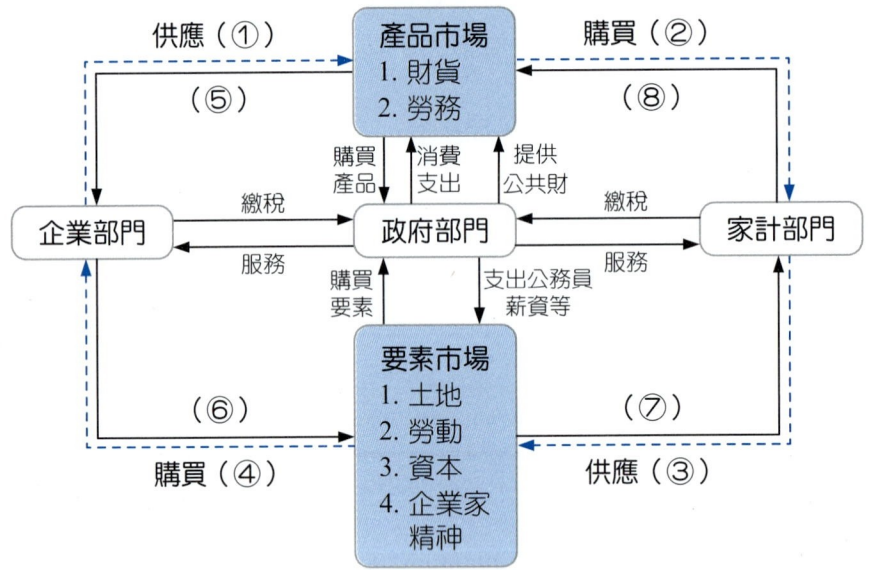

①：　產品　　　　④：　要素　　　　⑦：　獲取所得

②：　產品　　　　⑤：　獲取收益　　⑧：　消費支出

③：　要素　　　　⑥：　支出要素成本

1-1 經濟學的概念

(C)1. 「有鑒於人們對休閒生活的重視,且附近地區約有8,000萬人口,14歲以下就有1,500萬人之多,因此我們決定選擇此地區興建兒童主題樂園」上述說法中,業者所考量的主要是下列哪一項問題?
(A)何時生產　(B)如何生產
(C)為誰生產　(D)如何維持經濟穩定。

(A)2. 對理性消費者而言,自利行為最終目的為何?
(A)追求滿足最大　(B)追求利潤最大
(C)追求所得最大　(D)追求預算最大。

(B)3. 選擇何種生產方式可以達到最大的生產效率,是指下列哪一項基本的經濟問題?
(A)生產什麼（what）
(B)如何生產（how）
(C)何時生產（when）
(D)為誰生產（for whom）。

(A)4. 連續放長假期間,高速公路往往嚴重塞車,此現象以經濟問題視之,最合理的解釋為下列哪一項?
(A)資源的稀少性　(B)邊際效用遞增
(C)高速公路是私有財　(D)人的慾望有限。
解 B:邊際效用是指每增加一單位財貨的消費,使總效用變動的數量（CH3）。
C:高速公路是公共財。D:人類的慾望無限,但資源有限。

(A)5. 下列敘述何者正確?
(A)經濟問題的產生是因為「慾望無窮,但資源相對有限」
(B)富人沒有「慾望無窮,但資源相對有限」之經濟問題
(C)經濟問題的產生是因為「慾望有限,但資源相對無限」
(D)窮人沒有「慾望無窮,但資源相對有限」之經濟問題。

(D)6. 若A廠商擬投資設廠,其正在評估要生產速食麵或冷凍水餃。請問此為下列何種經濟問題?
(A)何時生產　(B)為誰生產
(C)如何生產　(D)生產什麼。

(D)7. 工廠發動機所燒的煤炭是屬於
(A)耐久財　(B)自由財　(C)消費財　(D)生產財。

(C)8. 下列哪一個經濟問題,可以利用財政政策及貨幣政策來解決?
(A)如何生產　(B)為誰生產
(C)如何維持經濟穩定　(D)何時生產。

next...

(A)9. 關於財貨的分類，下列敘述何者錯誤？
(A)沐浴乳是屬於耐久財
(B)家庭用水是屬於消費財
(C)汽車是屬於經濟財
(D)餐館的烹飪器具是屬於生產財。
解 A：沐浴乳是屬於消耗財。

1-2 經濟學的成立與演進

(C)10. 下列有關經濟學家馬歇爾的敘述何者有誤？
(A)著有「經濟學原理」一書
(B)為新古典學派的創始者
(C)提出流動性偏好理論
(D)主張自由競爭，反對政府干涉。
解 提出流動性偏好理論者→凱因斯。

(A)11. 下列有關經濟學者與其著作，何者有誤？
(A)李嘉圖－福利經濟學
(B)凱因斯－就業、利息與貨幣的一般理論
(C)馬克斯－資本論
(D)亞當斯密－國富論。
解 李嘉圖→政治經濟學與賦稅原理。皮古→福利經濟學。

(B)12. 有關各經濟學派及其基本主張，以下何者錯誤？
(A)社會主義學派－提出剝削說
(B)凱因斯學派－提出折衷價值論
(C)古典學派－假設充分就業為常態
(D)芝加哥學派－主張以法則替代權衡。
解 折衷價值說→新古典學派。

(A)13. 供給經濟學派最主要的主張是：
(A)減稅　(B)增加貨幣供給　(C)降低利率　(D)保障最低工資。

(D)14. 價格機能的有效發揮，主要是建基於：
(A)專業分工制度　(B)計劃經濟制度　(C)政府的公權力　(D)自利心。

(D)15. 「供給創造其本身需求」法則，稱為
(A)格萊欣法則　　　　　　(B)凱因斯法則
(C)李嘉圖法則　　　　　　(D)賽伊法則。

(C)16. 應用部分均衡分析法，建立個體經濟理論的剪刀式價值論，成為現代價格理論之基礎的經濟學者是
(A)李嘉圖　(B)凱恩斯　(C)馬歇爾　(D)約翰司徒密爾。

(C)17. 亞當斯密（A. Smith）所謂「一隻看不見的手」是指
(A)交換制度 (B)生產制度
(C)價格制度 (D)分配制度。

(D)18. 古典學派認為
(A)失業為常態 (B)政府角色極重要
(C)賽伊法則不存在 (D)充分就業為常態。
解 古典學派反對政府介入。賽伊為古典學派的學者，主張「供給創造需求」。

(C)19. 下列哪一經濟學派主張政府降低稅率，以增加儲蓄，促進投資，提高就業與產出水準，則政府總稅收不減，反而會增加？
(A)古典學派 (B)凱因斯學派
(C)供給學派 (D)貨幣學派。

(A)20. 認為政府經濟政策在民眾理性預期下都會失效，因此主張尊重市場價格機能的學者為
(A)盧卡斯 (B)拉弗爾 (C)龐巴衛克 (D)李士特。

(B)21. 下列哪一位學者主張失業是經濟社會的常態？
(A)亞當斯密 (B)凱因斯 (C)賽伊 (D)李嘉圖。
解 A、C、D：為古典學派學者，認為充分就業是經濟社會的常態。

(D)22. 有關古典經濟學派的敘述，下列何者為誤？
(A)重視個人利益
(B)主張自由放任
(C)假設社會可達充分就業境界
(D)主張政府控制經濟活動。
解 古典學派主張自由放任的經濟制度，反對政府干涉。

(A)23. 下列敘述何者錯誤？
(A)凱因斯理論解決了1970年代停滯性膨脹的難題
(B)馬克斯是社會主義學派的代表學者
(C)英國經濟學者馬歇爾提出「部分均衡分析法」
(D)亞當斯密謂「冥冥中看不見的手」是指價格機能。
解 凱因斯學派解決1930年代經濟大恐慌所造成的難題。

(C)24. 下列敘述何者錯誤？
(A)馬歇爾為個體經濟學之父
(B)李嘉圖為古典學派的代表人物之一
(C)芝加哥學派主張政府貨幣政策應以短期權衡做法取代長期穩定法則（權衡替代法則）
(D)拉弗爾認為應該以減稅的手段，改善政府赤字的問題。
解 芝加哥學派主張以「法則替代權衡」。

next...

(C)25. 1930年代發生經濟大恐慌、1970年代發生停滯性膨脹，此兩大事件分別由哪個經濟學派提出解決的論點與主張？
(A)現代的經濟學派，新經濟學派
(B)古典學派，新古典學派
(C)新經濟學派，現代的經濟學派
(D)新古典學派，新經濟學派。

1-3 經濟學的種類與研究方法

(A)26. 在經濟學的研究範圍中，以價格為分析重點，亦稱價格理論的是：
(A)個體經濟學 　(B)規範經濟學
(C)總體經濟學 　(D)生態經濟學。

(C)27. 探討一個國家或整個社會經濟問題如國民所得、就業水準、經濟循環等的經濟學，稱為
(A)規範經濟學 　(B)實證經濟學
(C)總體經濟學 　(D)個體經濟學。

(B)28. 探討經濟現象，涉及主觀判斷、目標選擇及方法好壞等問題者為
(A)總體經濟學 　(B)規範經濟學
(C)個體經濟學 　(D)實證經濟學。
解 規範經濟學偏向「主觀」的判斷；實證經濟學則偏向「客觀」的判斷。

(C)29. 有關「實證經濟學」之敘述，下列何者正確？
(A)以主觀的價值標準，分析經濟政策的決定
(B)研究「應該如何」的問題
(C)又稱「唯真經濟學」
(D)「政府為了刺激國民的消費意願，所得稅率應該降低多少？」是屬於實證經濟學研究範圍。
解 A：實證經濟學是以「客觀的事實」來解釋經濟現象。
B、D：探討「應該如何」，是屬於「規範經濟學」的範圍。

(D)30. 下列何項不是個體經濟學所探討的問題？
(A)財貨與勞務價格的決定
(B)消費者對各種財貨之間的所得調配
(C)廠商對特定財貨的生產量
(D)國民所得水準的決定。
解 D：國民所得水準的決定屬於「所得理論」，為「總體經濟學」探討的內容。

(D)31. 下列何者是屬於總體經濟的探討？
(A)一個工廠決定要雇用多少勞工
(B)政府對汽車排放廢氣進行管制的效果
(C)接受義務教育對勞工收入的影響
(D)高儲蓄對經濟成長的影響。
解 儲蓄率高低影響資本累積，間接影響國民所得與就業，屬總體經濟學探討範圍。

(C)32. 下列敘述中何者不屬於實證經濟學？
(A)政府徵稅將帶來社會損失
(B)天下沒有白吃的午餐
(C)政府應該管制污染
(D)政府增加公共設施有助經濟發展。
解 C：探討「應該如何」的問題，是屬於「規範經濟學」的範疇。

(A)33. 探討台中捷運通車後，對台中經濟發展的影響，是屬於下列哪一種經濟學的研究範疇？
(A)實證經濟學 (B)規範經濟學 (C)個體經濟學 (D)動態經濟學。

(C)34. 古典學派主張以下列哪一種方法來研究經濟學？
(A)數理法 (B)模型法 (C)演繹法 (D)歸納法。

1-4 經濟資源的配置

(A)35. 在生產可能曲線上，每增加1單位X的生產，所必須減少生產Y的數量逐漸增加。此種現象稱為？
(A)機會成本遞增
(B)機會成本遞減
(C)社會福利極大
(D)邊際效用遞減。

(D)36. 所謂的「機會成本」是指，當資源有多種用途的情形下，若選擇了其中的一種用途時，必須放棄其他所有用途之：
(A)價值低估者
(B)價值最低者
(C)價值高估者
(D)價值最高者。

(C)37. 生產可能曲線為凹向原點的曲線，是因為：
(A)機會成本不變
(B)機會成本遞減
(C)機會成本遞增
(D)機會成本為零。

(A)38. 生產點落在生產可能曲線之外，表示：
(A)在目前情況下，生產無法達到
(B)資源未充分利用
(C)未使用最好生產方法
(D)資源減少。
解 生產點落在PPC之外，表示以現有的資源與技術水準尚無法達到的生產組合。

(B)39. 生產可能曲線是假設下列何者固定不變？
(A)生產成本
(B)資源與生產技術
(C)產品價格
(D)消費者需求。

(B)40. 生產可能曲線凹向原點，表示生產資源具有多種用途，且
(A)可完全替代
(B)可有限度的替代
(C)完全不能替代
(D)完全互補。

next...

(A)41. 在其他因素不變下，下列何者會導致一國的生產可能線內移？
(A)勞工外移　(B)儲蓄增加　(C)技術進步　(D)知識累積。
解 勞工外移→經濟衰退→PPC內移。

(D)42. 在人類經濟行為中，下列敘述何者錯誤？
(A)理性家計單位的經濟選擇，是以追求最大滿足為目標
(B)每一種資源皆有多種用途
(C)資源的種類與數量都是有限的
(D)選擇時所放棄其他用途中，價值最高者就是會計成本。
解 D：為「機會成本」。

(D)43. 下列何種情形會使一國的生產可能曲線移動？
(A)利率下跌
(B)人們對兩產品的需求一增一減
(C)財貨與勞務的價格提高
(D)一國所擁有的資源數量增加。
解 D：會使PPC往外移動。

(C)44. 下列何者不是生產可能曲線所隱含的經濟概念？
(A)資源稀少性　　　　　　　　(B)生產效率
(C)機會成本遞減法則　　　　　(D)經濟成長或衰退。
解 機會成本「遞增」法則。

(D)45. 圖（一）中的曲線為生產可能曲線，下列何者會使得此生產可能曲線向外移動？
(A)財貨價格上漲　　　　　　　(B)所得增加
(C)效用提高　　　　　　　　　(D)生產技術進步。

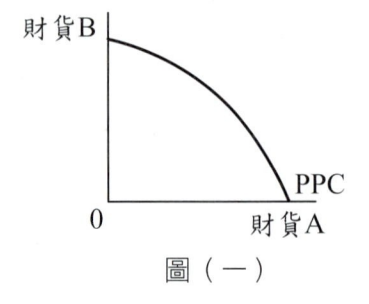

圖（一） 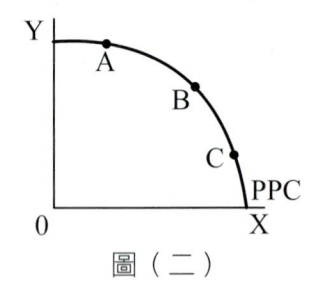　　　圖（二）

(C)46. 圖（二）顯示某國家使用所有生產要素，生產兩種產品（X財與Y財）的生產可能曲線，則下列敘述何者正確？
(A)資源使用效率：A＞B＞C；多生產一單位Y的機會成本：A＜B＜C
(B)資源使用效率：A＝B＝C；多生產一單位Y的機會成本：A＜B＜C
(C)資源使用效率：A＝B＝C；多生產一單位Y的機會成本：A＞B＞C
(D)資源使用效率：A＜B＜C；多生產一單位Y的機會成本：A＞B＞C。
解 A、B、C三點皆位於PPC線上，表示皆達充分就業，資源與生產技術皆已充分利用，所以資源使用效率A＝B＝C。
就X軸而言，多生產一單位X的機會成本遞增（C＞B＞A）。
就Y軸而言，多生產一單位Y的機會成本遞增（A＞B＞C）。

(A)47. 在生產可能曲線上，為了增產3單位的X財，必須減產9單位的Y財，則其邊際轉換率為　(A)3　(B)12　(C)$\frac{1}{3}$　(D)27。

解 $MRT_{XY} = \left|\frac{\Delta Y}{\Delta X}\right| = \left|\frac{-9}{3}\right| = 3$。

1-5 經濟體系與經濟制度簡介

(A)48. 在產品市場中，企業部門是扮演哪一種角色？
(A)賣方
(B)買方
(C)可能是買方或賣方
(D)既不是買方，也不是賣方。

解 企業部門在產品市場是扮演「賣方」，在要素市場則扮演「買方」。

(D)49. 下列何者是共產主義經濟的特徵？
(A)人民有充分的選擇自由
(B)政府控制力弱
(C)尊重市場價格機能
(D)生產工具歸屬國有。

解 在共產主義經濟下，人民無選擇的自由、政府控制力強、一切經濟決策皆由政府統一計劃。

(B)50. 下列哪個國家不是採行自由經濟制度？
(A)美國　(B)北韓　(C)加拿大　(D)英國。

(C)51. 我國所施行的民生主義經濟制度是屬於何種制度？
(A)自由經濟制度
(B)共產主義經濟制度
(C)混合經濟制度
(D)控制經濟制度。

(D)52. 自由經濟制度的基礎是
(A)生產制度
(B)分配制度
(C)交換制度
(D)價格制度。

(D)53. 關於「共產主義經濟制度」與「市場經濟制度」，下列敘述何者正確？
(A)政府皆具有強大的控制力
(B)皆屬於控制經濟制度
(C)皆重視市場機能
(D)前者的財產權歸國家所有，後者的人民則享有充分的財產權。

解 A：在市場經濟制度下，政府的控制力較弱。
　　B：市場經濟制度屬於自由經濟制度。
　　C：共產主義經濟制度不重視市場機能。

next...

進階挑戰題

因應統測難度 ↑　　　請自行斟酌練習

(D)1. 下列哪一項是個體經濟學的研究議題？
(A)出口產業要求新臺幣相對於美元匯率貶值
(B)一國失業率的長期走勢
(C)一國國民生活水準的決定因素
(D)家戶與廠商如何在特定的市場中互動。 [1-3]

(D)2. 右圖為大華與小年住家附近的地圖，甲、乙二商店均販賣大華與小年想購買的某項商品，且該商品在甲商店的售價比乙商店高。若大華僅想就近買到商品，而小年卻只想以便宜的價格購買，則對此二人而言，到哪一間商店購物的機會成本較高？
(A)皆為甲商店
(B)皆為乙商店
(C)大華：甲商店，小年：乙商店
(D)大華：乙商店，小年：甲商店。 [1-4][情境素養題]

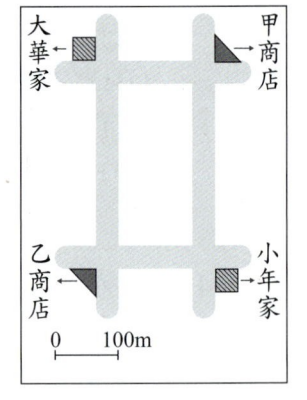

(D)3. 某新款智慧型手機上市引起排隊購買潮。若此手機售價為10,000元，甲心中最高願意支付3,000元託人排隊代買，經與有意代買之乙、丙商討，最後由乙收取甲代買費用1,000元，為甲購得此手機。請問以下有關機會成本的設算，何者正確？
(A)甲購買此智慧型手機的機會成本為13,000元
(B)乙為人排隊代買手機之機會成本為2,000元
(C)丙為人排隊代買手機之機會成本大於4,000元
(D)甲自己排隊買手機之機會成本至少高於3,000元。 [1-4]

解　A：甲購買此智慧型手機必須支付（放棄）11,000元，即機會成本為11,000元。
　　B、C：乙、丙為人排隊代買手機的機會成本為排隊等待的時間。
　　D：甲最高願付3,000元託人排隊代買手機 ⇒ 自己排隊買手機的機會成本 > 3,000元。

(A)4. 下列有關生產可能線的敘述，何者錯誤？
(A)生產可能線上的任一點，代表在既有的技術與資源充分有效使用下，兩產品最小可能的生產組合軌跡
(B)生產技術進步將使生產可能線外移
(C)生產可能線上有眾多生產組合，不必然全是實際選擇的生產組合
(D)生產可能線與兩軸包圍面積中的任一點（不含生產可能線上），表示資源未充分使用或技術無效率的生產組合。 [1-4]

(D)5. 下列敘述何者錯誤？
(A)某節目製作人正在規劃新型態直播節目，且鎖定18～30歲的民眾為主要收視族群，這表示該製作人面臨的是「為誰生產」的經濟問題
(B)社會經濟制度主張以控制經濟為主、自由經濟為輔
(C)歸納法是指藉由觀察許多個別現象而統計出共同結論，並建立各種法則的研究方法
(D)經濟問題發生的最主要原因為人類慾望無窮。 [1-6]

解　經濟問題發生的最主要原因是「資源有限（資源的稀少性）」。

情境素養題

(A)1. 王老闆擬新成立一公司,其正在分析要使用半自動生產機器A,或採全自動生產機器B,來生產商品。請問王老闆面臨下列哪一種經濟問題?
(A)如何生產　　(B)生產什麼
(C)為誰生產　　(D)何處生產。　　[1-1][102統測改編]

(B)2. 下列何者為「生產什麼」之經濟問題?
(A)大大公司正在評估是否要以機器人取代現有的人力來提高生產力
(B)小李擬開店做生意,其正在評估要賣飲料或賣糕點
(C)芳香公司正在評估在今年或明年增加一個新的銷售據點
(D)佳國公司正在評估要在印尼或越南設立海外分公司。　　[1-1][106統測改編]

(A)3. 小櫻是知名網路藝人及作家,某次將100分鐘的演出活動,製作成光碟片100片,預備在網路上拍賣競標。以下何者為有形財貨?
(A)光碟片100片
(B)光碟片的版權
(C)演出活動
(D)表演之著作權。　　[1-1][106統測]

(C)4. 老師在經濟學課堂上講解某位學者的學說:「他主張自由貿易並不需要政府過多的注意與限制,競爭愈為自由與普遍,則愈有利於社會,也能使國家得到充分的發展與繁榮。」請問老師最可能是在介紹下列哪一位學者?
(A)馬克斯
(B)凱因斯
(C)亞當斯密
(D)李士特。　　[1-2]

(D)5. 下列哪一項敘述,是屬於總體經濟學及規範經濟學的討論範疇?
(A)政府面對雞蛋大缺貨的情形,是否應該透過行政干預的手段介入
(B)嚴重特殊傳染性肺炎(Covid-19)疫情對於各國經濟成長造成的衝擊
(C)分析台灣因應川普再次擔任美國總統後大幅提高進口關稅的政策,對台灣電子資訊產業所造成的影響
(D)台積電到日本熊本縣設廠之後,日本政府應採用哪些政策來協助台積電,藉以促進該國的經濟成長。　　[1-3]

解 A:個體經濟學、規範經濟學。B:總體經濟學、實證經濟學。
C:個體經濟學、實證經濟學。

(B)6. 美國總統艾森豪曾說:「每一枝製好的槍、每一艘下水的戰艦、每一枚發射的火箭,最後說來,都相當於對那些飢餓無糧者和寒冷無衣者的偷竊。」請問以上敘述隱含何種經濟概念?
(A)價格機能　　(B)機會成本
(C)效率　　(D)市場經濟。　　[1-4]

next...

(C)7. 小陳目前有間閒置店面,想利用這間店面來賺取收入,他有以下選擇:開設服飾店,每月可淨賺6萬元;開設小吃店,每月可淨賺8萬元;若出租該店面,每月可收取5萬元租金。假設小陳最後選擇出租店面,則其機會成本為
(A)5萬元　(B)6萬元　(C)8萬元　(D)14萬元。　[1-4]

(B)8. 小濟在週末放假期間,有若干個選擇:在家手作蛋糕與家人分享,或是完成設計廣告宣傳品並獲得1,000元的酬勞,或是前往商展打工獲得1,600元的酬勞,假設小濟只能選擇一項工作,請問小濟選擇在家手作蛋糕與家人分享的機會成本為:
(A)1,000元　　(B)1,600元
(C)2,600元　　(D)無法衡量。　[1-4][103統測]

(A)9. 假如子皓自己開一家服裝設計公司,自己設算的報酬為每月10萬元,若台南紡織公司以每月6萬元聘請他,則他選擇自己開設服裝設計公司的機會成本為每月
(A)6萬元　　(B)10萬元
(C)4萬元　　(D)16萬元。　[1-4]

(A)10. 緬甸發生8.2級大地震,許多賑災物品紛紛湧入災區,以下是記者在當地所看到的景象:
①年輕人到麵包店搶購麵包
②小孩吃著救難隊所發放的餅乾
③醫療單位提供藥品給傷者使用
④老人排隊領取慈濟所煮的熱粥。
試問上述哪一種資源的取得方式最具有市場經濟制度的特色?
(A)①　(B)②　(C)③　(D)④。　[1-5]

(C)11. 假設某國的老年人口比例為全球最高,幼年人口比例卻是最低,這將會造成未來投入勞動的壯年人口不足。請問上述中該國壯年人口的變化,最可能先使下圖中甲、乙、丙、丁哪一個部分出現短缺?
(A)甲　(B)乙　(C)丙　(D)丁。　[1-5]

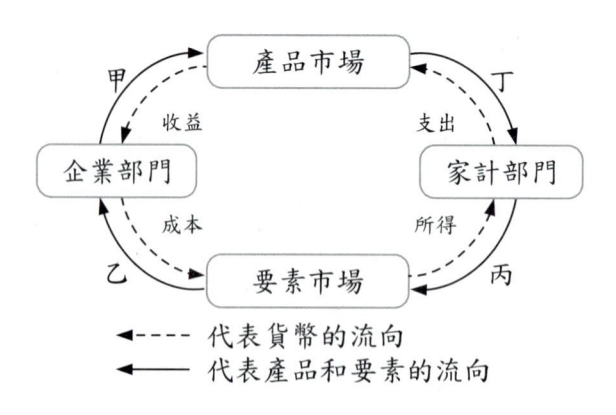

統測臨摹

(B)1. A國的生產可能曲線PPC如右圖所示，下列有關PPC的敘述何者錯誤？
(A)技術的進步會使PPC₁移動至PPC₂
(B)技術的進步會使PPC₂移動至PPC₃
(C)PPC₁移動至PPC₂表示經濟成長
(D)PPC₁移動至PPC₃表示經濟衰退。　　[1-4][102統測]

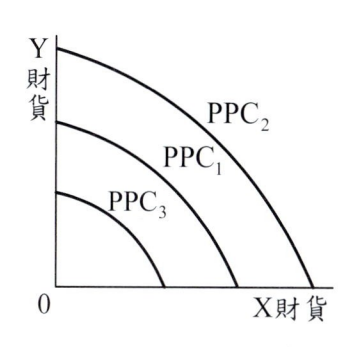

解 技術進步會帶動經濟成長，使整條PPC線「外移」。

(B)2. 「機會成本會隨著財貨數量增加而遞增」之特性，此特性會如何影響生產可能曲線？
(A)呈現水平線
(B)凹向原點
(C)整條曲線向外移動
(D)通過原點。　　[1-4][104統測]

解 生產可能曲線的機會成本會隨著財貨數量增加而遞增，表示隨著X財的產量增加，所須放棄的Y財越來越多，使得生產可能曲線越向原點彎曲，即「凹向原點」。

(B)3. 製鞋廠商在評估到底要多利用人工或是資本設備，並考慮生產成本和其對環境的影響，這是屬於哪一種經濟問題？
(A)生產什麼
(B)如何生產
(C)何時生產
(D)為誰生產。　　[1-1][105統測]

(D)4. 有關經濟成長與經濟發展的敘述，下列何者錯誤？
(A)亞當斯密為古典學派之學者
(B)供給面經濟學派又稱「雷根經濟學」
(C)生產可能曲線整條向外移動代表經濟成長
(D)各國出現停滯性膨脹後，新經濟學派開始興起。　　[1-2][106統測改編]

解 各國出現停滯性膨脹後，「現代的經濟學派」開始興起。

(A)5. 下列有關各經濟學派的敘述，何者正確？
(A)古典學派反對政府干涉經濟活動
(B)凱因斯學派主張「供給創造需求」
(C)重貨幣學派主張政府應該採「以權衡代替法則」的貨幣政策
(D)新古典成長理論又稱為「內生成長理論」。　　[1-2][107統測]

解 凱因斯學派主張「需求創造供給」。
重貨幣學派主張「以法則代替權衡」。
新古典成長理論又稱為「外生成長理論」。

next...

經濟學 滿分總複習（上）

(B)6. 若一國生產兩財貨X與Y的生產可能曲線（PPC）如右圖，而邊際轉換率MRT$_{XY}$表增加一單位的X財貨，所必需放棄的Y財貨的數量。下列敘述何者錯誤？
(A)由D點到E點的MRT$_{XY}$ = 3
(B)D點的生產效率高於E點
(C)C點到D點的MRT$_{XY}$ < 3
(D)H點的生產效率低於E點。　[1-4][108統測]

解 A：MRT$_{XY}$ = $\left|\dfrac{\Delta Y}{\Delta X}\right|$ = $\left|\dfrac{5-8}{4-3}\right|$ = 3。

B：在PPC上的每一點，都是最大產量的組合。

C：隨著X財的增加，放棄的Y財會越來越多。
∵D點到E點的MRT$_{XY}$ = 3，∴C到D點的MRT$_{XY}$ < 3。

D：H點在PPC之內 ⇒ 資源或技術未充分利用，其生產效率必較PPC上的任一點低。

(A)7. 下列有關經濟議題之敘述，何者正確？
(A)分析現金補貼政策可降低受疫情衝擊之經濟衰退程度，此為實證經濟學之範疇
(B)個體經濟學又稱所得理論，而國際貿易問題即為所得理論研究範圍
(C)高所得國家不會面臨稀少性問題，只有低所得國家才會面臨此問題
(D)亞當斯密為經濟學之父，其於出版「國富論」一書中主張政府應干涉市場。
[1-3][109統測]

解 「總體經濟學」又稱所得理論。任何國家皆會面臨稀少性問題。
亞當斯密主張自由放任，反對政府干涉。

(C)8. 設甲國僅生產X、Y兩財貨，X、Y的生產可能曲線為PPC如右圖。已知A點生產財貨X之機會成本為2，在技術與資源不變下，則下列敘述何者正確？
(A)若B點也在PPC線上且Y數量為5，則B點生產X的機會成本小於2
(B)C點與A點相比，Y數量相同但X數量較多，則C點具有生產效率性
(C)D點與A點相比，Y數量相同但X數量較少，則D點不具有生產效率性
(D)PPC線為負斜率是因為機會成本遞增。　[1-3][110統測]

解 A：B點生產X的機會成本「大於」2。

B：C點位於Y數量相同但X數量較多之處，表示位於PPC線外
⇒ 目前的資源與技術水準尚無法達到之生產組合。

C：D點位於Y數量相同但X數量較少之處，表示位於PPC線內
⇒ 資源或技術未充分運用，不具生產效率性。

D：PPC為負斜率是因為增加一單位X財的生產，就必須減少Y財的生產。

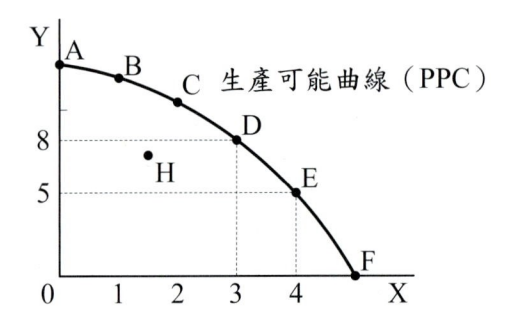

(D)9. 下列敘述何者正確？
(A)消費者行為與物價水準皆是個體經濟學探討的議題
(B)社會主義經濟制度下，支配社會資源分配的主要力量是價格機能
(C)某廠商導入人工智慧於生產製造過程，此為「生產什麼」的問題
(D)探討嚴重特殊傳染性肺炎（COVID-19）疫情對網路遊戲產品銷量的影響，此為實證經濟學的範疇。 [1-5][110統測]

解 A：物價水準 ⇒ 總體經濟學。
B：社會主義經濟制度以「控制經濟」為主，價格機能為輔。
C：導入人工智慧於生產製程 ⇒「如何生產」的問題。

(D)10. 在下列四則之新聞報導中，何者是屬於總體經濟學之範疇？
(A)超市舉辦橘子特賣，而在特惠期間橘子銷量大增
(B)因預期今年冬天會特別寒冷，服飾業者紛紛提早布局保暖外套的市場
(C)某間拉麵店在開幕期間，前一百名消費顧客有打折優惠，引起民眾排隊
(D)因應疫情可能使景氣衰退，政府研討發放五倍券等振興經濟的措施。 [1-3][111統測]

解 A、B、C：屬於個體經濟學之範疇。

(B)11. A點和B點位於相同的生產可能曲線上，下列敘述何者錯誤？
(A)A點和B點已經達到充分就業
(B)A點移到B點的機會成本為零
(C)A點和B點已達生產效率
(D)A點和B點具有技術效率。 [1-4][113統測]

解 從A點移到B點的邊際轉換率，即為其機會成本。

(B)12. 有一條生產可能曲線（Production Possibility Curve；PPC）如右圖所示，其中橫軸與縱軸分別為X、Y兩財貨的產量。下列敘述何者錯誤？
(A)G點表示資源未充分利用
(B)E點和F點的邊際轉換率相等
(C)E點和F點的生產效率相同
(D)達到H點的可能方法為技術進步。 [1-4][114統測]

解 PPC上不同點的邊際轉換率並不一定會相等。

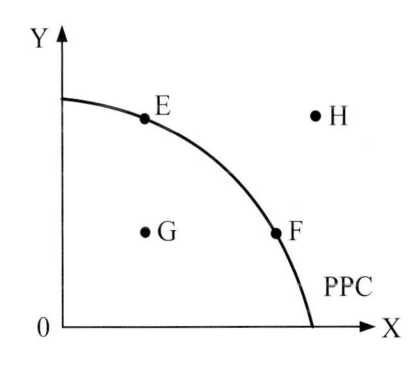

NOTE

CH 2 需求與供給

本章學習重點

114年統測重點
供給函數、供給點彈性、供需變動對均衡價格的影響

節名	必考重點	
2-1 需求	• 需求法則 • 需求量變動與需求變動的區別	★★★☆☆
2-2 需求彈性	• 需求彈性的圖形與計算 • 需求彈性的類型	★★★★★
2-3 供給　幾乎年年考哦！	• 供給法則 • 供給量變動與供給變動的區別	★★★☆☆
2-4 供給彈性	• 供給彈性的圖形與計算 • 供給彈性的類型	★★★★★
2-5 市場均衡與價格機能	• 均衡價格與數量的決定 • 供需變動對市場均衡的影響	★★★★★
2-6 政府對市場價格的干涉	• 政府的價格管制、課稅及補貼	★★★☆☆

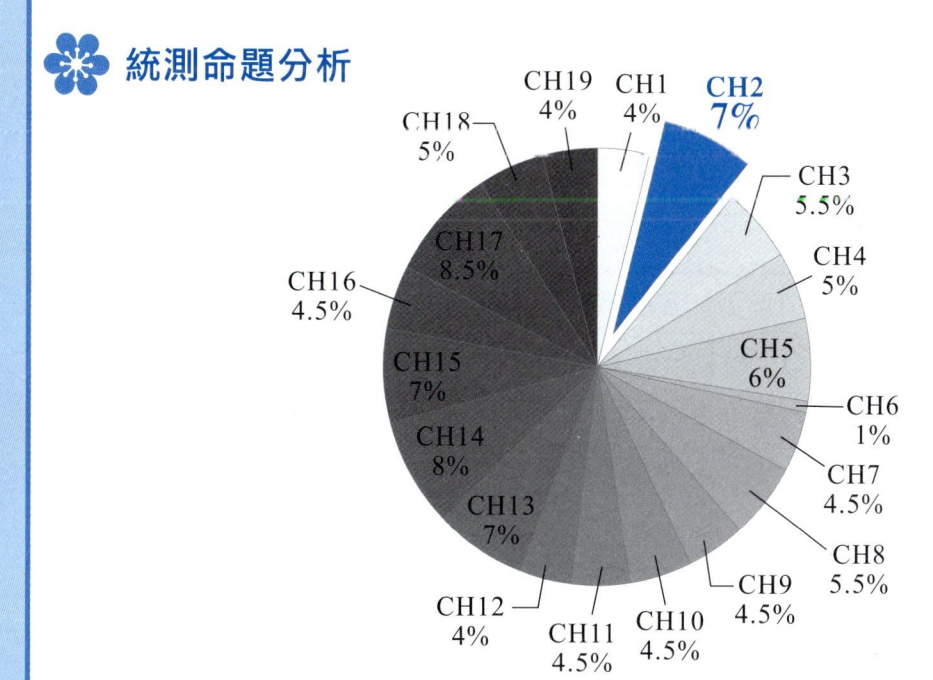

統測命題分析

- CH1 4%
- CH2 7%
- CH3 5.5%
- CH4 5%
- CH5 6%
- CH6 1%
- CH7 4.5%
- CH8 5.5%
- CH9 4.5%
- CH10 4.5%
- CH11 4.5%
- CH12 4%
- CH13 7%
- CH14 8%
- CH15 7%
- CH16 4.5%
- CH17 8.5%
- CH18 5%
- CH19 4%

2-1 需求　105 110 111 113

一、需求的意義

在其他條件不變的情況下，於一定期間內，在**各種可能的價格**下，**消費者**對某項財貨**願意購買**且**有能力購買**的數量。其他條件不變是指：

1. 消費者**所得**不變。
2. **相關財貨價格**不變。
3. 消費者**偏好**不變。
4. **消費者預期未來之所得與財貨價格**不變。
5. **消費人數**不變。

> 即由許多組的(P, Q)所組成

> **黃金5秒鐘**
> 願意購買 + 有能力購買 = **有效需求**
> 不願意購買 + 有能力購買 ⎫
> 願意購買 + 沒有能力購買 ⎬ **無效需求**

二、需求的三種表示方式

1. **需求表**：以表格方式來表示需求。假設善逸對於餅乾的需求如下表：

價格（P）	需求量（Q_d）
30	1
25	2
20	3
15	4

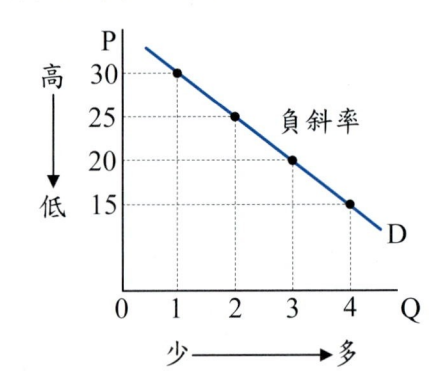

（高→低）　（少→多）

2. **需求曲線**：以曲線方式來表示需求（如右上圖）。

提出者	馬歇爾
意義	在其他條件不變的情況下，各種**價格**與**需求量**的組合軌跡所連結而成的曲線
特性	(1) **橫軸為需求量Q，縱軸為價格P** (2) 正常情況下，需求曲線為一條由左上方向右下方延伸的**負斜率**曲線 (3) 正常情況下，P↓ ⇒ Q_d↑，P↑ ⇒ Q_d↓，故P與Q_d呈**反向**關係 (4) 需求曲線上的任何一點，表示在某特定需求量下，消費者所願意支付的**最高單位價格** (5) 需求曲線上的任何一點，表示在某特定價格下，消費者所願意購買的**最多財貨數量**

3. **需求函數**：以函數方式來表示需求。
   (1) **函數型式**：$Q_d = f(P)$；Q_d為P的減函數。
   (2) **直線型方程式**：$Q_d = a - bP$
   a、b為正數；$-b$表示需求曲線為**負斜率**，且為**斜率之倒數**。

> **記憶要訣**
> - 需求曲線為**負斜率**
> - P與Q_d呈**反向**關係
> - Q_d為P的**減函數**
>
> 意涵相同

三、需求的種類

分類方式	種類	說明	釋例
使用用途	直接需求（最終需求）（真正需求）	消費者對各種消費財的需求	一般人對食物、衣服的需求
	間接需求（引申需求）	生產者對各種生產財的需求	廠商對廠房、設備的需求
財貨性質	補充需求（聯合需求）（互補需求）	消費者同一時間內必須消費**兩種以上**財貨，才能滿足慾望的需求	欲駕駛汽車，須同時對汽車與汽油有需求
	替代需求（競爭需求）（獨立需求）	消費者同一時間內只需消費**一種**財貨，便可滿足慾望的需求	欲搭車上學，同一時間只能選擇搭公車或搭捷運
消費人數	個別需求	個別消費者在各種價格下，願意且有能力購買某財貨的需求	五月天對手機的需求
	市場需求（總需求）	所有消費者在同一價格下，願意且有能力購買某財貨的需求；即個別需求的**水平加總**	台灣全體消費者對手機的需求

教學範例 1 ── 由個別需求推導出市場需求

假設市場上有相同的消費者100名，已知個別需求函數為$q^d = 10 - P$，則市場需求函數為何？

解 市場需求為個別需求之 __水平__ 加總。（水平、垂直）

市場需求函數 $Q_d = q_1^d + q_2^d + q_3^d + \cdots + q_{100}^d$
$= 100 \times q^d = 100 \times (10 - P)$
$= 1{,}000 - 100P$。

四、需求法則

> **黃金5秒鐘**
> 需求法則是**價格（P）**與**需求量（Q_d）**呈**反向**變動關係，而非「反比」關係！

1. 需求法則的意義：

在其他條件不變的情況下，財貨的**價格**與**需求量**呈**反向**變動關係；即 $P\downarrow \Rightarrow Q_d\uparrow$；$P\uparrow \Rightarrow Q_d\downarrow$。因此，需求曲線為**負斜率**曲線。

2. 需求法則成立的原因：

原因	替代效果	所得效果
說明	當財貨間的**相對價格**改變時，消費者會購買**較便宜的財貨**來替代較貴的財貨，造成需求量變動的效果	因財貨**本身價格**改變，使消費者的**實質所得（購買能力）**改變，導致需求量隨之變動的效果
釋例	當西瓜價格下跌，而其他水果價格不變時，則西瓜相對便宜，消費者會多買西瓜來替代其他水果	西瓜價格由一斤30元降為一斤15元，30元本來只能買到1斤西瓜，降價後則可買到2斤

另可以「邊際效用分析法」（隨Q增加，MU遞減，消費者願支付的價格也會隨之降低）進行分析。因各版審定課本均未提及，老師可自行斟酌補充

3. 需求法則的例外：

以下二種財貨違反需求法則，其需求曲線為**正斜率**（$P\uparrow$，$Q_d\uparrow$）。

例外財貨	炫耀財（韋伯倫財）	季芬財
提出者	韋伯倫	季芬
說明	人們用來炫耀本身之財富或地位的財貨，因此 $P\uparrow$，$Q_d\uparrow$ $\Rightarrow$ 正向變動，違反需求法則	1845年愛爾蘭發生糧荒，所有糧食（包括馬鈴薯）的價格都上漲，但由於民眾買不起其他價格較高的食物，只能買更多相對較便宜的馬鈴薯，因此 $P_{馬鈴薯}\uparrow$，$Q_{馬鈴薯}\uparrow$ $\Rightarrow$ 正向變動，違反需求法則
釋例	貂皮大衣、鑽石、超級跑車	當時愛爾蘭的馬鈴薯
需求曲線	P與Q_d呈同向變動，需求曲線為**正斜率** 正斜率（違反需求法則）曲線圖：縱軸為P，橫軸為Q，曲線D由左下至右上，標示P_1, P_2對應Q_1, Q_2	

黃金5秒鐘

1. 需求法則的例外是指「炫耀財」與「季芬財」，而非「奢侈品」與「劣等財」喔！
2. 炫耀財是否為奢侈品？
   (1) 奢侈品是指所得變動百分比（ΔI%）小於需求量變動百分比（ΔQ%）的財貨。
   (2) 炫耀財不一定是奢侈品，而奢侈品也不一定是炫耀財。
3. 季芬財是否為劣等財？
   (1) 劣等財是指當所得I增加時，需求會減少的財貨。
   (2) 季芬財一定是劣等財，但劣等財不一定是季芬財。

學以致用 2-1A

(B)1. 根據需求法則，在其他條件不變的情況下，財貨價格愈高，其市場需求量
(A)愈多　(B)愈少　(C)不變　(D)多寡不一定。

(A)2. 在一般情況下，需求曲線上的任一點，表示在該需求量下，消費者願意支付的
(A)最高單位價格　(B)最低單位價格　(C)均衡價格　(D)平均價格。

(B)3. 大陸工程公司購買各種機械用以興建高鐵，因此大陸工程公司對機械的需求屬於
(A)補充需求　(B)引申需求　(C)市場需求　(D)直接需求。
解 機械為大陸工程公司的生產財，因此大陸工程公司對機械的需求屬於引申需求。

(D)4. 上班族在同一時間對「原子筆」與「鋼筆」的需求，屬於
(A)聯合需求　(B)引申需求　(C)間接需求　(D)競爭需求。

(B)5. 需求法則是指在其他條件不變的情況下，商品價格與需求量呈何種變動關係？
(A)同向　(B)反向　(C)正比　(D)反比。

(C)6. 下列何者不是需求法則成立的原因？
(A)替代效果　(B)所得效果　(C)乘數效果　(D)邊際效用遞減法則。

(B)7. 下列何種財貨一定違反需求法則？
(A)劣等財　(B)炫耀財　(C)奢侈品　(D)劣等財及奢侈品皆違反需求法則。
解 A、C、D：劣等財及奢侈品「不一定」違反需求法則。
　　B：炫耀財（$P\uparrow \Rightarrow Q_d\uparrow$）一定違反需求法則。

(D)8. 若某財貨的價格降低，則其需求量的變化為何？
(A)增加　(B)減少　(C)固定不變　(D)增減不一定。
解 須視該財貨的性質而定：
　　若為「一般符合需求法則的財貨」，則 $P\downarrow \Rightarrow Q_d\uparrow$；
　　若為「炫耀財」或「季芬財」，則 $P\downarrow \Rightarrow Q_d\downarrow$。

next...

(A)9. 下列有關需求的敘述，何者錯誤？
(A)需求是指在其他條件不變的情況下，消費者於一定期間內對某項財貨在特定價格下，願意且能夠購買的數量
(B)直接需求又稱最後需求，間接需求又稱引申需求
(C)市場需求為個別需求的水平加總
(D)一般而言，數位相機與電池的需求屬於補充需求。

解 A：需求是指在其他條件不變的情況下，消費者於一定期間內對某項財貨在「各種可能的價格」下，願意且能夠購買的數量。

(C)10. 假設市場上有相同的消費者50名，已知個別需求函數為 $q^d = 15 - 2P$，則市場需求函數為何？ (A)$Q_d = 15 - 100P$ (B)$Q_d = 750 - 2P$ (C)$Q_d = 750 - 100P$ (D)$Q_d = 15 - 2P$。

解 $Q_d = 50 \times q^d = 50 \times (15 - 2P) = 750 - 100P$。

(B)11. 下列有關「季芬財」的敘述，何者錯誤？
(A)季芬財一定是劣等財
(B)劣等財不是季芬財
(C)消費者對季芬財的需求量隨價格上漲而增加
(D)季芬財一定違反需求法則。

解 B：劣等財「未必是」季芬財。

(A)12. 關於「炫耀財」與「季芬財」，下列敘述何者正確？
(A)前者由韋伯倫提出，後者由季芬爵士提出
(B)前者一定是奢侈品，後者一定是劣等財
(C)二者的需求曲線皆呈負斜率
(D)二者皆符合需求法則。

解 B：炫耀財「未必」是奢侈品，季芬財一定是劣等財。
C、D：二者皆「違反」需求法則，其需求曲線皆呈「正斜率」。

13. 根據需求法則，需求曲線呈 ___負___ 斜率。（正、負）

14. 請根據右圖判斷「季芬財」與「劣等財」的關係。 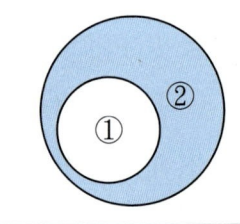
①：___季芬___ 財。②：___劣等___ 財。

15. 假設善逸對於餅乾的需求如右表，請問：

價格（P）	需求量（Q_d）
30	1
25	2
20	3
15	4

(1) 試導出需求函數。答：___$Q_d = 7 - 0.2P$___。

(2) 當價格為10元時，善逸的需求量為若干？
答：___5___。

(3) 當餅乾的價格高於多少元時，善逸就不會購買了？
答：___35___。

解 (1) 任取需求表中之兩組(P, Q_d)代入$Q_d = a - bP$，解聯立方程式，可得$a = 7$，$b = 0.2$。
∴需求函數為$Q_d = 7 - 0.2P$。
(2) $P = 10 \Rightarrow Q_d = 7 - 0.2 \times 10 = 5$。
(3) 將$Q_d = 0$代入方程式：$0 = 7 - 0.2P \Rightarrow P = 35$。

五、需求量變動與需求變動 [105]

1. 需求量與需求的意義：

項目	需求量	需求
定義	其他條件不變下，一定期間內，在**某一特定價格**下，消費者願意並且有能力購買的財貨數量	其他條件不變下，一定期間內，在**各種可能價格**下，消費者願意並且有能力購買的財貨數量
說明	**某一特定的價格** 對應**某一特定的需求量** ⎫ 某一點	**各種可能的價格** 對應**各種可能的需求量** ⎫ 整條線

2. 需求量變動與需求變動的比較：

項目	需求量變動	需求變動
假設條件	其他條件不變 （如：消費者偏好、所得等不變）	財貨本身價格不變
變動原因	財貨本身價格變動	其他條件變動 （如：消費者偏好、所得等變動）
圖示	同一條**線上點**的移動	**整條線**的移動
變化方向	• 點沿D線**下移**（A點→C點） ⇒ 需求量Q_d↑ • 點沿D線**上移**（A點→B點） ⇒ 需求量Q_d↓	• 整條D線平行**右移**（D_0→D_1） ⇒ 需求D↑ • 整條D線平行**左移**（D_0→D_2） ⇒ 需求D↓

六、需求變動的原因 110 111

1. **消費者偏好：**
   (1) 偏好↑ ⇒ 需求↑ ⇒ D線**右**移。
   (2) 偏好↓ ⇒ 需求↓ ⇒ D線**左**移。

2. **消費人數：**
   (1) 消費人數↑ ⇒ 需求↑ ⇒ D線**右**移。
   (2) 消費人數↓ ⇒ 需求↓ ⇒ D線**左**移。

3. **消費者所得（I）：**

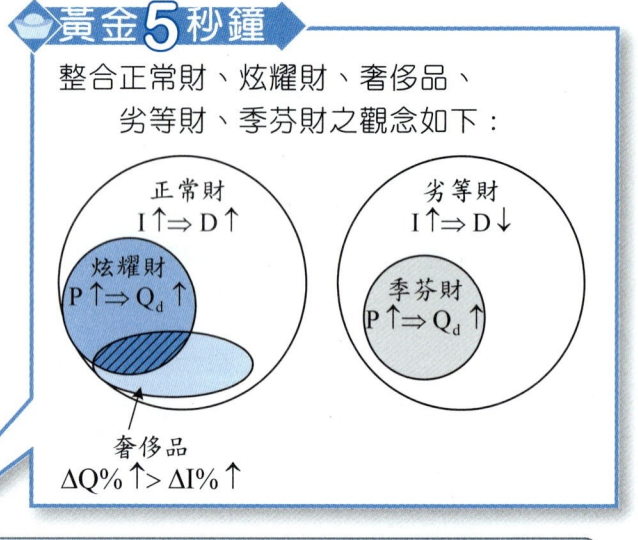

> **黃金5秒鐘**
> 整合正常財、炫耀財、奢侈品、劣等財、季芬財之觀念如下：
>
> 正常財 $I\uparrow \Rightarrow D\uparrow$
> 炫耀財 $P\uparrow \Rightarrow Q_d\uparrow$
> 奢侈品 $\Delta Q\%\uparrow > \Delta I\%\uparrow$
>
> 劣等財 $I\uparrow \Rightarrow D\downarrow$
> 季芬財 $P\uparrow \Rightarrow Q_d\uparrow$

項目	說明 所得		需求		D線	釋例
正常財	↑	⇒	↑	⇒	右移	薪水增加後，多買了幾件衣服 ⇒ 衣服為正常財
	↓	⇒	↓	⇒	左移	
劣等財	↑	⇒	↓	⇒	左移	薪水增加後，少吃了幾次泡麵 ⇒ 泡麵為劣等財
	↓	⇒	↑	⇒	右移	

4. **預期未來之所得與財貨價格：** 111

項目	說明					釋例
預期未來所得	未來所得		現在需求		D線	預期下個月會加薪，這個月較敢多買衣服
	↑	⇒	↑	⇒	右移	
	↓	⇒	↓	⇒	左移	
預期未來財貨價格	未來財貨價格		現在需求		D線	預期下週油價調漲，本週先去把油加滿
	↑	⇒	↑	⇒	右移	
	↓	⇒	↓	⇒	左移	

> **黃金5秒鐘**
>
> 「財貨本身價格」變動 ➡ 對財貨的**需求量**變動
>
> 預期「財貨未來價格」變動 ➡ 現在對財貨的**需求**變動

5. **相關財貨價格：**

   (1) 需求的替代品： $P_X \uparrow \Rightarrow D_Y \uparrow$（$P_X$，$D_Y$ 呈**同向**變動）。
   （消費上的替代品）

說明	當 P_X 上漲時，消費者對Y財的需求增加，表示X財與Y財為需求上的**替代品**
釋例	當柳丁的價格上漲時，對橘子的需求會增加
分析	$P_{柳丁} \uparrow$ ─柳丁本身價格變動→ $Q^d_{柳丁} \downarrow$（**需求量**變動） ─橘子的其他條件變動→ $D_{橘子} \uparrow$（**需求**變動）
圖示	$P_{柳丁} \uparrow \Rightarrow$ 柳丁需求量 $Q^d_{柳丁} \downarrow$ ；　$P_{柳丁} \uparrow \Rightarrow$ 橘子需求 $D_{橘子} \uparrow$ （柳丁市場）　　　　　　　　　　　　　（橘子市場）

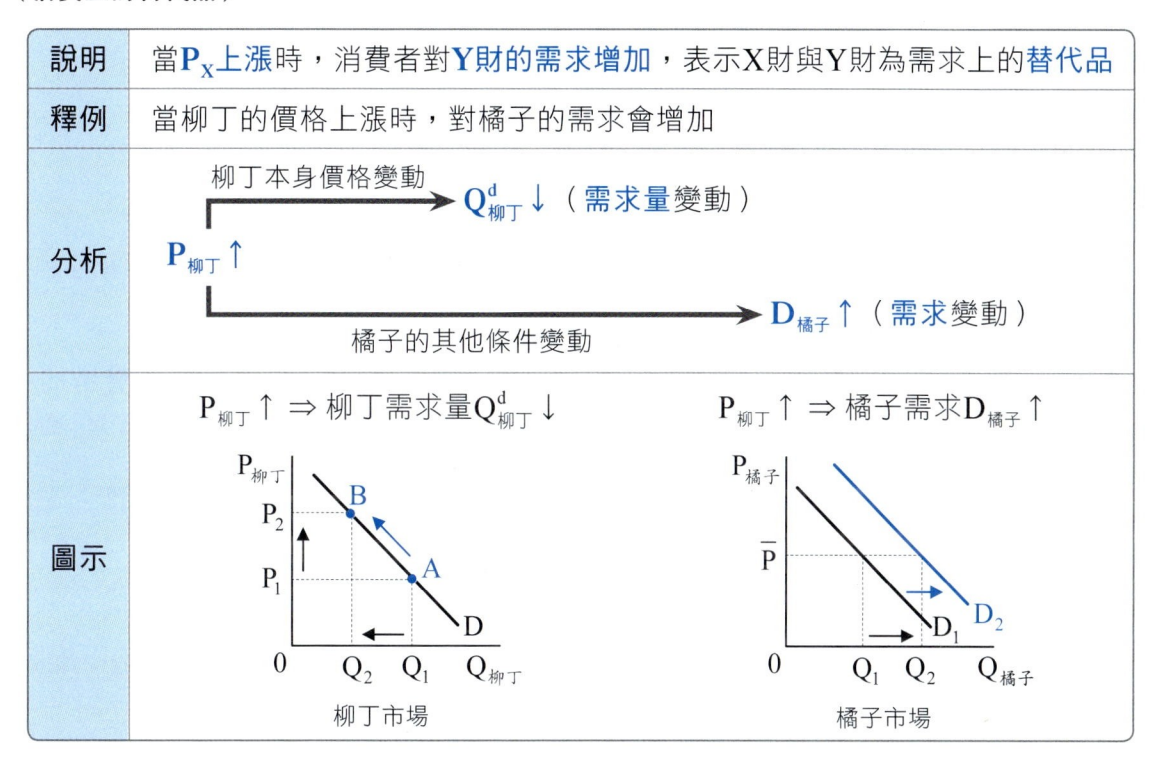

   (2) 需求的互補品： $P_X \uparrow \Rightarrow D_Y \downarrow$（$P_X$，$D_Y$ 呈**反向**變動）。
   （消費上的互補品）

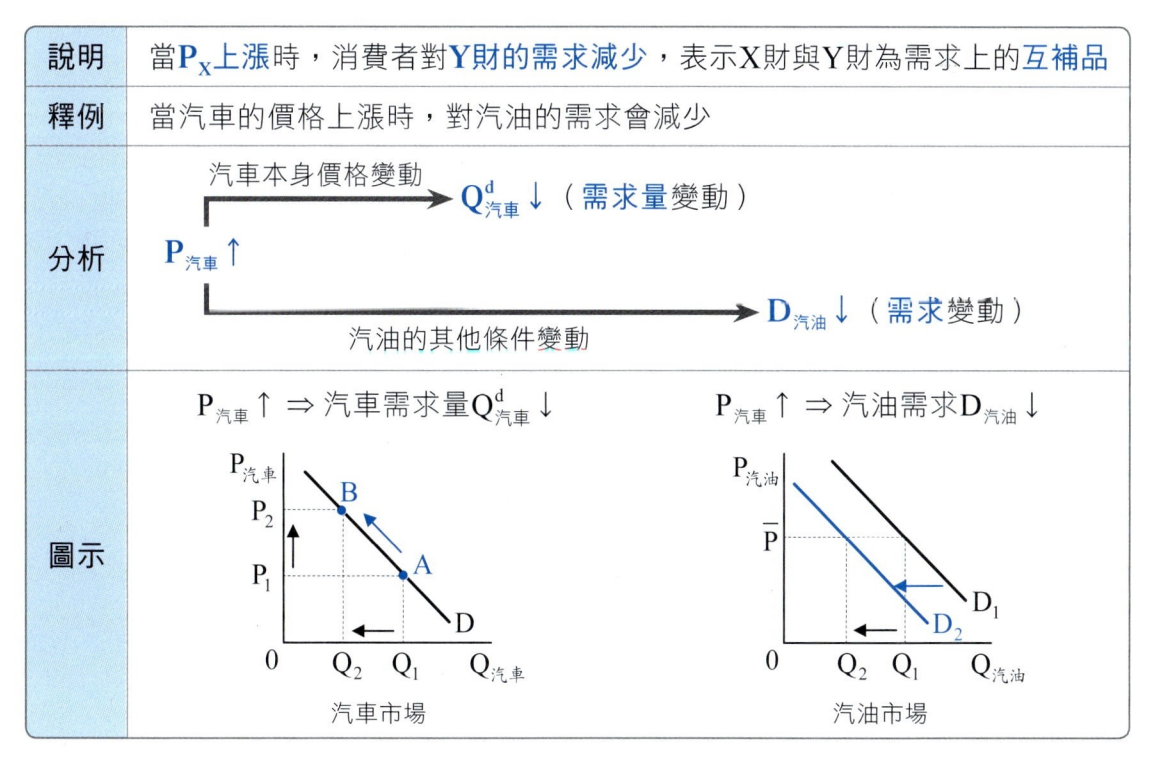

說明	當 P_X 上漲時，消費者對Y財的需求減少，表示X財與Y財為需求上的**互補品**
釋例	當汽車的價格上漲時，對汽油的需求會減少
分析	$P_{汽車} \uparrow$ ─汽車本身價格變動→ $Q^d_{汽車} \downarrow$（**需求量**變動） ─汽油的其他條件變動→ $D_{汽油} \downarrow$（**需求**變動）
圖示	$P_{汽車} \uparrow \Rightarrow$ 汽車需求量 $Q^d_{汽車} \downarrow$ ；　$P_{汽車} \uparrow \Rightarrow$ 汽油需求 $D_{汽油} \downarrow$ （汽車市場）　　　　　　　　　　　　　（汽油市場）

6. **特殊因素：**

   例如：嚴重特殊傳染性肺炎（Covid-19）疫情蔓延 ⇒ 口罩需求 ↑ ⇒ D線右移。

學以致用 2-1B

(D)1. 需求量變動是由下列何者所引起的結果？
(A)消費者所得變動
(B)消費者偏好改變
(C)財貨性質變化
(D)財貨本身價格變動。

(D)2. 「需求變動」是指在下列何者不變時，對某財貨的需求產生變動？
(A)消費人數　(B)相關財貨價格　(C)消費者偏好　(D)財貨本身價格。

(B)3. 若消費者預期耐吉籃球鞋未來價格將下跌，則耐吉籃球鞋目前的
(A)需求量會減少　(B)需求會減少　(C)需求量會增加　(D)需求會增加。
解 預期未來價格↓ ⇒ 現在價格相對較貴 ⇒ 現在少買 ⇒ 需求↓。

(B)4. 若X財的價格下跌會使Y財的需求減少，則稱X財與Y財為需求上的
(A)互補品　(B)替代品　(C)劣等財　(D)正常財。
解 $P_X↓ ⇒ Q_X^d↑$，$D_Y↓$（$⇒ Q_Y^d↓$）⇒ X財、Y財為需求上的「替代品」。

(A)5. 若X、Y兩財貨為需求上的互補品，則當X財價格上漲而Y財價格不變時，會使Y財的需求
(A)減少　(B)增加　(C)不變　(D)增減不一定。

(A)6. 國內發生「病死豬肉」流入市面的事件，將使國內消費者對豬肉的
(A)需求減少　(B)需求增加　(C)需求量減少　(D)需求量增加。

(A)7. 需求會隨著人們所得的增加而增加的財貨，稱為
(A)正常財　(B)季芬財　(C)劣等財　(D)生產財。

(C)8. 以下所述何者為蘋果的需求量增加？
(A)薪水增加10%，所以多買5個
(B)我喜歡吃蘋果，所以多買3個
(C)蘋果價格下跌10%，所以多買5個
(D)我家增加3口人，所以多買3個。
解 A、B、D：屬於「需求」增加。

(A)9. 下列哪一種情況會使社會大眾對小汽車的需求減少？
(A)捷運系統的完成
(B)所得增加
(C)汽車進口關稅降低
(D)汽油價格降低。
解 B、C、D：會使社會大眾對小汽車的「需求增加」。

(C)10.下列何種因素將引起需求曲線左移？
(A)財貨本身價格上漲　(B)所得增加　(C)偏好減弱　(D)消費人數增加。

解 A：點沿D線上移。
B：所得↑ ⇒ 需求↑ ⇒ D線右移。
C：偏好↓ ⇒ 需求↓ ⇒ D線左移。
D：消費人數↑ ⇒ 需求↑ ⇒ D線右移。

(A)11.右圖為綠茶的需求曲線，若需求曲線由D_0移至D_1，此係由於下列哪一項原因所致？
(A)紅茶價格上漲
(B)紅茶價格下跌
(C)綠茶價格上漲
(D)綠茶價格下跌。

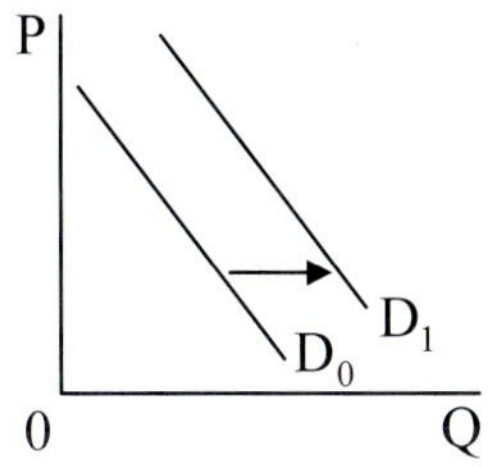

解 A：紅茶P↑ ⇒ 紅茶Q_d↓ ⇒ 綠茶D↑ ⇒ 綠茶D線右移。
B：紅茶P↓ ⇒ 紅茶Q_d↑ ⇒ 綠茶D↓ ⇒ 綠茶D線左移。
C：綠茶P↑ ⇒ 綠茶Q_d↓ ⇒ 點沿D線上移。
D：綠茶P↓ ⇒ 綠茶Q_d↑ ⇒ 點沿D線下移。

(C)12.已知化妝品對表姐而言為正常財；在其他條件不變的情況下，當表姐的所得減少時，表姐對化妝品的：
(A)需求不變　(B)需求增加　(C)需求減少　(D)需求量增加。

解 化妝品對表姐而言為正常財 ⇒ 表姐對化妝品的需求會隨所得增加而增加，也會隨所得減少而減少。

(A)13.在其他條件不變的情況下，若台灣老年人口逐漸增加，則會使銀髮族產品的
(A)需求增加　(B)需求量增加　(C)供給增加　(D)供給量增加。

14. 造成「需求量」變動的原因為：財貨本身 ___價格___ 改變。

15. 造成「需求」變動的原因為：

(1) 消費者 ___偏好___ 。

(2) 消費者 ___所得___ 。

(3) 相關財貨 ___價格___ 。

(4) 消費者對未來之所得與財貨價格的 ___預期___ 。

(5) 消費 ___人數___ 。

(6) 特殊因素。

2-2 需求彈性 [104] [106] [113]

一、需求彈性的概念

1. **提出者**：馬歇爾。
2. **意義**：
   需求彈性又稱需求的價格彈性，是指財貨**價格變動**（因）造成**需求量變動**（果）的變化程度。
3. **公式**：

$$E^d = \left| \frac{需求量（Q）變動的百分比}{價格（P）變動的百分比} \right|$$

　分子為果
　分母為因

4. **特性**：
   (1) 若消費者對價格變動反應敏感 ⇒ 需求彈性大。
   　　若消費者對價格變動反應不敏感 ⇒ 需求彈性小。
   (2) 根據需求法則，P與Q呈**反向**變動 ⇒ E^d為**負**值（通常會取其**絕對值**，以便比較彈性大小）。

教學範例 2 —— 需求彈性計算

假設某手機今年價格比去年降低10%，但銷售量比去年增加30%，則其需求彈性為？

解 $E^d = \left| \dfrac{30\%}{-10\%} \right| = 3$。

二、需求彈性的衡量方法

1. **點彈性**：
   (1) **說明**：當價格與數量的變動較小時，以**變動前價格**與**需求量**為基準。
   (2) **公式**：

   假設 P_1：變動**前**價格　　Q_1：變動**前**需求量
   　　　P_2：變動**後**價格　　Q_2：變動**後**需求量

$$E^d = \left| \frac{\frac{Q_2 - Q_1}{Q_1}}{\frac{P_2 - P_1}{P_1}} \right| = \left| \frac{\frac{\Delta Q}{Q_1}}{\frac{\Delta P}{P_1}} \right| = \left| \frac{\Delta Q}{\Delta P} \times \frac{P_1}{Q_1} \right| = \left| -b \times \frac{P_1}{Q_1} \right| = \left| \frac{1}{斜率} \times \frac{P_1}{Q_1} \right|$$

需求函數為 $Q = a - bP$ 時，$-b$ 為斜率之倒數；將 P_1、Q_1、P_2、Q_2 分別代入，可得 $-b = \dfrac{\Delta Q}{\Delta P}$

教學範例 3 — 以點彈性計算 E^d — 基本型

已知某消費者對某財貨的需求表如右所示，當該財貨的價格由40元跌至20元時，試以「點彈性」計算其需求彈性。

P	Q_d
40	5
20	15

解 $E^d = \left| \dfrac{\dfrac{Q_2 - Q_1}{Q_1}}{\dfrac{P_2 - P_1}{P_1}} \right| = \left| \dfrac{\dfrac{15 - 5}{5}}{\dfrac{20 - 40}{40}} \right| = \left| \dfrac{\dfrac{10}{5}}{\dfrac{-20}{40}} \right| = 4$。

練習一下 — 反求需求量

假設某商品的價格由15元漲至20元，需求量會減少5單位；若以「點彈性」計算求得之需求彈性值為3，則該商品價格為15元時的需求量為若干？

答 $E^d = \left| \dfrac{\Delta Q}{\Delta P} \times \dfrac{P_1}{Q_1} \right| = \left| \dfrac{-5}{20 - 15} \times \dfrac{15}{Q_1} \right| = 3 \Rightarrow Q_1 = 5$。

教學範例 4 — 以點彈性計算 E^d — 函數型

已知需求函數為 $P = 100 - 5Q_d$，當價格為10元時，試以「點彈性」計算其需求彈性。

解 $Q_d = f(P)$ 的函數型式：

1. $P = 100 - 5Q_d \Rightarrow Q_d = 20 - \dfrac{1}{5}P$，$b = \dfrac{1}{5}$。

2. $P = 10 \Rightarrow Q_d = 20 - \dfrac{1}{5} \times 10 = 18$。

3. $E^d = \left| -b \times \dfrac{P_1}{Q_1} \right| = \left| -\dfrac{1}{5} \times \dfrac{10}{18} \right| = \dfrac{1}{9}$。

練習一下 — 以點彈性計算 E^d — 函數型

已知需求函數為 $Q_d = 40 - 2P$，當價格為15元時，試以「點彈性」計算其需求彈性。

答 1. $Q_d = 40 - 2P \Rightarrow b = 2$。

2. $P = 15 \Rightarrow Q_d = 40 - 2 \times 15 = 10$。

3. $E^d = \left| -b \times \dfrac{P_1}{Q_1} \right| = \left| -2 \times \dfrac{15}{10} \right| = 3$。

2. 弧彈性：113

(1) 說明：當價格與數量的變動較大時，以變動前及變動後之**兩點的中間點**為基準。

(2) 公式：

$$E^d = \left| \frac{\frac{Q_2 - Q_1}{(Q_1 + Q_2)/2}}{\frac{P_2 - P_1}{(P_1 + P_2)/2}} \right| = \left| \frac{\frac{\Delta Q}{Q_1 + Q_2}}{\frac{\Delta P}{P_1 + P_2}} \right|$$

$$= \left| \frac{\Delta Q}{\Delta P} \times \frac{P_1 + P_2}{Q_1 + Q_2} \right|$$

> **黃金 5 秒鐘**
> 如果題目沒有規定而且條件充足，通常會以「弧彈性」公式來計算。

教學範例 5 —— 以弧彈性計算 E^d

加入WTO之後，我國的紅標米酒由20元上漲至130元，假設消費者每年對米酒的需求量由30瓶減少至10瓶，試求其需求彈性。

解

P	Q_d
20	30
130	10

$$E^d = \left| \frac{\frac{10 - 30}{(30 + 10)/2}}{\frac{130 - 20}{(20 + 130)/2}} \right| = \left| \frac{\frac{-20}{20}}{\frac{110}{75}} \right| = \frac{15}{22}。$$

練習一下 —— 反求需求量

假設某財貨符合需求法則，其需求弧彈性為 $\frac{5}{2}$，當價格為10元時，需求量為12單位；若價格漲至15元，則需求量會如何變化？

答

$$E^d = \left| \frac{\frac{Q_2 - 12}{(12 + Q_2)/2}}{\frac{15 - 10}{(10 + 15)/2}} \right| = \frac{5}{2} \Rightarrow \frac{\frac{Q_2 - 12}{12 + Q_2}}{\frac{5}{25}} = -\frac{5}{2} \Rightarrow Q_2 = 4。$$

$Q_1 = 12$，$Q_2 = 4 \Rightarrow Q_2 - Q_1 = 4 - 12 = -8$（需求量「減少8單位」）。

三、直線型負斜率需求曲線的點彈性

D線上的點	需求彈性（E^d）	圖示
A點	$E^d = \infty$	
$\overline{AB}$之間任一點	$E^d > 1$	
B點（D線中點）	$E^d = 1$	
$\overline{BC}$之間任一點	$E^d < 1$	
C點	$E^d = 0$	

記憶要訣

直線型負斜率需求曲線上 ⎡ 點的位置愈**高**（價格愈高），彈性愈**大** ⎤ **點高彈大**
⎣ 點的位置愈**低**（價格愈低），彈性愈**小** ⎦ **點低彈小**

四、不同需求彈性所對應的需求曲線

類型	E^d	圖示	需求曲線	說明
完全有彈性（彈性無限大）	$E^d = \infty$		**水平**線	1. P稍增 ⇒ Q_d降為0 2. P稍減 ⇒ Q_d增至 ∞ 3. 斜率 = 0 4. 線上任一點的E^d均相同
富有彈性（彈性比較大）	$E^d > 1$		負斜率（較平坦）	1. $\Delta Q_d\% > \Delta P\%$ 2. 可買可不買，如**奢侈品** 3. 線上點位置愈**高**，E^d愈**大**
單一彈性（標準彈性）	$E^d = 1$		直角雙曲線	1. $\Delta Q_d\% = \Delta P\%$ 2. **支出固定**不變 3. 線上任一點的E^d均相同
缺乏彈性（彈性比較小）	$E^d < 1$		負斜率（較陡峭）	1. $\Delta Q_d\% < \Delta P\%$ 2. **非買不可**，如**必需品** 3. 線上點位置愈**高**，E^d愈**大**
完全無彈性	$E^d = 0$		**垂直**線	1. Q_d不受P變動影響 2. **需求量固定**不變 3. 斜率無限大 4. 線上任一點的E^d均相同

記憶要訣

E^d愈**大** ⇒ 需求曲線愈**平坦**（斜率愈**小**）⎤
E^d愈**小** ⇒ 需求曲線愈**陡峭**（斜率愈**大**）⎦ **大平小陡**

五、需求彈性與總收益TR（總支出TE）的關係

E^d	圖形	P變動	TR（TE）變動	P與TR（TE）的關係	分析
$E^d > 1$	（圖）	P↑	TR（TE）↓	反向變動	1. 降價對賣方有利 2. 薄利多銷
		P↓	TR（TE）↑		
$E^d = 1$	（直角雙曲線圖）	P↑	TR（TE）不變	無關	1. 價格漲跌不影響TR（TE），但影響Q 2. 消費金額固定
		P↓	TR（TE）不變		
$E^d < 1$	（圖）	P↑	TR（TE）↑	同向變動	1. 漲價對賣方有利 2. 穀貴傷民（P↑⇒TE↑） 穀賤傷農（P↓⇒TR↓）
		P↓	TR（TE）↓		
$E^d = 0$	（圖）	P↑	TR（TE）↑	同向同比例變動	1. 漲價或降價皆消費固定數量 2. 漲價對賣方有利
		P↓	TR（TE）↓		

記憶要訣

- $E^d > 1$ ⇒ P與TR（TE）反向變動
- $E^d < 1$ ⇒ P與TR（TE）同向變動
- $E^d = 1$ ⇒ P與TR（TE）無關
- $E^d = 0$ ⇒ P與TR（TE）同向同比例變動

大1反、小1同、1無關、0同向同比

黃金5秒鐘

- P與TR（TE）同向變動　　　　　⇒ $E^d < 1$。
- P與TR（TE）同向同比例變動 ⇒ $E^d = 0$。
- P與　Q　反向變動　　　　　　⇒ $E^d = 1$。

六、決定需求彈性大小的因素

對價格較**敏感**　可買可不買 → E^d大
對價格較**不敏感**　不買不可 → E^d小

因素	E^d大	E^d小
替代品多寡與替代性強弱	替代品**多**、替代性**強** 如：飲料	替代品**少**、替代性**弱** 如：食鹽
財貨的性質	奢侈品 如：跑車	必需品 如：衛生紙
財貨支出占所得的比例	支出占比**大** 如：房子	支出占比**小** 如：醬油
調整消費習慣的時間長短	時間**長**，足夠時間調整習慣	時間**短**，不夠時間調整習慣
財貨耐用的程度	非耐久財 如：洗衣粉	耐久財 如：洗衣機
財貨用途多寡	用途**多**	用途**少**
與習俗（流行趨勢）的相關性	相關性**低** 如：三明治	相關性**高** 如：元宵湯圓
消費人數	**多**，需求數量變化大	**少**，需求數量變化小
國民所得高低	所得低，購買力較弱	所得高，購買力較強

各版審定課本均未提及此因素，老師可自行斟酌補充

黃金 5 秒鐘

1. 每天**需求量一樣**（例如：每天固定買1顆蘋果）⇒ $E^d = 0$。
   每天**支出一樣**（例如：每天固定花50元買蘋果）⇒ $E^d = 1$。

2. 不同需求彈性對應之需求曲線，線上各點的彈性與斜率：

E^d	需求曲線	線上各點的彈性	線上各點的斜率
$E^d > 1$	直線型負斜率	不同，**點**愈**高**，**彈性**愈**大**	均**相同**
$E^d < 1$			
$E^d = \infty$	水平線	均**相同**（無限大）	均**相同**（＝0）
$E^d = 1$	直角**雙曲**線	均**相同**（＝1）	不同
$E^d = 0$	**垂直**線	均**相同**（＝0）	均**相同**（無限大）

學以致用 2-2

(D)1. 若花店降低花卉10%的價格，會增加12%的銷售量，則消費者對花卉的需求彈性為多少？
(A)0.83　(B)0.93　(C)1.00　(D)1.20。

解 需求彈性（E^d）= $\left|\dfrac{\text{需求量變動的百分比}}{\text{價格變動的百分比}}\right|$ = $\left|\dfrac{12\%}{-10\%}\right|$ = 1.2。

(A)2. 珍珠奶茶每杯價格20元時，需求量為3杯；價格30元時，需求量為2杯；由上述可知，需求的點彈性為
(A)$\dfrac{2}{3}$　(B)1　(C)$\dfrac{3}{2}$　(D)$\dfrac{1}{2}$。

解 $E^d = \left|\dfrac{\dfrac{Q_2-Q_1}{Q_1}}{\dfrac{P_2-P_1}{P_1}}\right| = \left|\dfrac{\dfrac{2-3}{3}}{\dfrac{30-20}{20}}\right| = \left|\dfrac{\dfrac{-1}{3}}{\dfrac{10}{20}}\right| = \dfrac{2}{3}$。

(B)3. 承上題，需求的弧彈性為
(A)$\dfrac{2}{3}$　(B)1　(C)$\dfrac{3}{2}$　(D)$\dfrac{1}{2}$。

解 $E^d = \left|\dfrac{\dfrac{Q_2-Q_1}{(Q_1+Q_2)/2}}{\dfrac{P_2-P_1}{(P_1+P_2)/2}}\right| = \left|\dfrac{\dfrac{2-3}{(3+2)/2}}{\dfrac{30-20}{(20+30)/2}}\right| = \left|\dfrac{\dfrac{-1}{5}}{\dfrac{10}{50}}\right| = 1$。

(B)4. 若麵粉價格上漲8%，需求量減少4%，則可知麵粉的需求彈性
(A)大於1　(B)小於1　(C)等於1　(D)等於0。

(C)5. 某財貨的價格稍微提高一點，其需求量會立即減少至零，是為
(A)富有彈性　(B)缺乏彈性
(C)完全彈性　(D)完全無彈性。

(B)6. 若X財的需求彈性大於1，則當X財的價格下跌時，消費者對X財的總支出會
(A)減少　(B)增加　(C)不變　(D)增減不一定。

(A)7. 若橄欖油的需求彈性為0.2，則提高橄欖油價格的影響為何？
(A)消費者對橄欖油的總支出會增加
(B)不影響橄欖油的消費量
(C)不影響消費者對橄欖油的總支出
(D)廠商對橄欖油的總收入會減少。

解 A、C、D：$E^d < 1 \Rightarrow P\uparrow$，$TE\uparrow$。B：$P\uparrow \Rightarrow Q_d\downarrow$。

(B)8. 長途客運業者經常利用提高票價來彌補虧損，是因為業者認為乘客的需求彈性
(A)大於1 (B)小於1 (C)等於1 (D)等於2。
解 $E^d < 1 \Rightarrow P\uparrow$，$TR\uparrow$。

(A)9. 所謂「穀賤傷農」，是因為稻米的需求彈性
(A)小於1 (B)等於1 (C)大於1 (D)等於2。
解 $E^d < 1 \Rightarrow P\downarrow$，$TR\downarrow$。

(A)10. 時間是影響彈性大小的因素之一，通常時間愈長，需求彈性值
(A)愈大 (B)愈小 (C)不變 (D)資訊不足，無法判斷。

(B)11. 若X財有很多替代品存在，Y財無替代品，則X財的E^d較Y財
(A)小 (B)大 (C)X、Y財的E^d相等 (D)資訊不足，無法判斷。

(C)12. 某產品的需求彈性為2，表示
(A)價格上漲一元，需求量減少兩單位
(B)價格上漲百分之十，需求量減少百分之五
(C)價格上漲百分之五，需求量減少百分之十
(D)價格上漲兩元，需求量減少一單位。

(B)13. 在同一條直線型需求曲線上，若由左上往右下沿著該條曲線移動，則
(A)需求彈性不變
(B)需求彈性愈來愈小
(C)需求彈性愈來愈大
(D)需求彈性恆等於一。

(D)14. 關於需求彈性與總支出的關係，下列敘述何者錯誤？
(A)總支出與價格呈同向變動者，其需求彈性小於1
(B)總支出與價格呈反向變動者，其需求彈性大於1
(C)不論價格如何變動，總支出不變者，其需求彈性等於1
(D)總支出與價格呈同向同比例變動者，其需求彈性等於1。
解 D：$E^d = 0$。

15. 請判斷下列5種需求曲線圖的需求彈性大小。

圖形	(垂直線D)	(水平線D)	(平緩向下D)	(陡峭向下D)	等軸雙曲線D
彈性	$E^d = \underline{0}$	$E^d = \underline{\infty}$	$E^d \underline{>} 1$	$E^d \underline{<} 1$	$E^d \underline{=} 1$

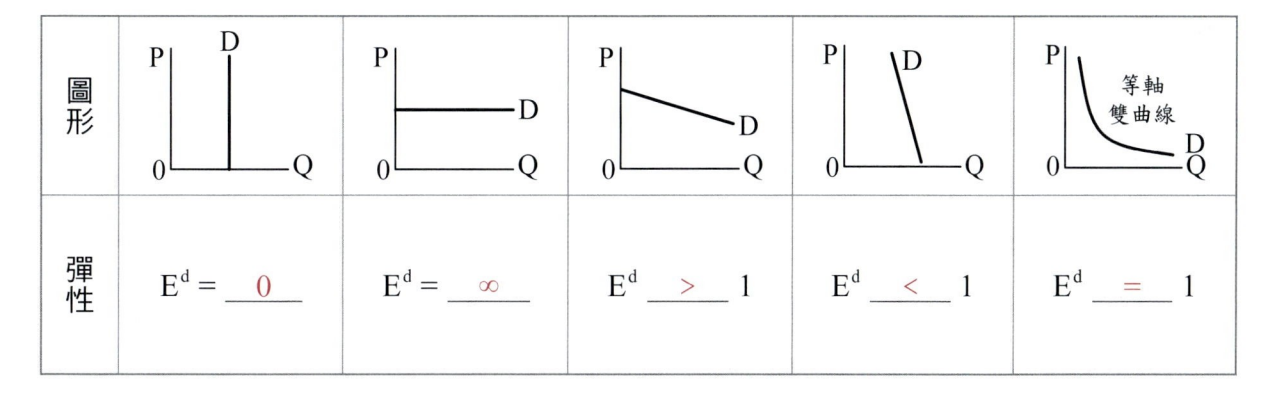

2-3 供給 [103] [110] [111] [112] [113] [114]

一、供給的意義

在其他條件不變的情況下，於一定期間內，在**各種可能的價格**下，**生產者**對某項財貨**願意提供**且**有能力提供**的數量。其他條件不變是指：

1. **生產技術**不變。
2. **生產要素價格**不變。
3. **相關財貨價格**不變。
4. 生產者**預期財貨未來價格**不變。
5. **供給人數**不變。
6. **政府政策**不變。

二、供給的三種表示方式 [103] [114]

1. **供給表**：以表格方式來表示供給（如下表）。

價格（P）	供給量（Q_S）
30	80
25	60
20	40
15	20

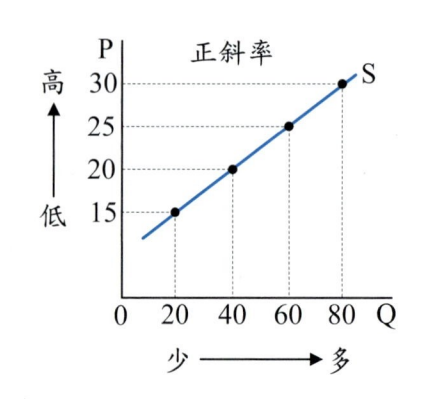

2. **供給曲線**：以曲線方式來表示供給（如右上圖）。

意義	在其他條件不變的情況下，各種**價格**與**供給量**的組合軌跡所連結而成的曲線
特性	(1) 正常情況下，供給曲線為一條由**左下方向右上方**延伸的**正斜率**曲線 (2) 正常情況下，P↑ ⇒ Q_S↑，P↓ ⇒ Q_S↓，P與Q_S呈**同向**關係 (3) 供給曲線上的任何一點，表示在某特定產量下，生產者所願意接受的**最低單位價格** (4) 供給曲線上的任何一點，表示在某特定價格下，生產者所願意提供的**最多財貨數量**

3. **供給函數**：以函數方式來表示供給。

   (1) **函數型式**：$Q_S = f(P)$；Q_S為P的增函數。

   (2) **直線型方程式**：$Q_S = a + bP$

   a可能＞0、＝0或＜0，b＞0；

   b表示供給曲線為**正斜率**，且為**斜率之倒數**。

> **記憶要訣**
> - 供給曲線為正斜率 ⎫
> - P與Q_S呈同向關係 ⎬ 意涵相同
> - Q_S為P的增函數 ⎭

三、供給的種類

1. **短期供給與長期供給**：

種類	說明
短期供給	廠商沒有充分的時間變動生產規模，僅可就現有生產要素進行生產的供給
長期供給	廠商有充分的時間變動生產規模，所有的生產要素皆可變動下的供給

2. **固定供給與變動供給**：

種類	說明	釋例
固定供給	無論財貨價格高低，財貨數量無法再增加的供給，即供給曲線為垂直線	古玩、古董、土地
變動供給	財貨數量隨財貨價格變動而變動的供給，即供給曲線為正斜率	大部分的財貨

3. **獨立供給與聯合供給**：

種類	說明	釋例
獨立供給	廠商只提供某一種特定財貨的供給	廠商只供應豬肉
聯合供給	廠商提供某一種特定財貨時，也連帶供應其他相關財貨的供給	廠商供應豬肉的同時，也供應豬肝、豬心等

4. **個別供給與市場供給**：

種類	說明	釋例
個別供給	個別廠商在各種價格下，願意且有能力生產某財貨的供給	黑松公司對汽水的供給
市場供給（總供給）	所有廠商在同一價格下，願意且有能力生產某財貨的供給；即個別供給的水平加總	台灣所有飲料廠商對汽水的供給

教學範例 6 —— 由供給表導出供給函數

試根據下表導出供給函數。

P	3	5	7	9
Q_S	12	14	16	18

解 任取供給表中之兩組(P, Q_S)代入 $\underline{Q_S = a + bP}$，

可得以下之聯立方程式，如：

$(P = 3, Q_S = 12) \Rightarrow \underline{12 = a + 3b}$
$(P = 9, Q_S = 18) \Rightarrow \underline{18 = a + 9b}$ } 聯立解可得 a = $\underline{9}$，b = $\underline{1}$。

∴ 供給函數為 $\underline{Q_S = 9 + P}$。

教學範例 7 —— 由個別供給推導出市場供給

假設市場上有相同的生產者50名，已知個別供給函數為$q^S = 5 + P$，則市場供給函數為何？

解 市場供給為個別供給之 $\underline{水平}$ 加總。（水平、垂直）

市場供給函數 $Q_S = q_1^S + q_2^S + q_3^S + \cdots + q_{50}^S$
$= 50 \times q^S = 50 \times (5 + P) = 250 + 50P$。

四、供給法則

> **黃金5秒鐘**
> 供給法則是**價格**（**P**）與**供給量**（**Q_S**）呈**同向**變動關係，而非「正比」關係！

1. **供給法則的意義：**

   在其他條件不變的情況下，財貨的價格與供給量呈**同向**變動關係；
   即 $P\downarrow \Rightarrow Q_S\downarrow$；$P\uparrow \Rightarrow Q_S\uparrow$。因此，供給曲線為**正斜率**曲線。

2. **供給法則成立的原因：**

原因	說明	
利潤的增減	$P\uparrow \Rightarrow$ 利潤$\uparrow \Rightarrow Q_S\uparrow$ $P\downarrow \Rightarrow$ 利潤$\downarrow \Rightarrow Q_S\downarrow$	P與Q_S同向變動
成本的遞增	廠商增產 $Q_S\uparrow \Rightarrow$ 成本$\uparrow \Rightarrow P\uparrow$	

   即第1章所介紹的**機會成本遞增**

3. **供給法則的例外：**

   以下兩種供給違反供給法則，其供給曲線**不是正斜率**。

項目	固定供給	後彎的個別勞動供給
圖形	(P-S 垂直供給曲線圖)	(個別勞動供給曲線圖，工資率W對勞動L，顯示a、b、c三點，呈後彎形)
說明	(1) 供給曲線為**垂直線** (2) 無論價格如何變動，供給量均不變 (3) 古玩、古董、土地均屬之 (4) 供給函數只有常數項， 　　如：$Q_S = 50$	當工資率W提高到一定水準之後，勞動L的供給反而減少，即 $W\uparrow \Rightarrow L\downarrow$ 時，個別的勞動供給曲線呈**後彎**（上圖**bc**段）

學以致用 2-3A

(A) 1. 市場供給是個別供給的
　　　(A)水平加總　(B)垂直加總　(C)任意加總　(D)兩者無關。

(A) 2. 廠商只提供某一種特定產品，而不提供其他相關副產品的供給，稱為
　　　(A)獨立供給　(B)個別供給　(C)市場供給　(D)長期供給。

next...

(C)3. 在一般情況下，供給曲線上的任一點，表示生產者在某特定產量下所願意接受的
(A)均衡價格　(B)最高單位價格　(C)最低單位價格　(D)平均價格。

(C)4. 廠商沒有充分的時間來擴充設備或變動生產規模，僅能就現有設備供給，稱為
(A)個別供給　(B)固定供給　(C)短期供給　(D)長期供給。

(A)5. 供給法則是指在其他條件不變的情況下，產品價格與供給量呈何種變動關係？
(A)同向　(B)反向　(C)正比　(D)反比。

(C)6. 下列何者違反供給法則？
(A)必需品　(B)奢侈品　(C)秦朝兵馬俑　(D)炫耀財。

解 C：古董古物無論價格如何變動，供給量皆固定，故違反供給法則。

(B)7. 供給法則成立的原因為何？
①替代效果　②利潤增減　③所得效果　④成本增減
(A)①②　(B)②④　(C)①②③　(D)③④。

(D)8. 關於「需求法則」與「供給法則」，下列敘述何者錯誤？
(A)前者是指價格與數量呈反向變動，後者是指價格與數量呈同向變動
(B)邊際效用遞減法則是用以說明需求法則成立的原因之一
(C)土地違反供給法則
(D)季芬財同時違反需求法則與供給法則。

解 D：季芬財（P↑，Q_d↑）「違反需求法則」，但「符合供給法則」；因為一旦季芬財的價格上漲且需求量增加時，會導致生產者增加供給量（P↑，Q_S↑），故季芬財符合供給法則。

(C)9. 根據右表可導出供給函數為
(A)$Q_S = 10 + P$　(B)$Q_S = 20 + P$
(C)$Q_S = 10 + 2P$　(D)$Q_S = 20 + 2P$。

P	5	10	15	20
Q_S	20	30	40	50

解 任取供給表中之兩組(P, Q_S)代入$Q_S = a + bP$，可得以下之聯立方程式，如：
(P = 5, Q_S = 20) ⇒ 20 = a + 5b
(P = 20, Q_S = 50) ⇒ 50 = a + 20b
聯立解可得a = 10，b = 2
∴供給函數為$Q_S = 10 + 2P$。

10. 下表為需求法則與供給法則的比較表，試完成下表。

比較項目	需求法則	供給法則
意義	價格與需求量呈 __反__ 向變動	價格與供給量呈 __同__ 向變動
曲線斜率（一般情況）	__負__ 斜率	__正__ 斜率
例外	(1) __炫耀__ 財 (2) __季芬__ 財	(1) __固定__ 供給 (2) __後彎的個別勞動__ 供給

五、供給量變動與供給變動

1. 供給量與供給的意義：

項目	供給量	供給
定義	其他條件不變下，一定期間內，在**某一特定價格**下，生產者願意並且有能力提供的財貨數量	其他條件不變下，一定期間內，在**各種可能價格**下，生產者願意並且有能力提供的財貨數量
說明	**某一特定的價格** 對應**某一特定的供給量** ⟹ **某一點** （圖：S 線上 A 點，座標 P_A, Q_A）	**各種可能的價格** 對應**各種可能的供給量** ⟹ **整條線** （圖：整條 S_0 線）

2. 供給量變動與供給變動的比較：

項目	供給量變動	供給變動
假設條件	**其他條件不變** （如：生產者之成本、技術等不變）	**財貨本身價格不變**
變動原因	**財貨本身價格變動**	**其他條件變動** （如：生產者之成本、技術等變動）
圖示	同一條線上**點**的移動 （圖：S 線上 A 點上移至 B 點，下移至 C 點）	**整條線**的移動 （圖：S_0 線右移至 S_1，左移至 S_2）
變化方向	• **點**沿 S 線**上移**（A 點→B 點） 　⇒ **供給量** Q_S ↑ • **點**沿 S 線**下移**（A 點→C 點） 　⇒ **供給量** Q_S ↓	• 整條 **S 線**平行**右移**（S_0→S_1） 　⇒ **供給 S** ↑ • 整條 **S 線**平行**左移**（S_0→S_2） 　⇒ **供給 S** ↓

六、供給變動的原因 110 111 112 113 114

1. **生產技術：** 114

    (1) 技術**進步** ⇒ 生產力↑，成本↓ ⇒ 供給↑ ⇒ S線**右**移。

    (2) 技術**退步** ⇒ 生產力↓，成本↑ ⇒ 供給↓ ⇒ S線**左**移。

2. **生產要素價格：** 112 113

    (1) 生產要素價格↑ ⇒ 成本↑ ⇒ 供給↓ ⇒ S線**左**移。

    (2) 生產要素價格↓ ⇒ 成本↓ ⇒ 供給↑ ⇒ S線**右**移。

3. **預期未來之財貨價格：** 111

    (1) 預期未來財貨價格↑（未來利潤↑）⇒ 現在囤積惜售 ⇒ 供給↓ ⇒ S線**左**移。

    (2) 預期未來財貨價格↓（未來利潤↓）⇒ 現在拋售出清 ⇒ 供給↑ ⇒ S線**右**移。

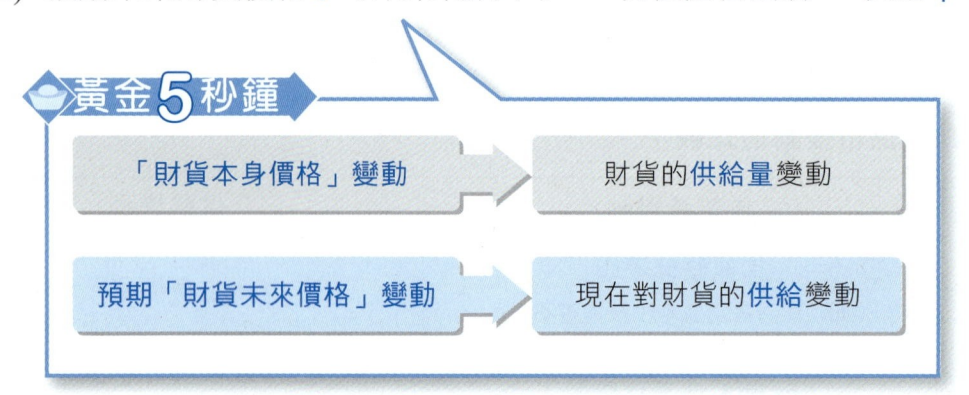

> **黃金5秒鐘**
>
> 「財貨本身價格」變動 ➡ 財貨的**供給量**變動
>
> 預期「財貨未來價格」變動 ➡ 現在對財貨的**供給**變動

4. **供給人數：**

    (1) 供給人數↑ ⇒ 供給↑ ⇒ S線**右**移。

    (2) 供給人數↓ ⇒ 供給↓ ⇒ S線**左**移。

5. **政府政策：**

    (1) 稅率↓ ⇒ 成本↓ ⇒ 供給↑ ⇒ S線**右**移。

    (2) 稅率↑ ⇒ 成本↑ ⇒ 供給↓ ⇒ S線**左**移。

    (3) 補貼↑ ⇒ 成本↓ ⇒ 供給↑ ⇒ S線**右**移。

    (4) 補貼↓ ⇒ 成本↑ ⇒ 供給↓ ⇒ S線**左**移。

6. **相關財貨價格：**

   (1) 供給的替代品：$P_X \uparrow \Rightarrow S_Y \downarrow$（$P_X$，$S_Y$ 呈**反向**變動）。
   （生產上的替代品）

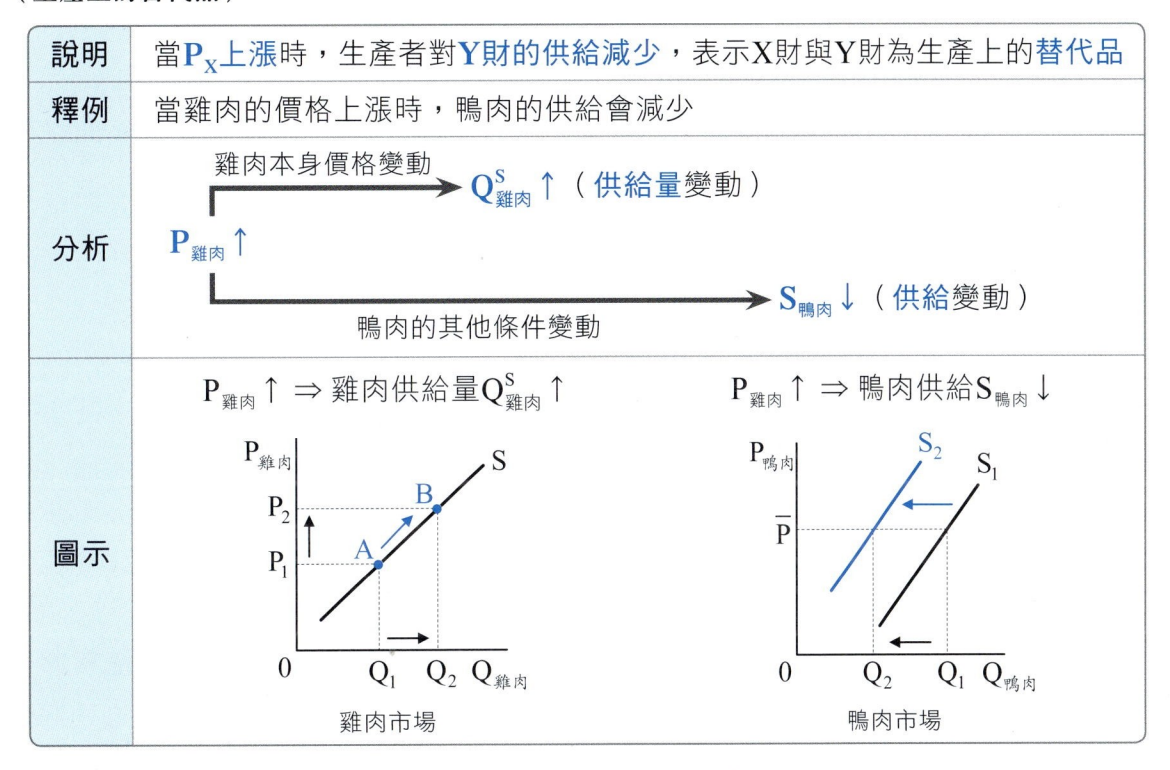

說明	當 P_X 上漲時，生產者對Y財的供給減少，表示X財與Y財為生產上的**替代品**
釋例	當雞肉的價格上漲時，鴨肉的供給會減少
分析	$P_{雞肉} \uparrow$ ──雞肉本身價格變動──→ $Q^S_{雞肉} \uparrow$（**供給量**變動） 　　　　──鴨肉的其他條件變動──→ $S_{鴨肉} \downarrow$（**供給**變動）
圖示	$P_{雞肉} \uparrow \Rightarrow$ 雞肉供給量 $Q^S_{雞肉} \uparrow$　　　$P_{雞肉} \uparrow \Rightarrow$ 鴨肉供給 $S_{鴨肉} \downarrow$ 雞肉市場　　　　　　　　　　　　　　　鴨肉市場

   (2) 供給的互補品：$P_X \uparrow \Rightarrow S_Y \uparrow$（$P_X$，$S_Y$ 呈**同向**變動）。
   （生產上的互補品）

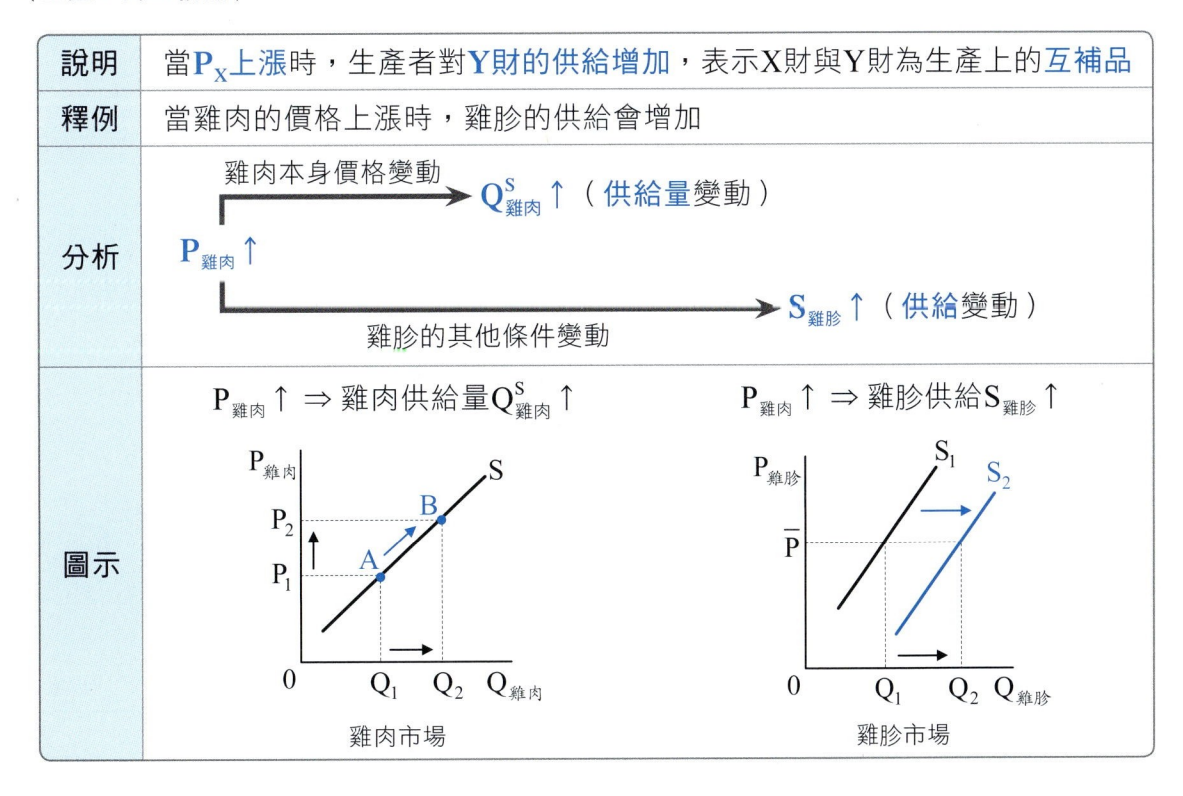

說明	當 P_X 上漲時，生產者對Y財的供給增加，表示X財與Y財為生產上的**互補品**
釋例	當雞肉的價格上漲時，雞胗的供給會增加
分析	$P_{雞肉} \uparrow$ ──雞肉本身價格變動──→ $Q^S_{雞肉} \uparrow$（**供給量**變動） 　　　　──雞胗的其他條件變動──→ $S_{雞胗} \uparrow$（**供給**變動）
圖示	$P_{雞肉} \uparrow \Rightarrow$ 雞肉供給量 $Q^S_{雞肉} \uparrow$　　　$P_{雞肉} \uparrow \Rightarrow$ 雞胗供給 $S_{雞胗} \uparrow$ 雞肉市場　　　　　　　　　　　　　　　雞胗市場

7. **特殊因素：**

   例如：嚴重特殊傳染性肺炎（Covid-19）疫情蔓延 ⇒ 口罩供給↑ ⇒ S線右移。

學以致用 2-3B

(A)1. 促使房屋「供給量增加」的因素是
(A)房屋價格上升　(B)工資下跌　(C)政府對建築業補貼　(D)政府課徵奢侈稅。

(B)2. 生產技術水準提升，會使
(A)供給曲線左移　(B)供給曲線右移　(C)需求曲線左移　(D)需求曲線右移。
解 生產技術水準↑ ⇒ 生產成本↓ ⇒ 供給↑ ⇒ S線右移。

(D)3. 若X財的價格下跌會使Y財的供給增加，則稱X財與Y財為
(A)需求上的互補品
(B)需求上的替代品
(C)供給上的互補品
(D)供給上的替代品。
解 $P_X↓ ⇒ Q_X^S↓$，$S_Y↑（⇒ Q_Y^S↑）$ ⇒ X財與Y財為「供給上的替代品」。

(B)4. 豬肉價格下跌，對豬肝的影響為：豬肝的
(A)供給增加　(B)供給減少　(C)供給量增加　(D)供給量不變。
解 $P_{豬肉}↓$ ⇒ 豬隻供給量↓ ⇒ 豬肝供給↓。

(B)5. 甲廠商生產葡萄酒，當葡萄的價格下跌時，對葡萄酒的影響為
(A)供給曲線左移　(B)供給曲線右移　(C)供給量增加　(D)供給量減少。
解 「葡萄」為葡萄酒的原料。
葡萄價格↓ ⇒ 生產成本↓ ⇒ 葡萄酒供給↑ ⇒ 葡萄酒的供給曲線右移。

(D)6. 台灣加入WTO之後，外國汽車進口數量增加，使國內汽車市場的
(A)需求量增加　(B)需求增加　(C)供給量增加　(D)供給增加。

(D)7. 下列何者不是促使供給曲線右移的因素？
(A)生產技術進步
(B)生產人數增加
(C)生產要素價格下跌
(D)政府租稅增加。
解 D：政府租稅↑ ⇒ 生產成本↑ ⇒ 供給↓ ⇒ 供給曲線「左移」。

(B)8. 關於供給曲線的移動，下列敘述何者錯誤？
(A)生產技術進步，會導致供給曲線右移
(B)生產者預期未來財貨價格下跌，會導致供給曲線左移
(C)政府提高營業稅稅率，會導致供給曲線左移
(D)政府給予企業補貼，會導致供給曲線右移。
解 B：生產者預期未來財貨價格↓（未來利潤↓）⇒ 現在拋售出清 ⇒ 供給↑
⇒ 供給曲線「右移」。

9. 造成「供給量」變動的原因為：財貨本身 ___價格___ 改變。

10. 造成「供給」變動的原因為：生產 ___技術___ 、生產要素 ___價格___ 、相關財貨 ___價格___ 、生產者對未來財貨價格的 ___預期___ 、供給 ___人數___ 、政府 ___政策___ 或特殊因素等之變動。

2-4 供給彈性 105 108 109 111 114

一、供給彈性的概念

1. **意義**：供給彈性又稱為供給的價格彈性，是指財貨**價格變動**（因）造成**供給量變動**（果）的變化程度。

2. **公式**：**供給彈性（E^S）= $\dfrac{\text{供給量（Q）變動的百分比}}{\text{價格（P）變動的百分比}}$**

   > 分子為果
   > 分母為因

3. **特性**：

   (1) 若生產者對價格變動反應敏感 ⇒ 供給彈性大。
   若生產者對價格變動反應不敏感 ⇒ 供給彈性小。

   (2) 根據供給法則，P與Q呈**同向**變動 ⇒ 供給彈性必為**正值**（**計算時無須加絕對值**）。

教學範例 8 ——— 供給彈性計算

假設某手機的價格上漲20%，廠商對手機的供給量會增加10%，則供給彈性為若干？

解 $E^S = \dfrac{10\%}{20\%} = 0.5$。

二、供給彈性的衡量方法

1. **點彈性**：

   (1) **說明**：當價格與數量的變動較小時，以**變動前價格**與**供給量**為基準。

   (2) **公式**：

   假設 P_1：變動**前**價格　　Q_1：變動**前**需求量
   　　 P_2：變動**後**價格　　Q_2：變動**後**需求量

   $$E^S = \dfrac{\dfrac{Q_2 - Q_1}{Q_1}}{\dfrac{P_2 - P_1}{P_1}} = \dfrac{\dfrac{\Delta Q}{Q_1}}{\dfrac{\Delta P}{P_1}} = \dfrac{\Delta Q}{\Delta P} \times \dfrac{P_1}{Q_1} = b \times \dfrac{P_1}{Q_1} = \dfrac{1}{\text{斜率}} \times \dfrac{P_1}{Q_1}$$

   > 供給函數為 Q = a + bP 時，b 為斜率之倒數；
   > 將 P_1、Q_1、P_2、Q_2 分別代入，可得 $b = \dfrac{\Delta Q}{\Delta P}$

教學範例 9 —— 以點彈性計算 E^S — 基本型

已知某生產者對某財貨的供給表如右所示,當該財貨的價格由20元漲至30元時,試以「點彈性」計算其供給彈性。

P	Q_S
20	5
30	15

解 $E^S = \dfrac{\dfrac{Q_2 - Q_1}{Q_1}}{\dfrac{P_2 - P_1}{P_1}} = \dfrac{\dfrac{15 - 5}{5}}{\dfrac{30 - 20}{20}} = \dfrac{\dfrac{10}{5}}{\dfrac{10}{20}} = 4$。

練習一下 —— 反求供給量

假設某商品的價格由15元漲至20元,供給量會增加10單位;若以「點彈性」計算求得之供給彈性值為3,則該商品價格為15元時的供給量為若干?

答 $E^S = \dfrac{\Delta Q}{\Delta P} \times \dfrac{P_1}{Q_1} = \dfrac{10}{20 - 15} \times \dfrac{15}{Q_1} = 3 \Rightarrow Q_1 = 10$。

教學範例 10 —— 以點彈性計算 E^S — 函數型

已知供給函數為 $Q_S = -40 + 10P$,當價格為6元時,試以「點彈性」計算其供給彈性。

解
1. $Q_S = -40 + 10P \Rightarrow b = 10$。
2. $P = 6 \Rightarrow Q_S = -40 + 10 \times 6 = 20$。
3. $E^S = b \times \dfrac{P_1}{Q_1} = 10 \times \dfrac{6}{20} = 3$。

2. **弧彈性:**

   (1) **說明:** 當價格與數量的變動較大時,以變動前及變動後之**兩點的中間點**為基準。

   (2) **公式:**

$$E^S = \dfrac{\dfrac{Q_2 - Q_1}{(Q_1 + Q_2)/2}}{\dfrac{P_2 - P_1}{(P_1 + P_2)/2}} = \dfrac{\dfrac{\Delta Q}{(Q_1 + Q_2)}}{\dfrac{\Delta P}{(P_1 + P_2)}} = \dfrac{\Delta Q}{\Delta P} \times \dfrac{P_1 + P_2}{Q_1 + Q_2}$$

> **黃金 5 秒鐘**
> 如果題目沒有規定而且條件充足,通常會以「弧彈性」公式來計算。

教學範例 11 —— 以弧彈性計算 E^S

X財的價格由25元漲至33元,供給量由270單位增至310單位,試求其供給彈性。

解 $E^S = \dfrac{\dfrac{310 - 270}{(270 + 310)/2}}{\dfrac{33 - 25}{(25 + 33)/2}} = \dfrac{\dfrac{40}{580}}{\dfrac{8}{58}} = \dfrac{1}{2}$。

練習一下 ── 反求供給量

假設某財貨的供給弧彈性為 $\frac{5}{2}$，當價格為10元時，供給量為12單位；若價格漲至15元，則供給量會如何變化？

解　$E^S = \dfrac{\dfrac{Q_2 - Q_1}{(Q_1 + Q_2)/2}}{\dfrac{P_2 - P_1}{(P_1 + P_2)/2}} = \dfrac{\dfrac{Q_2 - 12}{(12 + Q_2)/2}}{\dfrac{15 - 10}{(10 + 15)/2}} = \dfrac{\dfrac{Q_2 - 12}{12 + Q_2}}{\dfrac{5}{25}} = \dfrac{5}{2} \Rightarrow Q_2 = 36$（增加24單位）。

三、不同供給彈性所對應的供給曲線

類型	E^S	圖示	供給曲線	說明
完全彈性 （彈性無限大）	$E^S = \infty$	$E^S = \infty$	水平線	1. P稍增 $\Rightarrow Q_S$ 增至 ∞ 2. P稍減 $\Rightarrow Q_S$ 降為0 3. 斜率 = 0 4. 線上任一點的 E^S 均相同
富有彈性 （彈性比較大）	$E^S > 1$	$E^S > 1$	正斜率 與縱軸相交	1. $\Delta Q_S\% > \Delta P\%$ 2. 如一般工業品 3. 線上點位置愈高，E^S愈小
單一彈性 （標準彈性）	$E^S = 1$	$E^S = 1$	過原點的 任何直線	1. $\Delta Q_S\% = \Delta P\%$ 2. 供給函數為 $Q = bP$ 3. 線上任一點的 E^S 均相同
缺乏彈性 （彈性比較小）	$E^S < 1$	$E^S < 1$	正斜率 與橫軸相交	1. $\Delta Q_S\% < \Delta P\%$ 2. 如一般農業品 3. 線上點位置愈高，E^S愈大
完全無彈性	$E^S = 0$	$E^S = 0$	垂直線	1. Q_S 不受P變動影響 2. 供給量固定不變 3. 斜率無限大 4. 如古玩、古董、土地 5. 線上任一點的 E^S 均相同

記憶要訣

1. 通過原點之供給曲線，不論平坦或陡峭，均為單一彈性（$E^S = 1$）。
2. E^S愈大 $\Rightarrow$ 供給曲線愈平坦（斜率愈小）；
   E^S愈小 $\Rightarrow$ 供給曲線愈陡峭（斜率愈大）。

四、決定供給彈性大小的因素

對價格較敏感 容易調整供給 → E^S大
對價格較不敏感 不易調整供給 → E^S小

因素	E^S大	E^S小
生產要素的用途	用途多，易移轉生產用途	用途少，不易移轉生產用途
生產成本隨產量變化的程度	變化小 如：手搖飲料	變化大 如：房屋
有無足夠時間調整要素投入量	時間足夠，調整容易	時間不夠，調整不易
生產所需時間	時間短，增產容易 如：餐點	時間長，增產不易 如：汽車
財貨儲存的難易度	儲存容易，可預存因應 如：鋼條	儲存不易，難預存因應 如：蔬果、雞蛋
財貨生產受自然力影響程度	影響程度小 如：工業品	影響程度大 如：農產品
生產技術	生產技術低，較易訓練 如：體力工	生產技術高，較不易訓練 如：機師

各版審定課本均未提及此因素，老師可自行斟酌補充

黃金5秒鐘

1. 斜率相同之數條平行直線型供給曲線，相同供給量下的彈性： 114

   以右圖為例，$E^S = \dfrac{1}{斜率} \times \dfrac{P}{Q_1}$，

   三條平行線的斜率均相同，
   且a、b、c三點的Q均相同，
   ∵ $P_a > P_b > P_c$，
   ∴ 三點的E^S大小為：a > b > c。

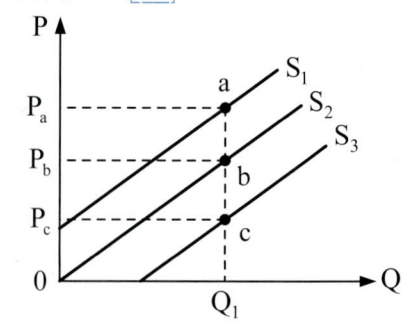

2. 不同供給彈性對應之直線型供給曲線，線上各點的彈性與斜率：

E^S	供給曲線	線上各點的彈性	線上各點的斜率
$E^S > 1$	正斜率，與縱軸相交	不同，點愈高，彈性愈小	均相同
$E^S < 1$	正斜率，與橫軸相交	不同，點愈高，彈性愈大	
$E^S = \infty$	水平線	均相同（無限大）	均相同（＝0）
$E^S = 1$	通過原點	均相同（＝1）	均相同（＝1）
$E^S = 0$	垂直線	均相同（＝0）	均相同（無限大）

學以致用 2-4

(C)1. 如果麵包的價格上漲5%，使得廠商對麵包的供給量增加10%，則供給彈性為 (A)0.5 (B)-0.5 (C)2 (D)-2。

解 $E^S = \dfrac{供給量變動\%}{價格變動\%} = \dfrac{10\%}{5\%} = 2$。

(D)2. 土地的供給彈性通常被假設為 (A)單一彈性 (B)完全有彈性 (C)缺乏彈性 (D)完全無彈性。

解 土地的數量固定，不會隨價格變動而變動（S線為垂直線）⇒ 完全無彈性。

(C)3. 供給彈性大於一表示 (A)供給量大於價格 (B)供給量的變動量大於價格的變動量 (C)供給量變動的百分比大於價格變動的百分比 (D)價格變動的百分比大於供給量變動的百分比。

(D)4. 森林大火燒掉半山頭的樹木，使得傢俱工廠所需木材原料來源受限；這表示木質傢俱的供給彈性 (A)無限大 (B)等於0 (C)較大 (D)較小。

解 傢俱工廠所需的木材原料受大自然的影響甚鉅，故木質傢俱的E^S較小。

(C)5. 生產麵包所需的時間較短，表示麵包的供給彈性 (A)為負 (B)等於0 (C)較大 (D)較小。

(C)6. 蔬菜水果等不易儲存的商品，其供給彈性 (A)等於0 (B)較大 (C)較小 (D)無限大。

(C)7. 當某商品的價格由13.5元增為16.5元時，其供給量增加5單位；若以「點彈性」計算求得之供給彈性為1.5，則該商品在價格為13.5元時的供給量為多少單位？ (A)17 (B)16 (C)15 (D)14。

解 $E^S = \dfrac{\Delta Q}{\Delta P} \times \dfrac{P_1}{Q_1} = \dfrac{5}{16.5-13.5} \times \dfrac{13.5}{Q_1} = 1.5 \Rightarrow Q_1 = 15$。

(C)8. 關於供給彈性，下列敘述何者錯誤？ (A)受自然力支配程度較大的財貨，供給彈性較小 (B)生產成本隨產量增加的程度愈小者，供給彈性愈大 (C)生產者無足夠時間調整生產規模，供給彈性較大 (D)愈容易儲存的財貨，供給彈性愈大。

解 C：生產者無足夠時間調整生產規模，供給彈性較「小」。

(B)9. 已知供給函數為$Q_S = -10 + 3P$，當價格為10元時，供給彈性為 (A)2/3 (B)3/2 (C)1/2 (D)2。

解 ①$Q_S = -10 + 3P$，b = 3。 ②P = 10 ⇒ $Q_S = -10 + 3 \times 10 = 20$。
③$E^S = b \times \dfrac{P_1}{Q_1} = 3 \times \dfrac{10}{20} = \dfrac{3}{2}$。

10. 請判斷下列5種供給曲線圖的供給彈性大小。

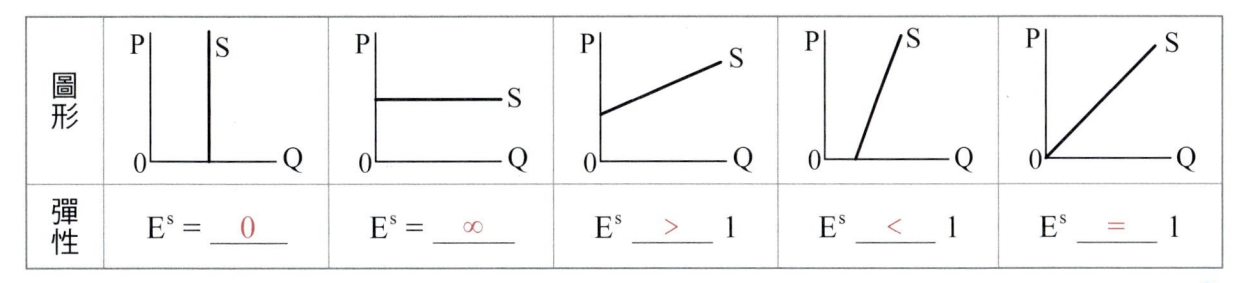

圖形	(垂直線S)	(水平線S)	(平緩S)	(陡峭S)	(45°S)
彈性	$E^S = 0$	$E^S = \infty$	$E^S > 1$	$E^S < 1$	$E^S = 1$

2-5 市場均衡與價格機能 104 106 111 112 114

一、市場均衡的意義

當**需求曲線與供給曲線相交**時，其交點所對應的價格與數量，稱為**均衡價格**與**均衡數量**。在均衡價格之下，生產者願意且有能力生產的數量恰等於消費者願意且有能力購買的數量，此時供給與需求兩種市場力量達到均衡狀態，稱為**達到市場均衡**。

二、均衡價格的決定

1. 理論基礎：

理論	價格機能	剪刀式價值論
別稱	市場機能、一隻看不見的手	折衷價值說、二元價值論
提出者	亞當斯密	馬歇爾
主張	當供需不相等而產生市場失衡時，生產者與消費者之間的互動將引導價格向上或向下調整；這種驅使供給等於需求，使失衡市場恢復均衡的無形力量即稱為**價格機能**	產品價格是由供給與需求共同決定

2. 分析：

市場狀態	說明	圖示
超額供給	當市價為P_1時，供給量Q_2＞需求量Q_1 ⇒ 供過於求（超額供給AB） ⇒ 廠商降價求售 ⇒ P_1下降至P^*為止	
超額需求	當市價為P_2時，需求量Q_2＞供給量Q_1 ⇒ 供不應求（超額需求FG） ⇒ 消費者高價求買 ⇒ P_2上升至P^*為止	
市場均衡	(1) 均衡條件： $\begin{cases}P_S = P_d \\ Q_S = Q_d\end{cases}$ (2) 以上二者都符合，可找出均衡價格P^*，均衡數量Q^*，均衡點E（即S = D）	

教學範例 12 —— 市場均衡的計算－基礎題

已知某財貨的市場需求函數為 $Q_d = 4,200 - 400P$，市場供給函數為 $Q_S = -300 + 500P$，試求：均衡價格與均衡數量各為若干？

解 在市場均衡下，$Q_d = Q_S \Rightarrow 4,200 - 400P = -300 + 500P \Rightarrow P^* = 5$。

將 P = __5__ 代入需求函數 $\Rightarrow Q^* = 4,200 - 400 \times 5 = 2,200$。

教學範例 13 —— 市場均衡的計算－進階題

假設某財貨在市場上有相同的消費者20人及相同的生產者50家；個別需求函數為 $q^d = 160 - 3P$，個別供給函數為 $q^S = 2P$，試求：

1. 均衡價格與均衡數量各為若干？
2. 當 P = 30 時，是否達成市場均衡？
   若未達成市場均衡，則存在「超額供給」或「超額需求」若干單位？

解
1. 市場需求函數 $Q_d = 20 \times q^d = 20 \times (160 - 3P) = 3,200 - 60P$。
   市場供給函數 $Q_S = 50 \times q^S = 50 \times 2P = 100P$。
   市場均衡時，$Q_d = Q_S \Rightarrow 3,200 - 60P = 100P \Rightarrow 160P = 3,200 \Rightarrow P^* = 20$。
   將 P = __20__ 代入需求或供給函數 $\Rightarrow Q^* = 2,000$。

2. 當 P = 30 時：
   $Q_d = 3,200 - 60P = 3,200 - 60 \times 30 = 1,400$
   $Q_S = 100P = 100 \times 30 = 3,000$
   $Q_S > Q_d$，未達市場均衡

   此時存在 __超額供給__：$Q_S - Q_d = 3,000 - 1,400 = 1,600$（單位）。

練習一下 —— 市場失衡的計算－函數題

假設某財貨在市場上有相同的消費者100人及相同的生產者80家；個別需求函數為 $q^d = 40 - 2P$，個別供給函數為 $q^S = 5P$。若政府限制該財貨的市價為每單位6元，則此時市場存在「超額供給」或「超額需求」若干單位？

答 $Q_d = 100 \times q^d = 100 \times (40 - 2P) = 4,000 - 200P$。

$Q_S = 80 \times q^S = 80 \times 5P = 400P$。

當 P = 6 時：
$Q_d = 4,000 - 200 \times 6 = 2,800$
$Q_S = 400 \times 6 = 2,400$
$Q_d > Q_S$

存在 __超額需求__：$Q_d - Q_S = 2,800 - 2,400 = 400$（單位）。

三、供需變動對市場均衡的影響

> **記憶要訣**
> 畫圖技巧：
> 1. 增加 ⇒ 曲線右移
> 2. 減少 ⇒ 曲線左移
> 3. 大於 ⇒ 畫寬一點
> 4. 小於 ⇒ 畫窄一點
> 5. 等於 ⇒ 畫一樣寬

1. 供給不變，需求變動：

S不變，D↑	S不變，D↓
(圖)	(圖)
$P^*\uparrow$，$Q^*\uparrow$	$P^*\downarrow$，$Q^*\downarrow$

2. 需求不變，供給變動： 112

D不變，S↑	D不變，S↓
(圖)	(圖)
$P^*\downarrow$，$Q^*\uparrow$	$P^*\uparrow$，$Q^*\downarrow$

3. 供給與需求同時變動：

(1) 供給與需求同向變動：

供給與需求同時增加		
S↑ > D↑	S↑ < D↑	S↑ = D↑
(圖)	(圖)	(圖)
$P^*\downarrow$，$Q^*\uparrow$	$P^*\uparrow$，$Q^*\uparrow$	P^*不變，$Q^*\uparrow$

$Q^*\uparrow$，P^*漲跌不一定

供給與需求同時減少

S↓ > D↓	S↓ < D↓	S↓ = D↓
$P^*\uparrow$，$Q^*\downarrow$	$P^*\downarrow$，$Q^*\downarrow$	P^*不變，$Q^*\downarrow$

$Q^*\downarrow$，P^*漲跌不一定

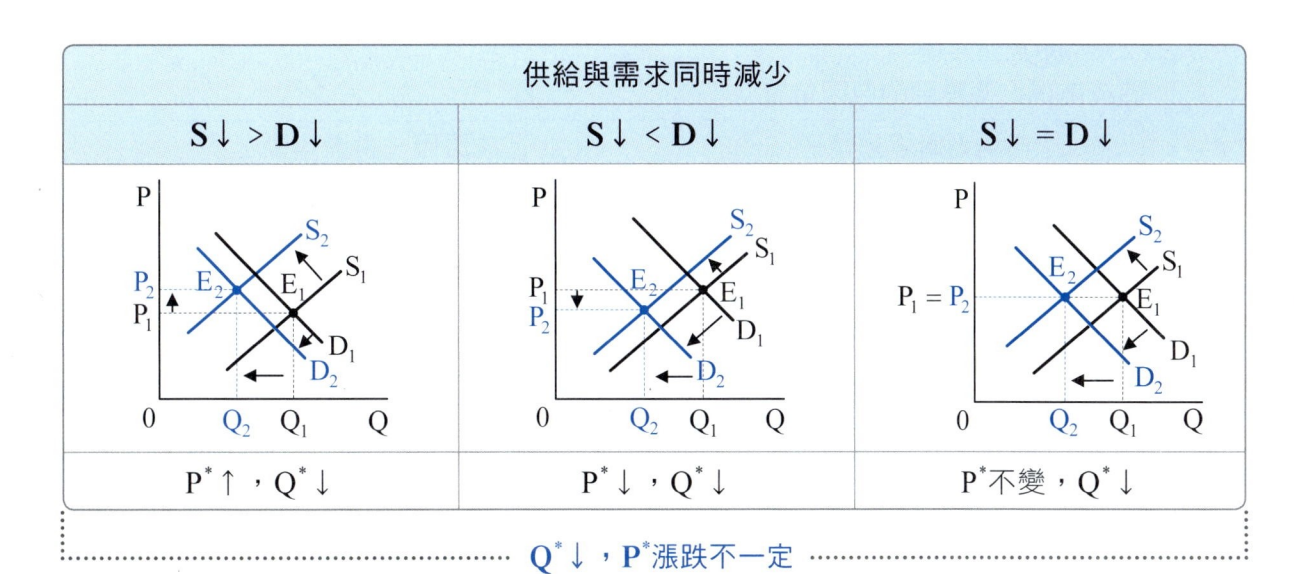

(2) 供給與需求反向變動：

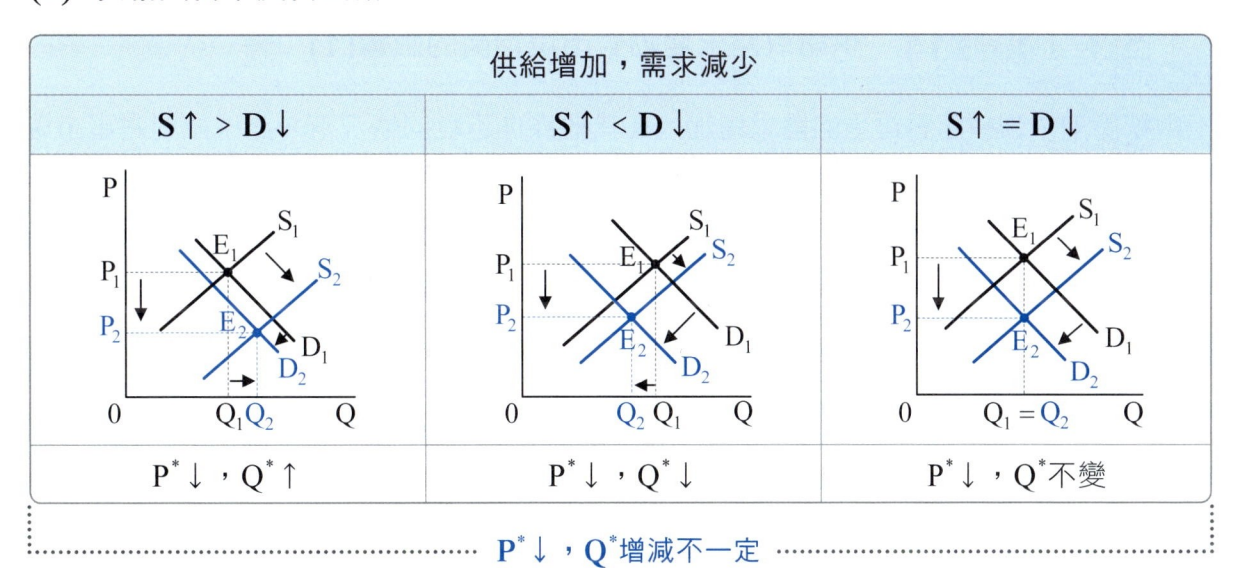

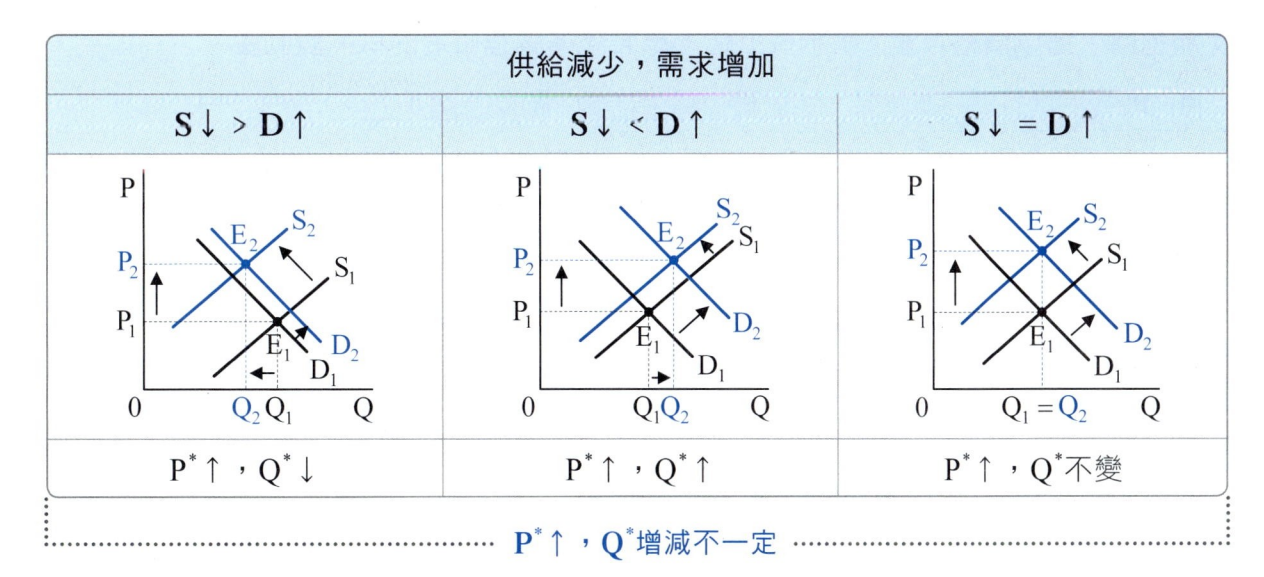

供給增加，需求減少

S↑ > D↓	S↑ < D↓	S↑ = D↓
$P^*\downarrow$，$Q^*\uparrow$	$P^*\downarrow$，$Q^*\downarrow$	$P^*\downarrow$，Q^*不變

$P^*\downarrow$，Q^*增減不一定

供給減少，需求增加

S↓ > D↑	S↓ < D↑	S↓ = D↑
$P^*\uparrow$，$Q^*\downarrow$	$P^*\uparrow$，$Q^*\uparrow$	$P^*\uparrow$，Q^*不變

$P^*\uparrow$，Q^*增減不一定

> **黃金5秒鐘**
> 造成市場均衡變動的原因彙整：

市場均衡變動情形	造成原因（供需變動）
P↓、Q↓（價跌量縮）	S不變且D↓ 或 S↓<D↓ 或 S↑<D↓
P↓、Q↑（價跌量增）	D不變且S↑ 或 S↑>D↑ 或 S↑>D↓
P↓、Q不變（價跌量平）	S↑=D↓
P↑、Q↓（價漲量縮）	D不變且S↓ 或 S↓>D↓ 或 S↓>D↑
P↑、Q↑（價漲量增）	S不變且D↑ 或 S↑<D↑ 或 S↓<D↑
P↑、Q不變（價漲量平）	S↓=D↑
P不變、Q↓（價平量縮）	S↓=D↓
P不變、Q↑（價平量增）	S↑=D↑
P不變、Q不變（價平量平）	D不變且S不變

教學範例 14　供給或需求變動對市場均衡的影響(1)

中秋節前，製餅店對雞蛋的需求增加，在其他條件不變的情況下，此現象對雞蛋市場之均衡價格與均衡數量的影響為何？

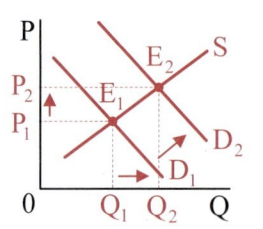

解　供給　<u>不變</u>　，需求　<u>增加</u>
⇒ P^*　<u>↑</u>　，Q^*　<u>↑</u>　。

教學範例 15　供給或需求變動對市場均衡的影響(2)

某名牌包業者推出一款由名設計師設計的經典斜背包，且限量上市1,000個；消費者紛紛搶購，造成價格大漲。請根據上述，繪製該名牌包市場的供需變動圖。

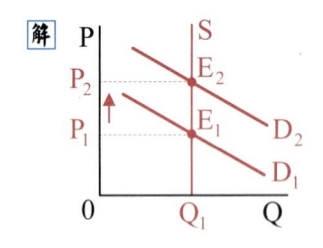

解　　　　　　　　供給　<u>不變</u>　，需求　<u>增加</u>
⇒ P^*　<u>↑</u>　，Q^*　<u>不變</u>　。

教學範例 16　供需同時變動對市場均衡的影響

禽流感爆發，使得雞肉的供給減少，消費者對雞肉的需求亦減少。請根據上述，說明禽流感對雞肉市場之均衡價格與均衡數量的影響。

解　題目沒有說明供給或需求減少的幅度大小，因此可能有以下三種情況：

1. 供給減少 > 需求減少 ⇒ P^*↑，Q^*↓
2. 供給減少 < 需求減少 ⇒ P^*↓，Q^*↓　　Q^*↓，P^*漲跌不一定
3. 供給減少 = 需求減少 ⇒ $\overline{P^*}$　，Q^*↓

學以致用 2-5

(A)1. 馬歇爾所倡導的折衷價值說，認為財貨的價格應該由下列何者決定？
(A)供需雙方　(B)需求者　(C)供給者　(D)政府。

(C)2. 在經濟學上，「一隻看不見的手」指的是
(A)人口增加速度　(B)政府管制　(C)價格機能　(D)社會倫理。

(B)3. 當市場價格低於均衡價格時，表示
(A)供過於求　(B)供不應求　(C)供需相等　(D)存在超額供給。

(A)4. 超額供給是指：(A)需求量小於供給量　(B)需求量等於供給量　(C)需求量大於供給量　(D)需求曲線的斜率小於供給曲線的斜率。

▲ 請根據右圖回答第5～6題。

(A)5. 在P＝100的情況下，會產生下列何種現象？
(A)超額供給　　　(B)超額需求
(C)供不應求　　　(D)消費者高價求買。
解 市場價格 > 均衡價格 ⇒ 超額供給（供過於求）
⇒ 廠商會降價求售。

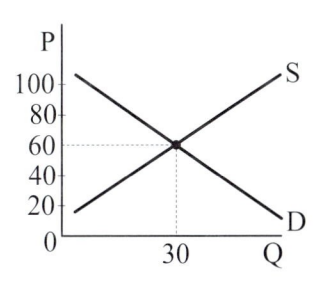

(A)6. 在P＝40的情況下，價格機能將引導價格　(A)向上調整至P＝60　(B)向上調整至P＝80　(C)向上調整至P＝100　(D)向下調整至P＝20。

(D)7. 若需求與供給同時減少，則均衡價格（P^*）與均衡數量（Q^*）有何變動？
(A)P^*上升，Q^*增加
(B)P^*上升，Q^*不變
(C)P^*下降，Q^*減少
(D)P^*升降不一定，Q^*減少。

(C)8. 某財貨的市場需求函數為P＝20－0.1Q，市場供給函數為P＝5＋0.05Q，則其均衡價格為　(A)50　(B)100　(C)10　(D)200。
解 市場均衡時，需求 = 供給 ⇒ 20－0.1Q = 5＋0.05Q ⇒ Q^* = 100。
將 Q^* = 100 代入需求或供給函數，可求得 P^* = 10。

(D)9. 某產品的市場需求函數為Q_d＝150－2P，市場供給函數為Q_s＝60＋4P；當P＝30時，該市場存在　(A)超額需求120單位　(B)超額需求90單位　(C)超額供給180單位　(D)超額供給90單位。
解 當P = 30時：Q_d = 150－2P = 150－2×30 = 90，Q_s = 60＋4P = 60＋4×30 = 180。
$Q_s > Q_d$ ⇒ 存在「超額供給」：$Q_s － Q_d$ = 180－90 = 90（單位）。

(C)10. 假設咖啡與奶球為互補品，若海嘯淹沒咖啡產地，試問對奶球市場之均衡價格（P^*）與均衡數量（Q^*）有何影響？
(A)P^*↑，Q^*↑　(B)P^*↑，Q^*↓　(C)P^*↓，Q^*↓　(D)P^*↓，Q^*↑
解 咖啡市場：供給↓ ⇒ S線左移 ⇒ P^*↑，Q^*↓。
奶球市場：需求↓（∵咖啡與奶球為互補品 ⇒ $P^*_{咖啡}$↑，$Q^*_{咖啡}$↓ ⇒ $D_{奶球}$↓）
⇒ D線左移 ⇒ P^*↓，Q^*↓。

2-6 政府對市場價格的干涉 [102] [107] [112]

記憶要訣
上限在下，下限在上

一、價格管制

項目	價格上限	價格下限
別稱	最高管制價格	最低管制價格
意義	政府訂定某財貨的**價格上限** ⇒ 價格**上限** < 市場均衡價格	政府訂定某財貨的**價格下限** ⇒ 價格**下限** > 市場均衡價格
目的	保護**消費者**利益	保護**生產者**利益
實施時機	1. 物價飆漲時 2. 戰爭等特殊情形	1. 物價慘跌時 2. 工資過低時、農產品豐收時
圖形與分析	當均衡價格 = P^* 時 ⇒ 政府訂定價格上限 P_C ⇒ 產生超額需求 $\overline{Q_1Q_2}$	當均衡價格 = P^* 時 ⇒ 政府訂定價格下限 P_f ⇒ 產生超額供給 $\overline{Q_1Q_2}$
影響	1. 供不應求（**超額需求**） 2. 造成**黑市**交易（以更高價格私下交易） 3. 產生**紅包**（賄賂）文化 4. 造成**排隊**搶購	1. 供過於求（**超額供給**） 2. 資源配置失當
補救辦法	1. **開放進口**（供給增加） 　S↑ ⇒ S線右移 2. **定額配給**（限制需求） 　D↓ ⇒ D線左移 （超額需求減少）	1. **限制生產**（如休耕、證照制度） 　S↓ ⇒ S線左移 2. **鼓勵消費**（如開放出口、職訓） 　D↑ ⇒ D線右移 （超額供給減少） 3. 政府**保證收購**超額供給

◆ **黃金5秒鐘**
若政府訂定的價格下限 < 市場均衡價格，則將不影響市場均衡狀態，亦不會出現超額供給的情形。

二、課稅與補貼

項目	課稅（從量課稅）	補貼（從量補貼）
目的	政府以課稅的方式增加生產者之生產成本，促使生產者減少供給，以達到干預價格的目的	政府為鼓勵產業發展，常以補貼方式降低生產者的成本，以促使生產者增加供給，達到干預價格的目的
圖形與分析	課稅 ⇒ 生產成本↑ ⇒ 供給↓ ⇒ 供給曲線左移 ⇒ P↑，Q↓	補貼 ⇒ 生產成本↓ ⇒ 供給↑ ⇒ 供給曲線右移 ⇒ P↓，Q↑

學以致用 2-6

(A)1. 當物價不斷上漲時，政府為保障消費者權益，可採取哪一種政策？
(A)價格上限 (B)價格下限 (C)維持原市場均衡價格 (D)最低管制價格。

(B)2. 在其他條件不變的情況下，若政府以課稅方式來干預市場價格，則會使市場均衡價格 (A)下降 (B)上升 (C)不變 (D)升降不一定。
解 課稅 ⇒ 生產成本↑ ⇒ 供給↓ ⇒ S線左移 ⇒ P^*↑，Q^*↓。

3. 已知 $Q_d = 400 - 2P$，$Q_S = -100 + 3P$，若政府將價格限制在$110，則為價格 __下__ 限。（上、下）
解 $Q_d = Q_S$ ⇒ $400 - 2P = -100 + 3P$ ⇒ $P^* = 100$。P = 110 > P^* ⇒ 價格下限。

4. 下表為價格上限與價格下限的比較表，試完成下表。

比較項目	價格上限	價格下限
別稱	最 __高__ 管制價格	保證收購價格、最 __低__ 管制價格
意義	上限價格 __<__ 市場均衡價格	下限價格 __>__ 市場均衡價格
目的	保障 __消費者__ 利益	保障 __生產者__ 利益
實施結果	超額 __需求__	超額 __供給__
補救辦法	(1) 開放 __進口__ (2) 定額 __配給__	(1) 限制 __生產__ (2) 鼓勵 __消費__ (3) 政府收購超額 __供給__

2-1 需求

(C)1. 一般而言，下列何者最可能為經濟學中所稱的劣等財（Inferior Goods）？
(A)鑽石 (B)牛奶 (C)速食麵 (D)化妝品。
解 劣等財：$I\uparrow \Rightarrow Q\downarrow$；當所得增加時，消費者最可能減少速食麵的消費。

(A)2. 經濟學中最常提及，在其他條件不變的情況下，下列何者非指「其他條件不變」？
(A)需求產品價格不變 (B)其他相關財貨價格不變
(C)消費者所得不變 (D)消費者偏好不變。

(A)3. 下列哪一項是使得某一財貨需求量變動的因素？
(A)該財貨本身的價格 (B)相關財貨的價格
(C)消費者的所得 (D)消費者的偏好。
解 B、C、D：屬於「需求」變動的因素。

(C)4. 在其他條件不變下，「財貨價格與需求量呈反向變動的現象」是為：
(A)正常財 (B)季芬財 (C)需求法則 (D)引申需求。

(B)5. 某消費者僅飲用咖啡和紅茶兩種飲料，且對咖啡或紅茶完全沒有差別，表示咖啡和紅茶對該消費者而言是：
(A)劣等財（inferior goods） (B)替代品（substitute goods）
(C)互補品（complement goods） (D)季芬財（Giffen goods）。

(B)6. 在固定所得水準下，當X財貨的價格下跌時，會減少Y財貨的需求，X與Y兩種財貨稱之為 (A)互補財貨 (B)替代財貨 (C)劣等財貨 (D)獨立財貨。

(A)7. 需求者對於一定量的某種財貨，願意付出之最高代價稱為
(A)需求價格 (B)供給價格 (C)均衡價格 (D)歧視價格。

(A)8. 下列何種財貨不適用需求法則？
(A)季芬財貨 (B)劣等財貨 (C)民生必需品 (D)奢侈品。
解 需求法則之例外包括「炫耀財」與「季芬財」，二者都是$P\uparrow$，$Q_d\uparrow$。

(B)9. 生產者對各種生產要素的需求為
(A)最後需求 (B)引申需求 (C)有效需求 (D)無效需求。

(A)10. 對某種財貨需求的變動是指下列何者不變時，需求量有變動？
(A)價格 (B)嗜好 (C)所得 (D)人口。

(C)11. 在其他條件不變的情況下，「嬰兒潮」會導致「嬰兒用品」
(A)供給增加 (B)供給量增加 (C)需求增加 (D)需求量增加。
解 嬰兒潮使嬰兒用品的消費人數$\uparrow \Rightarrow$ 需求$\uparrow$。

(A)12. 極短期內的價格決定於 (A)需求 (B)供給 (C)供給及需求 (D)供給或需求。
解 在極短期內，因生產者無法立即增減供給量，故價格決定於需求。

(C)13. 個別需求係指：假定其他情況不變，在一定時間，個別消費者對某特定財貨價格與 (A)需求者 (B)需求彈性 (C)願意購買的數量 (D)購買者 兩者之間的關係。

(B)14. 豆芽菜培植於室內水池，當颱風過後，豆芽菜價格上漲，主要原因是
(A)豆芽菜減產了
(B)一般田間生產的蔬菜價格大漲，消費者轉而增加對豆芽菜的需求
(C)生產豆芽菜的成本貴了
(D)人們突然對豆芽菜的偏好提高了。
解 A：豆芽菜培植於室內水池，與颱風來襲無關。
B：一般田間蔬菜因產量減少，價格上漲，消費者轉而增加對豆芽菜的需求。
C：成本不變。D：是因為財貨的相對價格改變，而非偏好改變。

(C)15. 若某財貨的價格不變，而人們對其偏好提高，則稱此財貨的
(A)需求量增加 (B)需求量減少 (C)需求增加 (D)需求減少。

(D)16. 如果消費者預期油價未來將上漲，則目前的
(A)需求量減少 (B)需求減少 (C)需求量增加 (D)需求增加。
解 預期未來油價↑ ⇒ 現在油價相對便宜多買 ⇒ 需求↑。

(B)17. 下列何種情況不會造成安真對LV皮包的需求增加或減少？
(A)安真的所得增加
(B)LV皮包的價格上漲
(C)LV皮包的替代品香奈兒皮包價格上漲
(D)安真喜新厭舊，對LV皮包的喜愛度降低。
解 A、C：需求↑。B：「需求量」↓。D：需求↓。

(D)18. 假設排骨飯與漢堡為替代財，漢堡與可樂為互補財，若廠商提高漢堡的價格，則下列敘述何者正確？
(A)漢堡的需求減少 (B)排骨飯的需求量減少
(C)可樂的需求增加 (D)排骨飯的需求增加。
解 A：漢堡的「需求量」減少。B、D：排骨飯的「需求增加」。
C：可樂的需求「減少」。

(C)19. 財貨X對小育而言是一種季芬財貨（Giffen goods），在其他條件不變下，下列敘述何者為真？
(A)財貨X的價格上漲時，需求量減少
(B)財貨X佔小育支出的比例低於1%
(C)財貨X的價格上漲時，需求量增加
(D)小育對財貨X的消費符合需求法則。
解 A、C、D：季芬財是指價格上漲，需求量增加的財貨，不符合需求法則。

next...

(B)20. 若汽油價格上升使大型汽車需求減少，則下列敘述何者正確？
(A)汽油與大型汽車為消費上的替代品
(B)汽油與大型汽車為消費上的互補品
(C)汽油為劣等財
(D)大型汽車為劣等財。

解 汽油P↑ ⇒ 汽油Q_d↓ ⇒ 大型汽車D↓ ⇒ 汽油與大型汽車為消費上的互補品。

(C)21. 若某物價格上漲，引起該物需求量增加，則下列何者正確？
(A)此物為自由財
(B)此符合需求法則
(C)此物可能為炫耀財或季芬財
(D)此種變動為需求的變動。

解 A、B、C：P_X↑，Q_X^d↑ ⇒ 為需求法則的例外；該財貨可能為炫耀財或季芬財。
D：為「需求量」的變動。

(C)22. 下列有關需求曲線的敘述，何者正確？
(A)直線型方程式Q_d = a － bP，－b為曲線的斜率
(B)正常財的需求曲線為正斜率
(C)需求曲線上的任一點表示消費者在某特定價格下，願意購買的最多數量
(D)由韋伯倫所提出。

解 A：－b為斜率的「倒數」。B：正常財的需求曲線為「負」斜率。
D：需求曲線是由「馬歇爾」提出。

(A)23. 所謂「替代效果」就是
(A)物價變動引起需求量的變動
(B)實質所得的增加而造成需求的增加
(C)實質所得的增加而引起效用函數的增加
(D)物價變動引起實質所得的變動。

(B)24. 有關炫耀財與奢侈品的敘述，何者正確？
(A)炫耀財一定是奢侈品
(B)炫耀財違反需求法則
(C)消費者對奢侈品的需求量會隨價格增加而增加
(D)奢侈品違反需求法則。

解 A：炫耀財「不一定」是奢侈品。
C：除非是炫耀財，否則消費者對奢侈品的需求量會隨價格增加而「減少」。
D：奢侈品「不一定」違反需求法則。

(A)25. 對商品X的需求增加，最可能的原因為：
(A)替代品價格上漲　　　　　　(B)互補品價格上漲
(C)替代品價格下跌　　　　　　(D)互補品價格不變。

解 當「替代品」的「價格上漲」：P_Y↑ ⇒ Q_Y↓ ⇒ D_X↑ ⇒ Q_X↑；
當「互補品」的「價格下跌」：P_Y↓ ⇒ Q_Y↑ ⇒ D_X↑ ⇒ Q_X↑。

(D)26. 下列何者會使需求點沿著需求線往右下方移動？
　　　　(A)消費人數增加　　　　　　　　(B)相關產品價格下跌
　　　　(C)消費者所得增加　　　　　　　(D)產品本身價格下跌。

(A)27. 下列何者會使整條需求線左移？
　　　　(A)下個月將減價1%，所以少買2份　(B)女朋友很喜歡，所以多買2份
　　　　(C)價格上漲5%，所以少買4份　　　(D)領到年終獎金，所以多買5份。
　　解 A：預期未來價格↓ ⇒ 現在價格相對昂貴 ⇒ 需求↓ ⇒ D線左移。
　　　　 B：偏好↑ ⇒ 需求↑　⇒ D線「右移」。
　　　　 C：價格↑ ⇒ 需求量↓ ⇒ 點沿D線下移。
　　　　 D：所得↑ ⇒ 需求↑　⇒ D線「右移」。

(D)28. 下列對於某種正常財之需求影響的敘述，何者錯誤？
　　　　(A)所得上升，需求曲線會右移
　　　　(B)替代品價格下降，需求曲線會左移
　　　　(C)財貨本身價格上升，需求量會減少
　　　　(D)預期未來價格上升，需求曲線會左移。
　　解 D：預期未來價格↑ ⇒ 現在價格相對便宜 ⇒ 需求↑ ⇒ D線「右移」。

(D)29. 如右圖所示：奶油的需求曲線由D_1D_1降為D_2D_2，此係由於
　　　　(A)奶油價格上漲　　　(B)奶油價格下跌
　　　　(C)麵包價格下跌　　　(D)麵包價格上漲。 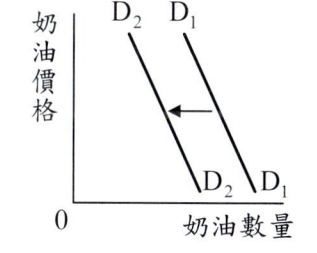
　　解 A、B：奶油P↑或↓ ⇒ 點沿D線上移或下移。
　　　　 C、D：麵包與奶油為互補品，麵包P↑ ⇒ 麵包Q_d↓
　　　　　　　 ⇒ 奶油D↓ ⇒ 奶油D線左移。

(B)30. 右圖為手機的需求曲線，若需求點由A點移至B點，此係由於下列哪一項原因所致？
　　　　(A)未來手機價格將下跌　(B)手機價格上漲
　　　　(C)消費者所得減少　　　(D)消費人數減少。 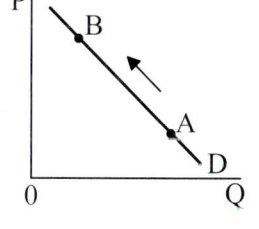
　　解 A、C、D：需求↓ ⇒ D線左移。
　　　　 B：財貨本身價格↑ ⇒ 需求量↓ ⇒ 點沿D線上移。

(B)31. 若財貨A的需求函數為$Q = 100 - 2P$，其中Q為需求量，P為價格，則下列敘述何者正確？
　　　　(A)若財貨A為正常財，所得增加時，在P = 10時，Q低於80
　　　　(B)若財貨A之替代品價格上漲時，在P = 20時，Q高於60
　　　　(C)若預期未來價格將上漲，在P = 30時，Q低於40
　　　　(D)若財貨A為劣等財，所得增加時，在P = 25時，Q高於50。
　　解 A：P = 10 ⇒ Q = 100 − 2 × 10 = 80。A為正常財，所得↑ ⇒ 需求↑ ⇒ Q > 80。
　　　　 B：P = 20 ⇒ Q = 100 − 2 × 20 = 60。A之替代品價格↑ ⇒ A之需求↑ ⇒ Q > 60。
　　　　 C：P = 30 ⇒ Q = 100 − 2 × 30 = 40。預期未來價格↑ ⇒ 需求↑ ⇒ Q > 40。
　　　　 D：P = 25 ⇒ Q = 100 − 2 × 25 = 50。A為劣等財，所得↑ ⇒ 需求↓ ⇒ Q < 50。

next...

(C)32. 試根據右表導出其需求函數。
(A)$Q_d = 2 - 32P$　　(B)$P = 32 - 2Q_d$
(C)$Q_d = 32 - 2P$　　(D)$Q_d = 24 - 4P$。

P	4	6	8	10
Q_d	24	20	16	12

解 任取需求表中之兩組(P, Q_d)代入$Q_d = a - bP$：
$(P = 4, Q_d = 24) \Rightarrow 24 = a - 4b$
$(P = 6, Q_d = 20) \Rightarrow 20 = a - 6b$
聯立解可得$a = 32$，$b = 2 \Rightarrow Q_d = 32 - 2P$。

2-2　需求彈性

(A)33. 無論花價如何改變，景騰每月固定花費100元購買百合花送給女友，請問景騰對百合花的需求彈性為多少？　(A)1　(B)2　(C)0　(D)無限大。
解 景騰每月對百合花的消費金額（TE）固定，不因花價改變而變動 $\Rightarrow E^d = 1$。

(C)34. 假設有線耳機與無線藍芽耳機是生產上的替代品，下列何者是造成有線耳機供給量減少的原因？
(A)無線藍芽耳機的價格上漲
(B)廠商預期有線耳機將漲價
(C)有線耳機的價格下跌
(D)生產有線耳機的原料價格上漲。
解 A、B、D：有線耳機的「供給」減少。

(D)35. 如某物的價格下跌，其總支出與價格同比例減少，則該物需求的價格彈性絕對值
(A)大於1　(B)小於1　(C)等於1　(D)等於0。

(A)36. 若需求彈性大於一，當物價上漲時，消費者的總支出會
(A)減少　(B)增加　(C)不一定　(D)不變。

(D)37. 假設其他狀況不變，若公賣局調高米酒價格，人們雖節省用量，但仍對米酒的消費總支出增加。則消費者對米酒的需求彈性為
(A)無窮大　(B)大於1　(C)等於1　(D)小於1。

(A)38. 計程車司機要求夜間時段加價，但總收益反而減少。這是因為此時消費者的價格需求彈性　(A)大於一　(B)等於一　(C)小於一　(D)等於零。

(C)39. 麵粉進口價格提高，燒餅油條業者立即反應成本，提高售價以增加營業收入，此乃因消費者對燒餅油條之需求彈性係數
(A)大於1　(B)等於1　(C)小於1　(D)等於∞

(C)40. 廠商希望用X產品「薄利多銷」策略來吸引顧客以增加收入，則該廠商策略成功之條件為X產品之需求彈性
(A)大於0　(B)小於0　(C)大於1　(D)小於1。
解 廠商欲藉由降價來增加銷售量以增加總收益，必須選擇$E^d > 1$的市場。

(A)41. 「穀貴傷民」按經濟學的解釋，稻穀為民生必需品，即使穀價上漲，一般人仍需購買相當數量的稻穀，因而支出大量增加，不堪負荷。依此觀念稻穀之需求彈性 (A)小於一 (B)大於一 (C)等於一 (D)等於零。

(A)42. 需求曲線若垂直於橫軸，則其彈性為 (A)0 (B)∞ (C)1 (D)2。

(B)43. 承上題，該需求曲線的斜率為 (A)0 (B)∞ (C)< 1 (D)> 1。

(A)44. 古董店老闆為增加總收益，對「高所得的顧客」應如何訂定古董價格？
(A)提高價格 (B)降低價格 (C)維持原價 (D)視消費者喜好而定。
解 高所得顧客對古董的需求彈性小於1 ⇒ P↑，TR↑。

(B)45. 物品愈耐用，其需求彈性 (A)愈大 (B)愈小 (C)不變 (D)等於0。
解 消費者不常買耐久財，故對耐久財的價格敏感度低 ⇒ E^d較小。

(A)46. 財貨支出占所得比例愈大，其需求彈性
(A)愈大 (B)愈小 (C)不變 (D)等於0。
解 財貨支出占所得比例大，表示該項支出對總支出的影響大
⇒ 消費者的價格敏感度高 ⇒ E^d較大。

(C)47. 下列何者不是影響需求價格彈性的因素？
(A)替代品的多寡
(B)消費支出佔所得的比例
(C)生產過程的變通可能
(D)分析時間的長短。
解 生產過程的變通可能與需求彈性無關，與供給彈性有關。

(D)48. 下列哪一種供給或需求曲線，其線上任何一點的價格彈性值都不相同？
(A)水平直線型的供給曲線
(B)水平直線型的需求曲線
(C)通過原點斜率為1的直線型供給曲線
(D)縱軸截距為1，斜率為−1的直線型需求曲線。
解 A、B：彈性無限大。C：彈性等於1。D：線上彈性皆不同。

(D)49. 若某物的需求曲線是恆一彈性，則下列敘述何者正確？
(A)價格下降時，消費者對該物的總支出會增加
(B)價格上漲時，廠商對該物的總收益會增加
(C)此需求曲線為一負斜率的直線
(D)無論該物銷售量如何變動，廠商對該物的總收益為固定
(E)此需求曲線為通過原點的直線。
解 恆一彈性（$E^d = 1$）的需求曲線為「等軸雙曲線」，表示不論價格（銷售量）如何變動，廠商的總收益皆固定不變。

next...

(D)50. 一物需求彈性較大，是由於該物
(A)為必需品　　　　　　　　　(B)消費支出占所得的比例小
(C)用途較少　　　　　　　　　(D)耐用程度較小。
解　A、B、C：E^d較小。D：消耗品的E^d較大。

(D)51. 某航空公司在新的一年開始時，為了使其總收入極大化，採票價變更策略，則其應採的策略為何？
(A)經濟艙因需求彈性小於1，須降價
(B)經濟艙因需求彈性大於1，須漲價
(C)頭等艙因需求彈性小於1，須漲價
(D)頭等艙因需求彈性大於1，須降價。
解　A、B：消費者對經濟艙的需求彈性小於1，航空公司應漲價使總收入增加。
　　C、D：消費者對頭等艙的需求彈性大於1，航空公司應降價使總收入增加。

(C)52. 我國加入WTO之後，開放外國水果進口，使得國產水果的
(A)供給彈性變大　(B)供給彈性變小　(C)需求彈性變大　(D)需求彈性變小。
解　開放外國水果進口，消費者可選擇的替代品增加，使得國產水果的E^d變大。

(B)53. 百貨公司週年慶時應選擇何種產品打折比較有利？
(A)必需品　(B)奢侈品　(C)補助財　(D)替代品。
解　百貨公司應選擇$E^d>1$的奢侈品打折，以達到「P↓，TR↑」的目的。

(B)54. 直線型負斜率需求線位置較高處的價格彈性通常比較
(A)小　(B)大　(C)固定常數　(D)不一定。

(C)55. 商品之廣告通常是希望使商品的需求曲線
(A)向左移且變得更有彈性　　　(B)向左移且變得少彈性
(C)向右移且變得少彈性　　　　(D)向右移且變得更有彈性。
解　商品廣告的目的：一方面是為了刺激消費者增加對該商品的需求，促使該商品的需求曲線右移；另一方面則是希望消費者成為忠實顧客，使其對該商品的價格敏感度降低（即需求彈性降低）。

(B)56. 下列有關直線型負斜率需求曲線的敘述，何者正確？
(A)線段中間點的需求彈性為無限大　(B)線上的點愈高，彈性愈大
(C)與橫軸相交點的需求彈性為1　　(D)線上任一點的斜率均不同。
解　A：線段中間點的需求彈性為「1」。C：與橫軸相交點的需求彈性為「0」。
　　D：線上任一點的斜率均「相同」。

(A)57. 右圖的A、B、C三條直線相交於一點，在此交點，其需求價格彈性的絕對值之大小次序，下列何者正確？
(A)A＞B＞C
(B)A＜B＜C
(C)A＝B＝C
(D)A＞B＝C。

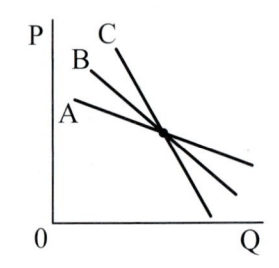

(B)58. 如右圖所示，需求曲線上A點到B點的需求彈性為
(A)完全彈性
(B)富於彈性
(C)缺乏彈性
(D)單一彈性。

解 由圖可知：需求量變動% > 價格變動% ⇒ $E^d > 1$。

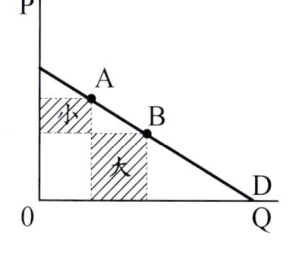

(D)59. 右圖中的水平軸為X財貨的需求數量，垂直軸為Y財貨的價格，而兩種財貨的關係如圖中的EE線，則
(A)X財貨與Y財貨均為劣等財
(B)X財貨為劣等財，Y財貨為正常財
(C)X與Y財貨互為互補品
(D)X與Y財貨互為替代品。

解 $P_Y \uparrow \Rightarrow Q_Y \downarrow$、$Q_X \uparrow \Rightarrow$ X與Y財貨互為「替代品」。

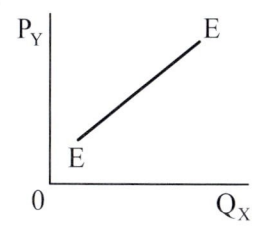

(D)60. 必需品的需求曲線最可能是下列哪一個圖形？
(A) (B) (C) (D)

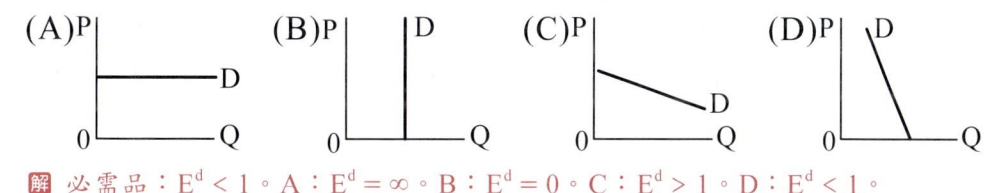

解 必需品：$E^d < 1$。A：$E^d = \infty$。B：$E^d = 0$。C：$E^d > 1$。D：$E^d < 1$。

(A)61. 若課本的價格上漲10%，而需求量減少2%，則課本的需求價格彈性為：
(A)0.2 (B)2.0 (C)5.0 (D)10。

解 $E^d = \left| \dfrac{需求量變動的百分比}{價格變動的百分比} \right| = \left| \dfrac{-2\%}{10\%} \right| = 0.2$。

(C)62. 若香蕉的需求函數為$Q = 20 - \dfrac{1}{2}P$；其中Q為香蕉數量，P為香蕉價格。當Q = 10時，香蕉的需求彈性為： (A)0.50 (B)0.75 (C)1.00 (D)1.25。

解 $Q = 10 \Rightarrow 10 = 20 - \dfrac{1}{2}P \Rightarrow P = 20$。$E^d = \left| -h \times \dfrac{P_1}{Q_1} \right| = \left| -\dfrac{1}{2} \times \dfrac{20}{10} \right| = 1$。

(D)63. 中油公司將高級汽油價格調漲4%，其總收益減少2%，因此大眾對高級汽油的需求彈性 (A)等於0 (B)等於0.5 (C)等於1 (D)大於1。

解 $P \uparrow$，$TR \downarrow \Rightarrow E^d > 1$。

(D)64. 假設今年芒果豐收，銷量比去年增加25%，其價格去年為25元／斤，今年下降為20元／斤，試問芒果的需求彈性係數（以點彈性計算取絕對值）為
(A)0.625 (B)0.8 (C)1.04 (D)1.25。

解 $E^d = \left| \dfrac{\dfrac{\Delta Q}{Q_1}}{\dfrac{\Delta P}{P_1}} \right| = \left| \dfrac{25\%}{\dfrac{20-25}{25}} \right| = 1.25$。

(B)65. 假設某財貨之弧彈性 $\frac{17}{9}$，當價格80元時，需求量為50單位，當價格上升至90元時，則：
(A)需求量增加10單位
(B)需求量減少10單位
(C)需求量增加9單位
(D)需求量減少17單位。

解 $E^d = \left|\dfrac{\dfrac{Q_2 - Q_1}{(Q_1 + Q_2)/2}}{\dfrac{P_2 - P_1}{(P_1 + P_2)/2}}\right| = \left|\dfrac{\dfrac{Q_2 - 50}{50 + Q_2}}{\dfrac{90 - 80}{80 + 90}}\right| = \dfrac{17}{9} \Rightarrow \dfrac{Q_2 - 50}{50 + Q_2} \cdot \dfrac{90 - 80}{80 + 90} = -\dfrac{17}{9} \Rightarrow Q_2 = 40$。

(C)66. 已知某產品的市場需求函數為 $P = 100 - 5Q$，當價格為20元時，該產品的需求彈性為 (A)2 (B)4 (C)$\frac{1}{4}$ (D)$\frac{1}{2}$。

解 $P = 100 - 5Q \Rightarrow Q = 20 - \frac{1}{5}P$。$P = 20 \Rightarrow Q = 20 - \frac{1}{5} \times 20 = 16$。

$E^d = \left|-b \times \dfrac{P_1}{Q_1}\right| = \left|-\dfrac{1}{5} \times \dfrac{20}{16}\right| = \dfrac{1}{4}$。

2-3 供給

(D)67. 下列何者會引起「供給量的變動」？
(A)租稅與補貼的變動
(B)相關生產要素價格的變動
(C)生產技術的變動
(D)財貨本身價格的變動。

解 A、B、C：會引起「供給」的變動。

(B)68. 在尖峰期間欲抑制高速公路的車流，最有效方法有賴
(A)增加供給 (B)抑制需求 (C)減少供給 (D)增加需求。

解 在高速公路不易增加（即供給不易增加）的情況下，抑制車流（即抑制需求）是最有效的方法，故會有「匝道管制」等措施的實施。

(A)69. 供給法則主要在說明
(A)供給量與價格呈同向變化
(B)供給量與價格呈反向變化
(C)供給量與所得呈同向變化
(D)供給量與所得呈反向變化。

(B)70. 一般而言，供給曲線上任一點，表示生產者在某特定價格下，願意且有能力提供的 (A)均衡數量 (B)最多數量 (C)最少數量 (D)平均數量。

(A)71. 生產者可因生產技術進步等因素而調整生產數量的供給，稱為
(A)變動供給 (B)市場供給 (C)獨立供給 (D)固定供給。

(A)72. 下列何種情況不會使櫻桃的供給曲線整條移動？
(A)櫻桃的價格下跌
(B)生產者預期櫻桃的未來價格下跌
(C)喜歡吃櫻桃的人數大增，許多果農改種櫻桃
(D)櫻桃的進口量增加。

解 A：點沿S線下移。B、C、D：S線「右移」。

(C)73. 下列何者是造成茶飲料供給量減少的原因？
(A)可樂的價格上漲　　　　　(B)政府對茶飲料課稅增加
(C)茶飲料的價格下跌　　　　(D)生產茶飲料的廠商減少。

解　A：$P_{可樂}↑ ⇒ Q^S_{可樂}↑ ⇒$ 茶飲料「供給」↓。
　　B：對茶飲料課稅↑ ⇒ 生產成本↑ ⇒ 茶飲料「供給」↓。
　　D：生產茶飲料的廠商↓ ⇒ 供給人數↓ ⇒ 茶飲料「供給」↓。

(A)74. 下列哪一項是導致供給曲線往右移動的原因？
(A)生產技術進步　　　　　　(B)政府稅金提高
(C)財貨的耐用程度愈大　　　(D)原物料價格提高。

解　B、D：供給曲線「左」移。C：財貨耐用程度愈大，需求彈性愈小。

(C)75. 下列何者符合供給法則？
(A)土地　(B)古玩　(C)一般製成品　(D)個別勞動供給。

解　A、B：S線為垂直線。C：S線為正斜率。D：S線為後彎的曲線。

(C)76. 若預期智慧手機在未來會大幅降價，則
(A)消費者現在會增加購買智慧手機
(B)生產者在未來會大量生產智慧手機
(C)生產者現在會儘量拋售智慧手機以出清存貨
(D)消費者未來會大量購買傳統手機。

解　A、D：消費者現在會「減少」購買智慧手機，未來會「減少」購買傳統手機。
　　B、C：生產者現在會「拋售」智慧手機，未來會「減少」生產智慧手機。

(A)77. 下列哪一個圖形可以說明顏真卿真跡的供給曲線？
(A) (B) (C) (D)

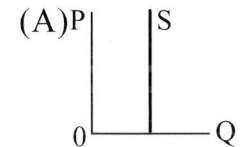

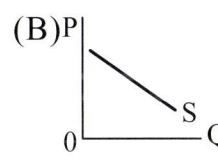

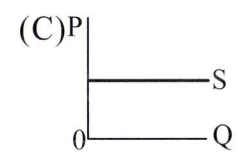

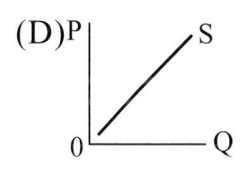

解　顏真卿的真跡為「固定供給」⇒ S線為垂直線。

(C)78. 右圖中的S線為炸雞市場的供給曲線，什麼因素的改變，會使點a右移至點b？
(A)廠商家數減少　　　　(B)炸雞價格調降
(C)雞價下跌　　　　　　(D)炸雞粉價格上漲。

解　A：廠商家數↓ ⇒ 供給↓ ⇒ S線左移（$S_1→S_2$）。
　　B：炸雞價格↓ ⇒ 供給量↓ ⇒ 點沿線下移（由a點移至c點）。
　　C：雞價↓ ⇒ 炸雞的原料成本↓ ⇒ 供給↑ ⇒ S線右移（$S_1→S_3$）。
　　D：炸雞粉價格↑ ⇒ 成本↑ ⇒ 供給↓ ⇒ S線左移（$S_1→S_2$）。

(B)79. 假設市場上有相同的生產者20名，已知個別供給函數為$q^S = 6 + 4P$，則市場供給函數為
(A)$Q_S = 120 + 4P$　　　　(B)$Q_S = 120 + 80P$
(C)$Q_S = 6 + 80P$　　　　　(D)$Q_S = 26 + 4P$。

解　$Q_S = 20 × q^S = 20 × (6 + 4P) = 120 + 80P$。

next…

(A)80. 鮮乳廠商調漲鮮乳價格，在其他條件不變的情況下，將導致現煮含乳咖啡（如：拿鐵咖啡、卡布奇諾）的
(A)供給減少　(B)供給增加　(C)供給量減少　(D)供給量增加。

2-4 供給彈性

(B)81. 只要價格一下跌，廠商馬上停止供貨，表示其供給彈性為
(A)完全無彈性　(B)完全彈性　(C)缺乏彈性　(D)富於彈性。
解 只要價格一下跌，廠商馬上停止供貨 ⇒ S線為「水平線」⇒ $E^S = \infty$。

(A)82. 垂直供給曲線上各點的供給彈性為　(A)0　(B)∞　(C)1　(D)不一定。
解 A：垂直供給曲線上各點的 $E^S = 0$，表示無論價格如何變動，供給量固定不變。

(A)83. 下列何種財貨的供給彈性較富於彈性？
(A)產量增加，生產成本增加的速度慢者
(B)用以生產此財貨的要素，其用途甚少者
(C)不易儲藏的財貨
(D)受自然力支配程度大的財貨。
解 A：成本影響售價，成本增加速度慢 ⇒ ΔP增加速度慢 ⇒ ΔQ > ΔP ⇒ E^S 較大。
B、C、D：E^S 較「小」。

(A)84. 下列有關供給彈性的敘述，何者錯誤？
(A)斜率愈大，供給彈性愈大
(B)生產者對價格變動反應不大，表示其供給彈性小
(C)弧彈性適用於價格變化與數量變化前後差距較大時
(D)供給彈性必為正值。
解 A：斜率愈大，供給彈性愈「小」。

(A)85. 設X財的供給彈性為1.2，當價格上升5%時，若原來供給量為200個單位，則其供給量將
(A)增加12個單位　(B)增加212個單位
(C)減少12個單位　(D)減少212個單位。
解 $E^S = \dfrac{供給量變動百分比}{價格變動百分比} = \dfrac{供給量變動百分比}{5\%} = 1.2 \Rightarrow$ 供給量變動百分比 = 6%。
$6\% = \dfrac{Q_2 - Q_1}{Q_1} = \dfrac{Q_2 - 200}{200} \Rightarrow Q_2 = 212$。
$Q_2 - Q_1 = 212 - 200 = 12$（即增加12個單位）。

(C)86. 已知某商品的價格上漲10元，供給量由20單位增為60單位，現以點彈性計算求得之供給彈性為6，則供給量為20單位時的價格為多少元？
(A)10元　(B)20元　(C)30元　(D)40元。
解 $E^S = \dfrac{\Delta Q}{\Delta P} \times \dfrac{P_1}{Q_1} = \dfrac{60-20}{10} \times \dfrac{P_1}{20} = 6 \Rightarrow P_1 = 30$。

(C)87. 已知供給函數為$Q_S = -60 + 15P$，當價格為5元時，其供給彈性為
(A)$\frac{1}{5}$ (B)$\frac{1}{2}$ (C)5 (D)2。

解 ①$Q_S = -60 + 15P$，$b = 15$。②$P = 5 \Rightarrow Q_S = -60 + 15 \times 5 = 15$。
③$E^S = b \times \frac{P_1}{Q_1} = 15 \times \frac{5}{15} = 5$。

2-5 市場均衡與價格機能

(B)88. 衛生紙價格即將上漲的消息一傳出，下列何種情況最不可能發生？
(A)均衡價格提高，均衡數量減少 (B)均衡價格降低，均衡數量減少
(C)均衡價格提高，均衡數量增加 (D)均衡價格提高，均衡數量不變。

解 預期財貨價格即將上漲 ⇒ 生產者目前供給↓，消費者目前需求↑
⇒ P^*一定會提高，但Q^*則視供給↓與需求↑的幅度大小而定。

(C)89. 於供需法則下，下列何者會造成價格與數量之同步上升？
(A)需求下降但供給增加 (B)需求與供給同時下降
(C)供給不變但需求增加 (D)需求不變但供給增加。

解 A：P^*↓，Q^*增減不一定。B：P^*漲跌不一定，Q^*↓。
C：P^*↑，Q^*↑。D：P^*↓，Q^*↑。

(B)90. 假設其他情況不變，若某財貨的供給減少，對該財貨的均衡價格和均衡數量有何影響？
(A)均衡價格上漲，均衡數量增加 (B)均衡價格上漲，均衡數量減少
(C)均衡價格下跌，均衡數量增加 (D)均衡價格下跌，均衡數量減少。

解 供給↓ ⇒ S線左移 ⇒ P^*↑，Q^*↓。

(B)91. 某暢銷書印刷成本不斷上升，在其它條件不變下，市場上會有什麼現象發生？
(A)暢銷書的數量一定增加 (B)暢銷書的價格上漲
(C)暢銷書的價格下降 (D)暢銷書的數量維持不變。

解 B：生產成本↑ ⇒ 供給↓ ⇒ S線左移 ⇒ P^*↑，Q^*↓。

(D)92. 假設其他情況不變，只因「採茶工資上升及消費人數增加」時，則茶葉市場的均衡交易量
(A)一定增加 (B)一定減少 (C)一定不變 (D)增減不定。

解 採茶工資↑ ⇒ 生產成本↑ ⇒ 供給↓
消費人數↑ ⇒ 需求↑ ⎬ P^*↑，Q^*增減不一定。

(B)93. 若今年經濟成長將大幅下降，使消費者對未來的預期產生變化，在此情況下將導致
(A)需求曲線右移 (B)需求曲線左移 (C)供給曲線右移 (D)供給曲線左移。

解 預期經濟成長率↓ ⇒ 消費者預期未來所得↓ ⇒ 目前的需求↓ ⇒ D線左移。

next...

(A)94. 牛肉與牛皮為生產上的互補品，在其他條件不變的情況下，消費者對牛肉的需求增加，會使牛皮的
(A)價格下跌　(B)需求增加　(C)供給減少　(D)價格上漲。
解 牛肉與牛皮屬聯合供給產品。牛肉需求↑ ⇒ 牛肉供給↑，同時牛皮供給↑。
在牛皮需求不變下，牛皮供給↑ ⇒ S線右移 ⇒ $P^*↓$，$Q^*↑$。

(B)95. 政府降低關稅，舶來品與國產品的市場變化是
(A)國產品供給增加，價格下降　　(B)舶來品供給增加，價格下降
(C)舶來品供給減少，價格上漲　　(D)國產品供給不變，價格上漲。
解 降低關稅 ⇒ 舶來品供給↑ ⇒ S線右移 ⇒ $P^*↓$，$Q^*↑$。
國產品因舶來品（替代品）價格下降而需求↓ ⇒ D線左移 ⇒ $P^*↓$，$Q^*↓$。

(C)96. 在市場價格機能有效運作下，當發生超額供給時，將引起
(A)市場價格上漲　　　　　　(B)市場價格不變
(C)市場價格下跌　　　　　　(D)無法判斷市場價格變動方向。

(D)97. 已知印表機和墨水匣為互補品，當其他情況不變，若印表機價格上漲，對墨水匣的均衡價格和均衡數量有何影響？
(A)均衡價格上漲，均衡數量增加
(B)均衡價格上漲，均衡數量減少
(C)均衡價格下跌，均衡數量增加
(D)均衡價格下跌，均衡數量減少。
解 印表機P↑ ⇒ 印表機Q_d↓ ⇒ 墨水匣D↓（D線左移）⇒ 墨水匣$P^*↓$，$Q^*↓$。

(B)98. 下列敘述何者正確？
(A)價格機能可以解決所有的經濟問題
(B)自由經濟體系中，市場上看不見的手是指價格機能
(C)資源豐富就不會有稀少性的問題
(D)價格機能可使市場調整至均衡的論點，最早是由凱因斯所提出。
解 A：維持經濟穩定及促進經濟成長的問題須透過「經濟政策」才能解決。
C：資源稀少性是相對於人們無窮的慾望。D：由「亞當斯密」提出。

(B)99. 假設目前可麗餅的價格為一份45元，可麗餅市場的供給量為2,000份，需求量為1,800份；試問在其他條件不變的情況下，透過價格機能的運作，可麗餅的均衡價格將會如何變動？
(A)上升　(B)下降　(C)不變　(D)升降不一定。
解 供給量 > 需求量 ⇒ 超額供給。透過價格機能的運作，P會下降。

(C)100.假設葡萄柚和柳橙是替代品，若其他條件不變，只因開放葡萄柚進口，則對柳橙的均衡價格（P）與交易量（Q）有何影響？
(A)P上升，Q上升　　　　　　(B)P上升，Q下降
(C)P下降，Q下降　　　　　　(D)P下降，Q上升。
解 葡萄柚進口 ⇒ 葡萄柚供給↑ ⇒ S線右移 ⇒ $P^*↓$，$Q^*↑$。
柳橙因葡萄柚（替代品）價格下降而需求↓ ⇒ D線左移 ⇒ $P^*↓$，$Q^*↓$。

(A)101. 若一正常財A之需求線（以D表示）為負斜率，而供給線（以S表示）為正斜率，兩線交點如右圖，在其他條件不變下，當所得增加且生產技術進步時，下列敘述何者正確？
(A)均衡交易數量增加
(B)均衡交易價格必定下跌
(C)均衡交易數量減少
(D)均衡交易價格與數量同時下降。

解 所得↑ ⇒ 需求↑（D線右移）
　　生產技術進步 ⇒ 供給↑（S線右移） } $Q^*\uparrow$，P^*漲跌不一定。

(D)102. 若財貨X的需求函數$Q_X = 17 - 2P_X$，而供給函數$Q_X = -1 + P_X$，Q_X表數量，P_X表價格，則下列何者正確？
(A)均衡價格為7　(B)均衡價格為5　(C)均衡數量為6　(D)均衡數量為5。

解 $Q_d = Q_S \Rightarrow 17 - 2P = -1 + P \Rightarrow P^* = 6$。將P=6代入需求或供給函數，可求得$Q^* = 5$。

(C)103. 當禽流感發生時，會造成禽類產品市場發生下列何種情況？
(A)需求減少，供給增加　　(B)需求增加，供給增加
(C)需求減少，供給減少　　(D)需求增加，供給減少。

解 禽流感發生，禽類死亡或被撲殺 ⇒ 禽類產品的產量減少（供給減少），消費者也因擔心感染疾病而減少消費禽類產品（需求減少）。

2-6 政府對市場價格的干涉

(A)104. 價格下限的價格
(A)高於市場均衡價格　　(B)低於市場均衡價格
(C)等於市場均衡價格　　(D)等於最高管制價格。

解 D：價格下限又稱為最「低」管制價格。

(A)105. 若政府對黑鮪魚採價格上限措施，則對黑鮪魚市場將產生何種影響？
(A)供不應求　(B)供過於求　(C)無影響　(D)超額供給。

解 上限在下（上限價＜市場均衡價格）⇒ $Q_d > Q_S$ ⇒ 超額需求（供不應求）。

(C)106. 在其他條件不變的情況下，若政府對生產者補貼，則
(A)供給減少　(B)市場均衡價格上升　(C)市場均衡數量增加　(D)需求減少。

解 補貼 ⇒ 生產成本↓ ⇒ 供給↑ ⇒ S線右移 ⇒ $P^*\downarrow$，$Q^*\uparrow$。

(B)107. 下列何者是政府訂定最高管制價格的目的？　(A)保護生產者　(B)保護消費者　(C)避免發生供不應求的情況　(D)避免發生黑市交易。

解 A、B：最高管制價格保護消費者；最低管制價格保護生產者。
　　C、D：最高管制價格「會造成」供不應求的情況，也「可能會」發生黑市交易。

(B)108. 物價膨脹時期為了保障消費者利益，控制物價上漲，政府應採用
(A)價格下限政策　(B)價格上限政策　(C)價格自由政策　(D)價格不變政策。

next...

(D)109. 在戰爭時期，政府為穩定物價，若對某物實施限價，則必使供需失調，因此實施配給制度以　(A)增加供給　(B)減少供給　(C)增加需求　(D)減少需求。

(B)110. 下列哪一項不是政府進行價格管制的目的？
(A)保障生產者權益
(B)使國庫收入達到最大
(C)維護社會公平正義
(D)保障消費者權益。

(B)111. 下列有關價格管制之敘述，何者正確？
(A)保障收購價格制度是屬價格上限（price ceiling）之管制概念
(B)若採有效價格上限管制，則市場容易出現供不應求之情況
(C)有效的價格下限（price floor）旨在保護生產者利潤，而且其價格應低於市場均衡價格
(D)於戰亂或過度通貨膨脹時，政府較易採價格下限手段管制商品價格。
解 A：屬「價格下限」。C：價格下限的價格「高於」市場均衡價格。
D：易採「價格上限」。

(C)112. 下列有關價格管制的敘述，何者不正確？
(A)有效的價格上限，是指所設立的限定價格必須低於均衡價格
(B)當設立有效的價格上限時，市場會出現超額需求
(C)政府實施稻米保證收購價格，是一種價格上限的措施
(D)政府宣布汽油價格凍漲，是一種設立價格上限的措施。
解 C：屬於「價格下限」。

(B)113. 我國勞動基準法中最低工資，是屬於下列哪一種市場管制的方式？
(A)價格上限　(B)價格下限　(C)定量配給　(D)保證價格收購。

(D)114. 某財貨之市場供給與需求曲線如右圖所示。假設供給曲線為S_1，原來之需求曲線為D_1。而政府在此市場有價格上限之管制，其所定的價格上限為P_1。其後，需求產生變動，使需求曲線外移至D_2。請問在需求變動後，下列有關此價格上限對市場影響的敘述，何者正確？
(A)產生AB間的超額供給
(B)社會淨福利損失為ABDC區域
(C)生產者剩餘減少了P_2BDP_1區域
(D)產生CD間的超額需求。

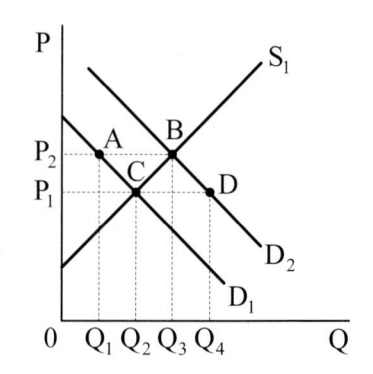

(A)115. 若某財貨的市場供給與需求函數分別為：$Q_S = -11 + 3P$，$Q_d = 14 - 2P$。若政府訂定價格下限為6元時，市場會出現
(A)供過於求5單位
(B)供不應求2單位
(C)供過於求7單位
(D)供不應求7單位。
解 當$P = 6$時，$Q_S = -11 + 3 \times 6 = 7$，$Q_d = 14 - 2 \times 6 = 2$。
$Q_S > Q_d \Rightarrow$ 供過於求。$Q_S - Q_d = 7 - 2 = 5$。

進階挑戰題

(D)1. 假設其他條件不變，下列何項為需求量變動（change of quantity demanded）的定義？
(A)當液晶螢幕價格上漲時，電腦的均衡數量減少
(B)在中秋節前夕，因為中秋節流行烤肉，甜玉米均衡數量增加
(C)當中東爆發戰爭時，耗油車的均衡銷售量減少
(D)當咖啡豆價格因咖啡豆欠收而上漲時，咖啡豆的需求量減少。 [2-1]

(B)2. 關於市場供需，下列敘述何者正確？
(A)當氣象署宣布明日有颱風警報時，今日蔬菜價格與銷售量均上升，表示其需求曲線為正斜率
(B)近日國內連續大雨不斷，形成稻作淹沒，因而國內稻米供給減少，米價上漲，隨之發現市場上麵粉價格也隨之上漲
(C)若咖啡市場中，僅有10個消費者，其個別需求曲線完全一致，為 $P = 4 - 3Q$，則市場需求曲線為 $P = 40 - 30Q$
(D)若衣服的需求價格彈性小於1，為增加衣服的銷售收入，衣服生產者應採取降低售價策略。 [2-3]

(B)3. 張三對某品牌運動鞋之需求與供給曲線分別如下：$Q_Y^d = 25 - 0.4P_Y$；$Q_Y^s = 5 + 0.6P_Y$，其中 Q_Y^d 為運動鞋之需求量，Q_Y^s 為運動鞋之供給量，P_Y 為運動鞋之價格。試問此時張三之運動鞋之需求與供給彈性分別為：（四捨五入至小數點第二位）
(A)需求彈性為0.40，供給彈性為0.60
(B)需求彈性為0.47，供給彈性為0.71
(C)需求彈性為0.59，供給彈性為0.88
(D)需求彈性為0.62，供給彈性為0.94。 [2-4]

解 均衡時，$Q_Y^d = Q_Y^s \Rightarrow 25 - 0.4P_Y = 5 + 0.6P_Y \Rightarrow P^* = 20$，$Q^* = 17$。

$E_Y^d = \left| -b \times \dfrac{P^*}{Q^*} \right| = \left| -0.4 \times \dfrac{20}{17} \right| = 0.47$，$E_Y^s = b \times \dfrac{P^*}{Q^*} = 0.6 \times \dfrac{20}{17} = 0.71$。

(B)4. 屏東種植紅豆的農民，過去為避免鳥害造成農損，會利用毒餌造成小型鳥類死亡，進而導致撿食的老鷹跟著中毒。近來因維護生態環境，農夫改變耕作方式，在播種期不毒鳥、採收時不用落葉劑，以新創農業的方式建立「老鷹紅豆」品牌以及產銷履歷。雖然生產紅豆的成本上升，但有效提升消費者對產品的評價，使市場銷售價格與數量都大幅提升。老鷹紅豆的契作地區主要在屏東東港和萬丹一帶。請問以下何者最可以表現屏東紅豆由傳統產銷方式到新創品牌後，其市場供給與需求的變動情形？
(A)供給線左移，需求線右移，且前者移動幅度大於後者
(B)供給線左移，需求線右移，且後者移動幅度大於前者
(C)供給線左移，需求線左移，且後者移動幅度大於前者
(D)供給線右移，需求線右移，且前者移動幅度大於後者。 [2-5][情境素養題]

解 生產成本↑ ⇒ 供給↓ ⇒ 供給線左移。消費者對產品評價提升 ⇒ 需求↑ ⇒ 需求線右移。從「P^*↑，Q^*↑」可知，供給↓ < 需求↑。

情境素養題

(B)1. 某天李媽媽在逛菜市場時，發現雞肉以平常價格的8折促銷出售。李媽媽精打細算之後，推算出用原來買雞肉的預算，可買到更多雞肉，因而增加雞肉之需求量，購買更多雞肉。請問上述李媽媽購買雞肉的此種效果稱為：
(A)跨期效果　(B)所得效果　(C)偏好效果　(D)替代效果。 [2-1]

(C)2. 下列有關於需求曲線的敘述，何者正確？
(A)媽媽多給了零用錢，使得小華對冷飲的需求曲線向左移
(B)火鍋料的成本上漲，使得吃火鍋的需求曲線向左移
(C)夏天太熱，使得裝設冷氣機的需求曲線向右移
(D)腳踏車廠商擴大產能，使得腳踏車的需求曲線向右移。 [2-1]

解 A：需求曲線「右移」。B：「供給曲線」左移。D：「供給曲線」右移。

(D)3. 下列何者不屬於有效需求？
①福利社裡面什麼都有，就是口袋裡沒有半毛錢
②政府懸賞千萬元緝捕通緝要犯
③在沙漠中，如果能有杯水喝，我可以付一百萬元買
④我不喜歡鑽石，即使再便宜我也不會買
(A)①②　(B)②③　(C)②④　(D)①④。 [2-1]

解 ①：消費者沒有能力（沒有錢）。④：消費者沒有意願（不喜歡鑽石）。
①、④違反有效需求的定義，故不屬於有效需求。

(A)4. 某年英國發生六十年來最嚴重的水災，繁忙的鐵路路段及上千戶房屋慘遭淹沒；在其他條件不變的情況下，將造成人們對英國旅遊產品的
(A)需求減少　(B)需求增加　(C)需求量減少　(D)需求量增加。 [2-1]

(C)5. 假設王品集團同步調漲旗下西堤、陶板屋等數個餐飲品牌的產品售價，漲幅為2%至10%。在其他條件不變的情況下，根據需求法則，將造成消費者對這六個餐飲品牌產品的
(A)需求減少　(B)需求增加　(C)需求量減少　(D)需求量增加。 [2-1]

(A)6. 關於需求彈性的敘述，下列何者正確？
(A)不易損壞的傢俱比需常常補充的清潔劑之需求彈性來得小
(B)毒品一旦上癮便難以戒除，且無法忍受沒有毒品的生活，故其需求彈性無限大
(C)假設柳丁與橘子對某人來說可互相替代，其需求彈性比沒有替代品的食鹽小
(D)對現代市井小民而言，法拉利跑車的需求彈性比一般智慧型手機來得小。 [2-2]

解 B：$E^d = 0$。C：替代品多 $\Rightarrow E^d$ 大。D：奢侈品 $\Rightarrow E^d$ 大。

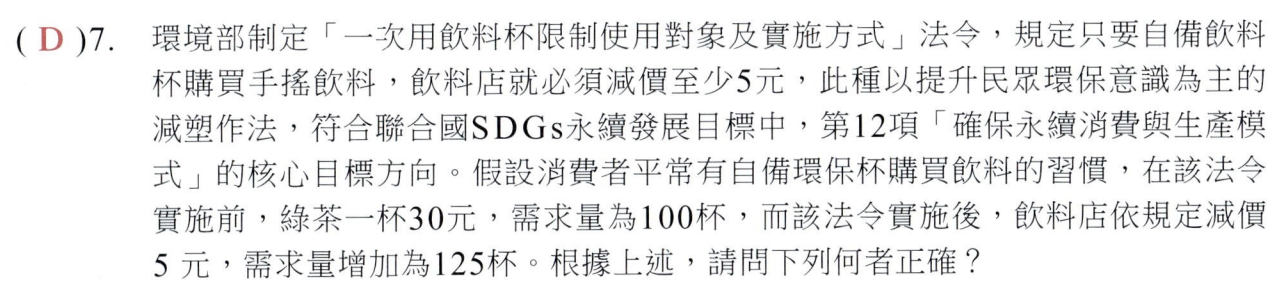

(D)7. 環境部制定「一次用飲料杯限制使用對象及實施方式」法令，規定只要自備飲料杯購買手搖飲料，飲料店就必須減價至少5元，此種以提升民眾環保意識為主的減塑作法，符合聯合國SDGs永續發展目標中，第12項「確保永續消費與生產模式」的核心目標方向。假設消費者平常有自備環保杯購買飲料的習慣，在該法令實施前，綠茶一杯30元，需求量為100杯，而該法令實施後，飲料店依規定減價5元，需求量增加為125杯。根據上述，請問下列何者正確？
(A)綠茶的需求彈性為 $\frac{2}{3}$
(B)綠茶需求曲線的斜率為 -5
(C)該法令實施後，會使得綠茶的需求曲線向右移動
(D)綠茶的價格與總收益呈反向變動關係。　　　　　　　　　　　　　　[2-2]

解　$E^d = \left|\dfrac{\frac{125-100}{100}}{\frac{25-30}{30}}\right| = \left|\dfrac{\frac{25}{100}}{\frac{-5}{30}}\right| = 1.5 > 1 \Rightarrow$ 價格與總收益呈反向變動。

將兩組(P,Q)代入Q = a − bP，解聯立方程式，可得需求函數為Q = 250 − 5P ⇒ 斜率為 $-\dfrac{1}{5}$。

財貨本身價格變動 ⇒ 需求量變動 ⇒ 同一線上點的移動。

(A)8. 下列敘述，何者反映豬肉供給變動的現象？
(A)毛豬吃的玉米飼料價格大漲，導致毛豬生產成本增加
(B)消費者關切牲畜飼料添加物的食用安全問題，導致豬肉購買量減少
(C)牛肉價格下跌，消費者增加牛肉的消費而減少豬肉的消費
(D)賣場晚間七點後以7折優惠價出售豬肉，造成豬肉熱賣。　　　　　　[2-3]

解　A：供給↓。B：需求↓。C：豬肉需求↓。D：需求量↑。

(B)9. 若澎湖縣的房屋供給線為正斜率的直線，而需求線為負斜率的直線，當房屋供給增加幅度大於房屋需求減少幅度，則澎湖縣的房屋價格與交易量會如何改變？
(A)價格上升，交易量減少　　　　　(B)價格下跌，交易量增加
(C)價格下跌，交易量減少　　　　　(D)價格上升，交易量增加。　　　[2-5]

(B)10. 某年北極「極地渦旋」侵襲美國中南部，有些地區甚至出現攝氏零下53°急凍低溫，美國民眾紛紛搶購電暖器、雪靴等保暖用品。試問在其他條件不變的情況下，透過價格機能的運作，這些保暖用品的均衡價格（P^*）與均衡數量（Q^*）將如何變動？
(A)$P^*\uparrow$，$Q^*\downarrow$　　　　　　　　　(B)$P^*\uparrow$，$Q^*\uparrow$
(C)$P^*\downarrow$，$Q^*\uparrow$　　　　　　　　　(D)P^*不變，$Q^*\uparrow$。　　　　　　[2-5]

解　需求增加 ⇒ D線右移 ⇒ $P^*\uparrow$，$Q^*\uparrow$。

(C)11. 每當韓劇熱播，粉絲們便會仿效男主角或女主角的衣著、彩妝，或是購買劇中商品，帶動了同款產品熱銷。而廠商也迅速補貨，以搶攻商機。根據上述，這些產品的均衡價格（P^*）與均衡數量（Q^*）將如何變動？
(A)P^*不變，$Q^*\uparrow$　　　　　　　　　(B)$P^*\uparrow$，$Q^*\uparrow$
(C)P^*漲跌不一定，$Q^*\uparrow$　　　　　(D)$P^*\uparrow$，Q^*增減不一定。　　[2-5]

解　粉絲搶購 ⇒ 需求增加 ⇒ D線右移。廠商補貨 ⇒ 供給增加 ⇒ S線右移。
因題目未提及需求與供給變動的幅度，故P^*漲跌不一定，但Q^*會增加。

統測臨摹

(D)1. 假設政府對某民生用品A採行價格上限之政策，已知該財貨之需求函數為 $Q^d = 450 - 2P$，供給函數為 $Q^S = 50 + 3P$。以下關於此財貨市場之敘述，何者為真？　(A)若價格上限為105，此市場有超額供給現象　(B)若價格上限為90，此市場有超額需求現象　(C)若價格上限為85，此市場有超額供給現象　(D)若價格上限為75，此市場有超額需求現象。　　[2-6][102統測]

解　$450 - 2P = 50 + 3P \Rightarrow P^* = 80$。A、B、C的價格皆高於80，為價格「下限」。
　　D：$Q^d = 450 - 2 \times 75 = 300$，$Q^S = 50 + 3 \times 75 = 275$，超額需求 $= 300 - 275 = 25$。

(B)2. 傢俱廠對於木材的需要稱之為：
(A)直接需求　(B)引申需求　(C)最終需求　(D)替代需求。　[2-1][103統測]

解　生產者對生產財的需求 $\Rightarrow$ 間接需求，又稱引申需求。

(C)3. 假設某市場只有10個種植鳳梨的農夫，每個農夫的供給函數均為 $Q = 10 + P$，其中Q為產量，P為價格。請問該市場的鳳梨供給函數為：
(A)$Q = 10 + P$　　　　　　(B)$10Q = 10 + P$
(C)$Q = 100 + 10P$　　　　(D)$Q = 10 + 10P$。　[2-3][103統測]

解　市場供給為個別供給的加總，即 $Q = (10 + P) \times 10 = 100 + 10P$。

(A)4. 香醇咖啡店的咖啡售價為55元時，其需求量為100杯，若降價為45元時，其需求量為150杯，請問下列敘述何者正確？　(A)此咖啡的需求價格弧彈性為2　(B)此咖啡的供給價格彈性為富有彈性　(C)為增加收入，香醇咖啡店不應採此降價策略　(D)當咖啡價格高於65元時，將沒有消費者願意購買。　[2-2][104統測改編]

解　A：此咖啡的需求價格弧彈性 $= \left| \dfrac{\dfrac{150 - 100}{(150 + 100)/2}}{\dfrac{45 - 55}{(45 + 55)/2}} \right| = \left| \dfrac{\dfrac{50}{250}}{\dfrac{-10}{100}} \right| = 2$。

　　B：因資料不足（缺供給量變動資料），故無法算出供給價格彈性。
　　C：此咖啡的需求價格彈性 $= 2 > 1$，富有彈性 $\Rightarrow$ 「應」採此降價策略。
　　D：分別將題目中兩組(P, Q_d)代入 $Q = a - bP$，可得 $Q = 375 - 5P$，
　　　　則當 $Q = 0$ 時，$P = 75$。

(C)5. 若已知財貨A之供給函數為 $Q_S = -5 + 3P$，需求函數為 $Q_d = 11 - P$，財貨A為正常財，則下列敘述何者錯誤？
(A)均衡時之價格（P）等於4
(B)在其他條件不變下，預期財貨A的價格將上漲會使均衡價格（P）大於4
(C)在其他條件不變下，消費者的所得提高時之均衡數量（Q）小於7
(D)在其他條件不變下，生產技術的進步會使均衡數量（Q）大於7。　[2-5][104統測]

解　A：均衡時，$Q_S = Q_d \Rightarrow -5 + 3P = 11 - P \Rightarrow P^* = 4$，$Q^* = 7$。
　　B：預期價格上漲 $\Rightarrow$ 需求↑ $\Rightarrow$ 需求曲線右移，P^*↑ $\Rightarrow$ 均衡價格P^*大於4。
　　C：消費者所得提高 $\Rightarrow$ 需求↑ $\Rightarrow$ 需求曲線右移，P^*↑，Q^*↑ $\Rightarrow$ 均衡數量Q^*大於7。
　　D：生產技術進步 $\Rightarrow$ 供給↑ $\Rightarrow$ 供給曲線右移，P^*↓，Q^*↑ $\Rightarrow$ 均衡數量Q^*大於7。

(D)6. 下列哪一項因素可能導致某一財貨之需求曲線向左移動？
(A)該財貨價格上漲　　　　　　(B)該財貨的需求量增加
(C)替代品的價格上漲　　　　　(D)互補品的價格上漲。 [2-1][105統測]

解 A：財貨本身價格上漲 ⇒ 需求量減少，需求曲線上的點沿著需求曲線上移。
　　B：需求量增加 ⇒ 需求曲線上的點沿著需求曲線下移。
　　C：替代品的價格上漲 ⇒ 需求增加，需求曲線向右移動。
　　D：互補品的價格上漲 ⇒ 需求減少，需求曲線向左移動。

(B)7. 若某財貨價格由50元上漲至70元，而其供給量由300個增加到500個，其供給弧彈性為：　(A)1　(B)1.5　(C)1.67　(D)2.5。 [2-4][105統測]

解 $E^S = \dfrac{\dfrac{Q_2 - Q_1}{(Q_1 + Q_2)/2}}{\dfrac{P_2 - P_1}{(P_1 + P_2)/2}} = \dfrac{\dfrac{500-300}{(300+500)/2}}{\dfrac{70-50}{(50+70)/2}} = \dfrac{\dfrac{200}{400}}{\dfrac{20}{60}} = 1.5$。

(C)8. 若已知財貨A之價格上漲10%時，其需求量會減少20%；財貨B之價格下跌20%時，其需求量會增加5%。下列有關此兩財貨之敘述，何者正確？　(A)財貨A之需求的價格彈性絕對值為0.5　(B)財貨B之需求的價格彈性絕對值為4　(C)銷售財貨A之廠商若降價會使總收益增加　(D)銷售財貨B之廠商若漲價會使總收益減少。 [2-2][106統測]

解 A、C：$E_A^d = \left|\dfrac{-20\%}{10\%}\right| = 2 > 1$ ⇒ 廠商若降價會使總收益增加。
　　B、D：$E_B^d = \left|\dfrac{5\%}{-20\%}\right| = 0.25 < 1$ ⇒ 廠商若漲價會使總收益「增加」。

(A)9. 在其他條件不變的情況下，若牛肉為正常財，當消費者的所得提高且政府又開放牛肉進口時，國內的牛肉市場會產生下列何者變動？
(A)均衡交易量必定增加　　　　(B)均衡交易量必定減少
(C)均衡價格必定上漲　　　　　(D)均衡價格必定下跌。 [2-5][106統測]

解 牛肉為正常財，當消費者所得提高 ⇒ 需求增加 ⇒ 整條需求曲線右移。
　　政府開放牛肉進口 ⇒ 市場對財貨的供給增加 ⇒ 供給曲線右移。

(A)10. 假設某商品市場的需求函數是Q = 300 − 0.5P，供給函數Q = 50 + 0.75P，其中P為價格，Q為數量。下列有關政府於此市場之價格干涉政策之敘述，何者錯誤？
(A)若採150元的價格上限政策時，此政策不影響均衡交易量
(B)若採100元的價格上限政策時，此市場會有超額需求125單位
(C)若採300元的價格下限政策時，此市場會有超額供給125單位
(D)若政府對價格不干涉時，此市場的均衡交易量為200單位。 [2-6][107統測]

解 A：P = 150時，$Q_d = 300 - 0.5 \times 150 = 225$，$Q_S = 50 + 0.75 \times 150 = 162.5$
　　　⇒ 超額需求 = 225 − 162.5 = 62.5。
　　B：P = 100時，$Q_d = 300 - 0.5 \times 100 = 250$，$Q_S = 50 + 0.75 \times 100 = 125$
　　　⇒ 超額需求 = 250 − 125 = 125。
　　C：P = 300時，$Q_d = 300 - 0.5 \times 300 = 150$，$Q_S = 50 + 0.75 \times 300 = 275$
　　　⇒ 超額供給 = 275 − 150 = 125。
　　D：均衡時，Q = 300 − 0.5P = 50 + 0.75P ⇒ $P^* = 200$，$Q^* = 200$。

next...

(A)11. 下列關於彈性的敘述，何者正確？
(A)當供給價格彈性為完全無彈性時，需求變動無法影響均衡數量
(B)劣等財的需求曲線一定是正斜率，且需求所得彈性為負值
(C)一財貨的消費支出占所得的比例愈小，其需求價格彈性（絕對值）愈大
(D)需求彈性小於1的需求曲線上，在此線上的點愈低，則需求價格彈性愈大。

[2-4][108統測改編]

解 A：供給彈性為完全無彈性（$E^S = 0$）時，供給量固定，需求變動只會影響均衡價格，無法影響均衡數量。
B：劣等財不一定會違反需求法則，故其需求曲線可能為負斜率、亦可能為正斜率（例如該劣等財為季芬財時）。
C：消費支出占所得的比例愈小 $\Rightarrow$ 需求價格彈性愈「小」。
D：$E^d < 1$，則線上的點愈低，E^d 愈「小」。

(B)12. 若有一財貨之需求價格彈性為E^d，而供給價格彈性為E^S，則下列敘述何者正確？
(A)若此財貨的供給線為水平線，則$E^S = 0$
(B)若$E^d = 1.25$時，廠商降價可以增加總收益
(C)若此財貨的需求線為垂直線，則$E^S = 0$
(D)若$E^S = 0.9$時，廠商漲價可以增加總收益。

[2-4][109統測]

解 A：供給線為水平線 $\Rightarrow E^S = $「$\infty$」。B：$E^d = 1.25 > 1 \Rightarrow P\downarrow$ 可增加總收益。
C：需求線為垂直線 $\Rightarrow$「E^d」$= 0$。D：「E^d」$= 0.9 < 1 \Rightarrow P\uparrow$ 可增加總收益。

(D)13. 若財貨X之價格為P_x、供給量為Q_x^S、需求量為Q_x^D，財貨Y之需求量為Q_y^D。下列敘述何者正確？
(A)當供給線上之P_x由80上升為120，Q_x^S由10提高為11，則此供給線會通過原點
(B)若P_x提高會使Y需求增加，則財貨Y與財貨X互為供給上的替代品
(C)當P_x由20下跌為15，某廠商所面對之Q_x^D由50提高為80，則此廠商漲價可增加收入
(D)不論P_x如何變動，消費者對財貨X之支出金額不變，則財貨X之需求價格彈性為1。

[2-4][110統測改編]

解 A：$E^S = \dfrac{\Delta Q}{\Delta P} \times \dfrac{P_1 + P_2}{Q_1 + Q_2} = \dfrac{11-10}{120-80} \times \dfrac{80+120}{10+11} = \dfrac{5}{21} < 1 \Rightarrow$ 與橫軸相交。
B：$P_x\uparrow$，$D_Y\uparrow \Rightarrow$ X與Y互為「需求」上的替代品。
C：降價前，TR $= 20 \times 50 = 1,000$ ⎫
　降價後，TR $= 15 \times 80 = 1,200$ ⎭「降價」可增加收入。
D：不論價格如何變動，消費金額固定 $\Rightarrow E^d = 1$。

(C)14. 下列何種情境是滿足需求法則？（Q表需求量，P表價格）
(A)財貨F的需求函數為$Q = 100 + 0.3P$
(B)財貨G的需求函數為$P = 20 + 65Q$
(C)I城市的民眾反應房價愈高，愈買不起房子
(D)H品牌之珠寶售價愈高，其需求量上升，因愈貴愈能彰顯此珠寶的高貴。

[2-1][111統測]

解 A、B：均為正斜率 $\Rightarrow$ 違反需求法則。
D：珠寶售價愈高，需求量愈多，以彰顯高貴 $\Rightarrow$ 炫耀財 $\Rightarrow$ 違反需求法則。

(A)15. 若電動車市場有負斜率的需求曲線與正斜率的供給曲線，在其他條件不變下，若車用晶片的價格上漲，對電動車市場的均衡價格和交易量將產生什麼影響？
(A)價格上漲，交易量減少
(B)價格下跌，交易量減少
(C)價格上漲，交易量增加
(D)價格下跌，交易量增加。 [2-5][112統測]

解 生產要素價格↑ ⇒ 成本↑ ⇒ 供給↓ ⇒ S線左移 ⇒ P^*↑，Q^*↓。

(D)16. 假設某商品的需求函數為$Q_d = 80 - P$，供給函數為$Q_s = 20 + 2P$，若政府將價格下限訂在15元時，下列何者正確？
(A)將造成超額需求
(B)將造成超額供給
(C)均衡價格下跌
(D)市場均衡不變。 [2-6][112統測]

解 市場均衡時，$P^* = 20$；政府規定最低的價格為15元時，並不影響市場均衡。

(A)17. 在蘋果市場中假設只有A、B兩人，A、B需求的價量關係分別為：
$P = 10 - 2q_A$、$P = 10 - 2q_B$，其中P、q_A和q_B分別為價格、A的需求量和B的需求量，則市場需求量（Q）與價格（P）的關係為下列何者？
(A)$P = 10 - Q$
(B)$P = 10 - 2Q$
(C)$P = 20 - 2Q$
(D)$P = 20 - 4Q$。 [2-1][113統測]

解 $Q = q_A + q_B = 5 - 0.5P + 5 - 0.5P = 10 - P ⇒ P = 10 - Q$。

(C)18. 若供給函數由$Q_S = -10 + 2P$變成$Q_S = -20 + 2P$，其可能原因為何？
(A)該商品價格下跌
(B)該商品價格上漲
(C)生產成本增加
(D)生產成本減少。 [2-3][113統測]

解 由$Q_S = -10 + 2P$變成$Q_S = -20 + 2P$ ⇒ 供給曲線左移 ⇒ 財貨本身價格以外的其他條件變動。
生產成本↑ ⇒ 供給↓ ⇒ 供給曲線左移。

(A)19. 商品X個別生產者的供給表如下表所示，若市場有10個相同的生產者，則市場的供給函數為何？

p	1	2	3
q	8	18	28

(A)$Q = -20 + 100P$
(B)$Q = -20 + 200P$
(C)$Q = -2 + 10P$
(D)$Q = 10P$ [2-3][114統測]

解 將p = 1跟p = 2時的p跟q代入個別供給函數$q_s = a + bp$中，
$\begin{cases} 8 = a + b \\ 18 = a + 2b \end{cases}$ $a = -2$，$b = 10$ ⇒ $q = -2 + 10p$，
市場有10位相同生產者 ⇒ $Q = -2 × 10 + 10 × 10P = -20 + 100P$。

next...

(A)20. S_1、S_2、S_3為三條平行的供給曲線,如右圖所示。關於F、G、H點的供給價格點彈性大小之比較,下列何者正確?
(A)F > G > H　　(B)F < G < H
(C)F > G = H　　(D)F = G = H。

[2-4][114統測]

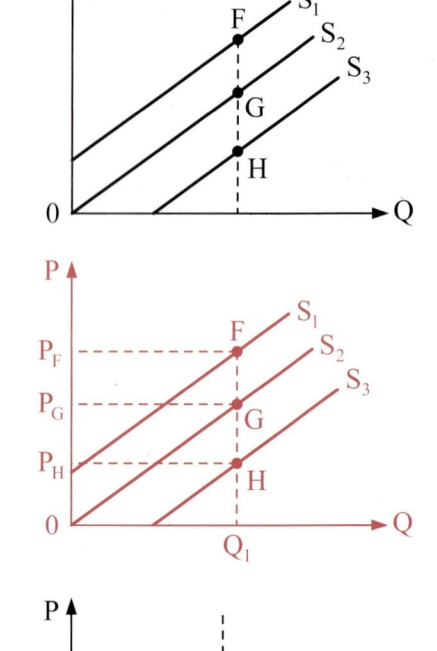

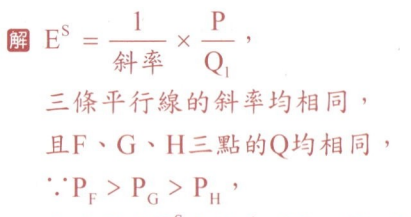

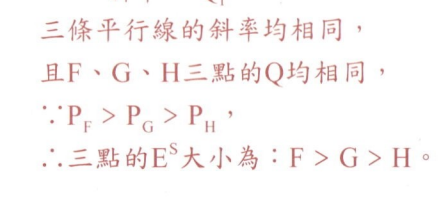

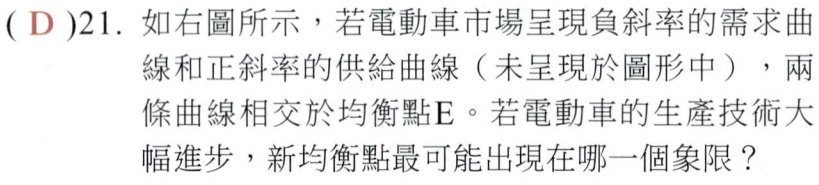

解 $E^S = \dfrac{1}{斜率} \times \dfrac{P}{Q_1}$,

三條平行線的斜率均相同,
且F、G、H三點的Q均相同,
∵ $P_F > P_G > P_H$,
∴ 三點的E^S大小為:F > G > H。

(D)21. 如右圖所示,若電動車市場呈現負斜率的需求曲線和正斜率的供給曲線(未呈現於圖形中),兩條曲線相交於均衡點E。若電動車的生產技術大幅進步,新均衡點最可能出現在哪一個象限?
(A)第I象限
(B)第II象限
(C)第III象限
(D)第IV象限。

[2-5][114統測]

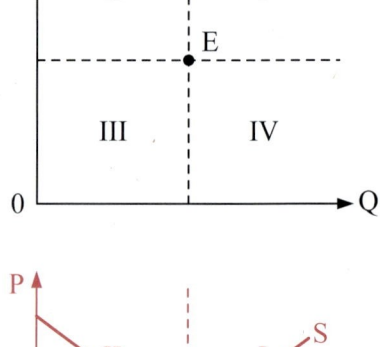

解 生產技術進步 ⇒ 生產力↑,成本↓ ⇒ 供給↑,S線右移。
如右圖,此時,均衡點落在第IV象限。

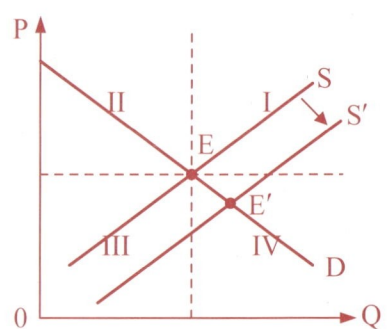

CH 3 消費行為理論

本章學習重點

114年統測重點：消費者剩餘

節名	必考重點	
3-1 慾望與消費	• 慾望的特性 • 消費的種類	★★☆☆☆
3-2 效用的意義與法則	• 邊際效用與總效用的關係	★★★☆☆
3-3 消費者最大滿足的決策	• 消費者均衡的概念與計算	★★★★★
3-4 消費者剩餘　最常考！	• 消費者剩餘的概念與計算	★★★★☆
3-5 家庭消費定律	• 恩格爾法則、係數	★★★☆☆
3-6 消費者主權及消費者保護運動	• 消費者的基本權利	★☆☆☆☆

統測命題分析

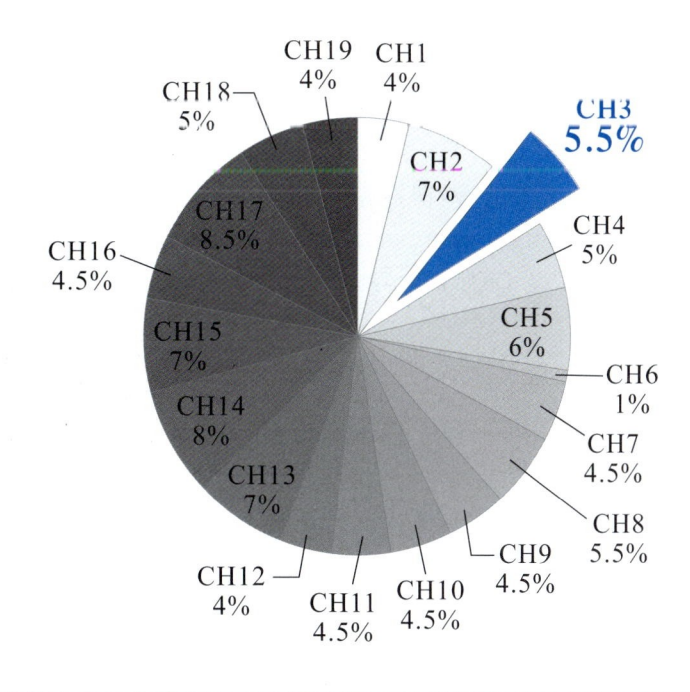

- CH1 4%
- CH2 7%
- **CH3 5.5%**
- CH4 5%
- CH5 6%
- CH6 1%
- CH7 4.5%
- CH8 5.5%
- CH9 4.5%
- CH10 4.5%
- CH11 4.5%
- CH12 4%
- CH13 7%
- CH14 8%
- CH15 7%
- CH16 4.5%
- CH17 8.5%
- CH18 5%
- CH19 4%

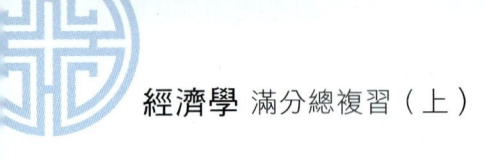

3-1 慾望與消費

一、慾望

1. **慾望的意義**：**慾望**是指人們對於某項財貨具有**缺乏**且**想要**的心理狀態，為**一切經濟活動的根源**。

2. **慾望的特性**：

特性	說明	釋例
種類無限性	(1) 人的慾望無窮，一種慾望被滿足後，另一種慾望隨之產生 (2) 該特性使消費者之消費行為具有多樣性	衣食無缺後，希望生活中獲得更多休閒娛樂
強度遞減性	(1) 在一段時間內，慾望的強度會隨著滿足程度的增加而減少 (2) 消費者在連續消費某一項財貨時，其消費量會逐漸減少 (3) 又稱「慾望強度遞減法則」	連續看完兩部電影後，想再看第三部的慾望會降低
替代性	(1) 某種慾望無法滿足時，可由另一種慾望來代替 (2) 替代品之間的消費彼此具有競爭性 (3) 又稱「競爭性」	公車代替機車
互補性	(1) 消費者必須同時擁有兩種以上的財貨，慾望才能獲得滿足 (2) 互補品之間的消費通常具有連帶購買的特性 (3) 又稱「補充性」、「連帶性」、「輔助性」	必須同時擁有數位相機與記憶卡，才能滿足拍照慾望
習慣性	(1) 有些慾望滿足後，再經過一段時間又會產生相同的慾望 (2) 某些消費是固定且具有經常性 (3) 又稱「重複性」、「反覆性」、「再生性」	一日三餐

二、消費

1. **消費的意義**：消費是指人們為了滿足慾望而使用財貨的一切經濟行為，為**一切經濟活動的原動力**，亦是生產、交換、分配的最終目的。

2. **消費的種類**：

種類	直接消費	間接消費
別稱	最終消費	引申消費、生產性消費
意義	消費者購買消費財，直接滿足其慾望	生產者購買生產財，以生產各種消費財，間接滿足消費者的慾望
釋例	消費者購買機車（消費財）	生產者購買各種零件（生產財）以生產機車（消費財）

3. **消費財的種類**：

種類	必需品	便利品	奢侈品
意義	是維持基本生活所需、不可或缺的財貨	是可進一步使生活更加方便舒適的財貨	是用來追求生活品質更加精緻的財貨
釋例	糧食、衣服	手機、冷氣機	珠寶、名牌皮包

註：必需品、便利品、奢侈品皆屬於正常財（∵所得↑ ⇒ 需求↑）。

學以致用 3-1

(B)1. 人類慾望種類的無限性所表現出來的消費行為是 (A)消費量遞減 (B)消費行為的多樣性 (C)消費品具替代性 (D)消費行為固定性。

(D)2. 用來維持人們基本生活所需的消費財，稱為
(A)奢侈品 (B)季芬財 (C)便利品 (D)必需品。

(B)3. 下列哪些財貨屬於正常財？
①必需品 ②便利品 ③奢侈品 ④季芬財
(A)①②④ (B)①②③ (C)①③ (D)①②③④。
解 季芬財屬於「劣等財」（所得↑⇒需求量↓）。

4. 消費者必須同時擁有兩種以上的財貨，慾望才能獲得滿足。以上敘述可說明慾望具有＿＿互補＿＿性。

5. 蛋糕店購買麵粉、雞蛋以製作蛋糕的消費行為是屬於＿＿間接＿＿消費。

3-2 效用的意義與法則 [108] [109]

一、效用的意義 [108] [109]

1. 效用是指消費者在特定時間內消費某項財貨時，**主觀上心理感到滿足**的程度；**滿足程度愈高，效用愈大**。

    釋例 對愛吃榴槤的人而言，吃榴槤的效用很高；但對害怕榴槤味道的人而言，吃榴槤的效用可能為負。

2. 效用的成立要件：
   (1) **物的性能**：**客觀**上財貨能滿足消費者的慾望。
   (2) **人的慾望**：**主觀**上消費者有消費財貨的慾望。

3. 理性消費者的消費行為會以**追求總效用最大**為目標。

4. 效用的發生程序：

經濟活動的起源	慾望的具體表達	滿足慾望的經濟行為	慾望的滿足程度
慾望 →	需求 →	消費 →	效用

二、衡量效用的方法－計數效用分析法

又稱**邊際效用分析法**，是指可用**數字**來**衡量效用大小**的方法。

釋例 某甲吃完一顆蘋果可獲得效用10單位，吃完一粒蕃茄可獲得效用30單位，故對於某甲來說，吃蕃茄的效用 > 吃蘋果的效用。

三、效用的種類

以下以資穎在球賽後連續喝5瓶運動飲料的效用為例，來說明各種效用的意義。

瓶數（Q）	1	2	3	4	5
總效用（TU）	10	17	20	20	18
邊際效用（MU）	10	7	3	0	−2

效用種類	說明	釋例
最初效用	消費**第一單位**所得到的效用	資穎喝第1瓶飲料的效用 = 10
總效用 **TU**	1. 一定期間內，消費某財貨之**每單位效用**（即**邊際效用**）**加總** 2. $TU = MU 之總和 = \sum_{i=1}^{n} MU_i$	資穎喝3瓶飲料的總效用： $TU_3 = MU_1 + MU_2 + MU_3$ $= 10 + 7 + 3 = 20$
邊際效用 （最後效用） **MU**	1. 消費量變動一單位（因）使總效用變動的數量（果） 2. $MU = \dfrac{\Delta TU}{\Delta Q} = \dfrac{TU_n - TU_{n-1}}{Q_n - Q_{n-1}}$	資穎喝第3瓶飲料的邊際效用： $MU_3 = \dfrac{TU_3 - TU_2}{Q_3 - Q_2} = \dfrac{20 - 17}{3 - 2} = 3$
平均效用 **AU**	1. 平均消費每一單位財貨的效用 2. $AU = \dfrac{TU}{Q}$	資穎喝第4瓶飲料的邊際效用： $AU_4 = \dfrac{TU_4}{Q} = \dfrac{20}{4} = 5$
負效用 （反效用）	已達最大滿足時，再增加消費將使總效用下降，邊際效用 < 0	資穎喝第5瓶飲料開始產生負效用 −2

四、邊際效用與總效用的關係

邊際效用MU	總效用TU
MU > 0	TU遞增
MU = 0	**TU最大**
MU < 0	TU遞減

黃金 5 秒鐘
統測常考此主題，同學無須死背，只要**熟繪圖形**，就能順利得分！

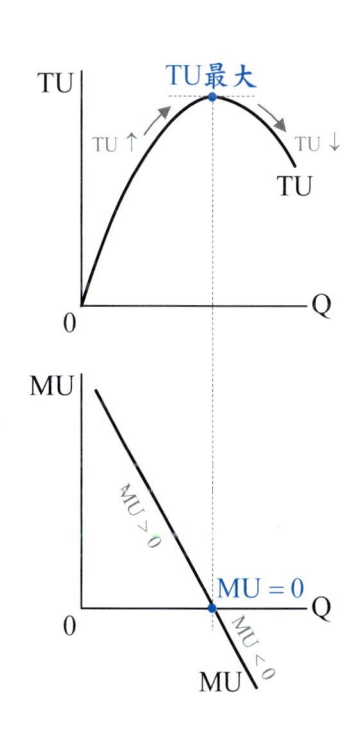

五、邊際效用遞減法則

1. **意義**：假設其他條件不變，消費某項財貨的**MU會隨Q增加而「遞減」**。
2. **原因**：
   (1) **慾望的強度遞減**：隨著消費量增加，慾望強度會遞減 ⇒ MU遞減。
   (2) **財貨具有多種用途**：**財貨用途愈多，MU遞減速度愈慢**；反之則愈快。

六、價值的矛盾

1. 財貨價值的種類：

使用價值	視財貨的**用途多寡**而定；用途愈多，使用價值愈高
交換價值	視某項財貨**可換得其他財貨的數量**而定；能換得的財貨愈多，其交換價值愈高

註：在經濟學上，價格與價值是不同的；價格是價值的具體表現。

2. 水與鑽石的矛盾：

提出者	亞當斯密	
矛盾之處	水	用途多，使用價值高，但交換價值低（價格低）
	鑽石	用途少，使用價值低，但交換價值高（價格高）

「水與鑽石的矛盾」在經濟學界爭論不休，直到「邊際效用學派」提出**邊際效用**與**總效用**的觀念後，才獲得解釋。

3. 邊際效用學派對「價值矛盾」的解釋：

財貨	水	鑽石
用途	用途多 ⇒ 使用價值高 ⇒ TU大	用途少 ⇒ 使用價值低 ⇒ TU小
數量	數量多 ⇒ 交換價值低 ⇒ MU小 ⇒ 價格低 ⇒ 消費者剩餘大	數量少 ⇒ 交換價值高 ⇒ MU大 ⇒ 價格高 ⇒ 消費者剩餘小
圖示	水之供需	鑽石之供需

結論：財貨的**價格（交換價值）**取決於MU的大小，而非TU的大小。

學以致用 3-2

(D)1. 在一定時間內,連續消費某項財貨之每單位效用的總和稱為
(A)邊際效用 (B)最初效用 (C)平均效用 (D)總效用。

(B)2. 邊際效用遞減法則乃指
(A)MU為負
(B)MU隨消費量增加而下降
(C)MU先上升後下降
(D)TU隨消費量的增加而下降。

(D)3. 假設消費1、2、3單位甲產品的總效用分別為30、50、60,則其對應的邊際效用分別為 (A)30、30、30 (B)30、50、60 (C)30、80、140 (D)30、20、10。
解 $MU_1 = TU_1 = 30$;$MU_2 = TU_2 - TU_1 = 50 - 30 = 20$;$MU_3 = TU_3 - TU_2 = 60 - 50 = 10$。

(D)4. 邊際效用遞減時,總效用
(A)減少 (B)小於零 (C)增加 (D)增減須視邊際效用的正負而定。
解 $MU > 0 \Rightarrow TU\uparrow$;$MU = 0 \Rightarrow TU$最大;$MU < 0 \Rightarrow TU\downarrow$。

(C)5. 當邊際效用為負時,總效用
(A)遞增 (B)不變 (C)遞減 (D)一定為負。

(C)6. 根據邊際效用學派的論點,財貨價格是決定於該財貨的
(A)總效用 (B)平均效用 (C)邊際效用 (D)最初效用。

(A)7. 當MU > 0時,下列敘述何者正確?
(A)TU在遞增階段 (B)TU < 0 (C)TU達到最大 (D)TU在遞減階段。

(A)8. 由下列何者間的差異,可明瞭「水與鑽石的矛盾」之原因?
(A)使用價值與交換價值
(B)報酬遞減與機會成本
(C)固定成本與邊際成本
(D)供給量與需求量。

9. 請根據邊際效用學派的論點,比較水與鑽石的差異,並在下表空格中打「✓」。

比較 財貨	使用價值 高	使用價值 低	TU 大	TU 小	交換價值 高	交換價值 低	MU 大	MU 小	價格 高	價格 低	消費者剩餘 大	消費者剩餘 小
水	✓		✓			✓		✓		✓	✓	
鑽石		✓		✓	✓		✓		✓			✓

3-3 消費者最大滿足的決策 102 104 105 106 107 108 111 112 113

一、邊際效用均等法則

由孟格爾等邊際效用學派學者提出，是指為了達到**總效用最大**（或滿足最大），消費者在消費各項財貨時，必須符合**邊際效用均等法則**。

以下分成「不考慮財貨價格」與「考慮財貨價格」兩種情況來分析。

1. 不考慮財貨價格（無須支付代價）：

法則	(1) 同時消費多種財貨：消費每種財貨之邊際效用均相等時，總效用最大 (2) 消費一種財貨具多種用途：消費於每種用途之邊際效用均相等時，總效用最大
均衡式	$MU_X = MU_Y = MU_Z = \cdots = MU_N$
選擇準則	從**MU最大者**開始依序挑選

教學範例 1 ── 不考慮財貨價格，同時消費多種財貨

假設廣仲對冰淇淋、冰沙、咖啡、紅茶的邊際效用如下表：

MU＼財貨	邊際效用（MU）			
	第1單位	第2單位	第3單位	第4單位
冰淇淋	360	300	ⓘ270	240
冰沙	300	ⓘ270	240	210
咖啡	ⓘ270	240	210	180
紅茶	240	210	180	150

1. 在免費的情況下，若只能選擇1項財貨，廣仲應選擇何種財貨才能使總效用最大？
2. 在免費的情況下，若廣仲可挑選6項財貨，他應如何選擇以使總效用最大？

解 1. 應選擇 __MU__ 最大的財貨－__冰淇淋__，其邊際效用為 __360__。

2. 從 __MU__ 最大的財貨開始依序挑選6項財貨：
   應選擇 __冰淇淋3單位、冰沙2單位、咖啡1單位__。
   ∵ $MU_{冰淇淋} = MU_{冰沙} = MU_{咖啡} = 270$。
   ∴ $TU = (360 + 300 + 270) + (300 + 270) + 270 = 1,770$。

教學範例 2 — 不考慮財貨價格，財貨具有多種用途

假設水對貞菱而言可用來洗衣、煮飯、澆花或擦地，各項用途的邊際效用如下表：

MU 水的用途	邊際效用（MU）			
	第1桶水	第2桶水	第3桶水	第4桶水
洗衣	120	(100)	90	(80)
煮飯	(100)	90	(80)	70
澆花	90	(80)	70	60
擦地	(80)	70	60	50

1. 若只有1桶水，貞菱應用於何種用途才能使總效用最大？
2. 若有3桶水，貞菱應如何使用以使總效用最大？
3. 若有10桶水，貞菱應如何使用以使總效用最大？

解
1. 應選擇MU最大的用途－洗衣，其邊際效用為120。
2. 從MU最大的用途開始依序挑選3個用途：2桶水洗衣、1桶水煮飯；
   ∵ $MU_{洗衣} = MU_{煮飯} = 100$，∴ $TU = (120 + 100) + 100 = 320$。
3. 從MU最大的用途開始依序挑選10個用途：
   4桶水洗衣、3桶水煮飯、2桶水澆花、1桶水擦地；
   ∵ $MU_{洗衣} = MU_{煮飯} = MU_{澆花} = MU_{擦地} = 80$。
   ∴ $TU = (120 + 100 + 90 + 80) + (100 + 90 + 80) + (90 + 80) + 80 = 910$。

練習一下 — 不考慮財貨價格，同時消費多種財貨

假設梓茵對草莓、蘋果、香蕉的邊際效用如下表：

MU 財貨	邊際效用（MU）			
	第1單位	第2單位	第3單位	第4單位
草莓	60	50	45	40
蘋果	50	45	40	35
香蕉	45	40	35	30

1. 在免費的情況下，若只能選擇1項財貨，梓茵應選擇何種財貨才能使總效用最大？
2. 在免費的情況下，若可選擇9項財貨，梓茵應如何選擇以使總效用最大？

答
1. 應選擇MU最大的財貨－草莓，其邊際效用為60。
2. 從MU最大的財貨開始依序挑選9項財貨：草莓4單位、蘋果3單位、香蕉2單位；
   ∵ $MU_{草莓} = MU_{蘋果} = MU_{香蕉} = 40$。
   ∴ $TU = (60 + 50 + 45 + 40) + (50 + 45 + 40) + (45 + 40) = 415$。

2. 考慮財貨價格（須支付代價）： 102

法則	在各種財貨價格不變下，消費者以有限的所得購買財貨時，其**花費最後一元在各種財貨上所獲得的邊際效用皆相等**時，**總效用最大**
均衡式	$\dfrac{MU_X}{P_X} = \dfrac{MU_Y}{P_Y} = \dfrac{MU_Z}{P_Z} = \cdots = \dfrac{MU_N}{P_N} = MU_m$，$MU_m$：貨幣的邊際效用
選擇準則	從 $\dfrac{MU}{P}$ **最大者**開始依序挑選

教學範例 3 —— 考慮財貨價格，同時消費多種財貨

假設廣仲對冰淇淋、冰沙、咖啡、紅茶的邊際效用如下表：

財貨	價格（P）	邊際效用（MU）			
		第1單位	第2單位	第3單位	第4單位
冰淇淋	30元	360	300	270	240
冰沙	25元	300	270	240	210
咖啡	20元	270	240	210	180
紅茶	15元	240	210	180	150

1. 在付費的情況下，若只能選1項財貨，廣仲應選擇何種財貨才能使總效用最大？

2. 在付費的情況下，若可選7項財貨，廣仲應如何選擇以使總效用最大？總效用多少？

解 在考慮財貨價格的情況下，首先須分析廣仲平均支出每一元所獲得的邊際效用：

財貨	價格（P）	平均支出一元獲得的邊際效用（MU/P）			
		第1單位	第2單位	第3單位	第4單位
冰淇淋	30元	(12)	10	9	8
冰沙	25元	(12)	10.8	9.6	8.4
咖啡	20元	13.5	(12)	10.5	9
紅茶	15元	16	14	(12)	10

1. 若考慮價格，首先應選擇 __MU/P__ 最大的財貨— __紅茶__ ，其MU/P為 __16__ 。

2. 從 __MU/P__ 最大的財貨開始依序挑選7項財貨：

   應選擇 __冰淇淋1單位、冰沙1單位、咖啡2單位、紅茶3單位__ 。

   $\dfrac{MU_{冰淇淋}}{P_{冰淇淋}} = \dfrac{MU_{冰沙}}{P_{冰沙}} = \dfrac{MU_{咖啡}}{P_{咖啡}} = \dfrac{MU_{紅茶}}{P_{紅茶}} = 12$。

   $TU = 360 + 300 + (270 + 240) + (240 + 210 + 180) = 1,800$。

記憶要訣

TU = MU之加總，而不是 $\dfrac{MU}{P}$ 之加總！

教學範例 4 — 已知 MU_m

已知貨幣的邊際效用 MU_m 是 5，阿郎對於青菜跟蘿蔔的邊際效用如下表所示，若青菜 1 單位 10 元，蘿蔔 1 單位 6 元，則當阿郎達到消費者均衡時，應各買多少單位的青菜跟蘿蔔？此時共花費多少元、總效用為多少呢？

MU＼Q	1	2	3	4	5
$MU_{青菜}$	60	50	30	15	5
$MU_{蘿蔔}$	54	42	30	18	6

解

MU＼Q	1	2	3	4	5
$\dfrac{MU_{青菜}}{P_{青菜}}$	$\dfrac{60}{10}=6$	$\dfrac{50}{10}=5$	$\dfrac{30}{10}=3$	$\dfrac{15}{10}=1.5$	$\dfrac{5}{10}=0.5$
$\dfrac{MU_{蘿蔔}}{P_{蘿蔔}}$	$\dfrac{54}{6}=9$	$\dfrac{42}{6}=7$	$\dfrac{30}{6}=5$	$\dfrac{18}{6}=3$	$\dfrac{6}{6}=1$

當 $\dfrac{MU_{青菜}}{P_{青菜}} = \dfrac{MU_{蘿蔔}}{P_{蘿蔔}} = MU_m = 5$ 時，總效用最大 ⇒ 應消費 2 單位青菜、3 單位蘿蔔。

此時共花費 $10 \times 2 + 6 \times 3 = 38$（元），

總效用 $TU = (60 + 50) + (54 + 42 + 30) = 236$。

練習一下 —— 考慮財貨價格，同時消費多種財貨

假設某一消費者利用其所有所得購買 X 與 Y 兩種產品，X 產品每單位價格為 6 元，Y 產品每單位價格為 5 元，兩種產品消費的總效用表如右；請問消費者最適（均衡）消費組合為何？

單位	1	2	3	4	5
產品 X	120	216	288	336	360
產品 Y	90	160	220	270	305

答 1. 先計算 __MU__ ，再計算 $\dfrac{MU}{P}$：

產品	P	第1單位 MU	MU/P	第2單位 MU	MU/P	第3單位 MU	MU/P	第4單位 MU	MU/P	第5單位 MU	MU/P
X	6元	120	20	96	16	72	12	48	8	24	4
Y	5元	90	18	70	14	60	12	50	10	35	7

2. 最適消費組合：

當 X = 3 單位，Y = 3 單位時 ⇒ $\dfrac{MU_X}{P_X} = \dfrac{MU_Y}{P_Y} = 12$，為最適消費組合。

二、消費者均衡 104 105 106 107 108 111 112 113

1. **意義**：消費各種財貨時，為求**總效用**最大，必須在**有限的貨幣所得**額度內，消費到**每一種財貨最後一元的邊際效用皆相等**，此時消費者不會再改變其消費組合。

2. **均衡條件**：

$$\frac{MU_X}{P_X} = \frac{MU_Y}{P_Y} = \frac{MU_Z}{P_Z} = \cdots = MU_m \quad \text{（消費者均衡公式）}$$

$$P_X \times Q_X + P_Y \times Q_Y + P_Z \times Q_Z + \cdots = I \quad \text{（所得預算限制式）}$$

$$TU = 購得財貨之 MU 總和 \quad \text{（總效用最大）}$$

> **記憶要訣**
> $\dfrac{MU_X}{P_X} = \dfrac{MU_Y}{P_Y} = \dfrac{MU_Z}{P_Z} = \cdots = MU_m$ 的經濟意義是 **TU最大**，而非MU最大！

3. **失衡的調整**：

(1) 只消費一種財貨：

情況	分析	消費者調整決策
$\dfrac{MU_X}{P_X} > MU_m$	買X財的滿足感 > 持有貨幣的滿足感 ⇒ 可繼續購買X財來增加滿足感	多買**X**財
$\dfrac{MU_X}{P_X} < MU_m$	買X財的滿足感 < 持有貨幣的滿足感 ⇒ X財買太多，應減少X財的購買	少買**X**財
$\dfrac{MU_X}{P_X} = MU_m$	買X財的滿足感 = 持有貨幣的滿足感 ⇒ X財的購買量為**最適消費量**	**X**財的購買量 **不再變動**

(2) 消費兩種財貨：105 106 108 111 112

情況	分析	消費者調整決策
$\dfrac{MU_X}{P_X} > \dfrac{MU_Y}{P_Y}$	買X財的滿足感 > 買Y財的滿足感 ⇒ X財買太少，Y財買太多	多買**X**財 少買**Y**財
$\dfrac{MU_X}{P_X} < \dfrac{MU_Y}{P_Y}$	買X財的滿足感 < 買Y財的滿足感 ⇒ X財買太多，Y財買太少	少買**X**財 多買**Y**財
$\dfrac{MU_X}{P_X} = \dfrac{MU_Y}{P_Y}$	買X財的滿足感 = 買Y財的滿足感 ⇒ X、Y財的購買量為**最佳組合**	**X、Y**財的購買量 **不再變動**

> **黃金5秒鐘**
> 看「＞」的符號**面向哪種財貨，就多買該種財貨**，另一種財貨就少買！

教學範例 5 — 消費者均衡（最適消費組合）

已知蛋糕、麻糬、餅乾3種點心的價格與又青對這3種財貨的邊際效用如下表，若又青以69元購買點心，她應該如何購買以使總效用最大？總效用為若干？

財貨	價格（P）	邊際效用（MU） 第1單位	第2單位	第3單位	第4單位
蛋糕	25元	50	40	30	10
麻糬	16元	48	32	16	8
餅乾	12元	24	12	8	4

解 在考慮價格的情況下，首先須分析又青平均支出每一元所獲得的邊際效用：

財貨	價格（P）	邊際效用（MU／P） 第1單位	第2單位	第3單位	第4單位
蛋糕	25元	②	1.6	1.2	0.4
麻糬	16元	3	②	1	0.5
餅乾	12元	②	1	0.67	0.33

1. 由上表可看出：當又青購買 __蛋糕1單位、麻糬2單位、餅乾1單位__ 時：

$$MU_m = \frac{MU_{蛋糕}}{P_{蛋糕}} = \frac{MU_{麻糬}}{P_{麻糬}} = \frac{MU_{餅乾}}{P_{餅乾}} = 2$$

消費支出 $= P_{蛋糕} \times Q_{蛋糕} + P_{麻糬} \times Q_{麻糬} + P_{餅乾} \times Q_{餅乾}$
$= 25 \times 1 + 16 \times 2 + 12 \times 1 = 69$（元），此購買組合達消費者均衡。

2. 總效用 $= 50 + (48 + 32) + 24 = 154$。

教學範例 6 — 消費者失衡的調整

若麵包1單位20元，飲料1單位15元，而大仁每天吃3個麵包及喝2罐飲料，且吃第3個麵包的邊際效用是10，喝第2罐飲料的邊際效用是12，則在不增加支出的情況下，大仁應如何調整消費組合方能提高效用？

解 $\frac{MU_{麵包}}{P_{麵包}} = \frac{10}{20} < \frac{MU_{飲料}}{P_{飲料}} = \frac{12}{15}$

⇒ 少吃麵包，多喝飲料。

練習一下

假設X財、Y財的價格與邊際效用分別為：$P_X = 6$，$P_Y = 5$；$MU_X = 30$，$MU_Y = 20$；則理性消費者會如何購買財貨？

答 $\frac{MU_X}{P_X} = \frac{30}{6} > \frac{MU_Y}{P_Y} = \frac{20}{5}$

⇒ 多買X財，少買Y財。

三、邊際效用的兩大功用

1. **決定財貨價格**：根據 $\dfrac{MU_X}{P_X} = MU_m$，在 MU_m 不變的情況下，當 MU_X 增加時，P_X 會隨之增加（即 $MU_X\uparrow \Rightarrow P_X\uparrow$）。由此可知 **MU愈大，P愈高**，故邊際效用可決定財貨的價格。

   註：記得「水與鑽石的矛盾」嗎？水與鑽石的P就是由MU的大小決定！

2. **導出需求曲線**：

   因為**消費量$Q_X\uparrow$** $\Rightarrow$ **邊際效用$MU_X\downarrow$**（邊際效用遞減法則）$\Rightarrow$ **價格$P_X\downarrow$**，故可導出需求曲線。（需求法則）

學以致用 3-3

(C)1. 當消費者以有限所得從事消費選擇時，必定遵循
　　　(A)邊際生產力均等法則
　　　(B)邊際報酬遞減法則
　　　(C)邊際效用均等法則
　　　(D)邊際效用遞減法則。

(A)2. 當消費者使用某財貨的每種用途所得到的邊際效用皆相等時，
　　　(A)TU最大　(B)TU最小　(C)TU不變　(D)MU最大。

(B)3. 由邊際效用曲線可導出
　　　(A)生產可能曲線　(B)需求曲線　(C)供給曲線　(D)邊際產量曲線。

(C)4. 已知 $MU_X = 18$，$MU_Y = 12$，$MU_Z = 25$，若達到消費者均衡，則可推知X、Y、Z三種財貨價格的關係為
　　　(A)$P_X > P_Y > P_Z$　(B)$P_Y > P_Z > P_X$　(C)$P_Z > P_X > P_Y$　(D)$P_X > P_Z > P_Y$。
　　　解 MU愈大，P愈高。$MU_Z > MU_X > MU_Y \Rightarrow P_Z > P_X > P_Y$。

(B)5. 已知 $\dfrac{MU_X}{MU_Y} = 5$，$P_Y = 7$，若要使消費者獲得最大滿足，則 P_X 應為
　　　(A)25元　(B)35元　(C)40元　(D)45元。
　　　解 $\dfrac{MU_X}{P_X} = \dfrac{MU_Y}{P_Y} \Rightarrow \dfrac{MU_X}{MU_Y} = \dfrac{P_X}{P_Y} = 5 \Rightarrow \dfrac{P_X}{7} = 5 \Rightarrow P_X = 35$（元）。

(B)6. 假設消費者只消費X財，當 $\frac{MU_X}{P_X} < MU_m$ 時，理性的消費者應

(A)多買X財　(B)少買X財　(C)不改變X財的消費量　(D)多買或少買X財皆可。

(B)7. 假設沈佳宜對炸雞、薯條、冰沙的邊際效用如下表：

MU＼財貨	邊際效用（MU）			
	第1單位	第2單位	第3單位	第4單位
炸雞	27	22	18	15
薯條	35	27	22	16
冰沙	30	28	27	22

在免費的情況下，若只能選擇1項財貨，沈佳宜應選擇何種財貨才能使總效用最大？　(A)炸雞　(B)薯條　(C)冰沙　(D)不選擇任何財貨。

解 應選擇「MU最大」的財貨－薯條，其邊際效用為35。

(C)8. 承上題，若沈佳宜可挑選9項財貨，她應如何選擇才能使總效用最大？
(A)炸雞1單位、薯條2單位、冰沙3單位
(B)炸雞2單位、薯條4單位、冰沙3單位
(C)炸雞2單位、薯條3單位、冰沙4單位
(D)炸雞4單位、薯條1單位、冰沙4單位。

解 從「MU最大」的財貨開始依序挑選9項財貨：應選擇炸雞2單位、薯條3單位、冰沙4單位；
∵ $MU_{炸雞} = MU_{薯條} = MU_{冰沙} = 22$。

(C)9. 水對又廷洗澡、洗車、澆花三種用途的邊際效用如右表，今又廷有6桶水，為獲得最大效用，洗車應用水
(A)4桶　(B)3桶　(C)2桶　(D)1桶。

解 應選擇洗澡3桶、洗車2桶、澆花1桶。
∵ $MU_{洗澡} = MU_{洗車} = MU_{澆花} = 6$。

水＼用途效用	洗澡	洗車	澆花
第1桶水	10	8	6
第2桶水	8	6	4
第3桶水	6	4	2

10. 請填入在不同情況下，邊際效用均等法則之均衡式與選擇財貨的準則。

情況	均衡式	選擇準則
不考慮財貨價格	$MU_X = MU_Y = MU_Z = \cdots = MU_N$	從 MU 最大者開始依序挑選
考慮財貨價格	$\frac{MU_X}{P_X} = \frac{MU_Y}{P_Y} = \frac{MU_Z}{P_Z} = \cdots = \frac{MU_N}{P_N} = MU_m$	從 MU/P 最大者開始依序挑選

3-4 消費者剩餘（CS） 105 107 110 111 114

項目	說明
提出者	馬歇爾
意義	消費者對某項財貨心中願付的支出（代價），與實際支付的支出（代價）之差額 ※注意：消費者剩餘為消費者**心理上**滿足程度的增加，而非實質貨幣所得的增加，亦非建立在生產者的犧牲上
公式	消費者剩餘CS = 心中願付的支出（代價）－ 實際支付的支出（代價）
圖形與分析	消費者心中願付的支出 = ▱AEQ*0 － 消費者實際支付的支出 = P* × Q* = ▭P*EQ*0 消費者剩餘 = △AEP* *當**價格**愈低、消費者購買數量愈多時，**消費者剩餘**愈大 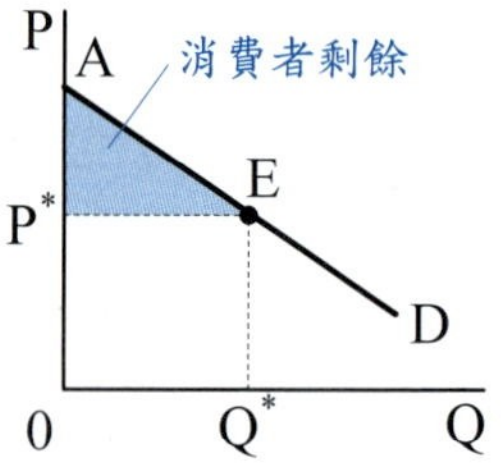

（圖：需求曲線 D，A 在縱軸，E 點為 (Q*, P*)，消費者剩餘為 △AEP*）

教學範例 7 — 消費者剩餘的計算－需求表題

假設敏娜對冰淇淋的需求表如右。請問：當價格為20元時，消費者剩餘為若干？

價格（元）	30	25	20	15	10
需求量	1	2	3	4	5

解 消費者心中願付的支出 = 30 × 1 + 25 × (2 − 1) + 20 × (3 − 2) = 75（元）。
消費者實際支付的支出 = 20 × 3 = 60（元）。
消費者剩餘 = 75 − 60 = 15（元）。

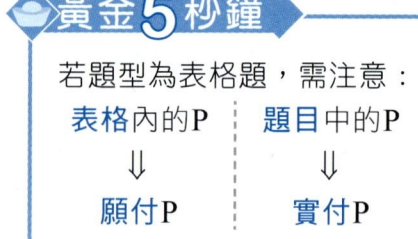

黃金5秒鐘
若題型為表格題，需注意：
表格內的P ｜ 題目中的P
⇓ ｜ ⇓
願付P ｜ 實付P

教學範例 8 — 消費者剩餘的計算－函數題

假設某財貨的需求函數為 $Q_d = 120 - 3P$，當 P = 30 時，試求消費者剩餘為若干？

解 由需求函數 $Q_d = 120 - 3P$ 可繪製其需求曲線如下圖所示：

P	40	30
Q_d	0	30

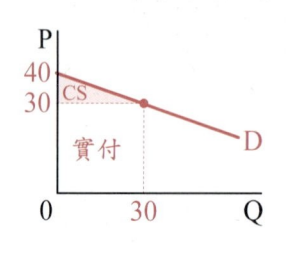

消費者剩餘 = △三角形面積
$= \frac{1}{2}[(40 - 30) \times 30]$
= 150（元）。

教學範例 9 ── 消費者剩餘的計算－敘述題

假設皮夾一個300元，二個500元，三個600元，當禹樂購買三個皮夾時，其消費者剩餘為若干？

解 注意：必須計算每一個皮夾的**單價**來比較，則 $\frac{500}{2} = 250$，$\frac{600}{3} = 200$。

價格（元/個）	300	250	200
需求量	1	2	3

消費者心中願付的支出 = $300 \times 1 + 250 \times (2-1) + 200 \times (3-2)$
$\qquad\qquad\qquad\quad = 750$（元）。

消費者實際支付的支出 = $200 \times 3 = 600$（元）。

$\qquad\quad$消費者剩餘 = $750 - 600 = 150$（元）。

教學範例 10 ── 消費者剩餘的計算－效用題

假設承風對X財的邊際效用如下表；已知貨幣的邊際效用為5，試問：當X財的價格為4元時，承風的消費者剩餘以效用來表示為若干單位？

Q_X	1	2	3	4	5	6	7
MU_X	36	32	28	24	20	16	12

解 1. 先求算在 $MU_m = 5$，$P_X = 4$ 時的 MU_X 及其所對應的 Q_X：

$$\frac{MU_X}{P_X} = MU_m \Rightarrow \frac{MU_X}{4} = 5$$

$\Rightarrow MU_X = 20 \Rightarrow Q_X = 5$。

2. 再求算消費者剩餘：

$CS = [36 \times 1 + 32 \times (2-1) + 28 \times (3-2) + 24 \times (4-3) + 20 \times (5-4)] - (20 \times 5)$
$\quad\;\, = 140 - 100 = 40$（效用單位）。

練習一下 —— 消費者剩餘的計算－效用題

假設史特龍消費X財的總效用如下表，當其貨幣的邊際效用 $MU_m = 4$ 時，試求：

數量	1	2	3	4	5	6
總效用	100	180	252	312	364	404

1. 當史特龍購買5單位X財時，X財的單價為多少元？
2. 當史特龍購買5單位X財時，其消費者剩餘為多少元？

答 1. 史特龍對X財各單位的邊際效用 MU_X：

數量	1	2	3	4	5	6
MU_X	100	80	72	60	52	40

當史特龍購買5單位X財時：$\dfrac{MU_X}{P_X} = MU_m \Rightarrow P_X = \dfrac{MU_X}{MU_m} = \dfrac{52}{4} = 13$（元）。

2. 史特龍消費各單位X財所願意支付的價格：

數量	1	2	3	4	5	6
$P_X = MU_X / MU_m$	25	20	18	15	13	10

當史特龍購買5單位X財時：
$CS = [25 \times 1 + 20 \times (2-1) + 18 \times (3-2) + 15 \times (4-3) + 13 \times (5-4)] - (13 \times 5)$
$= 91 - 65 = 26$（元）。

學以致用 3-4

(C)1. 提出消費者剩餘概念的學者為
(A)亞當斯密　(B)馬克斯　(C)馬歇爾　(D)凱因斯。

(D)2. 一個人所願意支付某物的支出超過實際支付的支出之差額，稱為
(A)消費者均衡　(B)生產者剩餘　(C)機會成本　(D)消費者剩餘。

(C)3. 消費者剩餘之衡量為
(A)需求曲線和縱、橫軸之間的三角形面積
(B)需求曲線和供給曲線之間的三角形面積
(C)需求曲線和縱軸及水平價格線之間的三角形面積
(D)供給曲線和縱軸及水平價格線之間的三角形面積。

(D)4. 下列有關消費者剩餘的敘述，何者正確？
　　(A)由亞當斯密提出　　　　　　(B)為消費者實質貨幣所得的增加
　　(C)建立在生產者的犧牲上　　　(D)價格愈高，消費者剩餘愈小。
　解 A：由「馬歇爾」提出。
　　　B、C：消費者剩餘為消費者「心理上滿足程度的增加」，而非實質貨幣所得的增加，亦非建立在生產者的犧牲上。

(B)5. 曉如買糖二斤，第一斤願付30元，第二斤願付20元；若市價每斤20元，則曉如買糖二斤的消費者剩餘為多少元？　(A)20元　(B)10元　(C)40元　(D)50元。
　解 CS = [30 × 1 + 20 × (2 − 1)] − (20 × 2) = 50 − 40 = 10（元）。

(B)6. 設需求函數為P = 120 − 3Q，當價格為60元時，消費者剩餘為多少元？
　　(A)60元　(B)600元　(C)1,200元　(D)120元。

P	120	60
Q_d	0	20

　　CS = $\frac{1}{2}$[(120 − 60) × 20] = 600（元）。

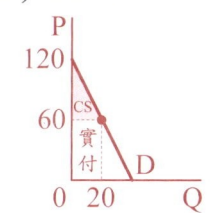

(B)7. 設杰修對X財的購買量如右表，若X財的價格為每單位10元，則杰修心中願付的支出為多少元？
　　(A)30元　(B)45元　(C)10元　(D)5元。

價格	20	15	10
購買量	1	2	3

　解 20 × 1 + 15 × (2 − 1) + 10 × (3 − 2) = 45（元）。

(B)8. 承上題，消費者剩餘為　(A)30元　(B)15元　(C)10元　(D)5元。
　解 CS = 45 − (10 × 3) = 15（元）。

9. 圖(一)中，
　　消費者心中願付的支出 = ___△AEQ*0___，
　　消費者實際支付的支出 = ___□P*EQ*0___，
　　消費者剩餘 = ___△AEP*___。

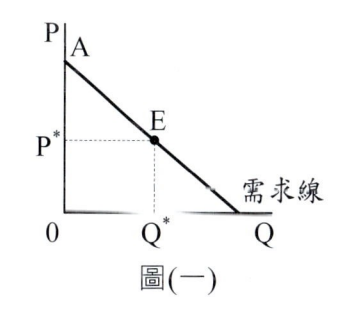

10. 圖(二)中，

價格	消費者剩餘
P = P_1	△ABP_1
P = P_2	△ACP_2

- 價格愈高 ⇒ 消費者剩餘愈 ___小___
- 價格愈低 ⇒ 消費者剩餘愈 ___大___

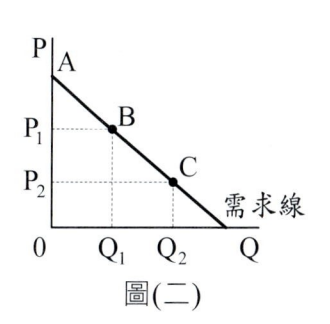

3-5 家庭消費定律 [104] [107]

一、家庭消費定律（恩格爾法則）的概念

1. **提出者**：德國統計學者**恩格爾**。

2. **恩格爾法則**：

   家庭不同種類的**消費支出**會受到**所得（I）**高低而有不同的影響：

消費支出種類	受所得變動的影響	所得彈性
糧食支出	• I↑ ⇒ 糧食支出↑ • 糧食支出占家庭總所得的比例↓	糧食支出增幅 < 所得增幅 ⇒ $E_I < 1$
一般支出 （如衣服、燃料、住宅）	• I↑ ⇒ 一般支出↑ • 一般支出占家庭總所得的比例不變	一般支出增幅 = 所得增幅 ⇒ $E_I = 1$
文化支出 （如教育、娛樂）	• I↑ ⇒ 文化支出↑ • 文化支出占家庭總所得的比例↑	文化支出增幅 > 所得增幅 ⇒ $E_I > 1$

二、恩格爾係數

1. **意義**：

   糧食支出占家庭總所得的比例，可衡量**生活水準**的高低。

2. **公式**：

$$恩格爾係數 = \frac{糧食支出}{家庭總所得} \times 100\%$$

3. **分析**：

   • 恩格爾係數愈**大** ⇒ 生活水準愈**低**。

   • 恩格爾係數愈**小** ⇒ 生活水準愈**高**。

3-6 消費者主權及消費者保護運動

一、消費者主權

是指消費者依其意願與偏好(需求),透過購買行為來主導經濟體系內的經濟活動。

二、消費者保護運動

1. **消費者保護運動的概念**:是由民間與政府共同發起,以擴大消費者利益之社會運動。目的是為了要保護消費者並提高消費者的生活品質。

2. **消費者的基本權利:四大權利**是由**美國甘迺迪總統**提出,**第五項權利**則是由**尼克森總統**提出。

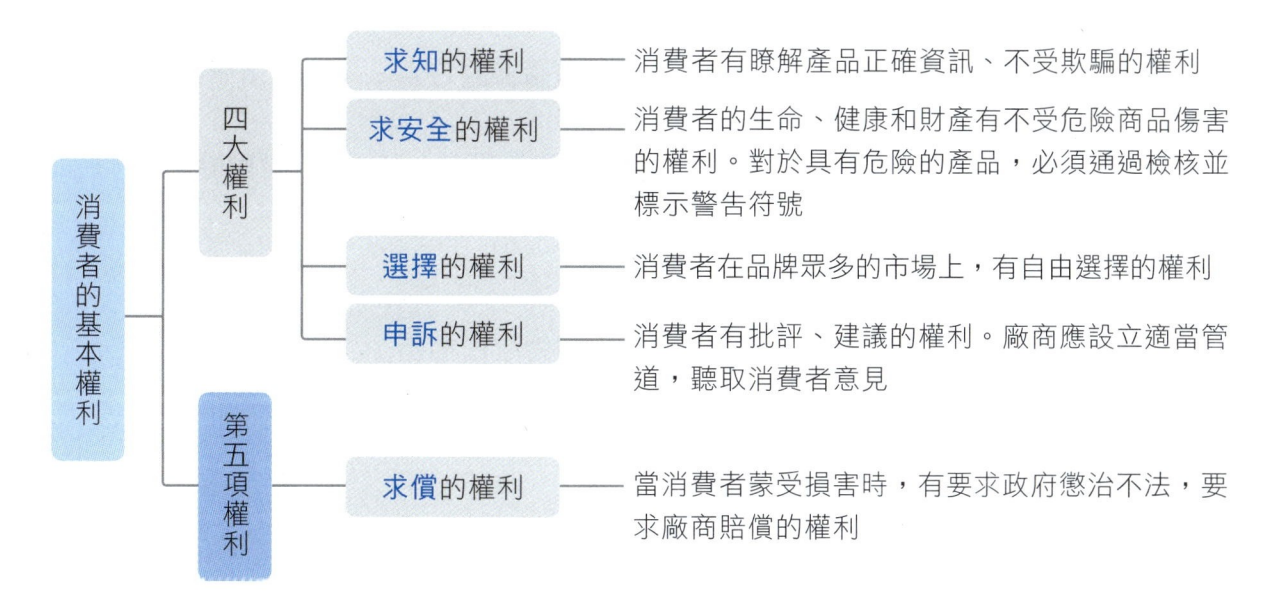

消費者的基本權利
- 四大權利
  - **求知**的權利 — 消費者有瞭解產品正確資訊、不受欺騙的權利
  - **求安全**的權利 — 消費者的生命、健康和財產有不受危險商品傷害的權利。對於具有危險的產品,必須通過檢核並標示警告符號
  - **選擇**的權利 — 消費者在品牌眾多的市場上,有自由選擇的權利
  - **申訴**的權利 — 消費者有批評、建議的權利。廠商應設立適當管道,聽取消費者意見
- 第五項權利
  - **求償**的權利 — 當消費者蒙受損害時,有要求政府懲治不法,要求廠商賠償的權利

3. **我國主要的消費者保護組織:**

組織名稱	成立時間	說明
中華民國消費者協會	1969年	我國第一個正式成立的消費者保護團體
中華民國消費者文教基金會	1980年	目前成效頗佳的民間消費者保護團體
行政院公平交易委員會	1992年	為了落實1991年公布的「公平交易法」而成立
行政院消費者保護委員會	1994年	為了落實同年公布的「消費者保護法」而成立
行政院消費者保護會	2012年	配合行政院組織改造而設立之任務編組組織

學以致用 3-5～3-6

(D)1. 根據恩格爾法則，家庭所得增加，用於下列哪一項消費支出的比例會降低？
(A)房租 (B)衣服 (C)教育 (D)糧食。

(B)2. 就輝達（NVIDIA）半導體公司創辦人黃仁勳的收入而言，其恩格爾係數應該
(A)很大 (B)很小 (C)固定不變 (D)等於0。
解 黃仁勳的收入高，生活水準高，其恩格爾係數小。

(A)3. 恩格爾係數愈大，表示該家庭
(A)生活水準愈低
(B)家庭所得愈高
(C)文化支出占家庭總所得的比例愈大
(D)糧食支出占家庭總所得的比例愈小。

解 恩格爾係數 = $\frac{糧食支出}{家庭總所得} \times 100\%$；恩格爾係數愈高，表示糧食支出占家庭總所得的比例愈大，生活水準愈低，用於文化支出的比例相對更低。

(A)4. 消費者根據本身的意願及偏好，透過消費購買的行為，主導經濟體系內的各種經濟活動，稱為
(A)消費者主權 (B)消費者意識 (C)消費者權利 (D)消費者剩餘。

(D)5. 商品貼示標籤，是保障消費者哪一項權利？
(A)基本需求 (B)選擇 (C)求償 (D)求知。

(C)6. 下列哪一項消費者權利不是由美國甘迺迪總統所提出？
(A)求安全 (B)求知 (C)求償 (D)表達意見。

7. 根據恩格爾法則：

(1) 糧食支出的所得彈性 ＜ 1。（＞、＝、＜）

(2) 衣服、燃料、住宅等一般支出的所得彈性 ＝ 1。（＞、＝、＜）

(3) 教育、娛樂等文化支出的所得彈性 ＞ 1。（＞、＝、＜）

滿分印鑑

3-1 慾望與消費

(B)1. 在其他條件不變的情況下,「看完一部漫畫,想再看第二次的慾望會降低」,此現象說明人的慾望具有 (A)無限性 (B)遞減性 (C)互補性 (D)再生性。

(B)2. 消費者購買消費財直接滿足其慾望的消費,稱為
(A)間接消費 (B)直接消費 (C)引申消費 (D)生產性消費。

(C)3. 用來增進人們生活舒適便利的財貨,稱為
(A)奢侈品 (B)季芬財 (C)便利品 (D)必需品。

(C)4. 下列有關慾望與消費的敘述,何者錯誤?
(A)人類從事生產、交換與分配的最終目的就是為了消費
(B)人的慾望無窮無盡,使得消費者之消費行為具有多樣性
(C)間接消費又可稱為引申消費、最終消費
(D)人們為了使生活品質更加精緻,會購買奢侈品。

解 間接消費又可稱為引申消費、「生產性消費」。最終消費為直接消費的別稱。

3-2 效用的意義與法則

(D)5. 假設某人消費橘子5個,總效用為160單位;消費第6個之後,總效用為180單位,請問消費第6個橘子之邊際效用為多少? (A)100 (B)40 (C)30 (D)20。

解 $MU_6 = TU_6 - TU_5 = 180 - 160 = 20$。

(C)6. 消費者使用財貨所願意支付價格決定於財貨的
(A)總效用 (B)最初效用 (C)邊際效用 (D)序數效用。

(B)7. 小華喝一杯、兩杯、三杯汽水的總效用分別為10、18、23,這表示小華喝汽水的邊際效用 (A)遞增 (B)遞減 (C)不變 (D)為負數。

(B)8. 假設小張有四個工作任務,分別帶給他如右表的效用(小張評估每個工作任務所能帶來的成果分數)。請問小張拜訪客戶的機會成本是多少?
(A)10 (B)9 (C)8 (D)7。

拜訪客戶	10
處理客服	9
撰寫報告	8
召開會議	7

(C)9. 承上題,如果小張每多處理一項工作任務,就會因為時間和精力的分散而損失8分的效用。試問他應該處理幾個工作任務,才能使得總效用達到最大?
(A)1 (B)2 (C)3 (D)4。

解 小張處理四項工作任務的邊際效用如下:

工作任務	拜訪客戶	處理客服	撰寫報告	召開會議
MU	2	1	0	−1

當MU = 0時,TU最大,故小張會處理3項工作任務。

next...

(D)10. 下列有關效用的敘述，何者錯誤？
(A)一般而言，財貨的用途越多，MU遞減速度越慢
(B)計數效用分析法又稱為邊際效用分析法，可用數字來衡量效用的大小
(C)財貨客觀上能滿足消費者的慾望，為效用成立要件中物的性能
(D)效用的發生程序為：慾望→消費→需求→效用。
解 效用的發生程序為：慾望→需求→消費→效用。

(C)11. 下列有關邊際效用與總效用的關係，何者正確？
(A)在總效用曲線的最高點，邊際效用最大
(B)當總效用遞增時，邊際效用小於0
(C)當邊際效用等於0時，總效用最大
(D)當邊際效用大於0時，總效用開始遞減。
解 A：邊際效用等於0。B：邊際效用大於0。D：總效用遞增。

(C)12. 如果可樂是免費的，則人們會喝可樂直到何種情況為止？
(A)可樂的邊際效用達到最大時
(B)可樂總效用為零時
(C)可樂的邊際效用為零時
(D)所有可樂替代品的邊際效用為相同時。

(A)13. 在經濟學上，「效用」是衡量
(A)財貨滿足慾望的程度　　　(B)財貨的功用
(C)財貨數量的多寡　　　　　(D)生產者滿足的程度。

(C)14. 一般來說，在一定期間內，當某財貨的消費量增加而未達MU＝0時，
(A)總效用和邊際效用皆增加
(B)總效用和邊際效用皆減少
(C)總效用增加，邊際效用減少
(D)總效用減少，邊際效用增加。

(C)15. 下列何者顯示消費者對某財貨的消費已達到最大滿足？
(A)TU＝0　(B)MU＝1　(C)MU＝0　(D)TU＝MU。

(A)16. 下列有關滿足的概念，何者正確？
(A)滿足是來自於慾望
(B)不同個人之間，滿足程度可以具體客觀的比較
(C)滿足必定會使所得增加
(D)同一個人在不同時間去消費相同商品，一定會產生相同的滿足程度。
解 B：「無法」具體客觀比較。
　 C：滿足「無法」使所得增加。
　 D：「不一定」會產生相同的滿足程度。

(D)17. 假設宥勝在特定時間內，連續飲用4杯綠茶所產生的邊際效用如下表，請問表中的X、Y值分別為何？

綠茶杯數	1	2	3	4
總效用	5	8	9	Y
邊際效用	5	X	1	0

(A)X = 2，Y = 10　(B)X = 2，Y = 8　(C)X = 3，Y = 10　(D)X = 3，Y = 9。

解 $X = MU_2 = TU_2 - TU_1 = 8 - 5 = 3$。
$MU_4 = TU_4 - TU_3 \Rightarrow 0 = Y - 9 \Rightarrow Y = 9$。

(C)18. 下列敘述何者有誤？
(A)空氣為自由財故邊際效用等於零時，消費者滿足程度最大
(B)鑽石比水價格貴主要是因為其邊際效用高
(C)有用的東西就一定較貴
(D)富人要比窮人課較多的稅，因為富人對一塊錢貨幣的邊際效用較窮人低。

解 C：有用的東西「未必」較貴，須視其邊際效用大小而定。

(D)19. 下列有關「鑽石與水的矛盾」之敘述，何者正確？
(A)水之邊際效用較大，而鑽石之邊際效用較小
(B)水之消費者剩餘較小，而鑽石之消費者剩餘較大
(C)水之生產者剩餘較小，而鑽石之生產者剩餘較大
(D)水之總效用較大，而鑽石之總效用較小。

解 水的TU大，MU小，P低，CS大。鑽石的TU小，MU大，P高，CS小。

3-3 消費者最大滿足的決策

(D)20. 理性消費者進行商品的選擇決策時，以哪一項為原則？
(A)每一元之總效用最大　　(B)每一元之邊際效用最小
(C)每一元之總效用最小　　(D)每一元之邊際效用最大。

解 當考慮商品價格時，理性的消費者通常會從「邊際效用（$\frac{MU}{P}$）最大者」開始依序選擇所要購買的商品，直至達到消費者均衡為止。

(D)21. 大雄每天消費兩種正常財X與Y各10單位，且第10單位的X與Y之邊際效用皆等於16。若每單位的X與Y之價格分別為$3與$4，在原預算水準下，大雄應如何改變X與Y的消費組合，才可使他的總效用增加？
(A)同時減少X與Y的消費
(B)同時增加X與Y的消費
(C)減少X消費，但增加Y的消費
(D)增加X消費，但減少Y的消費。

解 $\frac{MU_X}{P_X} = \frac{16}{3} > \frac{MU_Y}{P_Y} = \frac{16}{4} \Rightarrow$ 應增加X的消費，減少Y的消費。

next...

(C)22. 消費者均衡是指
(A)每一消費者獲得相同程度的滿足
(B)消費者購買的每一種財貨均對其產生相同的邊際效用
(C)消費者的支出用於每一種財貨最後一單位貨幣均獲得相同的邊際效用
(D)每一消費者均付出相同代價獲得相同滿足。

(C)23. 有關邊際效用之敘述，下列何者錯誤？
(A)若不考慮財貨價格同時消費多種財貨，每種財貨的MU皆相等時，TU最大
(B)若考慮財貨價格同時消費多種財貨，消費者會從 $\frac{MU}{P}$ 最大者開始挑選
(C)當消費者均衡時，$\frac{MU_X}{P_X} = \frac{MU_Y}{P_Y} = \cdots = MU_m$ 的經濟意義為MU最大
(D)在貨幣的邊際效用MU_m不變的情況下，當MU越大，價格也會隨之增加。

解 為TU最大。

(B)24. 一般而言，若消費者均衡時，其對所有財貨的消費量均大於0，則此均衡不具有下列哪些性質？
①所消費之各種財貨的邊際效用達到最大。
②各種消費財貨的最後一元支出，均對消費者產生相同的邊際效用。
③所消費之各種財貨的效用比等於其支出金額比。
(A)①②　(B)①③　(C)②③　(D)①②③。

解 ①：其花費最後一元在各種財貨上，所獲得的邊際效用均相等。
③：$\frac{MU_X}{P_X} = \frac{MU_Y}{P_Y} = MU_m$（貨幣的邊際效用）。

(A)25. 假設X財與Y財之價格和邊際效用分別為：$P_X = 10$，$P_Y = 5$，$MU_X = 30$，$MU_Y = 5$，則下列何者為理性消費者的行為？
(A)多購買X財，少購買Y財
(B)少購買X財，多購買Y財
(C)同時減少X財與Y財的購買
(D)同時增加X財與Y財的購買。

解 $\frac{MU_X}{P_X} = \frac{30}{10} > \frac{MU_Y}{P_Y} = \frac{5}{5}$ ⇒ 多買X財，少買Y財。

(B)26. 假設在所得預算及產品價格不變下，藍西英將所得預算全數用於購買X、Y兩種財貨；已知 $\frac{MU_X}{P_X} = 2\frac{MU_Y}{P_Y}$，在效用最大化原則下，藍西英對X、Y財的購買組合應
(A)不變
(B)多買X財，少買Y財
(C)少買X財，多買Y財
(D)多買Y財，X財的購買數量不變。

解 $\frac{MU_X}{P_X} = 2\frac{MU_Y}{P_Y} = \frac{MU_X}{P_X} > \frac{MU_Y}{P_Y}$ ⇒ 多買X財，少買Y財。

(A)27. 邊際效用均等法則成立時，不具有下列何種特性？
(A)總成本最低 (B)消費者均衡存在
(C)購買量不再改變 (D)總效用最大。

(D)28. 當X財價格為4元，Y財價格為5元時，某消費者將其全部預算耗盡可買20個X財。在此條件下，請問下列哪一組合，消費者不可能買得到？
(A)X = 6，Y = 10
(B)X = 10，Y = 0
(C)X = 0，Y = 15
(D)X = 2，Y = 15。

解 全部預算 = 20 × 4 = 80（元）⇒ 消費函數 = 4X + 5Y = 80。
A：將X = 6，Y = 10代入消費函數：4 × 6 + 5 × 10 = 74 ⇒ 在預算之內。
B：將X = 10，Y = 0代入消費函數：4 × 10 + 5 × 0 = 40 ⇒ 在預算之內。
C：將X = 0，Y = 15代入消費函數：4 × 0 + 5 × 15 = 75 ⇒ 在預算之內。
D：將X = 2，Y = 15代入消費函數：4 × 2 + 5 × 15 = 83 ⇒ 超出預算。

(C)29. 若有兩財貨A與B，財貨A的價格為10，而其對應的邊際效用為50；財貨B的邊際效用為25。根據邊際效用均等法則，在效用最大下，則財貨B的價格應為
(A)2.5 (B)2 (C)5 (D)4。

解 $\frac{MU_A}{P_A} = \frac{MU_B}{P_B} \Rightarrow \frac{50}{10} = \frac{25}{P_B} \Rightarrow P_B = 5$。

(B)30. 財貨X的價格為10元，財貨Y的價格為15元，現若一消費者所購買的X與Y的均衡組合中，兩財貨之數量皆為1單位，而均衡時X的邊際效用為30，請問均衡時Y的邊際效用為多少？
(A)30 (B)45 (C)20 (D)15。

解 消費者的均衡條件：$\frac{MU_X}{P_X} = \frac{MU_Y}{P_Y} \Rightarrow \frac{30}{10} = \frac{MU_Y}{15} \Rightarrow MU_Y = 45$。

(B)31. 已知$P_{草莓} = 20$，$P_{櫻桃} = 4$，$P_{梨子} = 50$，某消費者吃一單位水果的$MU_{草莓} = 50$，$MU_{櫻桃} = 24$，$MU_{梨子} = 100$；請問在付費情況下，若只能選擇一種水果，則該消費者應選擇何種水果才能使總效用最大？
(A)草莓
(B)櫻桃
(C)梨子
(D)選擇任一種水果皆可。

解 $\frac{MU_{草莓}}{P_{草莓}} = \frac{50}{20} = 2.5$，$\frac{MU_{櫻桃}}{P_{櫻桃}} = \frac{24}{4} = 6$，$\frac{MU_{梨子}}{P_{梨子}} = \frac{100}{50} = 2$。

應選擇「$\frac{MU}{P}$最大」的水果－櫻桃。

(A)32. 設X、Y、Z三種財貨的價格分別為10元、5元、3元,其邊際效用如下表所示,今某甲以44元支出,為獲得最大的總效用,則X、Y、Z三財貨的購買組合應為
(A)2、3、3　　　　　　　　(B)3、2、1
(C)2、4、1　　　　　　　　(D)3、1、3。

消費種類＼消費量 MU	1	2	3	4
X	30	20	15	12
Y	25	15	10	7
Z	20	12	6	2

解 (1) 求出 $\frac{MU}{P}$：

消費種類＼消費量 MU/P	1	2	3	4
X	3	②	1.5	1.2
Y	5	3	②	1.4
Z	6.7	4	②	0.7

(2) 甲應選擇「X＝2,Y＝3,Z＝3」的購買組合,

此時 $\frac{MU_X}{P_X} = \frac{MU_Y}{P_Y} = \frac{MU_Z}{P_Z} = 2$。

(3) 消費支出 ＝ $P_X \times Q_X + P_Y \times Q_Y + P_Z \times Q_Z = 10 \times 2 + 5 \times 3 + 3 \times 3 = 44$（元）。

(D)33. 若X財貨價格為10元時,某人購買4個,此時其邊際效用（MU_X）為500效用單位,試問貨幣的邊際效用（MU_m）為多少？
(A)5,000　(B)2,000　(C)125　(D)50　效用單位。

解 $MU_m = \frac{MU_X}{P_X} \Rightarrow \frac{500}{10} = 50$。

(B)34. 在消費者均衡狀態下,X與Y兩產品之邊際效用（MU）分別為$MU_X = 100$,$MU_Y = 80$,當X之價格為10元時,Y的價格應為多少元,才能獲得最大的總效用？
(A)12元　(B)8元　(C)9元　(D)10元。

解 $\frac{MU_X}{P_X} = \frac{MU_Y}{P_Y} \Rightarrow \frac{100}{10} = \frac{80}{P_Y} \Rightarrow P_Y = 8$。

(D)35. 設貨幣對某人的邊際效用固定為5,又X財貨第三單位的邊際效用為30,則某人對第三單位X財貨所願出的價格為
(A)150元　(B)35元　(C)25元　(D)6元。

解 $\frac{MU_X}{P_X} = MU_m \Rightarrow \frac{30}{P_X} = 5 \Rightarrow P_X = 6$（元）。

(B)36. 若水蜜桃的邊際效用為40，其價格為$20，哈蜜瓜的邊際效用為36，其價格為$4，葡萄柚的邊際效用為10，其價格為$2，當您想吃水果時，首先應吃何者水果？　(A)水蜜桃　(B)哈蜜瓜　(C)葡萄柚　(D)任何一種都一樣。

解 $\frac{MU_{水蜜桃}}{P_{水蜜桃}} = \frac{40}{20} = 2$；$\frac{MU_{哈蜜瓜}}{P_{哈蜜瓜}} = \frac{36}{4} = 9$；$\frac{MU_{葡萄柚}}{P_{葡萄柚}} = \frac{10}{2} = 5$。

哈蜜瓜的 $\frac{MU}{P}$ 最大，故應先吃哈蜜瓜。

3-4 消費者剩餘

(C)37. 人們逛街購物時通常會認為貨比三家不吃虧，主要是希望能夠增加？
(A)均衡價格　(B)邊際收益　(C)消費者剩餘　(D)生產者剩餘。

解 消費者「貨比三家不吃虧」的主要目的是尋找「更低的價格」，以使「心中願意支付價格」與「實際支付價格」之間的差額↑ ⇒ 消費者剩餘↑。

(C)38. 消費者剩餘是
(A)供給者利益的犧牲
(B)消費者多得的貨幣利得
(C)消費者心理上滿足的增量
(D)供給者補貼消費者的金額。

(A)39. 小華假日在逛二手市場時，以120元買了一個獨特造型的咖啡杯，但其實在小華心中，最高願意支付的價格為200元。假設這個咖啡杯在全新時的價格為400元，則小華購買此咖啡杯的消費者剩餘為多少元？
(A)80　(B)120　(C)200　(D)280。

(C)40. 下列有關消費者剩餘的敘述，何者正確？
(A)是指消費者在使用財貨時的總滿足程度
(B)是得自生產者利益的犧牲
(C)會隨廠商不同的取價而異
(D)消費者剩餘愈大，價格就愈高。

解 A：消費者剩餘是指消費者心裡願付的價格與實際支付價格的差額。
B：消費者剩餘是消費者心理主觀的感受，並非得自生產者利益的犧牲。
D：價格愈低，消費者剩餘愈大。

(B)41. 某甲對財貨G的需求函數為Q = 300 − 20P，式中Q為數量，P為價格。若市場價格為P = 10，請問消費者剩餘為多少？
(A)50　(B)250　(C)1,000　(D)1,250。

解 由需求函數Q = 300 − 20P可繪製其需求曲線如下圖：

P	15	10
Q	0	100

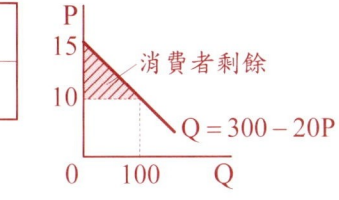

消費者剩餘 $= \frac{1}{2}[(15 − 10) \times 100] = 250$。

next...

(B)42. 小美對財貨X的需求如下表所示，如果財貨X的市價每單位為20元時，則小美在市場購買3單位財貨X時，其消費者剩餘為：
(A)0元　(B)15元　(C)20元　(D)25元。

價格（元）	30	25	20	15
需求量（斤）	1	2	3	4

解 CS = [30 × 1 + 25 × (2 − 1) + 20 × (3 − 2)] − (20 × 3) = 15（元）。

(A)43. 假設蕃茄市場的需求曲線為$Q_d = 3 - 2P$，供給曲線為$Q_s = -1 + 2P$，當市場均衡時，消費者剩餘為：
(A)$\frac{1}{4}$　(B)$\frac{1}{5}$　(C)$\frac{1}{6}$　(D)$\frac{1}{7}$。

解 $Q_d = Q_s \Rightarrow 3 - 2P = -1 + 2P \Rightarrow P^* = 1，Q^* = 1$（元）。

繪製供需圖如右圖，消費者剩餘 = $\frac{1}{2}[(\frac{3}{2} - 1) \times 1] = \frac{1}{4}$。

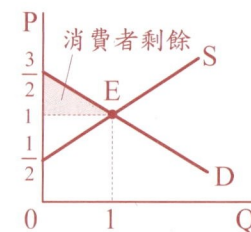

3-5 家庭消費定律

(C)44. 恩格爾法則顯示，一個家庭的貨幣所得愈低，則所得中用於食物支出的比例 (A)不變　(B)愈小　(C)愈大　(D)不定。

(B)45. 根據恩格爾的調查　(A)教育費　(B)糧食費　(C)文化費　(D)醫療費　在所得中所佔的比例，隨所得的增加而降低。

(B)46. 下列有關恩格爾法則的敘述，何者錯誤？
(A)當所得提高，衣服、燃料、住宅等一般支出占家庭總所得的比例不變
(B)家庭對糧食支出的所得彈性大於1
(C)當恩格爾係數愈大，表示生活水準愈低
(D)糧食支出占家庭總所得的比例，可用來衡量生活水準高低。
解 家庭對糧食支出的所得彈性「小」於1。

3-6 消費者主權及消費者保護運動

(D)47. 消費者有權要求廠商提供產品的完整資訊，以免受到不實廣告誤導，此係屬：
(A)申訴權利　　　　　　　　(B)選擇權利
(C)安全權利　　　　　　　　(D)知的權利。

(A)48. 消費者的生命、健康和財產有不受危險商品傷害的權利，這是消費者的何種權利？
(A)求安全　(B)求償　(C)選擇　(D)獲知真相。

(B)49. 消費者的反應和觀點，應有適當途徑反應給廠商，是屬於何種消費者權利？
(A)安全　(B)表達意見　(C)選擇　(D)求知。

進階挑戰題

因應統測難度↑　　　請自行斟酌練習

(B)1. 在邊際效用遞減時，消費者減少對財貨之購買量，會造成下列何種變化？
(A)總效用會不變，邊際效用會增加
(B)總效用會減少，邊際效用會增加
(C)總效用會減少，邊際效用會減少
(D)總效用會增加，邊際效用會減少。　　　　[3-2]

(D)2. 關於消費行為之邊際效用分析，下列何者最適當？
(A)因為邊際效用遞減，所以消費7單位商品得到的總效用必定小於消費6單位商品得到的總效用
(B)雖然邊際效用遞減，但是消費7單位商品得到的總效用必定大於消費6單位商品得到的總效用
(C)因為邊際效用遞減，所以消費第7單位商品所得到的效用增加必定大於消費第6單位商品所得到的效用增加
(D)因為邊際效用遞減，所以消費第7單位商品所得到的效用增加必定小於消費第6單位商品所得到的效用增加。　　　　[3-2]

(C)3. 消費者將所得100元全部用來購買香蕉和橘子。若香蕉與橘子的價格分別為5元以及10元，在目前的購買組合下，香蕉的邊際效用為10，橘子的邊際效用為15，則下列敘述何者正確？
(A)此時應少買香蕉，以提高邊際效用
(B)消費者此時已達最大效用
(C)消費者多花1元買香蕉，同時少花1元在橘子，可提高總效用
(D)消費者買10個橘子，可達最大效用。　　　　[3-3]

解 $\dfrac{MU_{蕉}}{P_{蕉}} = \dfrac{10}{5} = 2$，$\dfrac{MU_{橘}}{P_{橘}} = \dfrac{15}{10} = 1.5$

⇒ 尚未達最大效用，應多花所得在購買香蕉上、少花所得在購買橘子上，使 $\dfrac{MU}{P}$ 達到一致。

(B)4. 在消費者均衡狀態下，甲財貨與乙財貨兩產品之邊際效用（marginal utility，簡寫為MU）分別表示為$MU_{甲} = 100$和$MU_{乙} = 80$，當甲財貨之價格為10元時，乙財貨的價格應為多少元，才能獲得最大的總效用？
(A)10元　(B)8元　(C)5元　(D)4元。　　　　[3-3]

解 $\dfrac{MU_{甲}}{P_{甲}} = \dfrac{MU_{乙}}{P_{乙}}$ 時，效用最大 ⇒ $\dfrac{100}{10} = \dfrac{80}{P_{乙}}$ ⇒ $P_{乙} = 8$。

(A)5. 有關消費者剩餘，下列敘述何者錯誤？
(A)消費者剩餘的大小與需求線的斜率有關；需求線越陡，消費者剩餘越大
(B)若市場需求線為一水平線，市場供給線為正斜率，則消費者總剩餘為零
(C)若市場需求線為負斜率，市場供給線為垂直線，則消費者總剩餘大於零
(D)消費者剩餘是由每單位消費者最大願付價格與實際付出價格間的差距加總而來。　　　　[3-4]

解 消費者剩餘的大小與價格有關。

情境素養題

(B)1. 在經濟學上，消費是人類使用財貨以滿足慾望的經濟行為，而消費又可分為直接消費與間接消費。請判斷下列敘述中，何者屬於直接消費？
(A)阿天老闆購進一批進口皮革準備用來生產客人訂製的沙發
(B)阿雄為了參加謝師宴，在百貨公司買了一套西裝
(C)小琳購買各色羊毛氈來製作玩偶，完成後便將玩偶上架至拍賣網站
(D)計程車司機習慣在油價較低時，將汽車加滿油，以方便接送更多客人。　[3-1]

解 A、C、D：屬於「間接消費」。

(C)2. A君吃東西時總是想要追求滿足感極大，當他去吃米糕時，也是如此。這種追求滿足感極大的需求，在經濟學上可稱之為追求總效用最大。假設A君吃米糕得到的邊際效用（MU）如下表所示，則A君將會吃幾碗米糕才能達到總效用極大？
(A)2碗　(B)3碗　(C)6碗　(D)7碗。　[3-2]

碗	1	2	3	4	5	6	7
MU	5	10	8	5	2	0	-10

解 當MU＝0時，總效用最大，故A君會吃6碗。

(D)3. 今天體育課要進行心肺功能的體適能測驗，小華在艷陽下跑完1,600公尺後，氣喘吁吁，連忙灌入好幾罐的運動飲料，喝到最後都想吐了。請問以下哪項敘述可以正確說明上述情境？
(A)小華對運動飲料的規模報酬遞增
(B)小華對運動飲料的規模報酬遞減
(C)小華對運動飲料的邊際效用遞增
(D)小華對運動飲料的邊際效用遞減。　[3-2]

解 D：邊際效用遞減是指在其他條件不變的情況下，於一定時間內，消費者消費某項財貨的邊際效用會隨消費量的增加而遞減。

(D)4. 由於每個人的觀感不同，有時很難評斷每個人對於財貨的滿足程度，因此經濟學上會以「效用」來比較心中滿足程度的大小。假設安安非常喜歡吃柳丁，他吃柳丁的邊際效用為：第一顆為35，第二顆為27，第三顆為21，則根據你對效用的了解，下列敘述何者正確？
(A)安安吃三顆柳丁的總效用為82
(B)安安吃三顆柳丁的平均效用為21
(C)安安吃二顆柳丁的平均效用為28
(D)安安吃二顆柳丁的總效用為62。　[3-2]

解 A：$TU_3 = MU_1 + MU_2 + MU_3 = 35 + 27 + 21 = 83$。

B：$AU_3 = \dfrac{TU_3}{Q} = \dfrac{83}{3} = 27\dfrac{2}{3}$。

C：$AU_2 = \dfrac{TU_2}{Q} = \dfrac{35+27}{2} = 31$。

D：$TU_2 = MU_1 + MU_2 = 35 + 27 = 62$。

(B)5. 假設張同學於放假期間,進行看電影、逛展覽與玩夜市遊戲的總效用分別如下表。假設電影票價每部為$600,展覽每場價格為$200,夜市遊戲每次價格為$100。若其消費預算上限為$1,200,則下列何種消費組合可使其效用達到最大?
(A)1部電影、3場展覽、0次夜市遊戲
(B)1部電影、2場展覽、2次夜市遊戲
(C)1部電影、1場展覽、4次夜市遊戲
(D)2部電影、0場展覽、0次夜市遊戲。 [3-3][102統測改編]

數量	電影總效用	逛展覽總效用	夜市遊戲總效用
1	3,000	1,400	800
2	5,400	2,400	1,300
3	7,200	3,000	1,500
4	8,400	3,200	1,600

解

財貨		電影	逛展覽	夜市遊戲
價格		600	200	100
MU/P	第一單位	$\frac{3,000}{600}=⑤$	$\frac{1,400}{200}=7$	$\frac{800}{100}=8$
	第二單位	$\frac{2,400}{600}=4$	$\frac{1,000}{200}=⑤$	$\frac{500}{100}=⑤$
	第三單位	$\frac{1,800}{600}=3$	$\frac{600}{200}=3$	$\frac{200}{100}=2$
	第四單位	$\frac{1,200}{600}=2$	$\frac{200}{200}=1$	$\frac{100}{100}=1$

張同學會看「1」部電影、逛「2」場展覽、玩「2」次夜市遊戲
消費支出 = 1 × 600 + 2 × 200 + 2 × 100 = 1,200,等於張同學的所得預算。

(A)6. 阿杰為了增進英文能力,每年固定支出4,800元,用於購買英文雜誌或線上課程,英文雜誌每期360元,線上課程每月600元,已知對阿杰來說雜誌及線上課程的每一元之邊際效用(MU/P)如下表。在追求效用最大下,阿杰的消費組合(雜誌期數, 線上課程)應為:
(A)(5,5)　(B)(10,5)　(C)(5,10)　(D)(10,10)。 [3-3]

單位	1	2	3	4	5	6	7	8	9	10
雜誌	400	250	160	135	120	115	113	112	111	110
課程	500	380	280	200	120	90	70	60	50	40

解 阿杰應購買「雜誌期數5單位、線上課程5單位」,此時阿杰花在這兩項財貨的每一元均產生相同的邊際效用:$\frac{MU_{雜誌}}{P_{雜誌}} = \frac{MU_{課程}}{P_{課程}} = 120$。

消費支出 = $P_{雜誌} \times Q_{雜誌} + P_{課程} \times Q_{課程}$ = 360 × 5 + 600 × 5 = 4,800(元)。

next...

(A)7. 某生準備經濟學與會計學考試時，各科目所花的準備時間與可獲得之分數如右表所示。若某生只有四小時可準備，且欲使總分最高，則該生應如何分配各科目的準備時間？
(A)經濟學一小時，會計學三小時
(B)經濟學及會計學各兩小時
(C)經濟學三小時，會計學一小時
(D)經濟學四小時。　　　　　　　　　　　　[3-3]

準備時間＼科目	經濟學	會計學
一小時	⑦0	⑥0
二小時	82	⑧0
三小時	90	⑨5

解 若某生只有4小時，應從「增加分數最多者」開始依序選擇：
第1小時應念經濟學，第2小時應念會計學，第3小時應念會計學，第4小時應念會計學。
⇒ 經濟學準備1小時，會計學準備3小時。

(C)8. 已知秀英在影音平台上共花了300元看5場電影，對於第一部、第二部、第三部、第四部、第五部電影，秀英心中願付的價格分別為140元、120元、100元、80元、60元，請問秀英看5場電影的消費者剩餘為多少元？
(A)500元　(B)280元　(C)200元　(D)0元。　　　[3-4]

解 CS = [140 × 1 + 120 × (2 − 1) + 100 × (3 − 2) + 80 × (4 − 3) + 60 × (5 − 4)] − 300
= 200（元）。

(B)9. 小美喜歡吃冰淇淋，她對冰淇淋的總效用如下表所示，若小美的貨幣邊際效用（MU_m）固定為2，則當小美購買4杯冰淇淋時，冰淇淋的單位價格為
(A)62元　(B)31元　(C)624元　(D)124元。　　　[3-4]

數量	1	2	3	4	5	6
總效用	100	180	250	312	368	420

解 (1) 求出MU：

數量	1	2	3	4	5	6
MU_X	100	80	70	62	56	52

(2) 小美購買4單位時：$\dfrac{MU_X}{P_X} = MU_m \Rightarrow \dfrac{62}{P_X} = 2 \Rightarrow P_X = 31$。

(A)10. 承上題，當小美購買4單位冰淇淋時，其消費者剩餘為
(A)32元　(B)31元　(C)126元　(D)124元。　　　[3-4]

解 (1) 求出各單位下，消費者心中願付的支出：

數量	1	2	3	4	5	6
MU_X	100	80	70	62	56	52
P_X	50	40	35	31	28	26

(2) CS = [50 × 1 + 40 × (2 − 1) + 35 × (3 − 2) + 31 × (4 − 3)] − (31 × 4) = 32（元）。

統測臨摹

(A)1. 下表為某一消費者對X與Y兩種財貨的邊際效用，表中MU為邊際效用，Q為數量，假設X與Y的價格皆為2元，消費者可支配所得為20元時，請問此消費者在消費均衡時的總效用為多少？
(A)116　(B)159　(C)100　(D)114。　　　　　　　　　　　　　　[3-3][104統測]

MU \ Q	1	2	3	4	5	6	7	8	9	10	11
MU_X	16	14	11	10	9	8	7	6	5	3	1
MU_Y	15	13	12	8	6	5	4	3	2	1	0

解 (1)

MU_X / P_X	8	7	5.5	5	4.5	④	3.5	3	2.5	1.5	0.5
MU_Y / P_Y	7.5	6.5	6	④	3	2.5	2	1.5	1	0.5	0

(2) 應購買「X財6個，Y財4個」，此時 $\dfrac{MU_X}{P_X} = \dfrac{MU_Y}{P_Y} = 4$。

(3) 消費支出 = 2 × 6 + 2 × 4 = 20。

(4) 總效用TU = (16 + 14 + 11 + 10 + 9 + 8) + (15 + 13 + 12 + 8) = 116。

(D)2. 恩格爾係數 = (X ÷ Y) × 100%，下列何者錯誤？
(A)X為糧食費用
(B)Y為家庭總所得
(C)此係數可用來衡量家庭生活水準之高低
(D)根據恩格爾法則，此係數愈大，代表所得分配愈不平均。　　　[3-5][104統測]

解 恩格爾係數僅能衡量「生活水準」的高低，不能用來表示所得分配是否平均。

(A)3. 若小胡花在X財貨最後一元的邊際效用，大於花在Y財貨最後一元的邊際效用，則為了提高他的效用，他應該：　(A)增加消費X財貨　(B)減少消費X財貨　(C)維持不變　(D)全部預算購買Y財貨。　　　　　　　　　　　　　　[3-3][105統測]

解 消費者通常會從花費每一元所得到的邊際效用最大之財貨優先消費，直到消費每一種財貨之最後一元的邊際效用均相等時，總效用達到最大。

故當 $\dfrac{MU_X}{P_X} > \dfrac{MU_Y}{P_Y}$（花在X財貨最後一元的邊際效用＞花在Y財貨最後一元的邊際效用）時，小胡應多買X財貨，少買Y財貨。

(B)4. 若小康對水果的需求函數為：$Q_d = 100 - 4P$。其中Q_d為需求量，P為價格。當市場價格為15元時，試問小康的消費者剩餘是多少？
(A)100元　(B)200元　(C)300元　(D)400元。　　　　　　　　　[3-4][105統測]

解

P	25	15
Q_d	0	40

消費者剩餘 = $\dfrac{1}{2}[(25 - 15) \times 40] = 200$（元）。

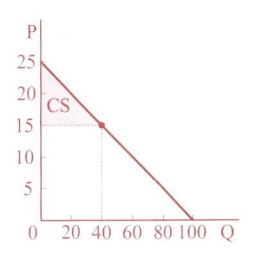

next...

(A)5. 若已知小月對於財貨X與財貨Y兩者之邊際效用分別為$MU_X = 40$，$MU_Y = 30$。若P_X為財貨X的價格，P_Y為財貨Y的價格，在追求最大滿足且不考慮所得限制的假設下，若其他條件不變，下列有關小月對於兩財貨消費決策的敘述，何者正確？
(A)當$P_X = 8$而$P_Y = 10$，會多買財貨X且少買財貨Y
(B)當$P_X = 5$而$P_Y = 6$，會多買財貨Y且少買財貨X
(C)當$P_X = 4$而$P_Y = 3$，會多買財貨Y且少買財貨X
(D)當$P_X = 8$而$P_Y = 5$，兩財貨的購買量皆不再變動。 [3-3][106統測]

解 A：$\frac{MU_X}{P_X} = \frac{40}{8} = 5 > \frac{MU_Y}{P_Y} = \frac{30}{10} = 3$ ⇒ 多買財貨X，少買財貨Y。

B：$\frac{MU_X}{P_X} = \frac{40}{5} = 8 > \frac{MU_Y}{P_Y} = \frac{30}{6} = 5$ ⇒ 多買財貨X，少買財貨Y。

C：$\frac{MU_X}{P_X} = \frac{40}{4} = 10 = \frac{MU_Y}{P_Y} = \frac{30}{3} = 10$ ⇒ 兩財貨的購買量不再變動。

D：$\frac{MU_X}{P_X} = \frac{40}{8} = 5 < \frac{MU_Y}{P_Y} = \frac{30}{5} = 6$ ⇒ 少買財貨X，多買財貨Y。

(D)6. 若大洋擬消費於4種財貨，對於財貨1、財貨2、財貨3與財貨4之邊際效用依序為MU_1、MU_2、MU_3與MU_4，而4種財貨的價格依序為P_1、P_2、P_3、P_4。在追求最大滿足且不考慮所得限制的假設下，若其他條件不變，已知$MU_2 = 75$，$MU_3 = 24$，$P_1 = 10$，$P_2 = 25$，$P_4 = 14$，下列何者正確？
(A)$MU_1 = 30$，$P_3 = 12$　　(B)$MU_1 = 42$，$MU_4 = 8$
(C)$MU_4 = 42$，$P_3 = 72$　　(D)$MU_1 = 30$，$MU_4 = 42$。 [3-3][107統測]

解 總效用最大時，$\frac{MU_1}{P_1} = \frac{MU_2}{P_2} = \frac{MU_3}{P_3} = \frac{MU_4}{P_4} \Rightarrow \frac{MU_1}{10} = \frac{75}{25} = \frac{24}{P_3} = \frac{MU_4}{14}$
⇒ $MU_1 = 30$，$P_3 = 8$，$MU_4 = 42$。

(A)7. 若一正常財的需求線為一負斜率的直線，右表中之A、B、C、D點在此需求線上，各點所對應的價格（P）、需求量（Q）、消費者剩餘（CS）與需求價格的點彈性之絕對值（E^d）如右表所列。請問下列何者正確？
(A)$Q_3 = 100$且$E_4^d < 1$
(B)$E_2^d < 1$且E_1^d為無窮大
(C)$E_3^d < 1$且$CS_4 = 1,600$
(D)$Q_2 = 0$且$CS_1 = 100$。 [3-4][107統測]

	P	Q	CS	E^d
A點	20	0	CS_1	E_1^d
B點	16	Q_2	100	E_2^d
C點	12	Q_3	400	E_3^d
D點	4	200	CS_4	E_4^d

解 $CS_2 = \frac{1}{2}(4 \times Q_2) \Rightarrow 100 = 2Q_2 \Rightarrow Q_2 = 50$。

$CS_3 = \frac{1}{2}(8 \times Q_3) \Rightarrow 400 = 4Q_3 \Rightarrow Q_3 = 100$。

$CS_4 = \frac{1}{2}(16 \times 200) = 1,600$。

從右圖可得，$E_1^d = \infty$，$E_2^d > 1$，$E_3^d > 1$，$E_4^d < 1$。

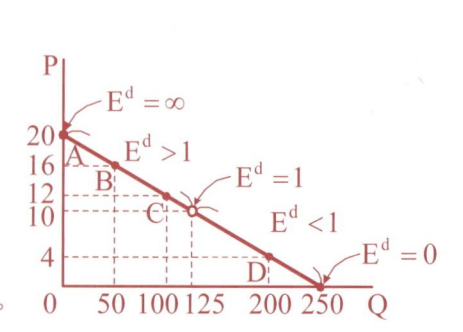

(C)8. 下列有關消費行為的敘述中，何者正確？
(A)財貨的價格是由總效用大小所決定
(B)若邊際效用等於零，總效用也為零
(C)若恩格爾係數為0.5，而糧食支出為160，則家庭總所得為320
(D)隨著消費數量的增加，邊際效用會有不斷遞增的現象。 [3-5][107統測]

解 A：財貨的價格是由「邊際效用」大小所決定。
B：邊際效用＝0 ⇒ 總效用「最大」。
C：恩格爾係數0.5 ＝ $\frac{160}{\text{家庭總所得}} \times 100\%$ ⇒ 家庭總所得 ＝ 320。
D：邊際效用隨消費量的增加而「逐漸減少」。

(D)9. 在追求最大滿足且不考慮所得限制的假設下，小新消費均衡下之兩財貨X與Y的消費數量分別為$Q_X = 4$且$Q_Y = 1$，且$Q_X = 4$時之財貨X的邊際效用$MU_X = 36$且總效用$TU_X = 252$。令兩財貨的價格分別為P_X與P_Y，且財貨Y的邊際效用、總效用分別為MU_Y、TU_Y。下列有關消費此兩財貨之均衡下的敘述，何者正確？
(A)若$P_X = 6$且$P_Y = 2$時，則$TU_Y = 84$
(B)若$P_X = 9$且$MU_Y = 16$時，則兩財貨消費支出合計為52
(C)若$P_X = 4$且$P_Y = 6$時，則$TU_X + TU_Y = 261$
(D)若$P_X = 3$且$MU_Y = 60$時，則$P_Y = 5$。 [3-3][108統測]

解 A：$\frac{MU_X}{P_X} = \frac{MU_Y}{P_Y}$ ⇒ $\frac{36}{6} = \frac{MU_Y}{2}$，$MU_Y = 12$。∵ $Q_Y = 1$，∴ $TU_Y = 12$。
B：$\frac{36}{9} = \frac{16}{P_Y}$，$P_Y = 4$。消費支出總計 ＝ $9 \times 4 + 4 = 40$。
C：$\frac{36}{4} = \frac{MU_Y}{6}$，$MU_Y = 54$。$TU_X + TU_Y = 252 + 54 = 306$。
D：$\frac{36}{3} = \frac{60}{P_Y}$，$P_Y = 5$。

(D)10. 若某甲消費財貨A之總效用TU線為倒U型，而在消費量$Q_A = 8$時TU達到最高點。若此財貨A的邊際效用為MU，則下列敘述何者正確？
(A)若$Q_A = 6$時，MU < 0　　　(B)若$Q_A = 10$時，MU > 0
(C)若$Q_A = 8$時，MU > 0　　　(D)$Q_A = 5$的MU會低於$Q_A = 4$的MU。
 [3-2][109統測]

解 A：$Q_A = 6$時，MU > 0。B：$Q_A = 10$時，MU < 0。C：$Q_A = 18$時，MU = 0。

(C)11. 若某乙消費財貨X之邊際效用（MU）線為負斜率之直線，且當消費數量Q為95時MU = 0且總效用TU = 200。下列敘述何者正確？
(A)Q = 90時，總效用大於200
(B)Q = 100時，邊際效用大於零
(C)Q = 80之總效用會小於Q = 85之總效用
(D)Q = 70之邊際效用會小於Q = 75之邊際效用。 [3-2][110統測]

解 Q = 95時，MU = 0 ⇒ TU為最大。
A：Q = 90時，TU「小於」200。
B：Q = 100時，MU「小於」零。
D：Q = 70時之MU「大於」Q = 75時之MU。

(A)12. 某財貨之需求線（D）為 P ＝ a ＋ b × Q，P為價格且Q為數量。若A點對應之 Q ＝ 10且P ＝ 10，B點對應之Q ＝ 0且P ＝ 20，C點對應之Q ＝ 8且P ＝ 12，A、B、C三點皆在需求線上。若正斜率之供給線與需求線交於A點，則下列敘述何者正確？
(A)A點之需求價格彈性等於1
(B)在C點時，廠商若漲價可以增加總收益
(C)當均衡價格為10時，則消費者剩餘為100
(D)當預期未來價格上漲時，新均衡數量必大於10。 [3-4][110統測]

解 將A、B點代入P ＝ a ＋ b × Q中，可得需求函數Q ＝ 20 － P。

A：P ＝ 10，位於中點，故E^d ＝ 1。

B：C點處於E^d ＞ 1階段 ⇒「降價」可以增加總收益。

C：CS ＝ $\frac{1}{2}$(10 × 10) ＝ 50。

D：預期未來價格上漲 ⇒ S↓、D↑ ⇒ 均衡價格下跌，均衡數量增減不一定。

(A)13. 假設原子筆的數量（X）與邊際效用（MU）關係如右表，已知消費者均衡時原子筆價格為20元、便條紙價格為10元、便條紙邊際效用為2單位，下列敘述何者正確？

X	1	2	3	4	5
MU	8	6	4	2	0

(A)消費者均衡時，消費者應該購買原子筆3支
(B)購買2支原子筆的總效用為6單位
(C)消費者均衡時，購買原子筆之總效用為4單位
(D)當便條紙價格提高時，為達到消費者均衡，則應該少買原子筆。 [3-3][111統測]

解 A：$\frac{MU_原}{P_原} = \frac{MU_便}{P_便} \Rightarrow \frac{MU_原}{20} = \frac{2}{10} \Rightarrow MU_原 = 4 \Rightarrow$ 應購買3支原子筆。

B：$TU_{原2} = MU_{原1} + MU_{原2} = 8 + 6 = 14$。

C：$TU_{原3} = MU_{原1} + MU_{原2} + MU_{原3} = 8 + 6 + 4 = 18$。

D：$P_便 \uparrow \Rightarrow \frac{MU_便}{P_便} \downarrow \Rightarrow \frac{MU_原}{P_原} > \frac{MU_便}{P_便}$，此時應多買原子筆。

(D)14. 若小明花12元消費3個X財貨，其邊際效用MU_X ＝ 8，若小明再花10元消費2個Y財貨，其邊際效用MU_Y ＝ 10，在不增加預算的情況下，小明如何調整其購買的財貨組合，可以提高其總效用？
(A)全部消費Y財貨
(B)增加Y財貨的消費，減少X財貨的消費
(C)增加X財貨的消費，減少Y財貨的消費
(D)無法用調整購買財貨組合以提高總效用。 [3-3][112統測]

解 $P_X = \frac{12}{3} = 4$，$P_Y = \frac{10}{2} = 5$。$\frac{MU_X}{P_X} = \frac{8}{4} = 2$，$\frac{MU_Y}{P_Y} = \frac{10}{5} = 2 \Rightarrow \frac{MU_X}{P_X} = \frac{MU_Y}{P_Y}$

⇒ 此時X、Y財的購買量為最佳組合。

(D)15. 已知某甲的貨幣所得為90元，全部用來購買X與Y兩種商品，價格$P_X = 10$，$P_Y = 20$，若邊際效用$MU_X = 2X$，$MU_Y = Y$，則某甲要如何消費，才能使總效用極大化？
(A)X = 5、Y = 2　　(B)X = 1、Y = 2
(C)X = 3、Y = 3　　(D)X = 1、Y = 4。　　　　　　　　　[3-3][113統測]

解 $\dfrac{MU_X}{P_X} = \dfrac{MU_Y}{P_Y} \Rightarrow \dfrac{2X}{10} = \dfrac{Y}{20} \Rightarrow 4X = Y$。

$\begin{cases} 10X + 20Y = 90 \\ 4X = Y \end{cases} \Rightarrow$ 解聯立方程式，可得X = 1，Y = 4。

(C)16. 小方對甜甜圈的需求曲線為一條負斜率的直線，若小方在P = 20元時，購買10個，消費者剩餘為100，若甜甜圈店家週年慶打對折（P = 10元），此時消費者剩餘為多少？　(A)150　(B)200　(C)225　(D)375。　　　　[3-4][114統測]

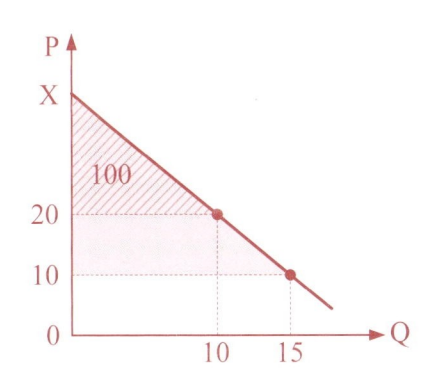

解 P = 20時，$CS = \dfrac{(X - 20) \times 10}{2} = 100 \Rightarrow X = 40$，

將P = 40跟P = 20時的P跟Q代入需求函數$Q_d = a - bP$中，

$\begin{matrix} 0 = a - 40b \\ 10 = a - 20b \end{matrix} \Big\} a = 20，b = \dfrac{1}{2} \Rightarrow Q_d = 20 - \dfrac{1}{2}P$，

P = 10時，$Q_d = 20 - \dfrac{1}{2} \times 10 = 15$，

此時$CS = \dfrac{(40 - 10) \times 15}{2} = 225$。

NOTE

CH 4 生產理論

本章學習重點　　114年統測重點
生產三階段

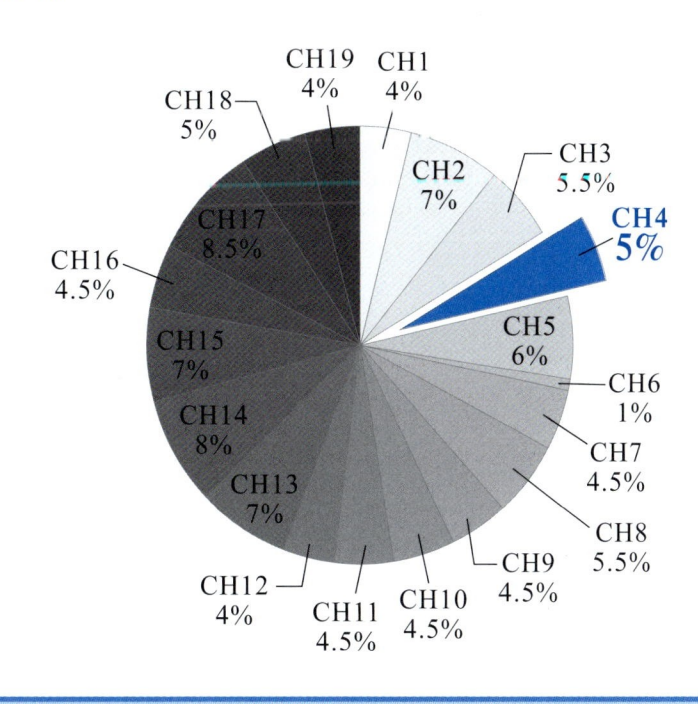

節名	必考重點	
4-1 生產的一般概念	• 生產的種類與創增的效用	★☆☆☆☆
4-2 生產者剩餘　約2年考1次！	• 生產者剩餘的概念與計算	★★★★☆
4-3 生產函數	• 生產的長短期概念	★☆☆☆☆
4-4 短期產量分析　近10年考了6次！	• TP、AP、MP線的關係 • 邊際報酬遞減法則 • 報酬三階段	★★★★★
4-5 生產三階段　連續考3年！	• 生產三階段	★★★☆☆
4-6 人口論	• 人口論	★☆☆☆☆

統測命題分析

- CH1 4%
- CH2 7%
- CH3 5.5%
- **CH4 5%**
- CH5 6%
- CH6 1%
- CH7 4.5%
- CH8 5.5%
- CH9 4.5%
- CH10 4.5%
- CH11 4.5%
- CH12 4%
- CH13 7%
- CH14 8%
- CH15 7%
- CH16 4.5%
- CH17 8.5%
- CH18 5%
- CH19 4%

4-1 生產的一般概念

一、生產的意義

非營利行為（如從事公益活動等）、非法行為（如販毒等）、投機行為（如買賣股票等）等，均不屬於經濟學上的生產。

是指能**創造**或**增加效用**的活動。例如：老師授課、農夫耕種稻米等。

二、生產的方式

1. **直接生產**：運用**自己的勞動**或**簡單工具**來生產最終財貨。例如：徒手揉製麵條。
2. **間接生產**：運用**資本財**（如機器設備）來生產消費財；這種生產方式是**現代生產最顯著的特徵**，又稱**迂迴生產**。例如：利用「揉麵機」來揉製麵條。

三、生產的種類與創增的效用

種類	說明	釋例	創增的效用
原始生產	直接利用**自然資源**所從事的生產活動	果農種植蘋果	本源效用（原始效用）
形式生產（工業生產）	**改變財貨形式或性質**的生產活動	將蘋果榨成蘋果汁	形式效用
商業生產	**改變**財貨的**儲存地點**、**使用時間**或進行**所有權移轉**，以幫助財貨買賣的生產活動	日本的青森蘋果運到台灣	地域效用（空間效用）（地方效用）
		將蘋果保鮮，延長銷售期限	時間效用
		超市將蘋果販售給消費者	產權效用（所有權效用）
勞務生產	**提供勞務**以滿足他人需求的生產活動	明星表演、老師教書、醫生行醫	勞務效用

四、生產要素

1. **土地**：一切的**自然資源**，如森林、河流、礦藏等。
2. **勞動**：為**獲取報酬**，在生產過程中各種勞心與勞力的付出。
3. **資本**：生產過程中投入的一切**人造生產工具**，如**機器設備**、**廠房建築**、**存貨**。
4. **企業家精神（企業家才能、企業能力）**：生產者運用其**經營管理能力**，整合土地、勞動、資本等生產要素，來生產財貨與勞務。

五、生產者與勞動者

1. **生產者**：是指生產的**決策者**，亦即為**廠商**（firms）。

2. **勞動者**：是指完全**不參與決策**，只單純提供勞務者。

4-2 生產者剩餘（PS） 102 106 108 109 111 113

提出者	馬歇爾
意義	生產者於生產銷售某項財貨之後，實際收到的報酬與要求的最低報酬之差額
公式	生產者剩餘PS ＝ 實際收到的報酬 － 要求的最低報酬

計算方式

以「供給函數」求生產者剩餘：

實際收到的報酬　＝ □ P^*BQ^*0
－ 要求的最低報酬　＝ ◢ ABQ^*0
生產者剩餘　＝ ▷ P^*BA

以「供給表」求生產者剩餘：

以下表為例，當市價為10元時：

P	7	8	9	10
Q_S	1	2	3	4

實際收到的報酬　＝ 10×4 ＝ 40
－ 要求的最低報酬 ＝ $7 \times (1-0) + 8 \times (2-1)$
　　　　　　　　　＋ $9 \times (3-2) + 10 \times (4-3)$ ＝ 34
生產者剩餘　＝ 40 － 34 ＝ 6

分析

1. 同一條供給曲線上，價格**P愈低**，生產者剩餘**PS愈小** ⇒ P與PS呈**同向**變動
2. 供給彈性E^S**愈大**，生產者剩餘**PS愈小** ⇒ E^S與PS呈**反向**變動

E^S	生產者剩餘
> 1	A區塊
= 1	A + B區塊
< 1	A + B + C區塊

應用

- 社會福利 ＝ 消費者剩餘CS ＋ 生產者剩餘PS
- **CS**為判斷**消費者福利**的指標；
  PS為判斷**生產者福利**的指標；
  兩者均為衡量**社會福利**的重要指標

教學範例 1 — 計算PS（函數題）

假設某生產者的供給函數為 Q = 6P － 120，當 P = 25 時，請計算：

1. 生產者剩餘。
2. 要求的最低報酬。

解 由供給函數可繪製出供給曲線如右圖所示：

P	25	20
Q	30	0

實際收到的報酬 = 25 × 30 = 750。

1. 生產者剩餘 = $\frac{1}{2}$[(25 － 20) × 30] = 75……▷三角形面積

2. 要求的最低報酬 = 750 － 75 = 675。

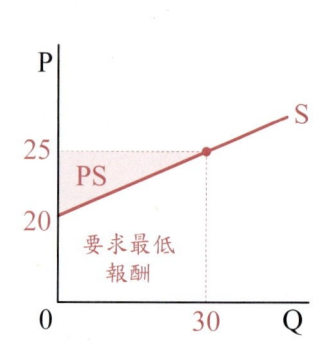

練習一下 — 計算PS（函數題）

巴萊服飾店生產服飾的供給函數為 P = 210 + 30Q，當服飾的價格為 480 元時，請計算該店的生產者剩餘。

答 由供給函數可繪製出供給曲線如右圖所示：

P	480	210
Q	9	0

生產者剩餘 = $\frac{1}{2}$[(480 － 210) × 9] = 1,215（元）。

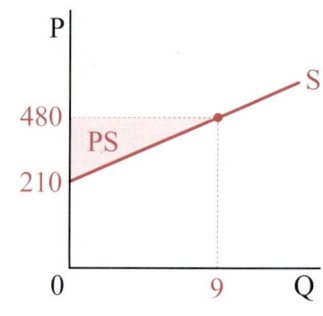

教學範例 2 — 計算PS（表格題）

假設老王生產西瓜的供給表如右：若均衡價格為 20 元，試求老王的生產者剩餘？

P	3	5	10	15	20	25
Q	0	4	6	8	10	11

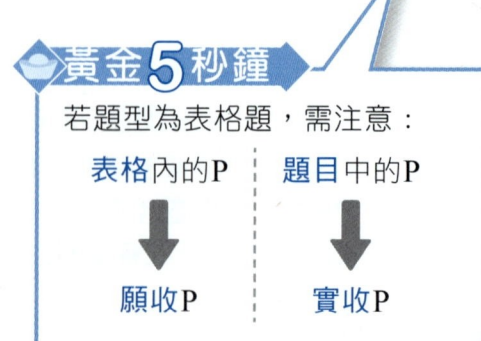

解
1. 實際收到的報酬 = 20 × 10 = 200

2. 要求的最低報酬
   = 3 × 0 + 5 × (4 － 0) + 10 × (6 － 4)
   + 15 × (8 － 6) + 20 × (10 － 8) = 110

3. 生產者剩餘 = 200 － 110 = 90。

黃金5秒鐘

若題型為表格題，需注意：

表格內的P	題目中的P
↓	↓
願收P	實收P

練習一下 ── 計算PS（表格題）

佳宜生產飾品的供給表如右,若均衡價格為100元時,試求算:

P	70	80	90	100	110
Q	5	10	15	20	25

答
1. 實際收到的報酬 = $100 \times 20 = 2,000$（元）。

2. 要求的最低報酬 = $70 \times (5-0) + 80 \times (10-5) + 90 \times (15-10) + 100 \times (20-15)$
   = $1,700$（元）。

3. 生產者剩餘 = $2,000 - 1,700 = 300$（元）。

教學範例 3 ── 計算社會福利

假設需求函數為 $P = 180 - 3Q$,供給函數為 $P = 20 + 5Q$,試求算:

1. 消費者剩餘?   2. 生產者剩餘?   3. 社會福利?

解 先求均衡價格與數量:

∵ $P_D = P_S$,$180 - 3Q = 20 + 5Q$

⇒ $Q^* = 20$,$P^* = 120$。

1. CS = $\frac{1}{2}[(180 - 120) \times 20] = 600$。

2. PS = $\frac{1}{2}[(120 - 20) \times 20] = 1,000$。

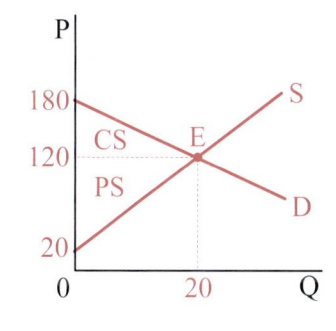

3. 社會福利 = CS + PS = $600 + 1,000 = 1,600$。

練習一下 ── 計算社會福利

假設需求函數為 $Q_d = 10 - 2P$,供給函數為 $Q_S = -6 + 6P$,試求算:

1. 消費者剩餘?   2. 生產者剩餘?   3. 社會福利?

答 $Q_d = Q_S$ ⇒ $10 - 2P = -6 + 6P$ ⇒ $P^* = 2$,$Q^* = 6$。

1. CS = $\frac{1}{2}[(5 - 2) \times 6] = 9$。

2. PS = $\frac{1}{2}[(2 - 1) \times 6] = 3$。

3. 社會福利 = $9 + 3 = 12$。

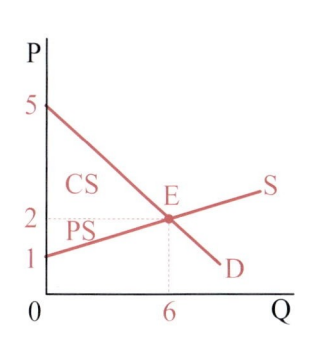

學以致用 4-1～4-2

(B)1. 使用機器設備與工具去生產各種財貨，此種生產方式稱為
(A)直接生產　(B)迂迴生產　(C)聯合生產　(D)客製化生產。

(B)2. 藝人Osn的歌聲深受青少年喜愛，他的歌聲創造了何種效用？
(A)本源效用　(B)勞務效用　(C)地域效用　(D)形式效用。

(D)3. 生產者剩餘可以反映
(A)生產財貨的總成本　　　　　(B)財貨的市場價格
(C)財貨的邊際效用　　　　　　(D)生產者自交易行為中所得到的生產者福利。

(B)4. 供給彈性愈小，生產者剩餘　(A)愈小　(B)愈大　(C)不一定　(D)不變。
解　供給彈性與生產者剩餘呈「反向」變動關係。

(B)5. 所謂生產者剩餘，指的是生產者的
(A)最高願付價款和實際支付價款的差額
(B)實際收取價款和最低要求價款的差額
(C)最低願付價款和實際支付價款的差額
(D)實際收取價款和最高要求價款的差額。

(C)6. 以玉米罐加工廠為例，以下哪一項不屬於經濟學所定義的生產要素？
(A)罐頭封口機　(B)工廠建築　(C)玉米原料　(D)操作機器的工人。
解　生產要素包括土地、勞動、資本、企業家精神，不包括中間原料、材料。

(B)7. 右表為某廠商的供給表，今設市場價格為40元，若該廠商出售8單位產品，則生產者剩餘為
(A)60元　(B)70元　(C)80元　(D)90元。

價格	10	20	30	40	50
供給量	0	2	5	8	12

解　實際所得報酬 = $40 \times 8 = 320$。
要求的最低報酬 = $10 \times 0 + 20 \times (2-0) + 30 \times (5-2) + 40 \times (8-5) = 250$。
PS = $320 - 250 = 70$（元）。

▲ 假設需求函數 $Q_d = 400 - 5P$，供給函數 $Q_S = -80 + 5P$，試求第8～10題。

(D)8. 生產者剩餘為　(A)48　(B)160　(C)256　(D)2,560。
解　均衡時：$Q_d = Q_S$，$400 - 5P = -80 + 5P$，$P^* = 48$，$Q^* = 160$。
生產者剩餘 = $\frac{1}{2}[(48-16) \times 160] = 2,560$。

(D)9. 消費者剩餘為　(A)48　(B)160　(C)256　(D)2,560。
解　消費者剩餘 = $\frac{1}{2}[(80-48) \times 160] = 2,560$。

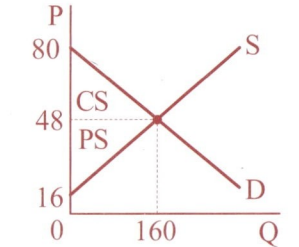

(A)10. 社會福利為　(A)5,120　(B)2,560　(C)1,230　(D)3,200。
解　社會福利 = CS + PS = $2,560 + 2,560 = 5,120$。

4-3 生產函數

一、生產函數的意義

在一定期間和技術水準下,各種**生產要素投入量**與**最大產出量**之間的關係,即:

果　　　　　因

Q ＝ f (勞動L, 資本K, ...)

產出 ＝ f (各種生產要素投入)

釋例 珍珠奶茶產出量 ＝ f (店員, 茶桶, ...)

二、生產的長短期概念

1. 提出者:**馬歇爾**。

2. 比較:長短期是以**廠商是否有足夠時間調整生產要素投入量**來區分。

記憶要訣
- 短期－有固有變。
- 長期－全變。

比較	短期	長期
有無足夠時間調整生產要素投入量	無	有
生產要素	變動要素 ＋ 固定要素	變動要素
生產函數	$Q = f(L, \overline{K}) = f(L)$	$Q = f(L, K)$

3. 固定生產要素與變動生產要素:

   (1) **固定生產要素**:短期**無法**隨產量變動而隨時調整投入量的生產要素。

   釋例 廠房、設備、高階主管等。

   (2) **變動生產要素**:**可以隨產量變動而隨時調整投入量**的生產要素。

   釋例 原料、水電、工讀生等。

4-4 短期產量分析 [104] [107] [108] [109] [110] [111]

一、短期產量的種類

種類	總產量TP	平均產量AP	邊際產量MP
別稱	總產出	平均產出	邊際產出
定義	投入生產要素所能產出的產品總數量	平均每一單位變動要素所能產出的產量	增加一單位變動要素使總產量變動的數量
公式	$TP_L = Q = AP_L \times L$	$AP_L = \dfrac{TP_L}{L}$	$MP_L = \dfrac{\Delta TP_L}{\Delta L} = \dfrac{TP_n - TP_{n-1}}{L_n - L_{n-1}}$
曲線說明	• 先凹向上：在反曲點A之前，遞增式增加 • 再凹向下：在反曲點A之後，遞減式增加至最大，之後再遞減	• 是TP線上任一點與原點連線曲線的斜率 • 為該點的高度除以底邊 例：圖中B點的平均產量為0B的斜率 $= \dfrac{BL_2}{0L_2}$	是TP線上任一點切線的斜率 例：圖中B點的邊際產量為B點切線的斜率 $= \dfrac{BL_2}{0L_2}$
關係	總產量 = 平均產量 × 變動要素投入量 = 邊際產量的總和 $TP_L \quad = \quad AP_L \quad \times \quad L \quad = \quad \displaystyle\sum_{i=1}^{n} MP_{Li}$		

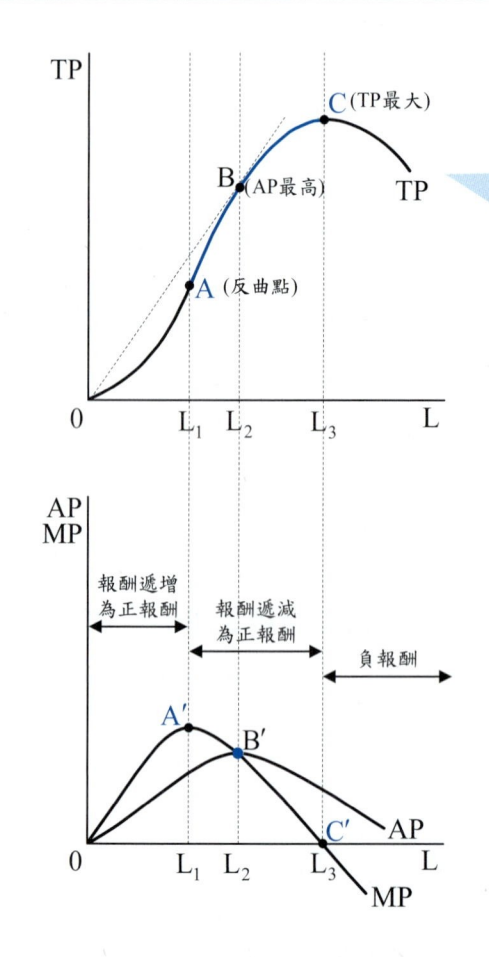

記憶要訣
哪條產量線先達到最高點？
就是 M.A.T.
（①MP線、②AP線、③TP線）

黃金5秒鐘
各種產量線形狀彙整：
• 先凹向上再凹向下：TP
• 倒U字型：AP、MP

二、TP、MP、AP的關係（請對照左頁圖形）

圖形位置	TP	MP	AP	MP與AP的關係
0 → A點	TP遞增式增加	MP遞增且MP > 0	AP遞增且 AP > 0	MP > AP
A點	TP的反曲點	MP最大		
A點 → B點	TP遞減式增加	MP遞減且MP > 0		
B點			AP最大	MP = AP
B點 → C點			AP遞減且 AP > 0	MP < AP
C點	TP的最高點	MP = 0		
C點之後	TP遞減	MP遞減且MP < 0		

三、邊際報酬遞減法則

> **黃金5秒鐘**
> 1. 是**MP**遞減，不是TP遞減哦！
> 2. 短邊長規：**邊際報酬遞減**只存在於**短**期；**規模報酬遞減**只存在於**長**期。

1. 邊際報酬遞減法則（報酬遞減法則）：

項目	說明
提出者	李嘉圖
意義	在短期內，假設生產的技術水準不變、固定要素不變，當某一變動要素增加時，邊際產量MP呈先遞增而後遞減（生產初期會增加、但達一定限度後則會減少）的現象
造成原因	固定要素不變，但變動要素不斷增加，使得每一變動要素所能配合的固定要素愈來愈少
其他說明	• 適用於四大生產要素，但不適用於知識 • 為馬爾薩斯－人口論的根據（土地報酬遞減） • 不否認初期報酬遞增的現象 • 技術進步只能延緩報酬遞減現象的發生，但無法消除此現象

2. 報酬三階段：請對照左頁圖形，看**MP**。

依**MP最高點（A'）**及**MP = 0（C'）**兩點，將邊際報酬劃分出**報酬三階段**。

圖形位置	MP	階段
0 → A'點	MP遞增且MP > 0	報酬遞增
A'點 → C'點	MP遞減且MP > 0	報酬遞減
C'點之後	MP遞減且MP < 0	負報酬

教學範例 4 — 各種產量之計算與分析（表格題）

下表為甲廠商生產某財貨的產量、資本與勞動投入量，請將AP與MP之值填入表格中。

K	L	TP	AP	MP
10	1	10	10	10
10	2	26	13	16
10	3	45	15	19
10	4	80	20	35
10	5	100	20	20
10	6	114	19	14
10	7	126	18	12
10	8	136	17	10
10	9	136	15.1	0
10	10	120	12	−16

1. TP最大值為 __136__ ，此時勞動投入量為 __9__ ，之後TP隨L增加而 __遞減__ 。

2. MP最大值為 __35__ ，此時勞動投入量為 __4__ ，之後MP隨L增加而 __遞減__ 。

3. AP最大值為 __20__ ，此時MP __=__ AP。

教學範例 5 — 各種產量的計算（圖形題）

請根據右圖回答以下問題：

1. 當勞動量 L = 15，AP = $\dfrac{TP}{L} = \dfrac{270}{15} = 18$ 。

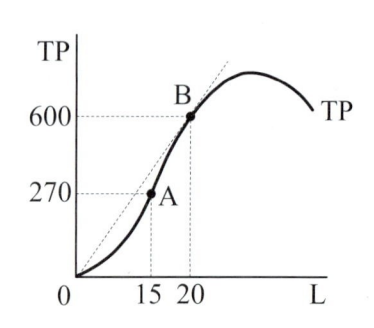

2. 當勞動量 L = 20，AP = $\dfrac{600}{20} = 30$ ，

   MP = __AP = 30__ 。

解 2. B點是TP線上同時為射線與切線通過的點，原點至B點的切線斜率（AP）恰等於B點本身切線斜率（MP），所以B點的MP = AP = $\dfrac{600}{20}$ = 30。

教學範例 6 — 各種產量之計算（函數題）

假設某產品的短期生產函數為 $Q = 60L^2 - 2L^3$，邊際產量函數為 $Q = 120L - 6L^2$，請問：

1. 平均產量函數為何？
2. 該廠商若要達到總產量最大，應投入多少勞動要素（L）？總產量（TP）為多少？
3. 平均產量最大時，L為多少？平均產量為多少？

解

1. $AP = \dfrac{TP}{L} = \dfrac{60L^2 - 2L^3}{L} = 60L - 2L^2$。

2. 當 __$MP = 0$__ 時，TP最大。

    $120L - 6L^2 = 0 \Rightarrow 6L(20 - L) = 0 \Rightarrow L = 20$，

    $TP = Q = 60 \times 20^2 - 2 \times 20^3 = 8,000$。

3. 當 __$MP = AP$__ 時，AP最大。

    $120L - 6L^2 = 60L - 2L^2 \Rightarrow 4L^2 - 60L = 0 \Rightarrow 4L(L - 15) = 0 \Rightarrow L = 15$，

    $AP = 60 \times 15 - 2 \times 15^2 = 450$。

練習一下 — 各種產量之計算（函數題）

1. 設 $TP = 30L - 5L^2 - 8$，$MP = 30 - 10L$；當TP最大時，MP = __0__，此時L = __3__。

2. 設 $TP = 20L^2 - 5L^3$，$MP = 40L - 15L^2$，則 AP = __$20L - 5L^2$__。

    當AP最大時，AP __=__ MP，此時 L = __2__。

答

1. TP最大時，MP = 0。

    $MP = 30 - 10L = 0 \Rightarrow L = 3$。

2. $AP = \dfrac{TP}{L} = \dfrac{20L^2 - 5L^3}{L} = 20L - 5L^2$，

    當AP最大時，MP = AP。

    $20L - 5L^2 = 40L - 15L^2 \Rightarrow 10L^2 - 20L = 0 \Rightarrow 10L(L - 2) = 0 \Rightarrow L = 2$。

學以致用 4-3～4-4

(B)1. 生產函數的意義是指
(A)投入與成本間的關係　(B)投入與產出間的關係
(C)產出與成本間的關係　(D)利潤與成本間的關係。

(C)2. 生產期間的長期是指：
(A)所有生產投入均為固定要素
(B)有一部分的生產投入是固定要素
(C)所有生產投入均為變動要素
(D)依決策者決定。

(C)3. 固定生產要素是指：
(A)短期可調整數量但長期不可調整者
(B)短期可調整數量且長期也可調整者
(C)短期不可調整數量者
(D)不論長短期均不可調整數量者。

(D)4. 假設以一定數量的土地與資本，配合勞動從事生產，為使總產量最大，勞動力應使用到何種情況為止？
(A)AP最大　(B)MP最大　(C)AP = 0　(D)MP = 0。

(C)5. 假設以40單位的勞動力，廠商能生產1,700單位的產品；而以70單位的勞動力，廠商能生產2,300單位的產品。此時一單位勞動力的邊際產量為多少？
(A)$\frac{1}{20}$　(B)10　(C)20　(D)30。

解　$MP = \frac{\Delta TP}{\Delta L} = \frac{2,300 - 1,700}{70 - 40} = 20$。

(A)6. 當MP > AP時，MP為　(A)先遞增後遞減　(B)遞增　(C)遞減　(D)固定不變。

(B)7. 總產量曲線上任一點之高度除以底邊，可以得到
(A)總產量　(B)平均產量　(C)邊際產量　(D)以上皆非。

(A)8. 下列何者等於邊際產量（MP）？
(A)TP線上任一點切線的斜率
(B)MP線上任一點切線的斜率
(C)AP線上任一點切線的斜率
(D)原點到TP線連線的斜率。

解　邊際產量是指每增加一單位變動要素時總產量的增量，故為TP線上任一點切線的斜率。

(C)9. 在反曲點之後，總產量曲線的變化為
(A)開始遞減下降
(B)以遞增的速度緩慢增加至最大，之後再遞減
(C)以遞減的速度緩慢增加至最大，之後再遞減
(D)以遞減的速度持續增加，不斷向上延伸。

(C)10. TP、AP及MP三者之關係，下列敘述何者錯誤？
(A)AP遞減時，MP < AP　　(B)MP = AP時，AP最大
(C)TP遞減時，MP遞減但 > 0　　(D)MP遞增時，TP遞增。

解 C：TP遞減時，MP遞減且 < 0。

(A)11. 若第一、第二、第三單位勞動的MP分別為10單位、12單位、14單位，則此三單位勞動的AP為　(A)12　(B)14　(C)16　(D)21。

解 $AP = \dfrac{TP}{L} = \dfrac{10+12+14}{3} = 12$ 單位。

(C)12. 設平均產量函數 $AP = 10L - 2L^2$，邊際產量函數 $MP = 20L - 6L^2$，則平均產量AP最大為　(A)22.5　(B)22　(C)12.5　(D)12。

解 ∵當AP = MP時，AP最大 ⇒ $10L - 2L^2 = 20L - 6L^2$，$L = \dfrac{5}{2}$ 或 0（不合理）。
$AP = 10 \times \dfrac{5}{2} - 2 \times (\dfrac{5}{2})^2 = 12.5$。

(D)13. 下列何者為「邊際報酬遞減法則」的最正確描述？
(A)隨著要素投入的增加，總產量呈現遞增
(B)隨著要素投入的增加，總產量呈現遞減
(C)總產量曲線的斜率最終會呈現遞增
(D)總產量曲線的斜率最終會呈現遞減。

解 TP線上任一點切線的斜率為「MP」，MP最終會遞減。

14. 試根據右圖回答下列問題。

(1) A點為TP線的 ___反曲___ 點，對應 ___MP___ 線的最高點。

(2) B點的斜率為 ___$BL_2 / 0L_2$___ ，對應 ___AP___ 線的最高點。

(3) C點為TP線的 ___最高___ 點，對應 ___MP = 0___ 的點。

15. 請根據右圖填入報酬三階段的範圍。

階段	範圍
邊際報酬遞增	原點～MP最高點
邊際報酬遞減	MP最高點～MP = 0
負報酬	MP = 0之後

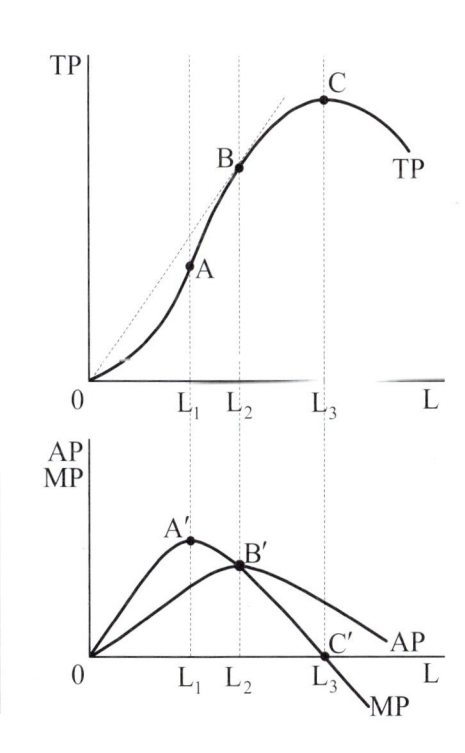

4-5 生產三階段 103 105 112 113 114

階段	第一階段	第二階段	第三階段
圖形位置	0 → B'點前 原點～AP最高點前 （AP上升階段）	B'點 → C'點 AP最高點～MP = 0	C'點之後 MP = 0之後
AP	AP遞增且AP > 0	AP遞減且AP > 0	AP遞減且AP > 0
MP	MP先遞增後遞減且MP > 0	MP遞減且MP > 0	MP遞減且MP < 0
MP與AP	MP > AP	MP < AP	MP < AP
TP	TP先遞增式增加 後遞減式增加	TP遞減式增加	TP遞減
合理性	不合理	合理	不合理
說明	・固定要素太多（$MP_K < 0$） ・變動要素太少（$MP_L > 0$） ・固定要素產能未充分利用 ・浪費固定要素	・固定要素足夠（$MP_K > 0$） ・變動要素適當（$MP_L > 0$） ・固定要素產能及變動要素產能均充分利用	・固定要素太少（$MP_K > 0$） ・變動要素太多（$MP_L < 0$） ・變動要素產能未充分利用 ・浪費變動要素
釋例	殺雞焉用牛刀	人盡其才，物盡其用	人多手雜、越幫越忙

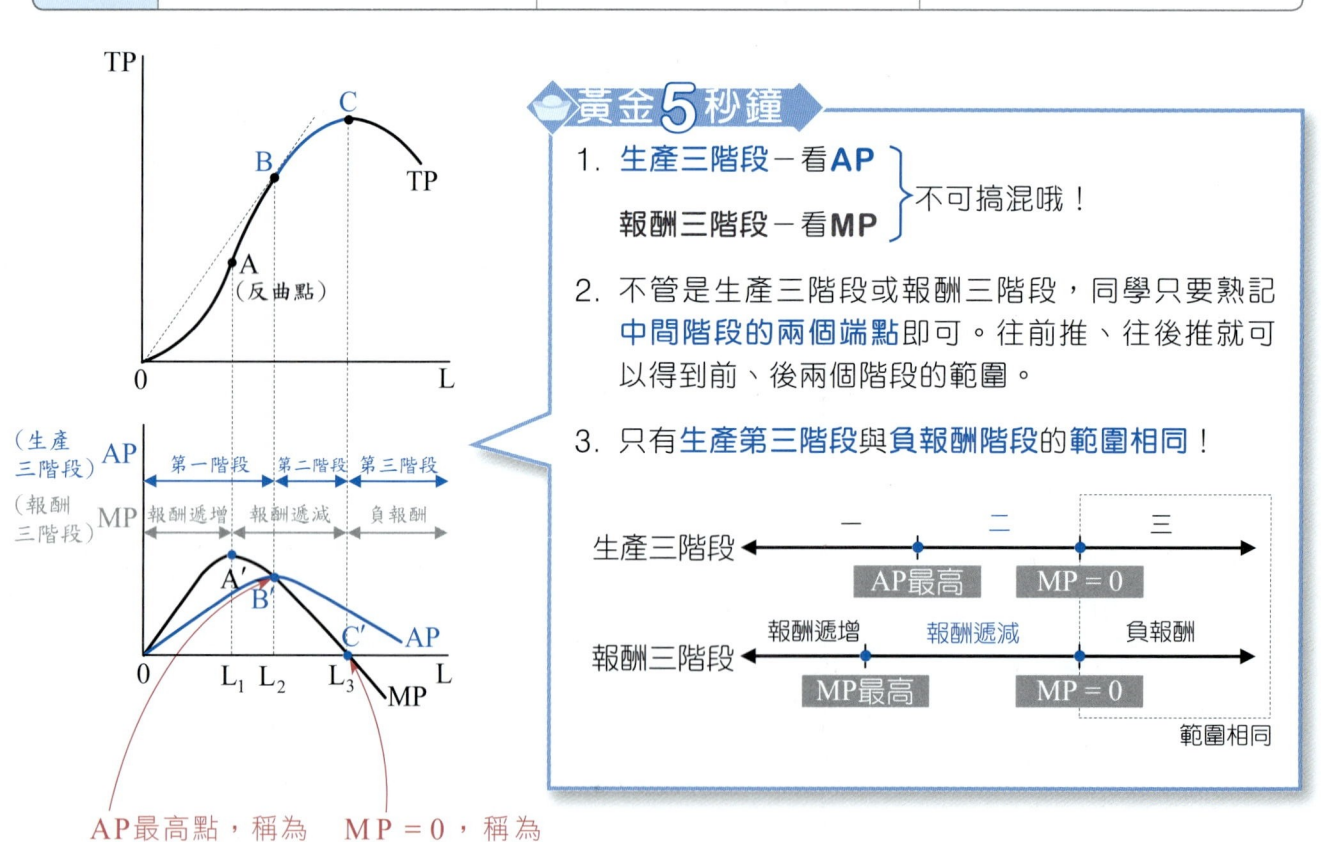

黃金5秒鐘

1. 生產三階段－看AP ｝不可搞混哦！
   報酬三階段－看MP

2. 不管是生產三階段或報酬三階段，同學只要熟記中間階段的兩個端點即可。往前推、往後推就可以得到前、後兩個階段的範圍。

3. 只有生產第三階段與負報酬階段的範圍相同！

AP最高點，稱為「粗耕的極限」
MP = 0，稱為「精耕的極限」

各版審定課本均未提及上述二項名稱，老師可自行斟酌補充

4-6 人口論

學者	古典學派馬爾薩斯
理論基礎	邊際報酬遞減法則－土地報酬遞減
前提	1. 兩性間的情慾為必然 2. 食物是求生存所必須
論點	糧食的增加速度趕不上人口的增加速度，人類終將面臨糧食不足的飢荒與貧窮危機 1. 人口：以幾何級數（等比級數）速度增加（1、2、4、8、16、…） 2. 糧食：以算術級數（等差級數）速度增加（1、2、3、4、5、…）
解決方法	馬爾薩斯主張晚婚與節慾
其他說明	1. 這種悲觀的思考方式，使當時（18世紀）的經濟學被稱為憂鬱的科學 2. 較適用經濟落後國家，原因：較早婚且缺乏優生與節育的觀念、生產技術較落後 3. 不適用經濟發達國家，原因：較晚婚且較具有優生與節育的觀念、生產技術較進步

學以致用 4-5～4-6

(B)1. 一個追求利潤最大的生產者，其生產點會落在
(A)第一階段 (B)第二階段 (C)第三階段 (D)無法判斷。
解 第二階段為合理的生產階段。

(D)2. 合理的生產階段，位於
(A)MP最高點至MP = 0的階段 (B)MP最高點至AP最高點的階段
(C)0至MP最高點的階段 (D)AP最高點至MP = 0的階段。
解 合理的生產階段（第二階段），位於「AP最高點」至「MP = 0」的階段。

(C)3. 在下列哪個生產階段，增加變動要素反而會造成「人多手雜、愈幫愈忙」的負報酬情況？ (A)第一階段 (B)第二階段 (C)第三階段 (D)第二、三階段。
解 在第三階段，邊際報酬遞減，且為負報酬。

(A)4. 生產第一階段指的是 (A)原點至AP最高點 (B)原點至MP最高點 (C)MP = 0之後 (D)AP最高點至MP = 0 的階段。

(A)5. 在下列哪一階段，廠商增加變動要素可產生正報酬？
(A)第一、二階段 (B)第二階段 (C)第三階段 (D)第二、三階段。
解 在第一、二階段，廠商投入變動要素可獲得正報酬。

next...

(B)6. 在生產三階段中，第一階段與第二階段的分界點是
(A)MP最高點　(B)AP最高點　(C)MP＝0　(D)TP最高點。

(A)7. 生產第二階段的特徵不包括下列哪一點？
(A)AP與TP遞減　　　　　　　(B)AP＞MP＞0
(C)報酬遞減　　　　　　　　　(D)固定要素與變動要素搭配得宜。
解　A：TP遞增至最高。

(A)8. 若AP處於遞增狀態，則：　(A)MP先遞增後遞減　(B)MP必定處於遞減狀態
(C)必定位於生產三階段中之第二階段　(D)MP＝0。
解　A、B：AP遞增時，MP先遞增後遞減。C：第一階段。D：MP＞0。

(B)9. 下列哪一位學者所提出的人口論對人類社會抱持著悲觀的看法？
(A)馬歇爾　(B)馬爾薩斯　(C)馬克斯　(D)李嘉圖。

(C)10. 下列何者是人口論的理論基礎？
(A)規模報酬遞減　　　　　　　(B)邊際轉換率遞增
(C)報酬遞減法則　　　　　　　(D)邊際效用遞減法則。

11. 試回答生產三階段之問題。

階段	第一階段	第二階段	第三階段
範圍	原點～AP最高點	AP最高點～MP＝0	MP＝0之後
TP變化	↑	↑至最高	↓
AP變化	↑至最高	從最高↓	↓
MP變化	先↑後↓	↓至0	↓且＜0
AP與MP	AP ＜ MP	AP ＞ MP ＞ 0	AP ＞ MP
報酬情況	報酬 先遞增後遞減	報酬 遞減	負 報酬
合理性	不合理	合理	不合理
理由	固定要素太 多 （MP_K ＜ 0） 變動要素太 少 （MP_L ＞ 0）	固定要素與變動要素搭配得宜（MP_K ＞ 0, MP_L ＞ 0）	固定要素太 少 （MP_K ＞ 0） 變動要素太 多 （MP_L ＜ 0）

4-1 生產的一般概念

(B)1. 下列何者非經濟學所定義的生產要素？
(A)勞動　(B)原料　(C)資本　(D)企業家精神。

(B)2. 先生產機器、工具，再利用這些機器、工具生產消費財的生產方式為
(A)聯合生產　(B)迂迴生產　(C)大規模生產　(D)大量生產。

(C)3. 提供產權效用的生產為
(A)原始生產　(B)形式生產　(C)商業生產　(D)勞務生產。

(C)4. 葡萄果園的果農將自種葡萄釀成葡萄酒，乃是創造了
(A)生產效用　(B)地方效用　(C)形式效用　(D)時間效用。

4-2 生產者剩餘

(A)5. 社會福利是指　(A)消費者剩餘＋生產者剩餘　(B)消費者剩餘－生產者剩餘　(C)消費者心中願付的支出－消費者實際的支出　(D)生產者實際收到的報酬－生產者要求的最低報酬。
解 C：為「消費者剩餘」。D：為「生產者剩餘」。

(D)6. 若某財貨的需求線為 $Q_d = 54 - 3P$，供給線為 $Q_S = P - 10$，其中，Q_d 為需求量，Q_S 為供給量，P為價格。在市場均衡時，下列敘述何者正確？
(A)均衡價格為10
(B)生產者剩餘為6
(C)消費者剩餘為14
(D)均衡數量為6。
解 市場均衡時，$Q_d = Q_S \Rightarrow 54 - 3P = P - 10 \Rightarrow P = 16$，
代入需求或供給函數 $\Rightarrow Q = 6$。
$CS = \frac{1}{2}[(18 - 16) \times 6] = 6$，$PS = \frac{1}{2}[(16 - 10) \times 6] = 18$。

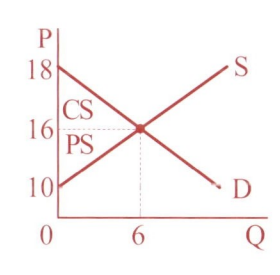

(D)7. 某廠商供給表如下表所示，今設市場價格為60元，該廠商出售9單位產品，則生產者剩餘為
(A)540元　(B)360元　(C)180元　(D)90元。

價格	30	40	50	60	70
供給量	0	3	6	9	12

解 生產者剩餘 $= 60 \times 9 - [30 \times 0 + 40 \times (3 - 0) + 50 \times (6 - 3) + 60 \times (9 - 6)] = 90$（元）。

next...

(B)8. 假設某市場的需求函數為 $Q = \dfrac{150-P}{3}$，供給函數為 $Q = \dfrac{P-50}{2}$，則下列敘述何者錯誤？ (A)消費者剩餘為600　(B)生產者剩餘為600　(C)均衡價格為90，均衡數量為20　(D)當價格是70時，生產者願意供給的數量是10。

解 $P^*: Q_d = Q_s \Rightarrow \dfrac{150-P}{3} = \dfrac{P-50}{2} \Rightarrow P^* = 90$。

Q^*：將 $P^* = 90$ 代入 $Q_d = \dfrac{150-P}{3}$ 式中 $\Rightarrow Q^* = 20$。

$CS = \dfrac{1}{2}[(150-90) \times 20] = 600$，$PS = \dfrac{1}{2}[(90-50) \times 20] = 400$。

$P = 70$ 時，$Q_s = \dfrac{70-50}{2} = 10$。

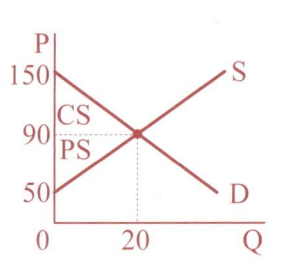

(A)9. 某市場需求函數 $P = 180 - 2Q$，供給函數 $P = 30 + Q$，則下列敘述何者為真？
(A)生產者剩餘為1,250　　　　(B)消費者剩餘為5,000
(C)均衡價格為70　　　　　　(D)均衡數量為60。

解 $D = S \Rightarrow 180 - 2Q = 30 + Q \Rightarrow Q^* = 50$，
代入需求函數或供給函數 $\Rightarrow P^* = 80$。

$CS = \dfrac{1}{2}[(180-80) \times 50] = 2,500$，

$PS = \dfrac{1}{2}[(80-30) \times 50] = 1,250$。

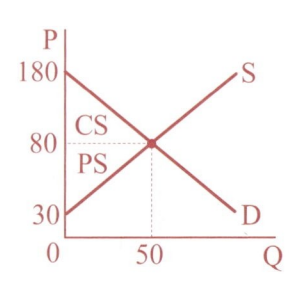

4-3　生產函數

(D)10. 生產函數係指在一定技術水準下，探討下列哪一項關係？　(A)中間產品與中間投入的關係　(B)生產要素與要素價格的關係　(C)可變動生產要素與固定生產要素的關係　(D)生產要素與產出的關係。

(A)11. 生產函數係指在一定的生產技術下，產出與
(A)生產投入　(B)生產收益　(C)生產成本　(D)生產效率　之間的一定關係。

(B)12. 生產理論中所謂的「短期」係指
(A)所有的生產投入都不能變
(B)有一部分的生產投入不能變，但部分的生產投入可以變動
(C)所有的生產投入都能變動
(D)係以時間之長短來劃分，1年以下稱為短期。

(B)13. 生產函數的意義是指：　(A)最低成本的投入組合　(B)投入與產出間的關係　(C)最大收益的生產　(D)最大利潤的生產。

(A)14. 在生產理論中，長期（long-run）是指
(A)所有生產投入皆可變動謂之長期
(B)只能改變變動成本謂之長期
(C)一年以上謂之長期
(D)可以區分變動與固定成本謂之長期。

(D)15. 某廠商僅使用資本K與勞動L兩種生產要素進行財貨X之生產，產量為Q。短期而言，僅有L可以變動，長期則兩種要素都可以調整，請問下列敘述何者正確？
(A)長期生產函數為Q = f(L)
(B)短期生產函數為Q = f(K)
(C)勞動和資本在長期皆為固定生產要素
(D)長期生產函數為Q = f(L, K)。

解 A、D：長期生產函數為Q = f(L, K)。 B：短期生產函數為Q = f(L, $\overline{K}$)。
C：皆為「變動」生產要素。

(A)16. 假設某一廠商考慮雇用的勞工數量為變動的，而工廠的大小為固定的，這個假設何時是正確的？
(A)在短期，而非在長期
(B)在長期，而非在短期
(C)通常存在於長期及短期
(D)通常不存在於長期及短期。

4-4 短期產量分析

(C)17. 在短期間發生邊際報酬遞減現象，是因為
(A)所有生產因素均可變動
(B)技術經常改變
(C)有些生產因素固定
(D)所有生產因素均固定。

(A)18. 在短期內，當總產量（Total Product）最大時，表示
(A)MP = 0　(B)MP最大　(C)AP遞增　(D)AP最大。

(A)19. 若廠商處於報酬遞增階段，則平均產量AP與邊際產量MP的關係為
(A)MP > AP　(B)MP = AP　(C)MP < AP　(D)MP ≤ AP。

(C)20. 一定生產規模下，當勞動使用到總產量最大時，此時邊際產量為
(A)趨近於∞　(B)正　(C)零　(D)負。

(B)21. 所謂邊際產量意指
(A)總產量除以每一單位產量
(B)某生產因素每增加一單位時，總產量的增量
(C)總產量減平均產量
(D)等於平均產量。

(A)22. MP > AP時，平均產量呈現
(A)增加　(B)不變　(C)減少　(D)不一定。

(B)23. 平均每一單位變動要素所能生產的產量，稱為
(A)邊際產量　(B)平均產量　(C)固定產量　(D)總產量。

next...

(B)24. 當 AP = MP 時
(A)總產量達到最大　　　　(B)平均產量達到最大
(C)邊際產量達到最大　　　　(D)邊際產量等於零。

(C)25. 隨變動要素的增加，MP線與AP線的關係為，MP線
(A)一直在AP線上方
(B)一直在AP線下方
(C)先在AP線上方後在AP線下方
(D)先在AP線下方後在AP線上方。
解 隨變動要素的增加，MP先在AP線上方，通過AP線最高點之後，MP在AP線下方。

(D)26. 下列何種情況會使得邊際產量等於平均產量？
(A)邊際產量達到最大時　　　(B)總產量最大時
(C)邊際產量為0時　　　　　(D)平均產量最大時。

(D)27. 勞動的邊際產量等於下列何者？
(A)增加一單位勞動所增加的成本
(B)增加一單位勞動所增加的利潤
(C)增加一單位產量所增加的勞動需求
(D)增加一單位勞動所增加的產量。

(A)28. 當邊際產量達到極大時，平均產量將會如何？
(A)低於邊際產量　　　　　(B)等於邊際產量
(C)高於邊際產量　　　　　(D)與邊際產量的關係不一定。

(B)29. 當平均產量達到極大時，邊際產量將會如何？
(A)高於平均產量　　　　　(B)等於平均產量
(C)低於平均產量　　　　　(D)與平均產量的關係並不一定。

(C)30. 報酬遞減法則是由下列哪一位經濟學者所提出？
(A)馬爾薩斯　(B)亞當斯密　(C)李嘉圖　(D)馬歇爾。

(D)31. 假設以一定數量的土地及資本，配合勞動從事生產，當勞動的邊際產量遞減時
(A)必在負報酬階段　　　　(B)TP遞減
(C)AP = 0　　　　　　　　(D)會通過AP最高點。
解 A：在報酬遞減（正報酬）及負報酬階段。B：TP升至最高後才遞減。C：AP > 0。

(A)32. 下列敘述何者正確？
(A)邊際產量大於零時，總產量會遞增
(B)邊際產量大於平均產量時，平均產量會遞減
(C)邊際產量等於平均產量時，邊際產量會最大
(D)邊際產量小於零時，總產量會最大。
解 B：MP > AP ⇒ AP遞增。C：MP = AP ⇒ AP最大。
D：MP < 0 ⇒ TP遞減。MP = 0 ⇒ TP最大。

(D)33. 有關總產量（TP）、平均產量（AP）、邊際產量（MP）三者的關係，下列敘述何者錯誤？
(A)當MP＝0時，TP最大
(B)當AP＞MP時，AP是遞減的
(C)當MP上升時，AP＜MP
(D)當MP下降時，AP＞MP。

解 當MP下降時，AP先＜MP，而後＞MP。

(D)34. 下列有關平均產出的敘述，何者正確？
(A)隨邊際產出的下降而增加，且隨邊際產出的上升而減少
(B)隨邊際產出的上升而增加，且隨邊際產出的下降而減少
(C)必定小於邊際產出
(D)當其等於邊際產出時，其值為最大。

解 A、B：AP隨MP的下降先遞增而後遞減；隨MP的增加而遞增。
　　C：AP＝MP之前，MP＞AP。在AP＝MP之後，MP＜AP。

(B)35. 關於總產出（TP）、平均產出（AP）、與邊際產出（MP）三者關係的敘述，下列何者錯誤？
(A)當MP＝0時，TP最大且AP＞0
(B)當AP＜MP時，AP遞增且MP遞增
(C)當MP＜0且AP＞0時，TP遞減
(D)當AP＝MP時，AP最大且MP＞0。

解 當AP＜MP時，AP遞增，MP先遞增而後遞減。

(D)36. 下列敘述何者正確？
(A)AP遞減時，MP＜0　　　　(B)TP最大時，AP＝0
(C)MP＞AP時，MP遞增　　　(D)MP＝AP時，AP最大。

解 A：AP遞減時，MP＞0。B：TP最大時，MP＝0。
　　C：MP＞AP時，MP先遞增而後遞減。

(D)37. AP 代表平均產量，MP代表邊際產量，則
(A)MP＝AP時，MP最大　　　(B)MP遞增時，AP＞MP
(C)AP遞減時，MP＞AP　　　 (D)MP＝AP時，AP最大。

解 A：MP＝AP時，AP最大。B：MP遞增時，AP＜MP。
　　C：AP遞減時，MP＜AP。

(D)38. 下列敘述何者不正確？
(A)TP上升時，MP大於0　　　(B)TP最大時，MP＝0
(C)MP＞AP時，AP上升　　　 (D)MP＝AP時，MP最大。

解 MP＝AP時，AP最大。

(C)39. 報酬遞減法則是指何項必然發生遞減現象？
(A)總產量　(B)總收益　(C)邊際產量　(D)邊際收益。

(D)40. AP代表平均產量，MP代表邊際產量
(A)MP＝AP時，MP最大
(B)MP遞減時，MP＜AP
(C)MP遞增時，AP＞MP
(D)AP遞減時，MP＜AP。

解 A：MP＝AP時，AP最大。B：MP遞減時，MP先大於AP，而後小於AP。
C：MP遞增時，AP＜MP。

(D)41. 下列何者有誤？
(A)報酬遞減法則適用於任何生產因素
(B)不否認報酬遞增
(C)報酬遞減係指邊際產量遞減
(D)只要技術改進，就不會出現報酬遞減。

解 D：技術改進只會使報酬遞減的現象「延遲發生」。

(B)42. 設生產技術一定，除勞動外其他生產因素數量亦固定，則在增加勞動使用量的過程中，生產者總產量
(A)一直遞增式增加
(B)先遞增式增加後遞減式增加
(C)先遞減式增加後遞增式增加
(D)一直遞減式增加。

(D)43. 有關平均產量與邊際產量的關係，下列何者錯誤？
(A)邊際產量會通過平均產量的最高點
(B)平均產量大於邊際產量時，邊際產量是下降的
(C)平均產量上升時，邊際產量大於平均產量
(D)合理的生產階段，位於邊際產量最高點至邊際產量等於零的區域。

解 合理的生產階段（第二階段）是由「AP最高點」到「MP＝0」。

(D)44. 下列關於總產量（TP）與邊際產量（MP）之敘述，何者為錯誤？
(A)MP遞增時，TP遞增
(B)MP為零時，TP最大
(C)MP為負時，TP遞減
(D)MP遞減但仍為正數時，TP也遞減。

解 MP遞減但仍為正數時，TP遞增。MP＜0時，TP遞減。

(C)45. 有關廠商之平均產出（AP）、邊際產出（MP）、與總產出（TP）間之關係，下列何者為非？
(A)若MP＜AP，則AP為遞減
(B)若MP＝0，此時TP最大
(C)MP在最高點與AP相交
(D)若MP＞AP，則TP遞增。

解 C：AP在最高點與MP相交。

(C)46. 有關總產量（TP）、平均產量（AP）與邊際產量（MP）三個變數間的關係哪一說法為正確？
(A)當TP最大時，MP > 0
(B)MP必過AP最低點
(C)AP遞增時，MP > AP
(D)當MP遞減時，AP大於MP。

解 A：TP最大時，「MP = 0」。B：MP必過AP「最高點」。
D：當MP遞減時，AP在最高點之前小於MP，在最高點之後大於MP。

(B)47. 下列有關總產量（TP）、平均產量（AP）及邊際產量（MP）之敘述，何者錯誤？
(A)當MP = AP時，AP最大
(B)TP遞減時，MP = 0
(C)TP遞增時，MP > 0
(D)TP遞增的反曲點為MP最大。

解 B：TP遞減時，MP < 0；TP最大時，MP = 0。

(B)48. 有關短期產量線，下列敘述何者錯誤？
(A)TP的反曲點（報酬遞減點）是對應MP最高點
(B)TP線上任一點切線的斜率為AP
(C)在AP最高點時，MP是在遞減階段
(D)AP與MP皆呈現倒U字型。

解 TP線上任一點切線的斜率為「MP」。

(C)49. 已知生產過程僅使用三種生產因素A、B及C。廠商公佈生產技術為10單位A、20單位B和30單位C可生產100個X；而10單位A、22單位B與30單位C可生產120個X，請問生產因素B的邊際產出為？
(A)20 (B)2 (C)10 (D)15。

解 生產要素A及C的投入單位均未變動，因此可得$MP_B = \frac{\Delta TP}{\Delta B} = \frac{120-100}{22-20} = 10$。

(B)50. 設生產函數$Q = 2KL - 0.6L^2 - 0.6K^2$，其中K = 10，則當L = 10時之勞動平均產出（AP_L）為 (A)6 (B)8 (C)10 (D)12。

解 將K = 10、L = 10代入生產函數，可得總產量Q = 80，所以$AP_L = \frac{80}{10} = 8$單位。

(A)51. 若甲公司短期平均產出函數為$AP_L = 24 + 5L - \frac{1}{3}L^2$，邊際產出函數為$MP_L = 24 + 10L - L^2$，則該公司應投入多少勞動量（L），方能使產出達到最大？
(A)L = 12 (B)L = 7.5 (C)L = 15 (D)L = 6。

解 MP = 0時TP最大，$MP_L = 24 + 10L - L^2 = 0 \Rightarrow (L-12)(L+2) = 0 \Rightarrow L = 12$。

(A)52. 若某物品之短期生產函數為$Q = 72L + 15L^2 - L^3$（Q為總生產量，L為勞動力的因素投入）。則當勞動力投入量為0時，平均實物生產量會等於多少？
(A)0 (B)15 (C)30 (D)72。

解 L = 0時Q = 0，所以AP = 0。

next...

(B)53. 設第一、第二、第三單位勞動的邊際產量分別為12單位、14單位、16單位，則第三勞動單位的平均產量為 (A)12 (B)14 (C)16 (D)21 單位。

解 先由MP_L求算TP_L，再由TP_L求算AP_L，可得第三勞動單位的平均產量為14。

L投入量	MP_L	TP_L	AP_L
1	12	12	12（＝12／1）
2	14	26（＝12＋14）	13（＝26／2）
3	16	42（＝16＋26）	14（＝42／3）

(B)54. 雇用50單位員工可生產1,800單位產出，雇用60位員工可生產2,100單位產出，則勞動的邊際產出為： (A)3 (B)30 (C)36 (D)300。

解 $MP = \dfrac{\Delta TP}{\Delta L} = \dfrac{2,100 - 1,800}{60 - 50} = 30$。

4-5 生產三階段

(B)55. 合理的生產階段指的是
(A)第一階段 (B)第二階段 (C)第三階段 (D)第一、三階段。

(D)56. 生產第一階段的特徵不包括下列哪一點？
(A)AP與TP遞增　　　　　　　　(B)AP ＜ MP
(C)報酬先遞增後遞減　　　　　　(D)固定要素太少，變動要素太多。

解 D：固定要素太多，變動要素太少。

(A)57. 生產者對變動要素使用量的決策，其合理階段為
(A)AP遞減到MP為零
(B)AP遞增到MP為零
(C)MP遞增到MP為零
(D)MP遞減到MP為零。

(B)58. 追求最大利潤或最少虧本的廠商，必須選擇何者來生產？
(A)第一階段 (B)第二階段 (C)第三階段 (D)第四階段。

(A)59. 「生產三階段」的第二階段中，總產量（TP）、平均產量（AP）及邊際產量（MP）之關係式，應屬於下列哪一項？
(A)AP ＞ MP ＞ 0　　　　　　　(B)MP ＞ AP ＞ 0
(C)MP ＜ 0　　　　　　　　　　(D)資料不足，無法判斷。

(A)60. 生產三階段中，第一階段的範圍是
(A)原點至AP最高點
(B)MP最高點之後
(C)AP最高點至MP ＝ 0
(D)MP最高點至AP最高點。

(D)61. 關於邊際報酬遞減法則，下列敘述何者正確？
(A)在生產第二階段才開始發生邊際報酬遞減現象
(B)邊際產量大於平均產量時，不會發生邊際報酬遞減現象
(C)邊際產量大於零時，可能會發生負報酬現象
(D)邊際產量及平均產量均大於零，平均產量大於邊際產量，是合理的生產階段。

解 A、B：MP＞AP（生產第一階段）時，隨著產量的增加，會先發生「邊際報酬遞增」的現象，再發生「邊際報酬遞減」的現象。
C：邊際產量「小於零」時，會發生負報酬現象。
D：即生產第二階段，為合理的生產階段。

(D)62. 有關生產的三個概念，下列何者有誤？
(A)AP最大時，AP＝MP
(B)MP＜0時，TP遞減
(C)AP遞增時，AP＜MP
(D)TP遞增時，MP遞減。

解 D：TP遞增時，MP先遞增至最高點，然後遞減。

(B)63. 以下有關短期分析時之生產三階段的敘述有幾項正確？
①第一階段，平均產量（AP）是遞增且在AP最高點時與邊際產量（MP）曲線相交
②第二階段，總產量（TP）增加的速度遞減
③第三階段，MP為負，TP遞增
④理性的生產者應選擇MP處於遞增的階段來生產
(A)① (B)①② (C)②④ (D)①③④。

解 ③：第三階段，MP為負，TP遞減。
④：理性的生產者應選擇在「AP最高點」到「MP＝0」的階段生產。

(C)64. 何以第一生產階段不為合理生產階段？
(A)因變動生產因素的AP雖遞減，但TP仍遞增
(B)因變動生產因素的MP為負
(C)因固定生產因素的MP為負
(D)因固定生產因素太少，變動生產因素太多。

(A)65. 生產三階段中，哪一階段表示固定投入的邊際產量為負？
(A)第一階段 (B)第二階段
(C)第三階段 (D)第一及第三階段。

(A)66. 下列有關總產量TP、平均產量AP與邊際產量MP的敘述，何者錯誤？
(A)MP曲線達到最高點後，TP呈遞增的增加
(B)MP曲線在下降階段，一定會通過AP曲線的最高點
(C)生產第二階段是開始於AP曲線的最高點，而不是MP曲線的最高點
(D)MP等於零時，TP達於最大。

解 A：MP曲線達到最高點後，TP呈「遞減式」增加。

next...

(C)67. 設AP表示平均產量、MP表示邊際產量、TP為總產量，試問下列何者為合理的生產階段？
(A)MP還在繼續提高，TP也繼續提高階段
(B)MP繼續提高，AP亦在提高階段
(C)AP開始下降，MP也繼續下降階段
(D)MP、AP、TP都下降。

(C)68. 生產者選擇變動要素使用量時，如右圖所示，應在 (A)0A (B)AB (C)BC (D)C以後 階段，方為合理。

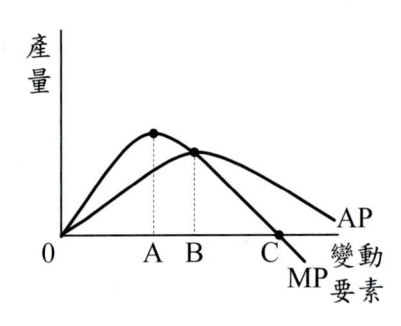

4-6 人口論

(D)69. 下列有關人口論的敘述，何項正確？
(A)人口論是由李嘉圖提出
(B)人口以算術級數增加，糧食以幾何級數增加
(C)預期人類社會將面臨糧食過剩的危機
(D)人口論的論證基礎為邊際報酬遞減法則。

解 A：由「馬爾薩斯」提出。
B：人口以「幾何級數」增加，糧食以「算術級數」增加。
C：「糧食不足」、人口過剩。

(D)70. 下列有關人口論的敘述，何項正確？
(A)不適用經濟落後國家
(B)適用經濟發達國家
(C)主張早婚及節慾觀念
(D)人口論悲觀的思考方式，使18世紀的經濟學被稱為憂鬱的科學。

解 A：不適用「經濟發達」國家。
B：適用「經濟落後」國家。
C：主張「晚婚」及節慾觀念。

進階挑戰題

(A)1. 若供給線為水平,而需求線具有負斜率,在市場均衡時:
(A)生產者剩餘為零
(B)消費者剩餘為零
(C)生產者剩餘為正
(D)消費者剩餘及生產者剩餘均為正。 [4-2]

(C)2. 咖啡和茶兩者屬於替代品,惡劣天氣造成咖啡豆大幅減產,將有下列何種影響效果?
(A)增加咖啡市場的消費者剩餘,減少茶市場的生產者剩餘
(B)增加咖啡市場的消費者剩餘,增加茶市場的生產者剩餘
(C)減少咖啡市場的消費者剩餘,增加茶市場的生產者剩餘
(D)減少咖啡市場的消費者剩餘,減少茶市場的生產者剩餘。 [4-2]

解 咖啡豆減產 ⇒ 供給曲線左移 ⇒ P^* 上升、Q^* 減少
⇒ 咖啡市場的消費者剩餘與生產者剩餘均減少;
咖啡價格上漲 ⇒ 替代品茶需求增加 ⇒ 需求曲線右移 ⇒ P^* 上升、Q^* 增加
⇒ 茶市場的消費者剩餘與生產者剩餘均增加。

(C)3. 判斷廠商是在短期或長期生產期間,下列條件何者正確?
(A)必須所有生產要素都不能變動的期間才是短期;必須所有生產要素都能變動的期間才是長期
(B)必須所有生產要素都不能變動的期間才是短期;只要有兩種或兩種以上生產要素能變動的期間即是長期
(C)只要有一種或一種以上生產要素不能變動的期間即是短期;必須所有生產要素都能變動的期間才是長期
(D)只要有一種或一種以上生產要素不能變動的期間即是短期;必須超過一年以上的期間才是長期。 [4-3]

(D)4. 下列關於短期生產中,平均產量AP與邊際產量MP之間關係的描述,何者正確?
(A)當AP隨勞動增加而上升時,AP比MP高
(B)當MP隨勞動增加而上升時,MP比AP低
(C)當MP隨勞動增加而遞減時,AP也是隨勞動增加而遞減
(D)當AP隨勞動增加而遞減時,MP比AP低。 [4-4]

(B)5. 有關邊際報酬遞減法則的敘述,下列何者正確?
(A)當生產技術落後時,會發生生產要素邊際報酬遞減現象
(B)當一種生產要素固定時,其它生產要素會發生邊際報酬遞減現象
(C)當生產要素品質下降時,會發生邊際報酬遞減現象
(D)當生產要素發生邊際報酬遞減時,總產量同時遞減。 [4-4]

情境素養題

(B)1. 黃仁勳以卓越的技術與遠見，創立輝達（NVIDIA）企業，將其發展為領先全球的AI（人工智慧）半導體公司。如今，輝達的業務遍及全球，在多個國家設有研發中心與辦事處，並在GPU（圖形處理器）與AI晶片領域保持市場領先地位。若以經濟學的角度來看，下列敘述何者錯誤？
(A)黃仁勳身為輝達的創辦人，決定該企業的經營方向，可視為生產者
(B)賓士汽車運用輝達AI晶片，在汽車製造廠生產自動駕駛汽車，屬於直接生產
(C)輝達設立的研發中心、及使用的晶片研發設備，可視為生產要素中的資本
(D)輝達工程師所投入的智慧與勞力開發技術，可視為生產要素中的勞動。 [4-1]

解 B：間接生產。

(C)2. 假設遠西紡織生產第一件衣服的成本為150元，生產第二件衣服的成本為180元，生產第三件衣服的成本為210元，此時如果衣服的市價為每件600元，則A廠商生產三件衣服的生產者剩餘為：
(A)1,800元　(B)2,340元　(C)1,260元　(D)600元。 [4-2]

解 實際收到的報酬 = 600 × 3 = 1,800，要求的最低報酬 = 150 + 180 + 210 = 540，
生產者剩餘 = 1,800 − 540 = 1,260（元）。

(A)3. 假設小東在工作的業餘時間兼職做家教，他對家教勞動市場的供給情形如下表：若工資率為600元時，則其生產者剩餘為多少？
(A)150元　(B)250元　(C)300元　(D)1,050元。 [4-2]

每小時工資率（元）	300	400	500	600	700
工作時數	0	0.5	1	2	3

解 實際收到的報酬 = 600 × 2 = 1,200（元），
要求的最低報酬 = 300 × 0 + 400 × (0.5 − 0) + 500 × (1 − 0.5) + 600 × (2 − 1)
　　　　　　　　 = 1,050（元），
生產者剩餘 = 1,200 − 1,050 = 150（元）。

(A)4. 耀訓為麵包店的店長，他在思考店內應如何調配人力，以達到麵包店的最佳產量，右圖為該麵包店的總產量圖，請問下列敘述何者錯誤？
(A) 當僱用第6位麵包師父時，邊際產量為零
(B) 總產量線上任一點與原點連線的斜率，即為平均產量
(C) 總產量線上任一點的切線斜率，即為邊際產量
(D) 在麵包師父人數為4位至9位間時，邊際報酬遞減法則成立。 [4-4]

解 當僱用「第9位」麵包師父時，TP最大，對應MP = 0。

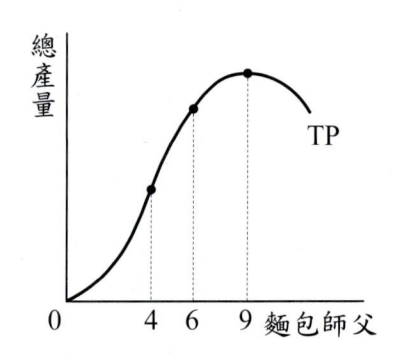

統測臨摹

(D)1. 已知某產品之供給函數$Q^S = -15 + 3P$，若市場均衡價格為45時，生產者剩餘為多少？ (A)5,400 (B)4,500 (C)2,700 (D)2,400。 [4-2][102統測]

解 由供給函數可繪出供給曲線如右圖

P	45	5
Q	120	0

$PS = \frac{1}{2}[(45 - 5) \times 120] = 2,400$。

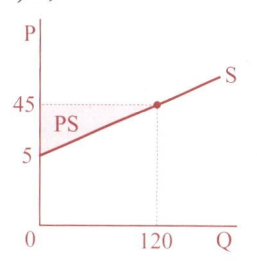

(C)2. 以下有關生產三階段之第二階段的敘述何者為真？
(A)平均產量大於邊際產量，且邊際產量小於零
(B)平均產量小於邊際產量，且總產量大於零
(C)平均產量大於邊際產量，且邊際產量大於零
(D)平均產量小於邊際產量，且平均產量小於零。 [4-5][103統測]

解 在生產三階段的第二階段時，AP > MP，且MP > 0。

(A)3. 若MP為邊際產量，AP為平均產量，下列有關短期生產函數的敘述，何者錯誤？
(A)當AP開始遞減時，總產量才開始遞減
(B)當MP < AP時，AP為遞減
(C)當MP為零時，總產量達到最大
(D)當MP = AP時，AP達到最大值。 [4-4][104統測]

解 當MP開始小於0時，總產量開始遞減。

(A)4. 有關生產三階段，以下何者有誤？
(A)第一階段的邊際產量（MP）均處於上升階段
(B)第二階段的邊際產量（MP）均處於下降階段
(C)第一階段的平均產量（AP）均處於上升階段
(D)第二階段的平均產量（AP）均處於下降階段。 [4-5][105統測]

解 第一階段的MP處於「先上升、後下降」階段。

(B)5. 財貨A的供給函數為$Q_S = 2P$，Q_S為數量，P為價格，若已知均衡價格為15時，則下列有關此市場均衡時之敘述何者正確？
(A)生產者收入為300　　(B)供給之價格彈性為1
(C)生產者剩餘為450　　(D)生產者所要求的最低報酬為450。 [4-2][106統測]

解 $Q_S = 2P$可繪得右圖
A：生產者收入 $= 15 \times 30 = 450$。
B：供給曲線通過原點 $\Rightarrow$ 供給之價格彈性為1。
C：生產者剩餘 $= 15 \times 30 - \frac{1}{2} \times 15 \times 30 = 225$。
D：生產者所要求的最低報酬 $= \frac{1}{2} \times 15 \times 30 = 225$。

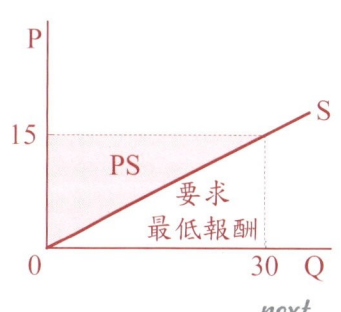

next...

(B)6. 若已知某廠商的邊際產出線（MP）與平均產出線（AP）皆為倒U型之曲線，MP最高點時之產量Q = 100，AP最高點時之產量Q = 150，MP為零時之產量Q = 250，則下列敘述何者正確？
(A) Q = 50時，MP < AP
(B) Q = 150時，MP = AP
(C) Q = 300時，總產出TP為遞增
(D) Q = 200時，總產出TP為遞減。 [4-4][107統測]

解 A：Q = 50 < AP最高點150 ⇒ MP > AP。
C：Q = 300 > MP = 0時TP產量250 ⇒ 總產出TP無法達到此產量。
D：Q = 200 < TP最高點250 ⇒ 總產出TP「遞增」。

(D)7. 設某財貨市場需求量為Q_d，供給量為Q_s，價格為P，此財貨的需求函數為$P = 100 - Q_d$，而供給函數為$P = 40 + Q_s$，則下列敘述何者錯誤？
(A) 當市場均衡達成時，消費者剩餘與生產者剩餘皆為450
(B) 當政府設定該財貨的價格下限為85時，則會有30單位的超額供給
(C) 當政府設定該財貨的價格上限為50時，則會有40單位的超額需求
(D) 若供給函數變動為$P = 20 + Q_s$，但需求函數不變，則新均衡價格會上漲，消費者剩餘會減少。 [4-2][108統測]

解 市場均衡時，$Q_s = Q_d$，$P = 100 - Q_d = 40 + Q_s$ ⇒ $P^* = 70$，$Q^* = 30$。

A：$CS = \frac{1}{2}[(100 - 70) \times 30] = 450$，
$PS = \frac{1}{2}[(70 - 40) \times 30] = 450$。

B：P = 85時，$Q_d = 100 - 85 = 15$，
$Q_s = 85 - 40 = 45$ ⇒ 超額供給 = 45 - 15 = 30。

C：P = 50時，$Q_d = 100 - 50 = 50$，
$Q_s = 50 - 40 = 10$ ⇒ 超額需求 = 50 - 10 = 40。

D：$P = 100 - Q_d = 20 + Q_s$ ⇒ $P^* = 60$，$Q^* = 40$。
$PS = \frac{1}{2}[(60 - 20) \times 40] = 800$ ⇒ $P^* \downarrow$，$CS \uparrow$。

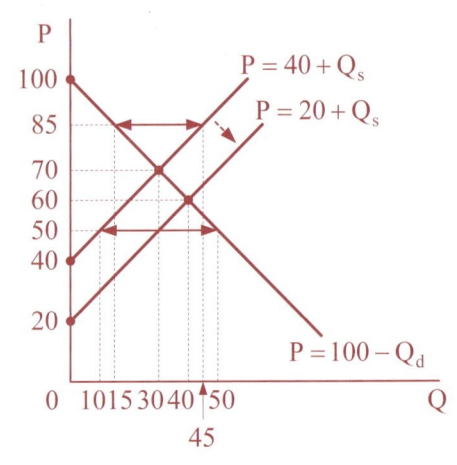

(C)8. 若已知某一生產者的勞動（L）邊際產量（MP）線與平均產量（AP）線皆為倒U字型的曲線，已知當L = 50時，MP = AP = 46；當L = 82時，總產量（TP）達到最高點。下列敘述何者正確？
(A) 當L = 38時，AP > MP
(B) 當L = 50時，TP < 2,000
(C) 當L = 84時，TP處於負斜率的階段
(D) 當L = 82時，MP < 0。 [4-4][108統測]

解 A：L = 38時，AP < MP。
B：L = 50時，TP = AP × L = 46 × 50 = 2,300 > 2,000。
C：TP超過最高點（L = 82）之後即為負斜率。
D：L = 82時，MP = 0。

4-30

(A)9. 下列敘述中，MU_A、MU_B分別為財貨A、財貨B的邊際效用，P_A、P_B分別為財貨A、財貨B之價格。請問下列四項敘述中，那兩項正確？
甲：若財貨的需求所得彈性小於0，此財貨為正常財
乙：若$MU_A = 40$、$P_A = 5$、$MU_B = 24$，當$P_B = 6$時，應該增加A的消費
丙：若市場的需求線為水平線，在其他條件不變下，供給增加會使消費者剩餘增加
丁：某正常財的需求線為負斜率而供給線為正斜率，在其他條件不變下，所得增加會使社會福利提高
(A)乙、丁　(B)乙、丙　(C)丙、丁　(D)甲、丁。　　　　　　　　　　[4-2][109統測]

解 甲：需求所得彈性 < 0 ⇒「劣等財」。

乙：$\frac{MU_A}{P_A} = \frac{40}{5} = 8 > \frac{MU_B}{P_B} = \frac{24}{6} = 4$，應增加A的消費。

丙：市場的需求線為水平線，則不論供給如何變動，消費者剩餘均為0。

丁：所得增加 ⇒ 需求線右移 ⇒ 均衡數量及均衡價格均增加 ⇒ 社會福利CS + PS增加。

(C)10. 若某財貨的需求線為$Q_d = a - P$，供給線為$Q_S = P$，P為價格，Q_d為需求量，Q_S為供給量。若均衡數量$Q = 5$，則下列敘述何者正確？
(A)均衡時之消費者剩餘為25
(B)均衡時之消費者剩餘大於生產者剩餘
(C)若價格下限為6時，會造成供過於求
(D)均衡時的供給價格彈性為0.5。　　　　　　　　　　　　　　　　[4-2][109統測]

解 根據$Q_S = P$，$Q^* = 5$時，$P^* = 5$，代回$Q_d = a - P$可得$a = 10$。

A、B：$CS = \frac{1}{2}(5 \times 5) = 12.5$。$PS = \frac{1}{2}(5 \times 5) = 12.5 \Rightarrow PS = CS$。

C：價格下限價格為$6 > P^* = 5 \Rightarrow$ 會造成供過於求。

D：均衡時供給價格彈性 $= b \times \frac{P^*}{Q^*} = 1 \times \frac{5}{5} = 1$。

(D)11. 廠商甲的總產量（TP）曲線如右圖所示，圖中TP最高點為B點，A點為TP由遞增式增加轉為遞減式增加之反曲點，L為勞動投入量，且MP表邊際產量、AP表平均產量。下列敘述何者正確？
(A)當MP達到最大時，此時之$MP = 44$
(B)$L > 50$時，AP必為遞減
(C)$L = 50$時，$MP < AP$
(D)總產量為3,200時，$MP < AP$。　　[4-4][109統測]

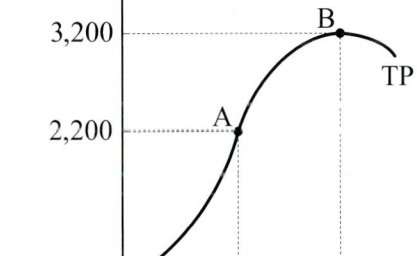

解 A：MP最大時對應於TP的反曲點A，此時之$AP_L = \frac{TP_L}{L} = \frac{2,200}{50} = 44$。

B：$L > 50$時，AP先遞增後遞減。C：$L = 50$時，$MP > AP$。

(C)12. 某廠商的邊際產量（MP）、平均產量（AP）兩曲線如右圖所示，圖中MP最高點為A點，AP最高點為B點，L為勞動投入量，且TP表總產量。下列敘述何者正確？
(A)L = 30時，TP達到最大
(B)TP最大值為100
(C)L = 20時，廠商處於報酬遞增階段
(D)TP最大值為2,500。　　　　　　　　　　[4-4][110統測]

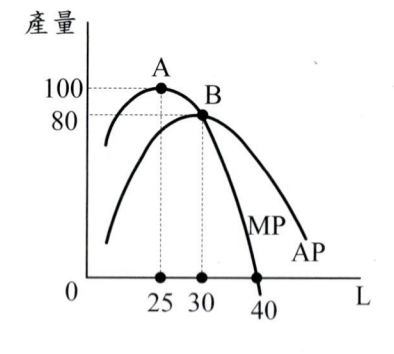

解 A：L = 30時 ⇒ TP「遞增」。
　　B、D：資料不足，無法判斷。

(C)13. 若財貨X之需求線為負斜率直線，供給線為正斜率直線，兩線之交點為A點，且供給線通過原點。若P表價格，Q表數量，當P = 30時之需求量為0，下列敘述何者正確？
(A)若A點對應之P = 15且Q = 10，則消費者剩餘為150
(B)若A點對應之P = 20且Q = 12，則生產者剩餘為60
(C)若A點對應之P = 10且Q = 10，則A點之供給的價格彈性為1
(D)若A點對應之P = 5且Q = 10，當預期未來價格會上漲，則新均衡數量必大於10。
[4-2][111統測]

解 A：$CS = \frac{1}{2}[(30-15) \times 10] = 75$。B：$PS = \frac{1}{2}[(20-0) \times 12] = 120$。
　　C：任何通過原點之直線型供給曲線，線上任一點的E^S均等於1。
　　D：預期未來價格上漲 ⇒ 需求曲線右移、供給曲線左移 ⇒ P^*上漲，Q^*增減不一定。

(C)14. 下表為某廠商所投入之勞動量與總產量兩者間之對應表，下列有關此表之敘述何者正確？
(A)勞動量小於6時，邊際產量必大於平均產量
(B)勞動量小於6時，邊際產量會持續上升
(C)勞動量等於4時，邊際產量等於平均產量
(D)勞動量等於5時，平均產量有最大值。　　　[4-4][111統測]

總產量	4	12	21	28	33	36	36	32
勞動量	1	2	3	4	5	6	7	8
AP	4	6	7	7	6.6	6	5.14	4
MP	—	8	9	7	5	3	0	−4

解 A：勞動量介於「2到4」之間時，邊際產量大於平均產量。
　　B：勞動量小於6時，邊際產量會持續「下降」。
　　D：勞動量等於「3或4」時，平均產量有最大值。

(B)15. 生產三階段中的第二階段為合理的生產階段，若TP、AP_L、MP_L分別代表總產量、勞動的平均產量、勞動的邊際產量，關於第二階段的敘述，下列何者正確？
(A)$MP_L > AP_L > 0$
(B)AP_L處於遞減狀態
(C)TP以遞增速度上升
(D)MP_L處於遞增狀態。　　　　　　　　　　[4-5][112統測]

解 A：$AP_L > MP_L > 0$。C：TP以「遞減」速度上升。D：MP_L處於「遞減」狀態。

(B)16. 假設某廠牌手機原本之供給函數為 $Q_S = -10 + 2P$，其中 Q_S 為供給量、P為價格。在P = 10時，若因為某種市場情勢變化，使得供給的價格彈性變大，則生產者剩餘將產生何者變化？ (A)增加 (B)減少 (C)不變 (D)等於零。 [4-2][113統測]

解 E^S 與生產者剩餘呈反向變動 ⇒ E^S 變大，則生產者剩餘「減少」。

(C)17. 已知廠商的總產量函數為 $TP = -L^3 + 40L^2$，其中L為勞動人數。其平均產量函數為 $AP = -L^2 + 40L$，邊際產量函數為 $MP = -3L^2 + 80L$。下列哪一項勞動人數位於生產三階段之第二階段？ (A)15 (B)17 (C)22 (D)28。 [4-5][113統測]

解 生產三階段的第二階段為AP最高點（即AP = MP）～MP = 0。

$AP = MP \Rightarrow -L^2 + 40L = -3L^2 + 80L \Rightarrow L = 20$ 或 0（不合）

$MP = 0 \Rightarrow -3L^2 + 80L = 0 \Rightarrow L = 26\frac{2}{3}$ 或 0（不合）

$20 < L < 26\frac{2}{3} \Rightarrow$ (C)L = 22。

(B)18. 某廠商勞動人數L、平均產量AP、邊際產量MP如下表所示，至少要雇用多少勞動人數才會進入生產第二階段？

L	1	2	3	4	5	6	7	8
AP	4	8	8	7	6	5	4	3
MP	4	12	8	4	2	0	−2	−4

(A)2 (B)3 (C)5 (D)7。 [4-5][114統測]

解 生產第二階段的區間為「AP最高點到MP = 0（此時TP最大）」的階段，此時，MP處於遞減階段。

由題表可知，當L = 3時，即進入生產第二階段。

NOTE

CH 5 成本理論

本章學習重點

114年統測重點
長期平均成本的變動判斷

節名	必考重點	
5-1 成本與利潤的觀念	• 成本與利潤的關係與計算	★★★★☆
5-2 短期成本分析	• 各種短期成本的意義、計算、圖形 • MC、AC、AVC的關係	★★★★★
5-3 長期成本分析	• 各種長期成本的意義、計算、圖形 • 規模報酬 • 外部經濟、外部不經濟 • 長短期產量與成本的關係	★★★☆☆

最常考計算題！要熟記公式

統測命題分析

- CH1 4%
- CH2 7%
- CH3 5.5%
- CH4 5%
- CH5 6%
- CH6 1%
- CH7 4.5%
- CH8 5.5%
- CH9 4.5%
- CH10 4.5%
- CH11 4.5%
- CH12 4%
- CH13 7%
- CH14 8%
- CH15 7%
- CH16 4.5%
- CH17 8.5%
- CH18 5%
- CH19 4%

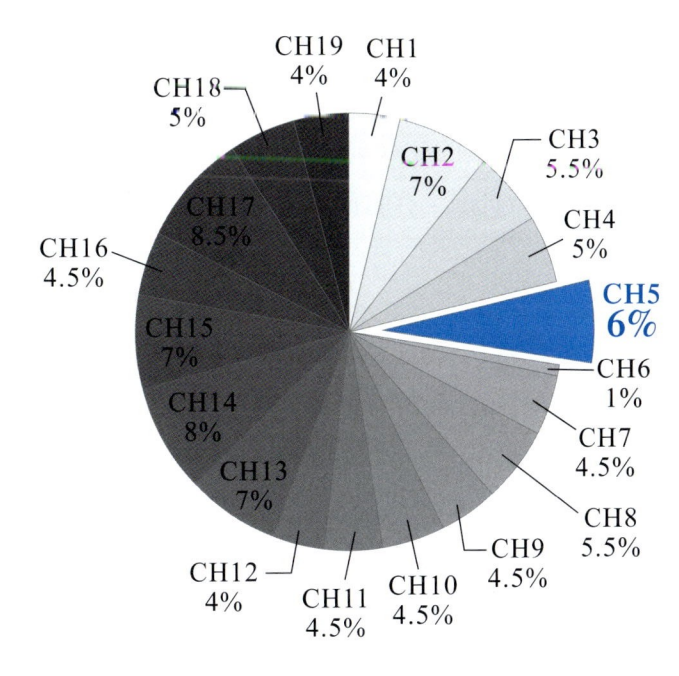

5-1 成本與利潤的觀念 102 105 107 111 112

一、成本概述

1. **意義**：是指廠商使用生產要素生產財貨，所必須支付的代價。

2. **種類**：

   (1) 外顯成本： 107

別稱	會計成本、外露成本、支付成本
意義	• 廠商使用他人的生產要素從事生產時，實際支付的成本 • 需以貨幣對外支付，可由會計帳上看出
釋例	員工薪資、差旅費

   (2) 內含成本： 111

別稱	正常利潤、隱藏成本、隱含成本、非支付成本
意義	• 廠商使用自有的生產要素從事生產時，雖然不記錄於會計帳上，但實際上仍應負擔的成本 • 不需以貨幣對外支付，無法由會計帳上看出
釋例	廠商使用自有房屋做為辦公室，損失了可將該屋出租所收取的租金，則該租金收入即內含成本

   (3) 機會成本： 111 112

別稱	經濟成本、私人成本、選擇成本、交替成本
意義	• 當某資源被選擇用於其中一種用途時，所必須放棄其他用途中價值最高者 • 為經濟學上所定義的生產成本
公式	機會成本＝經濟成本＝外顯成本＋內含成本＝會計成本＋內含成本

   (4) 社會成本

意義	• 從事經濟活動時，對社會所產生的成本負擔 • 包括私人成本（即經濟成本），以及外部成本（非由生產者承擔而由其他人負擔的成本）（詳見本書下冊第16章）
公式	社會成本＝私人成本＋外部成本

   （私人成本＝會計成本＋內含成本）

二、利潤概述 [102] [105] [112]

1. **意義**：是指廠商的**總收益**TR減去**總成本**TC的餘額，即 **TR－TC＝π**。

2. **種類**：

    (1) 會計利潤（商業利潤）：

    是指**總收益**扣除**會計成本**的部分，通常是會計學所謂的**本期淨利**。

    (2) 正常利潤（內含成本）：

    是指廠商從事生產時使用**自有生產要素**所應得的報酬，即**內含成本**。

    擁有**正常利潤**是廠商創業的誘因及繼續經營下去的最低條件。

    (3) 經濟利潤（超額利潤或純粹利潤）：

    是指**總收益**扣除**經濟成本**（＝會計成本＋內含成本）的部分，一般以π來表示。當**經濟利潤為零**（π＝0）時，並不代表廠商應該關門歇業之意，而是表示廠商無超額利潤，但尚有**正常利潤**。

    經濟利潤π可分為三種情況：

π的大小	利潤狀況
π＞0	有**超額**利潤
π＝0	有**正常**利潤 ← 使用自有生產要素所應得的報酬
π＜0	有經濟**損失**

    (4) 利潤相關公式：

    會計利潤＝總收益－會計成本

    正常利潤＝內含成本

    經濟利潤＝總收益－經濟成本

    　　　　　＝總收益－會計成本－內含成本

    　　　　　＝會計利潤－正常利潤

經濟學 滿分總複習（上）

教學範例 1 ── 各種成本的計算

湘怡放棄月薪20萬元的演藝工作，開設了一家蛋糕店。她以月租15,000元租一間店面，平均每月的水電費約為13,000元，各項進貨成本約為15萬元，員工薪水每月需支付10萬元；湘怡的男友也辭去月薪12萬元的工作來協助蛋糕店的營運。試問湘怡開設這家蛋糕店每月所負擔的內含成本、會計成本、機會成本分別為多少？

解
1. 會計成本 = 15,000 + 13,000 + 150,000 + 100,000 = 278,000（元）。
2. 內含成本 = 200,000 + 120,000 = 320,000（元）。
3. 機會成本 = 會計成本 + 內含成本 = 278,000 + 320,000 = 598,000（元）。

教學範例 2 ── 成本與利潤的計算

試將各成本、利潤數據填入空格中。

總收益	外露成本	內含成本	會計利潤	正常利潤
70,000	40,000	10,000	30,000	10,000
80,000	45,000	20,000	35,000	20,000

練習一下 ── 成本與利潤的計算

大仁放棄月薪10萬元的經理職務，他的女朋友也辭去月薪6萬元的工作，共同開設一家服飾店。這家店每個月的店租、水電費、進貨費用共25萬元，每月的員工薪水共5萬元。假設此店每個月的收入為100萬元，請問這家服飾店每個月的總收益、會計成本、會計利潤、內含成本與經濟利潤各為多少？

答
總收益　 = 1,000,000（元）。
會計成本 = 250,000 + 50,000 = 300,000（元）。
會計利潤 = 總收益－會計成本 = 1,000,000 － 300,000 = 700,000（元）。
內含成本 = 100,000 + 60,000 = 160,000（元）。
經濟利潤 = 總收益－會計成本－內含成本
　　　　 = 1,000,000 － 300,000 － 160,000 = 540,000（元）。

學以致用 5-1

(A)1. 機會成本為： (A)該物品在其他可能使用機會中所可得之最高價值 (B)間接成本 (C)貨幣成本 (D)可達成之最佳選擇。

(C)2. 一塊土地種植稻米就必須放棄種植蔬菜的可能收入，此為種植稻米的
(A)社會成本 (B)內含成本 (C)機會成本 (D)固定成本。

(B)3. 某甲目前失業，乙公司決定以月薪30,000元僱用他，則
(A)機會成本為30,000元　(B)機會成本為零
(C)機會成本為5,000元　(D)按此說明無法表現出機會成本。
解 某甲去乙公司工作，並不需放棄其他機會，故某甲的機會成本為零。

(B)4. 水電費、廣告費是廠商負擔的
(A)社會成本 (B)會計成本 (C)隱藏成本 (D)內含成本。

(C)5. 廠商所負擔的內含成本，即為其
(A)經濟利潤 (B)會計成本 (C)正常利潤 (D)外部成本。

(C)6. 經濟利潤是：
(A)總收益減去會計成本　(B)總收益減去固定成本
(C)總收益減去機會成本　(D)向國稅局申報的利潤金額。

(C)7. 會計報表（損益表）上所顯示的本期淨利，指的是
(A)正常利潤 (B)超額利潤 (C)會計利潤 (D)經濟利潤。

(C)8. 陶子要求老公阿仁，到她所開設的公司幫忙。若以正職員工的月薪計算，陶子每月可少付4萬元。以經濟學的角度而言，陶子少計了哪一項成本？
(A)外顯成本 (B)會計成本 (C)內含成本 (D)支付成本。

(D)9. 下列有關利潤的概念，何者正確？
(A)正常利潤＝經濟利潤　(B)經濟利潤＝內含成本
(C)內含成本＝會計利潤　(D)會計利潤＝經濟利潤＋內含成本。
解 經濟利潤＝會計利潤－內含成本（正常利潤）
⇒ 會計利潤＝經濟利潤＋內含成本（正常利潤）。

10. 請完成以下公式。

(1) 經 濟 利 潤　＝總收益　－__經濟__　成本
　　　　　　　　＝總收益　－__會計__　成本－__內含__　成本
　　　　　　　　＝會計利潤　－__正常__　利潤。

(2) __正常__ 利潤＝內含成本。

(3) __會計__ 利潤＝總收益　－會計成本。

5-2 短期成本分析 [105] [106] [107] [108] [110] [113]

一、短期成本的概念

經濟學上的**短期**，是指廠商**至少有一項**生產要素的投入量無法隨產量變化而改變的期間，這項生產要素的成本即為廠商的**固定成本**；**在短期**，廠商的生產成本可分為**固定成本**及**變動成本**兩部分。

二、短期成本結構 [105] [106] [107] [108] [110]

項目		說明	
總固定成本 TFC	意義	1. 短期**不會**隨著產量改變而變動的成本 2. 當Q = 0時，**TFC > 0**（此時**TFC = TC**）	成本C 圖：TFC為水平線，從C_0出發，標示「固定值」
	說明	1. **不受產量變動的影響**，為一**水平線** 2. 廠商即使不生產仍需負擔此成本，故TFC的起點是從Q = 0的**TC**出發	
	釋例	總經理等高階主管的薪水、工廠租金、廠房設備折舊、長期貸款的利息費用	
總變動成本 TVC	意義	1. 短期**會**隨著產量改變而變動的成本 2. 當Q = 0時，**TVC = 0** 3. 當變動生產要素僅有勞動L時，TVC = 勞動要素價格P_L × 勞動量L	成本C 圖：TVC曲線由原點出發，先慢後快，經反曲點K
	說明	1. 由**原點**出發 2. **先凹向下**：由於**邊際報酬遞增**，因此在反曲點K之前，先**遞減**式增加 3. **再凹向上**：由於**邊際報酬遞減**，因此在反曲點K之後，再**遞增**式增加	
	釋例	原料費用、勞工工資	
總成本 TC	意義	廠商生產一定數量財貨，所需支付的總固定成本與總變動成本之和	成本C 圖：TC與TVC曲線，TFC水平線，C_0、Q_0標示
	公式	**TC = TFC + TVC**	
	說明	1. 先凹向下，再凹向上（曲線型態與TVC相同） 2. 當Q = 0時，TVC = 0，TC = TFC；故TC是由**TFC與縱軸的相交點**出發 3. TC與TVC間任何的**垂直距離均相等**，其值等於**TFC**	

項目	說明		
平均固定成本 AFC	意義	平均每一單位產量所須負擔的固定成本	
	公式	$AFC = \dfrac{TFC}{Q}$	
	說明	1. 隨產量增加而**遞減**，為逐漸向**橫軸**趨近但**不會**與**橫軸相交**的曲線，呈**L字型** 2. 為TFC線上任一點與原點連線的斜率，即 $\dfrac{\text{該點的高（TFC）}}{\text{底邊（Q）}}$	
平均變動成本 AVC	意義	平均每一單位產量所須負擔的**變動成本**	
	公式	$AVC = \dfrac{TVC}{Q} = AC - AFC$	
	說明	1. 受**邊際報酬遞減法則**的影響，呈**U字型** 2. 為TVC線上任一點與原點連線的斜率，即 $\dfrac{\text{該點的高（TVC）}}{\text{底邊（Q）}}$	
平均成本 AC	意義	又稱**平均總成本ATC**，是指平均每一單位產量所須負擔的成本，其值為**平均固定成本及平均變動成本之和**	
	公式	$AC = \dfrac{TC}{Q} = \dfrac{TFC + TVC}{Q} = AFC + AVC$	
	說明	1. 受**邊際報酬遞減法則**的影響，呈**U字型** 2. **AC**線與**AVC**線的垂直距離會**愈來愈小**（∵AFC隨產量增加而愈來愈小），但**AC**線與**AVC**線**不會**相交	
邊際成本 MC	意義	每增加一單位產量（因），使總成本變動的數量（果）	
	公式	$MC = \dfrac{\Delta TC\text{（果）}}{\Delta Q\text{（因）}} = \dfrac{\Delta TFC + \Delta TVC}{\Delta Q} = \dfrac{\Delta TVC}{\Delta Q}$	
	說明	1. 受**邊際報酬遞減法則**的影響，呈**U字型** 2. MC線會先通過**AVC**線的最低點（b'點），再通過**AC**線的最低點（c'點）	

記憶要訣

1. TC、TVC均為先**遞減式**增加（∵MC↓）、後**遞增式**增加（∵MC↑）；
   總產量TP則為先**遞增式**增加（∵MP↑）、後**遞減式**增加（∵MP↓）。
2. TFC為**水平線**（不受Q變動而影響）；
   AFC呈**L**字型（隨Q增加而遞減）；
   AVC、**AC**、**MC**呈**U**字型（邊際報酬先遞增 ⇒ 下降；邊際報酬後遞減 ⇒ 上升）。
3. 成本線的最低點依序為：**MC→AVC→AC**。

三、各種成本線的關係

1. 短期成本曲線各點的對照：（對照本頁成本曲線關係圖）

上圖三點	TC位置	對應處	下圖三點
a	TC反曲點	MC最低點	a'
b	TVC線上同時為射線與切線通過的點	AVC最低點（AVC = MC）	b'
c	TC線上同時為射線與切線通過的點	AC最低點（AC = MC）	c'

2. AC、MC與TC的關係：

(1) **AC為TC線上任一點與原點連線的斜率**，即 $\dfrac{\text{該點的高（TC）}}{\text{底邊（Q）}}$，

   如圖a點：$AC = \dfrac{aQ_1}{0Q_1}$。

(2) **MC為TC線上任何一點切線的斜率**，如圖c點：$MC = \dfrac{cQ_3}{0Q_3}$。

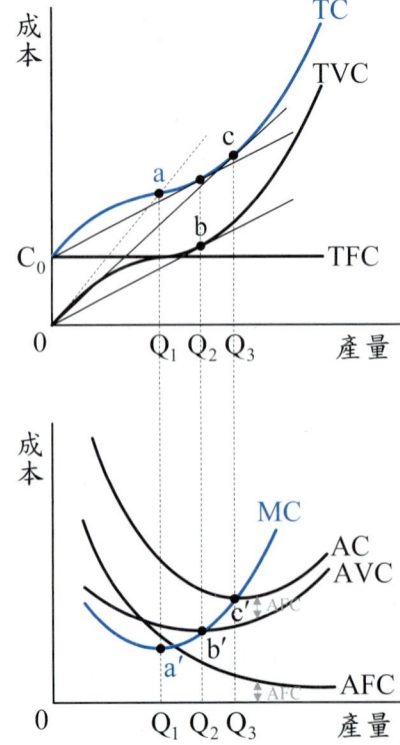

3. **MC與AC、AVC的關係：**

項目	MC與AC（以AC為準）	MC與AVC（以AVC為準）
分析	MC < AC ⇔ AC下降 MC = AC ⇔ AC最低 MC > AC ⇔ AC上升	MC < AVC ⇔ AVC下降 MC = AVC ⇔ AVC最低 MC > AVC ⇔ AVC上升
圖形		

4. **AC與AVC的關係：**

項目	AC最低點	AVC最低點
說明	在AC最低點c'之前，AVC先↓後↑ (1) b'點之前：AVC↓ (2) b'點之後：AVC↑	在AVC最低點b'之後，AC先↓後↑ (1) c'點之前：AC↓ (2) c'點之後：AC↑
圖形		

黃金5秒鐘

各成本線（CH5）與各產量線（CH4）的對應：

1. **TP反曲點**，對應**MP最高點**。（CH4）
2. **TC、TVC反曲點**，對應**MC最低點**。（CH5）
3. **TP反曲點**，對應**TC、TVC反曲點**。（CH4+CH5）
4. **MP最高點**，對應**MC最低點**。（CH4+CH5）
5. **AP最高點**，對應**AVC最低點**，此時AP = MP，AVC = MC。（CH4+CH5）

5-9

教學範例 3 — 各種成本的計算－表格題

試將各成本數據填入空格。

Q	TFC	TVC	TC	AFC	AVC	AC	MC
0	120	0	120	—	—	—	—
1	120	60	180	120	60	180	60
2	120	100	220	60	50	110	40
3	120	120	240	40	40	80	20

教學範例 4 — 邊際成本的計算

要素用量11單位時，產量200單位，TFC = 400，TC = 800；要素用量14單位時，產量220單位，TVC = 560。試求MC為若干？

解 TC_{220} = TFC + TVC = 400 + 560 = 960，

$$MC = \frac{\Delta TC}{\Delta Q} = \frac{960-800}{220-200} = \frac{160}{20} = 8。$$

練習一下 — 邊際成本與邊際產量的計算

已知某製鞋廠的總固定成本TFC = 500，當有10位員工投入生產時，總產量為300單位，此時總成本TC = 900；當有15位員工投入生產時，總產量為700單位，此時總變動成本TVC = 1,600。試計算邊際成本MC與邊際產量MP各為多少？

答 TC_{700} = TFC + TVC = 500 + 1,600 = 2,100，

$$MC = \frac{\Delta TC}{\Delta Q} = \frac{2,100-900}{700-300} = 3。$$

$$MP = \frac{\Delta TP}{\Delta L} = \frac{700-300}{15-10} = 80（單位）。$$

教學範例 5 — 各種成本的計算－函數題

一廠商的短期總成本函數為 $TC(Q) = 150 + 5Q^2$，其中 Q 為產量。若產量 Q = 5，試求
1. TC　2. TFC　3. TVC　4. AVC　5. AFC　6. AC。

解

1. 當 Q = 5 時，TC = $150 + 5 \times 25 = 275$。

2. 當 Q = 0 時，TC = TFC = 150。

3. TVC = TC − TFC = 275 − 150 = 125。

4. $AVC = \dfrac{TVC}{Q} = \dfrac{125}{5} = 25$。

5. $AFC = \dfrac{TFC}{Q} = \dfrac{150}{5} = 30$。

6. $AC = \dfrac{TC}{Q} = \dfrac{275}{5} = 55$。

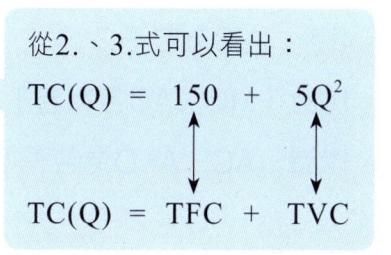

> 從 2.、3. 式可以看出：
> $TC(Q) = 150 + 5Q^2$
> $TC(Q) = TFC + TVC$

練習一下 — 各種成本的計算－函數題

假設某廠商的短期總成本函數為 $TC = 400 + 8Q^2$，當 Q = 10 時，試求：
1. TFC　2. TVC　3. AFC　4. AVC　5. AC。

答

1. TFC = 400。

2. $TVC = 8Q^2 = 8 \times 10^2 = 800$。

3. $AFC = \dfrac{TFC}{Q} = \dfrac{400}{10} = 40$。

4. $AVC = \dfrac{TVC}{Q} = \dfrac{800}{10} = 80$。

5. $AC = \dfrac{TC}{Q} = \dfrac{400 + 8 \times 10^2}{10} = 120$。

教學範例 6 — 各種成本的計算－圖形題(1)

右圖為甲廠商生產X產品的總成本曲線圖。請根據圖中的資料回答下列問題：

1. Q = 0時，TFC為若干？
2. Q = 4時，TVC為若干？
3. Q = 10時，MC、AC各為若干？
4. Q = 12時，AC、AFC為若干？

解

1. Q = 0時，TC = TFC = 24。

2. Q = 4時，TVC = TC − TFC = 60 − 24 = 36。

3. $MC = \dfrac{\Delta TC}{\Delta Q} = \dfrac{80}{10} = 8$。（TC線上A點切線的斜率）

   在Q = 10時，$\overline{OA}$是原點至A點連線，剛好也是A點切線，所以AC = MC = 8。

4. Q = 12時，$AC = \dfrac{TC}{Q} = \dfrac{120}{12} = 10$，$AFC = \dfrac{TFC}{Q} = \dfrac{24}{12} = 2$。

練習一下 — 各種成本的計算

右圖為乙公司生產Y產品的總成本曲線圖。請根據圖中的資料回答下列問題：

1. 當產量為50時，TFC、TVC各為若干？
2. 當產量為100時，MC、AC各為若干？
3. 當產量為120時，AFC、AVC各為若干？

答

1. Q = 50時，TFC = 120，
   TVC = TC − TFC = 200 − 120 = 80。

2. Q = 100時，MC = TC線上b點的切線斜率，
   $MC = \dfrac{\Delta TC}{\Delta Q} = \dfrac{250}{100} = 2.5$；$AC = \dfrac{TC}{Q} = \dfrac{250}{100} = 2.5$。

3. Q = 120時，$AFC = \dfrac{TFC}{Q} = \dfrac{120}{120} = 1$；
   $AVC = \dfrac{TVC}{Q} = \dfrac{TC - TFC}{Q} = \dfrac{360 - 120}{120} = 2$。

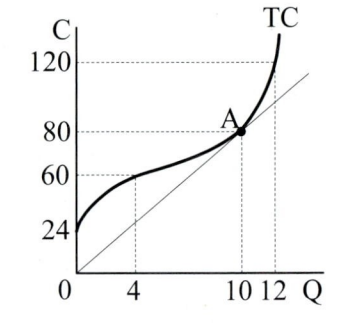

教學範例 7　各種成本的計算－圖形題(2)

右圖為某公司生產某財貨的成本曲線圖，請問：

1. 當產量 = 200時，總固定成本（TFC）為多少？
2. 當產量 = 130時，總成本（TC）為多少？
3. 當產量 = 100時，平均成本（AC）為多少？

解

1. Q = 200時，
   TFC = TC － TVC
   　　 = AC × Q － AVC × Q
   　　 = (AC － AVC) × Q
   　　 = (120 － 110) × 200 = 2,000。

2. Q = 130時，TC = AC × Q = 107 × 130 = 13,910。

3. Q = 100時，AC = AFC + AVC
   $= \dfrac{TFC}{Q} + AVC = \dfrac{2{,}000}{100} + 90 = 110$。

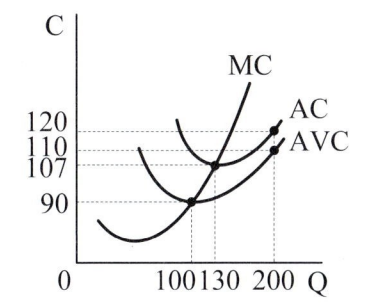

教學範例 8　平均成本最小值的計算

假設某廠商生產財貨的總成本函數為：$TC = 100Q - 16Q^2 + Q^3$，邊際成本函數為：$MC = 100 - 32Q + 3Q^2$，則該廠商的平均成本最小值為何？

解 $AC = \dfrac{TC}{Q} = \dfrac{100Q - 16Q^2 + Q^3}{Q} = 100 - 16Q + Q^2$。

當AC最小時，AC = MC：

$\Rightarrow 100 - 16Q + Q^2 = 100 - 32Q + 3Q^2$

$\Rightarrow 2Q^2 - 16Q = 0$

$\Rightarrow Q = 8$，

將Q = 8代入AC式，

即得AC = $100 - 16 \times 8 + 8^2 = 36$。

黃金5秒鐘

MC線先通過AVC線最低點，再通過AC線最低點，所以：
- 求**AVC最小值**→令**MC = AVC**即可得。
- 求**AC最小值**→令**MC = AC**即可得。

學以致用 5-2

(A)1. 下列何者最可能是某農產公司的固定成本？
(A)廠房設備及運輸工具的長期貸款利息
(B)肥料費用
(C)種籽成本
(D)臨時工的薪資。

解 固定成本是指使用固定生產要素所發生的成本，所以某農產公司的固定成本為廠房設備及運輸工具的長期貸款利息。B、C、D皆為變動成本。

(B)2. 當廠商停止生產不再營業時，其損失等於
(A)變動成本 (B)固定成本 (C)邊際成本 (D)邊際收入。

(A)3. 在短期，當廠商停業時，
(A)TVC＝0 (B)TFC＝0 (C)AC＝0 (D)TC＝0。

解 廠商停業時，Q＝0，所以TVC＝0，但TFC、AC、TC皆大於0。

(D)4. 下列哪一條曲線，呈現U字型？
(A)總固定成本線 (B)總成本線 (C)平均固定成本線 (D)邊際成本線。

解 A：水平線。B：先凹向下，再凹向上。C：呈L字型。

(A)5. 若產量14單位時總成本為200，增用一單位生產要素後產量變為16，總成本變為260，則邊際成本為 (A)30 (B)20 (C)15 (D)10。

解 $MC = \dfrac{260-200}{16-14} = 30$。

(B)6. 平均成本與平均固定成本之間的差額為
(A)邊際成本 (B)平均變動成本 (C)固定成本 (D)總成本。

(D)7. 短期成本曲線中，不必然為先遞減後遞增者為：
(A)短期邊際成本曲線 (B)平均總成本曲線
(C)平均變動成本曲線 (D)平均固定成本曲線。

解 平均固定成本曲線隨產量增加而遞減，呈L字型（不會遞增）。

(A)8. 設MC為邊際成本，AVC為平均變動成本，則MC與AVC相交於
(A)AVC的最低點 (B)MC的最低點
(C)AVC上升的部分 (D)AVC下降的部分。

(B)9. 依照生產成本理論，在邊際成本小於平均成本（MC＜AC）的階段，AC是
(A)上升 (B)下降 (C)最高點 (D)最低點。

(D)10. 就短期成本結構而言，當MC＝AC時
(A)MC遞減 (B)AC遞減 (C)MC最低 (D)AC最低。

(A)11. 下列有關總固定成本之敘述，何者為正確？
　　　(A)不隨產量而變動　　　　　　(B)會隨產量減少而下降
　　　(C)會影響邊際成本　　　　　　(D)隨產量增加而下降。
　　解 總固定成本不會隨產量而變動，也不會影響邊際成本。

(D)12. 下列何者為真？
　　　(A)在MC最小時，AVC = MC
　　　(B)不論產量多寡，AVC = MC
　　　(C)在TFC = 0時，MC = AC
　　　(D)在AC最低點時，MC = AC。
　　解 A、B：AVC最小時，AVC = MC。C：TFC = 0時，AVC = AC。

(A)13. 當AC遞減時：
　　　(A)MC < AC　(B)MC = AC　(C)MC > AC　(D)MC亦為遞減。

(C)14. 某生產者在Q = 11 時，TFC = 200，TC = 500，若該生產者增加一單位產品的生產，MC = 40，則Q = 12時，TVC為：　(A)240　(B)300　(C)340　(D)160。
　　解 Q = 12時，TC = 500 + 40 = 540，TVC = TC − TFC = 540 − 200 = 340。

15. 請將正確答案填入下列空格中。

(1)

Q	TFC	TVC	TC	AFC	AVC	AC	MC
0	30	0	30	—	—	—	—
1	30	40	70	30	40	70	40
2	30	70	100	15	35	50	30
3	30	87	117	10	29	39	17
4	30	130	160	7.5	32.5	40	43
5	30	180	210	6	36	42	50
C與Q的關係	不變	遞增	遞增	遞減	先遞減後遞增	先遞減後遞增	先遞減後遞增
曲線形狀	水平	先凹向下再凹向上	先凹向下再凹向上	L字型	U字型	U字型	U字型

(2) 隨產量增加，TC與TVC的垂直距離會　永遠相等　（愈大、愈小、永遠相等），因為TFC會隨產量增加而　固定不變　（遞增、遞減、固定不變）。

(3) 隨產量增加，AC與AVC的垂直距離會　愈小　（愈大、愈小、永遠相等），因為AFC會隨產量增加而　遞減　（遞增、遞減、固定不變）。

5-3 長期成本分析 103 104 107 108 111 114

一、長期成本的概念

經濟學上的**長期**，是指**所有**生產要素的投入量都可隨產量變動而改變的期間，所以**在長期**，廠商的生產成本只有**變動成本**。

二、長期總成本（LTC）

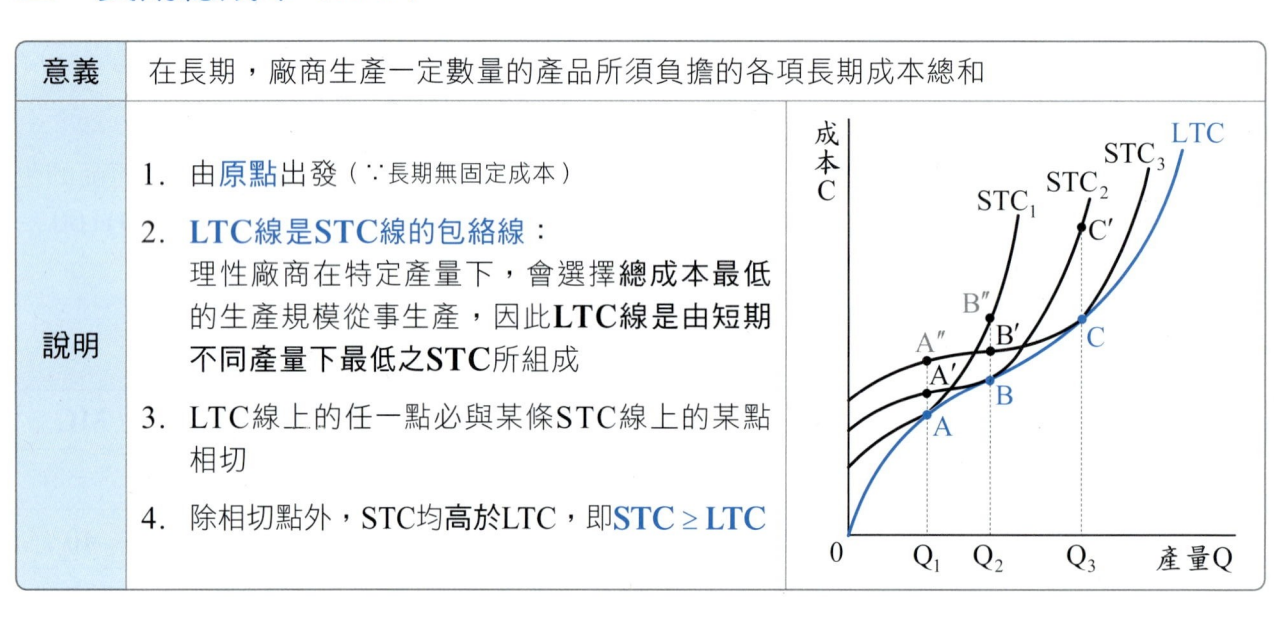

意義	在長期，廠商生產一定數量的產品所須負擔的各項長期成本總和
說明	1. 由**原點**出發（∵長期無固定成本） 2. **LTC線是STC線的包絡線**： 理性廠商在特定產量下，會選擇總成本最低的生產規模從事生產，因此**LTC線是由短期不同產量下最低之STC**所組成 3. LTC線上的任一點必與某條STC線上的某點相切 4. 除相切點外，STC均高於LTC，即**STC ≥ LTC**

三、長期平均成本（LAC）

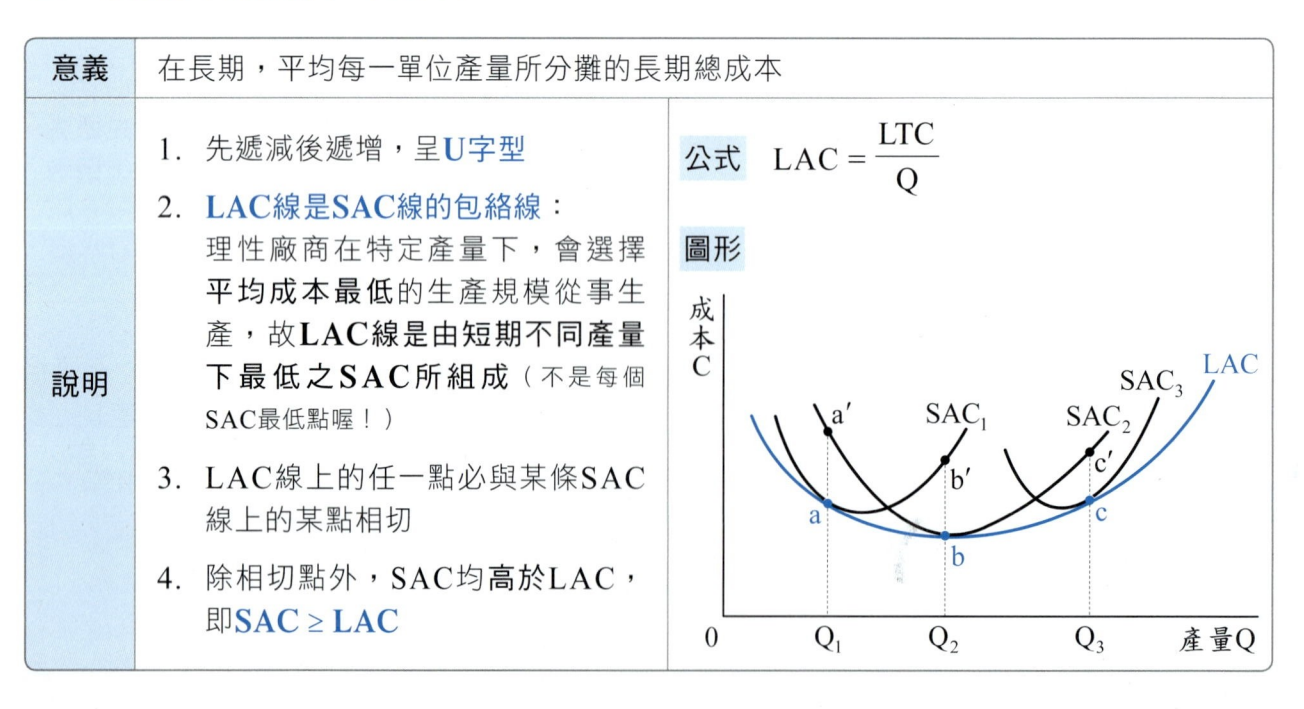

意義	在長期，平均每一單位產量所分攤的長期總成本
說明	1. 先遞減後遞增，呈**U字型** 2. **LAC線是SAC線的包絡線**： 理性廠商在特定產量下，會選擇**平均成本最低**的生產規模從事生產，故**LAC線是由短期不同產量下最低之SAC**所組成（不是每個SAC最低點喔！） 3. LAC線上的任一點必與某條SAC線上的某點相切 4. 除相切點外，SAC均高於LAC，即**SAC ≥ LAC**

公式　$LAC = \dfrac{LTC}{Q}$

圖形

四、長期邊際成本（LMC）

意義	在長期，廠商每增加一單位產量所引起長期總成本之變動量
公式	$LMC = \dfrac{\Delta LTC}{\Delta Q}$
圖形	（圖：成本C 對 產量Q，顯示 SMC₁、SMC₂、SMC₃、LMC、SAC₁、SAC₂、SAC₃、LAC 曲線，標示 a、b、c 切點與 A、B、C 點，對應 Q₁、Q₂、Q₃，Q₂ 為最適生產規模）
說明	1. 先遞減後遞增，呈**U字型** 2. **LMC線不是SMC線的包絡線** 3. LMC線是由SAC線與LAC線的切點（如圖a、b、c點）所對應產量下的SMC（如圖A、B、C點）所連結而成 4. 當**SAC = LAC**時，在該點對應的產量下，**SMC = LMC** 5. LAC最低點為廠商的最適生產規模

黃金5秒鐘

1. LTC線**是**STC線的包絡線
2. LAC線**是**SAC線的包絡線
3. LMC線**不是**SMC線的包絡線

五、LAC線、SAC線與LMC線的關係（對照LMC線圖形）

LAC線	與LAC線相切的SAC線所處之階段	SAC、LAC與SMC、LMC的關係
下降	下降	SAC = LAC > SMC = LMC（如a點）
上升	上升	SAC = LAC < SMC = LMC（如c點）
最低點	最低點	SAC = LAC = SMC = LMC（如b點） （∵LAC最低，生產效率最高，達最適生產規模）

六、長期平均成本（LAC）與規模報酬 103 104 111

情況	規模報酬遞增	規模報酬固定	規模報酬遞減
別稱	內部經濟 規模經濟	規模報酬不變	內部不經濟 規模不經濟
意義	隨著產量增加（生產規模擴大），由於受到了內部有利因素的影響，使得生產效率提高，導致長期平均成本下降	隨著產量增加（生產規模擴大），總成本與總產量呈等比例增加，長期平均成本不變	隨著產量增加（生產規模擴大），由於受到了內部不利因素的影響，使得生產效率降低，導致長期平均成本上升
特性	產量增加幅度 ＞生產要素投入增加幅度	產量增加幅度 ＝生產要素投入增加幅度	產量增加幅度 ＜生產要素投入增加幅度
原因	內部有利因素： 1. 廠商專業分工，提高生產效率 2. 大規模採購原料，取得折扣優惠 3. 充分利用副產品與廢料以減少浪費 4. 節省管理費用	規模經濟與規模不經濟的效果相互抵銷	內部不利因素： 1. 廠商規模擴大，內部組織日益複雜，造成管理困難 2. 廠商內部高技術人才不足 3. 超過生產要素的使用極限後，造成生產效降率下降
LMC與LAC關係	LAC ＞ LMC	LAC ＝ LMC	LAC ＜ LMC
廠商因應方式	擴大生產規模	維持最適生產規模 （LAC最低，生產效率最高）	縮小生產規模
圖形	\# 成本C 對應 LAC 曲線，Q₁ 以前為規模報酬遞增，Q₁～Q₂ 為規模報酬固定，Q₂ 以後為規模報酬遞減		

黃金5秒鐘

雖然SAC與LAC都是呈U字型，但成因不同，不要搞混囉！

長短期	短期平均成本SAC	長期平均成本LAC
原因	邊際報酬先遞增後遞減（邊際報酬遞減法則）	規模報酬先遞增後遞減
圖形	SAC圖形（邊際報酬遞增→遞減，U字型）	LAC圖形（規模報酬遞增→遞減，U字型）
口訣	短「邊」	長「規」

七、外部經濟與外部不經濟 [111] [114]

情況	外部經濟	外部不經濟
圖形	LAC₁下移至LAC₂	LAC₁上移至LAC₃
LAC變動情形	LAC整條下移	LAC整條上移
意義	廠商受到**外在有利因素**的影響，而使長期成本下降	廠商受到**外在不利因素**的影響，而使長期成本上升
原因	外在有利因素： 1. 整體產業生產技術進步 2. 生產要素價格下跌 3. 進口原料價格下跌 4. 政府降低稅率（利率）或增加補貼 5. 公共建設發達	外在不利因素： 1. 生產環境惡化 2. 生產要素價格上漲 3. 進口原料價格上升 4. 政府提高稅率（利率） 5. 公共建設受到破壞

黃金5秒鐘

類別	規模報酬遞增／固定／遞減	外部經濟／外部不經濟
原因	內部因素變動	外部因素變動
意義	同一條LAC線上點的移動	LAC線整條線上下的移動
圖形	LAC曲線圖：規模報酬遞增、規模報酬固定、規模報酬遞減	LAC₁、LAC₂（外部經濟）、LAC₃（外部不經濟）

練習一下 ── LAC線變動與規模報酬的關係

不同的經濟活動會造成內部經濟、內部不經濟、外部經濟或外部不經濟等現象，請判斷下列各項經濟活動，並於正確的欄位打勾。

經濟活動	內部 經濟	內部 不經濟	外部 經濟	外部 不經濟
1. 廠商將廢水回收再利用，降低用水成本	✓			
2. 政府提高基本工資，增加企業的人事成本				✓
3. 廠商嘗試多角化經營，卻造成管理不易，使經營成本增加		✓		
4. 政府增加對企業的補貼，使企業減少投資成本			✓	
5. 廠商不停要求員工加班，導致員工體力難以負荷，工作效率大為下降		✓		
6. 廠商採購大量的原料，並以量制價，取得價格優惠，使採購成本下降	✓			
7. 進口原料的關稅調降，廠商進口國外原料的成本因而下降			✓	
8. 嚴重特殊傳染性肺炎（Covid-19）疫情爆發，旅行業者力求突破困境，投入大量成本轉型經營				✓

八、長短期之產量與成本彙整 [107] [108]

	長短期 項目	短期		長期	
	要素（成本）性質	至少有一項要素（成本）的投入量固定不變		全部要素（成本）的投入量皆可變動	
產量	TP	$TP_L = Q = AP_L \times L$	先凹向上 再凹向下	—	
	AP	$AP_L = \dfrac{TP_L}{L}$	倒U字型	—	
	MP	$MP_L = \dfrac{\Delta TP_L}{\Delta L}$	倒U字型	—	
	關係	• MP最大　　→對應TP反曲點 • MP = AP　→AP最大 • MP = 0　　→TP最大 • 報酬三階段→看MP • 生產三階段→看AP		—	
成本	TFC	不受產量變動的影響	水平線	—	
	TVC	會隨產量改變而變動	先凹向下 再凹向上	即LTC	
	TC	TC = TFC + TVC	先凹向下 再凹向上	LTC：各項長期成本總和	先凹向下 再凹向上
	AFC	$AFC = \dfrac{TFC}{Q}$	L字型	—	
	AVC	$AVC = \dfrac{TVC}{Q}$	U字型	即LAC	
	AC	$AC = \dfrac{TC}{Q} = AFC + AVC$	U字型	$LAC = \dfrac{LTC}{Q}$	U字型
	MC	$MC = \dfrac{\Delta TC}{\Delta Q} = \dfrac{\Delta TVC}{\Delta Q}$	U字型	$LMC = \dfrac{\Delta LTC}{\Delta Q}$	U字型
	關係	• MC = AC　→ AC最低 • MC = AVC → AVC最低		• SAC = LAC = SMC = LMC 　⇒ LAC最低，達最適生產規模 • LTC線：是STC線的包絡線 • LAC線：是SAC線的包絡線 • LMC線：**不是**SMC線的包絡線	

學以致用 5-3

(B)1. 廠商的LAC線必在SAC線的 (A)上方 (B)下方 (C)左方 (D)右方。
解 LAC線是由無數多條SAC線所形成的包絡線，LAC線必定在SAC線的「下方」。

(A)2. 廠商的最適規模產量，是指 (A)LAC (B)LMC (C)SAC (D)SMC 最低點的生產量。
解 選在LAC最低點生產，可以使總成本最低，達到最適規模。

(A)3. LAC曲線遞減的部分，表示規模報酬
(A)遞增 (B)遞減 (C)固定 (D)不一定。

(C)4. 廠商的長期平均成本曲線與橫軸平行時，是反映哪一種現象？
(A)規模報酬遞增　　　　　(B)規模報酬遞減
(C)規模報酬固定　　　　　(D)以上皆非。

(A)5. 規模不經濟是指：
(A)隨著產量增加，LAC上升　　(B)隨著產量增加，LAC下降
(C)LAC曲線下降　　　　　　　(D)LAC曲線上升。
解 當產量增加到某一數量之後，隨著廠商生產量的增加，對廠商不利的內部因素發生，而使其長期平均成本（LAC）逐漸增加，即產生規模不經濟或內部不經濟。

(C)6. 廠商處於規模不經濟時，
(A)達到最適生產規模
(B)LAC > LMC
(C)LAC < LMC
(D)與LAC相切之SAC處於遞減階段。
解 A：LAC遞增未達最低點 ⇒ 沒有達到最適生產規模。
B：LAC遞增時，LAC < LMC。
D：當LAC遞增時，與之相切的SAC亦處於「遞增」階段。

(C)7. 下列哪一項因素不會使LAC曲線向上移動？
(A)生產環境惡化　　　　　(B)生產要素價格上漲
(C)政府增加補貼　　　　　(D)公共建設受到破壞。
解 A、B、D：為對廠商不利的外部因素，會產生外部不經濟，使LAC曲線上移。
C：為對廠商有利的外部因素，會產生外部經濟，使LAC曲線下移。

(B)8. 某公司擴大生產規模，組織變得龐大且複雜，管理層次增加，結果造成訊息傳遞緩慢，使平均成本增加，此為
(A)規模經濟 (B)規模不經濟 (C)外部經濟 (D)外部不經濟。

(B)9. 政府設立產業園區，開闢港口、道路等共同設施，使廠商長期平均成本曲線向下移動，此現象謂之
(A)內部經濟 (B)外部經濟 (C)規模經濟 (D)規範經濟。
解 由於政府的政策造成廠商的LAC曲線下移，屬於外部經濟。

(C)10. 下列有關長期總成本曲線（LTC）的敘述何者正確？
　　　　(A)呈U字型　　　　　　　　　(B)呈倒U字型
　　　　(C)LTC線是STC線的包絡線　　(D)不由原點開始出發。
　　　解 A、B：先凹向下，再凹向上。D：LTC由原點開始出發。

(C)11. 下列哪一種長期成本曲線不是其短期成本曲線的包絡線？
　　　　(A)LAC　(B)LTC　(C)LMC　(D)以上皆是。

(D)12. 下列有關長期平均成本（LAC）與短期平均成本（SAC）之敘述，何者有誤？
　　　　(A)LAC先降後升　　　　　　　(B)SAC先降後升
　　　　(C)LAC ≤ SAC　　　　　　　　(D)LAC是每一條SAC最低點的連線。
　　　解 LAC線是由短期不同產量下，平均成本最低之SAC所組成，僅有當LAC線處於最低點
　　　　時，與其相切的SAC曲線才處於最低點。

(B)13. 下列有關長期邊際成本曲線（LMC）的敘述何者正確？
　　　　(A)先遞減式增加，再遞增式增加
　　　　(B)呈現U字型
　　　　(C)當SAC = LAC時，在該產量下之SMC ≥ LMC
　　　　(D)為SMC的包絡線。
　　　解 A：LMC線呈U字型。
　　　　C：當SAC = LAC時，在該產量下之SMC = LMC。
　　　　D：LMC不是SMC的包絡曲線。

14. 下圖為長期邊際成本、長期平均成本、短期邊際成本及短期平均成本等線的關係圖，請問：

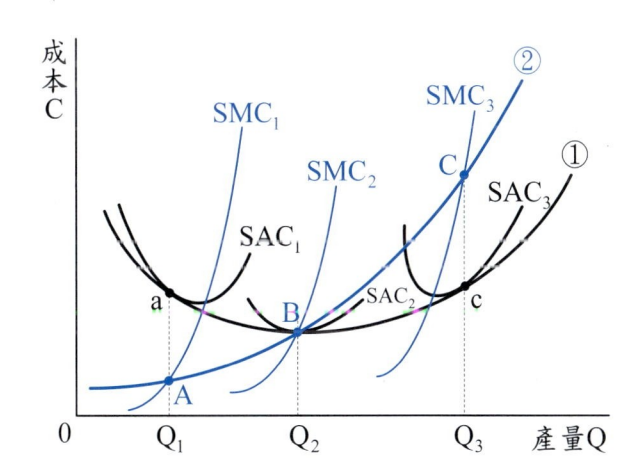

(1) ①是指 __長期平均成本（LAC）__ 線。

(2) ②是指 __長期邊際成本（LMC）__ 線。

(3) 廠商在哪一點的生產效率最高，可達最適生產規模？
　　答： __B__ 點。

5-1 成本與利潤的觀念

(D)1. 機會成本又稱為 (A)會計成本 (B)外顯成本 (C)內含成本 (D)經濟成本。

(C)2. 經濟成本為下列哪兩項之和？
(A)社會成本與外部成本
(B)外部成本與會計成本
(C)會計成本與正常利潤
(D)內含成本與外部成本。

解 經濟成本＝會計成本＋內含成本＝會計成本＋正常利潤。

(C)3. 總收益與經濟成本之間的差額，稱為：
(A)外顯利潤（explicit profit）
(B)正常利潤（normal profit）
(C)經濟利潤（economic profit）
(D)會計利潤（accounting profit）。

(B)4. 經濟利潤是： (A)等於商業利潤 (B)指總收益扣除經濟成本的餘額 (C)通常大於會計利潤 (D)指損益表的本期盈虧。

(A)5. 靜香目前失業並積極尋找工作，平均每月消費額為$20,000。若某公司決定以月薪$30,000僱用她，若靜香選擇工作，靜香的機會成本為：
(A)$0 (B)$10,000 (C)$30,000 (D)$50,000。

(A)6. 經濟學所稱的「正常利潤」係指廠商利用生產資源的
(A)內含成本部分 (B)經濟成本部分 (C)外顯成本部分 (D)社會成本部分。

(A)7. 機會成本的定義是
(A)放棄的其他用途中，價值最高者
(B)經濟活動對整個社會所產生的成本
(C)會計利潤中為負的部分
(D)是外部成本。

(A)8. 經濟成本為 (A)外露成本加內含成本 (B)外露成本減內含成本 (C)會計成本加外露成本 (D)會計成本減外露成本。

(C)9. 某資源由於生產X產品，而不得不減少對Y、Z等的生產，此即生產X產品的
(A)會計成本 (B)內含成本 (C)機會成本 (D)外部成本。

解 一項資源投入某一種生產用途（如生產X產品），所放棄其他生產用途中的最高報酬（生產Y或Z的最高報酬），即是選擇此種生產用途的機會成本。

(B)10. 小華開了一家麵包店，他在生產過程中可能發生的隱藏成本為何？
(A)使用麵粉的成本 (B)投入自有資金的利息損失
(C)僱用員工的薪資 (D)店面租金。

(D)11. 廠商的經濟利潤為：
(A)總收益減去會計成本
(B)企業主之經濟成本
(C)總收益減去外顯成本
(D)總收益減去經濟成本。

(C)12. 經濟學所稱的成本，一般是指
(A)會計成本　(B)內含成本　(C)機會成本　(D)社會成本。

(A)13. 水電師傅工作時會說：「我沒有賺你的錢，我只是賺工錢而已。」請問水電師傅所謂我沒有賺你的「錢」，此「錢」字的經濟涵義為
(A)超額利潤　(B)正常利潤　(C)機會成本　(D)邊際成本。
解 水電師傅所謂我沒有賺你的「錢」，指的是他沒有賺到「超額利潤」。

(A)14. 在成本觀念中，下列哪一項與「即使是自己的貢獻，也應該付錢給自己」的概念相近？
(A)隱含成本（implicit cost）
(B)會計成本（accounting cost）
(C)外顯成本（explicit cost）
(D)外部成本（externality cost）。
解 使用自有資源從事生產仍應負擔的成本，稱為隱含成本（內含成本）。

(B)15. 下列敘述何者正確？
(A) 生產函數表示在已知勞動數量下，廠商生產之最少產量
(B) 一位勞工可生產5張椅子，而生產10張椅子時則須雇用3位以上勞工，此乃邊際報酬遞減現象
(C) 如果廠商之經濟利潤為零，則表示該廠商應退出該產業
(D) 廠商在長期可以變動所有生產因素，但卻無法改變其生產因素之組合。
解 A：生產函數是表示「生產要素投入量」與「最大產出量」之間的關係。
　　C：經濟利潤等於零僅表示無超額利潤，但尚有正常利潤，廠商並不必然要歇業。
　　D：在長期，廠商有足夠的時間來調整生產要素的投入量。

(D)16. 下列有關會計利潤與經濟利潤之敘述，何者為錯誤？
(A)會計利潤＝總收益－外顯成本
(B)經濟利潤＝總收益－機會成本
(C)經濟利潤＝會計利潤－正常利潤
(D)經濟利潤＝會計利潤－外顯成本。
解 D：經濟利潤＝會計利潤－內含成本。

(B)17. 假如你有一塊土地，若出租每年有$8,000的租金收入，若以$75,000賣掉並同時投資等值的長期債券，每年可有15%的利息收入，則保留土地不租也不賣的機會成本每年為　(A)$75,000　(B)$11,250　(C)$8,000　(D)$19,250。
解 租金收入＝$8,000，利息收入＝$75,000×15%＝$11,250，$11,250＞$8,000，所以每年保留土地的機會成本為$11,250。

(C)18. 假設陳醫師每天的收入為10,000元,外顯成本為9,000元,自己的勞動價值為2,000元,則其
(A)經濟利潤為0,會計利潤為1,000元
(B)經濟利潤1,000元,會計利潤為0
(C)經濟利潤為 −1,000元,會計利潤為1,000元
(D)經濟利潤為1,000,會計利潤為 −1,000元。

解 經濟利潤 = 總收益 − 外顯成本 − 內含成本 = $10,000 − $9,000 − $2,000 = −$1,000;
會計利潤 = 總收益 − 外顯成本 = $10,000 − $9,000 = $1,000。

5-2 短期成本分析

(D)19. 每一單位產量平均使用的成本,是為
(A)固定成本 (B)變動成本 (C)總成本 (D)平均成本。

(B)20. 平均總成本與平均變動成本間之差距,會隨著產量的增加而
(A)變大 (B)變小 (C)不變 (D)不確定。

(C)21. 就短期成本結構而言,當MC > AVC時
(A)MC遞減 (B)AVC最低 (C)AVC遞增 (D)MC最低。

(D)22. 下列敘述何者錯誤?
(A)MC < AC時,AC遞減
(B)MC = AC時,AC最低
(C)MC > AC時,AC遞增
(D)MC = AC時,MC最低。

(B)23. 右圖為某廠商生產某財貨的總成本線,產量300時,平均成本為 (A)$\frac{1}{3}$ (B)$\frac{4}{3}$ (C)100 (D)400。

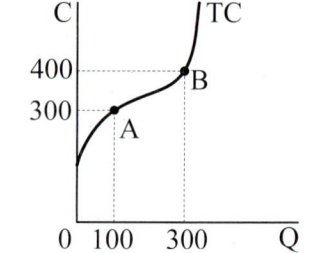

解 $AC = \frac{TC}{Q} = \frac{400}{300} = \frac{4}{3}$。

(C)24. 承上題,產量300時,下列何者可表示平均成本?
(A)0A斜率
(B)A點切線斜率
(C)0B斜率
(D)B點切線斜率。

解 TC曲線上任何一點與原點連線的斜率,即為AC。

(B)25. 下列哪一條曲線成U字型?
(A)總成本曲線
(B)邊際成本曲線
(C)總固定成本曲線
(D)平均固定成本曲線。

(C)26. 在短期分析時,隨產量增加而逐漸減少的成本為
(A)邊際成本 (B)變動成本 (C)平均固定成本 (D)平均變動成本。

(B)27. 當產出增加時,平均固定成本會
(A)增加 (B)減少 (C)先增加後減少 (D)不變。

(B)28. 平均成本是指
(A)平均每一單位要素的生產成本
(B)每一單位產量平均負擔的成本
(C)為獲得每一元收益的平均支出
(D)總產量曲線的斜率。

(B)29. 平均成本與平均固定成本之間的差額為
(A)邊際成本　　　　　　(B)平均變動成本
(C)生產者剩餘　　　　　(D)總變動成本。

(C)30. 下列哪一條成本線為水平線？
(A)總成本　(B)總變動成本　(C)總固定成本　(D)邊際成本。

(C)31. TC的計算，可由
(A)AC累加而得
(B)AC加MC而得
(C)TFC加TVC而得
(D)AC減MC而得。

(A)32. 邊際成本是
(A)產量增加一單位所引起TC增加的數額
(B)產量增加一單位所引起TFC增加的數額
(C)產量增加一單位所引起AFC增加的數額
(D)產量增加一單位所引起AVC增加的數額。

(B)33. 公司總裁之薪資是屬於公司的
(A)邊際成本　(B)固定成本　(C)平均變動成本　(D)不屬於公司的成本。

(B)34. 當平均變動成本（AVC）為最低，則：
(A)邊際成本小於AVC
(B)邊際成本等於AVC
(C)邊際成本亦為最低
(D)邊際成本下降。
解 當MC＝AVC時，AVC最低。

(D)35. 當平均成本曲線遞減時，邊際成本曲線必
(A)遞減　(B)遞增　(C)位於最低點　(D)低於平均成本曲線。

(A)36. 當MC＞AC時，AC曲線
(A)上升　(B)下降　(C)先上升後下降　(D)先下降後上升。

(B)37. 當產出增加時，AFC將　(A)上升　(B)下降　(C)不變　(D)先降後升。
解 AFC產量的增加而下降，AFC曲線接近L形狀。

next...

(D)38. 若廠商的短期邊際成本MC線為U字型，則下列敘述何者正確？
(A)AC與AVC線之垂直距離恰等於TC與TVC線之垂直距離
(B)MC線的下降部分，穿過AC與AVC線之最低點
(C)TFC與AFC線皆為水平線
(D)MC線最低點的產量恰等於TC與TVC線轉折點（inflection point）的產量。

解 A：AC－AVC＝AFC，AFC會隨著產量的增加而「遞減」；
TC－TVC＝TFC，TFC「固定不變」。
B：MC線的「上升」部分，穿過AC與AVC線之最低點。
C：TFC為水平線，AFC呈L字型。

(D)39. 下列敘述何者正確？
(A)邊際產量遞減時，平均產量必定遞減
(B)邊際成本遞增時，平均成本必定遞增
(C)合理的生產階段，是指平均產量及邊際產量皆在遞增的階段
(D)平均總成本曲線與平均變動成本曲線的垂直距離，會隨產量的增加而縮小。

解 A：邊際產量遞減時，平均產量先遞增後遞減。
B：邊際成本遞增時，平均成本先遞減後遞增。
C：合理的生產階段，是指從平均產量的最高點到邊際產量等於零的階段，此時平均產量及邊際產量皆在遞減。

(A)40. 就短期成本結構而言，當邊際成本（MC）等於平均成本（AC）時
(A)AC是最低點　(B)AC在遞減　(C)AC在遞增　(D)MC是最低點。

(D)41. 下列有關AC與MC之關係何者有誤？
(A)AC最低時等於MC　　　　　(B)AC遞減時大於MC
(C)AC遞增時小於MC　　　　　(D)AC經常大於MC。

解 D：AC在遞增階段時，AC＜MC。

(B)42. 有關成本的敘述，以下何者不正確？
(A)短期成本可分為固定成本與變動成本
(B)短期下，平均固定成本隨產量增加而增加
(C)短期下，邊際成本會通過平均成本最低點
(D)短期下，邊際成本會通過平均變動成本最低點。

解 平均固定成本會隨產量增加而「減少」。

(C)43. 從廠商的總成本可以導出平均成本AC和邊際成本MC。有關AC和MC二者關係的敘述，下列何者正確？
(A)當AC大於MC時，MC處於遞減狀態
(B)當AC小於MC時，MC處於遞減狀態
(C)當AC大於MC時，AC處於遞減狀態
(D)當AC小於MC時，AC處於遞減狀態。

解 A：MC先遞減後遞增。B：MC處於遞增狀態。D：AC處於遞增狀態。

CH5 成本理論

(D)44. 下列關於短期生產中，平均成本AC，平均變動成本AVC與邊際成本MC之間關係的描述，何者正確？
(A)AC一定比AVC與MC高
(B)AC等於AVC加MC
(C)當MC隨產量增加而遞增時，AVC也隨產量增加而遞增
(D)MC與AVC的最低點相交。

解 A：AC一定比AVC高。AC在遞減階段會比MC高；AC在遞增階段會比MC低。
B：AC = AVC + AFC。
C：MC通過AVC最低點前，AVC隨產量增加而遞減。

(C)45. 在短期成本結構中，下列何種情況是正確的？
(A)如果平均變動成本（AVC）上升，則平均總成本（AC）必然上升
(B)AC比AVC先達到最低點
(C)如果AVC和平均固定成本（AFC）都下降，則AC必然下降
(D)如果邊際成本（MC）上升，則AVC必然也上升。

解 A：AVC上升時，AC先下降而後上升。B：AC較AVC晚達到最低點。
D：MC上升時，AVC先下降而後上升。

(D)46. 根據右圖中邊際成本、平均成本及平均變動成本的關係，請問下列敘述何者正確？
(A)產量7單位的總固定成本為64
(B)產量4.5單位的總固定成本為64
(C)產量7單位的總成本為224
(D)產量2單位的總成本為120。

解 A：Q = 7時，AFC = AC − AVC = 40 − 32 = 8，TFC = 8 × 7 = 56。
B：TFC = 56（不隨產量改變）。
C：Q = 7時，TC = 7 × 40 = 280。
D：Q = 2時，TVC = AVC × Q = 32 × 2 = 64，
TC = TVC + TFC = 64 + 56 = 120。

(A)47. 右圖為某廠商生產成衣的短期平均總成本曲線SAC（最低點為a點）。由圖觀之，下列敘述何者錯誤？
(A)當產量為150件時，多生產一件的邊際成本低於50元
(B)當產量為50件時，多生產一件的邊際成本低於70元
(C)當產量為100件時，多生產一件的邊際成本為50元
(D)生產100件成衣的總成本為5,000元。

解 如右圖所示：
A：Q = 150時，多生產一件的邊際成本高於50元。
B：Q = 50時，多生產一件的邊際成本低於70元。
C：Q = 100時，多生產一件的邊際成本為50元。
D：生產100件成衣的總成本 = 100 × 50 = 5,000（元）。

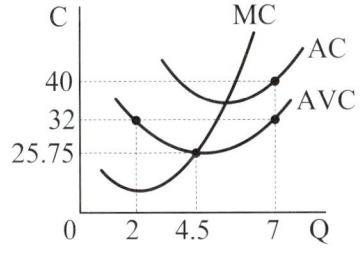

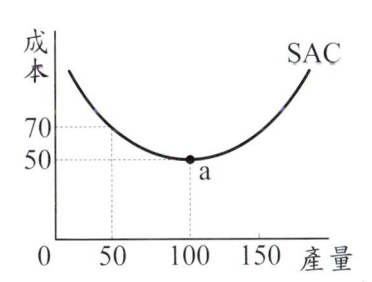

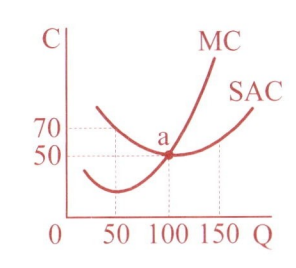

next...

(A)48. 假設公司生產衣服，勞工為唯一變動生產因素，每日為生產98件衣服，需僱用6位勞工，且每位勞工每日工資為$2,000，求公司的平均變動成本為何？
(A)$122.4　(B)$132.6　(C)$146.2　(D)$163.8。

解 平均變動成本（AVC）= $\dfrac{總變動成本（TVC）}{產量（Q）}$ = $\dfrac{\$2,000 \times 6}{98}$ = $122.4。

(C)49. 若產量10單位時總成本為100，增用一單位生產因素後產量變為12，總成本變為130，則邊際成本為
(A)30　(B)20　(C)15　(D)10。

解 MC = $\dfrac{130-100}{12-10}$ = 15。

(B)50. 若產量10單位時，總成本為200，增加一單位生產因素使用後產量變為12，總成本增加為240，則邊際成本為
(A)30　(B)20　(C)15　(D)10。

解 MC = $\dfrac{240-200}{12-10}$ = 20。

(A)51. 一廠商的短期總成本函數為$STC(Q) = 100 + 10Q^2$，其中Q為產量。若產量為10，下列何者錯誤？
(A)平均變動成本為1,000
(B)總固定成本為100
(C)平均總成本為110
(D)平均固定成本為10。

解 Q = 10時，STC = 100 + 10 × 10² = 1,100，SAC = $\dfrac{1,100}{10}$ = 110。

Q = 0時，代入短期總成本函數可得TFC = 100，

AVC = $\dfrac{TVC}{Q}$ = $\dfrac{STC-TFC}{Q}$ = $\dfrac{1,100-100}{10}$ = 100。AFC = $\dfrac{100}{10}$ = 10。

(B)52. 某生產者的總成本函數為：$AC = 200 - 24Q + Q^2$，邊際成本函數為$MC = 200 - 48Q + 3Q^2$，則該生產者的平均成本最小值AC = MC為
(A)46　(B)56　(C)572　(D)672。

解 AC = MC ⇒ 200 − 24Q + Q² = 200 − 48Q + 3Q² ⇒ Q = 12。
Q = 12代入AC，AC = 56。

(A)53. 當產量為10單位時，總固定成本為300，總成本為700；當產量為11單位時，總變動成本為430，則邊際成本為：
(A)30　(B)43　(C)270　(D)400。

解 Q = 10時，TC = TFC + TVC ⇒ 700 = 300 + TVC ⇒ TVC = 400，

MC = $\dfrac{\Delta TC}{\Delta Q}$ = $\dfrac{\Delta TVC}{\Delta Q}$ = $\dfrac{430-400}{11-10}$ = 30。

(B)54. 短期下，若產量為10單位時，總成本與總變動成本的差為200。則當產量為50單位時，平均成本與平均變動成本的差為多少？ (A)0 (B)4 (C)20 (D)200。

解 $TC - TVC = TFC = 200$，而 $AC - AVC = AFC$，因此當產量為50時，
$AFC = \dfrac{TFC}{Q} = \dfrac{200}{50} = 4$。

(D)55. 短期間，假設甲廠商生產10件產品時，總成本為700元，總固定成本為400元，若增加一單位產品，其邊際成本為30元，則生產11件產品時，總變動成本為 (A)430元 (B)730元 (C)300元 (D)330元。

解 當 $Q = 10$ 時，$TC_{10} = 700$，$TFC = 400$，所以 $TVC_{10} = 700 - 400 = 300$；
當 $Q = 11$ 時，$MC = \dfrac{\Delta TVC}{\Delta Q} = \dfrac{TVC_{11} - TVC_{10}}{Q_{11} - Q_{10}} = \dfrac{TVC_{11} - 300}{11 - 10} = 30$
$\Rightarrow TVC_{11} = 330$。

(D)56. 產量100單位，$TFC = 300$，$TC = 700$，產量120單位，$TVC = 460$，則MC為若干？ (A)60 (B)30 (C)6 (D)3。

解 $MC = \dfrac{\Delta TC}{\Delta Q} = \dfrac{\Delta TVC}{\Delta Q}$；$TVC_{100} = TC_{100} - TFC = 700 - 300 = 400$；
$MC = \dfrac{\Delta TVC}{\Delta Q} = \dfrac{460 - 400}{120 - 100} = 3$。

5-3 長期成本分析

(A)57. 若其他條件不變下，某一廠商的長期生產過程中，出現每一種生產要素投入量都增加2倍，而產量只增加0.5倍時，此種產量增加比例小於所有生產要素增加比例的生產關係，稱為：
(A)規模報酬遞減 (B)邊際替代率遞減 (C)邊際效用遞減 (D)邊際報酬遞減。

解 規模報酬遞減：「產量增加比例」小於「所有生產要素增加比例」。

(A)58. 當長期平均成本曲線隨產量增加而遞減時，則該廠商有
(A)內部經濟 (B)內部不經濟 (C)外部不經濟 (D)外部經濟。

解 隨著產量增加，廠商因內部有利因素使長期平均成本遞減的現象，稱為內部經濟。

(D)59. 規模不經濟，是指產量增加 (A)短期邊際成本上升 (B)短期平均成本上升 (C)長期邊際成本上升 (D)長期平均成本上升。

解 規模不經濟是指廠商的長期平均成本隨產量增加而增加的現象。

(B)60. 廠商的長期平均成本曲線，最初下降的原因是
(A)規模報酬遞減 (B)規模報酬遞增 (C)規模報酬固定 (D)邊際報酬遞減。

解 是因為廠商生產量的增加（擴大生產規模），使其平均成本遞減，也就是在規模報酬遞增的階段。

(D)61. 整條平均成本線往上移動，這是指
(A)外部經濟 (B)內部經濟 (C)內部不經濟 (D)外部不經濟。

解 廠商受到外界不利因素的影響而使其LAC曲線整條往上移動，稱為外部不經濟。

(A)62. 政府投資開發「台南科學園區」，使區內廠商的長期平均成本（LAC）曲線整條向下移動，此現象稱為
(A)外部經濟　(B)外部不經濟　(C)內部經濟　(D)內部不經濟。
解 廠商受到外部有利因素的影響而使其LAC曲線整條往下移動，稱為外部經濟。

(C)63. 所謂外部經濟係指
(A)LAC遞減階段　(B)LAC遞增階段　(C)LAC下移　(D)LAC上移。
解 外部經濟會使LAC曲線整條往下移。

(B)64. 若所有生產要素都增加一倍，而產量增加0.8倍，此現象稱為
(A)邊際報酬遞減
(B)規模報酬遞減
(C)邊際報酬遞增
(D)規模報酬遞增。

(B)65. 若生產函數為規模報酬遞增，此時要素投入增加三倍時，產量會
(A)增加三倍
(B)增加大於三倍
(C)增加小於三倍
(D)不變。

(B)66. 長期平均成本曲線（LAC）是下列何者之包絡曲線？
(A)短期總成本曲線（STC）
(B)短期平均成本曲線（SAC）
(C)短期邊際成本曲線（SMC）
(D)以上皆非。

(B)67. 廠商大規模的採購原料，往往可以享受折扣優待，此屬於
(A)外部經濟　(B)內部經濟　(C)內部不經濟　(D)外部不經濟。

(A)68. 規模報酬遞減指的是，所有投入等比例增加，產出增加的比例將：
(A)小於投入增加的比例　　(B)保持不變
(C)等於投入增加的比例　　(D)大於投入增加的比例。

(C)69. 下列哪一種是外部經濟？
(A)牛肉價格上漲引起豬肉需求增加
(B)所得增加，購買量增加
(C)教育普及，員工素質提高
(D)廠商實施專業分工。

(B)70. 長期平均成本隨產量增加而遞增的現象稱為：
(A)規模經濟　(B)規模不經濟　(C)外部經濟　(D)外部不經濟。

(A)71. 規模不經濟指長期平均成本曲線會隨著產量的增加而：
(A)遞增　(B)遞減　(C)不變　(D)以上皆有可能。

(B)72. 長期平均成本呈U字型,是因為:
(A)報酬遞減法則
(B)產量低時有規模經濟、產量高時出現規模不經濟
(C)固定成本隨產量增加而提高
(D)產量低時有規模不經濟、產量高時出現規模經濟。

(A)73. 政府將企業的營利事業所得稅從17%調漲至20%,使廠商長期平均成本曲線向上移動,此現象謂之
(A)外部不經濟 (B)外部經濟 (C)內部經濟 (D)內部不經濟。

(C)74. 若長期平均成本線(LAC)為一平滑的U字型曲線,而在LAC線的最低點時,會有下列何種情形?
(A)長期邊際成本大於長期平均成本
(B)長期邊際成本小於長期平均成本
(C)長期邊際成本等於長期平均成本
(D)短期平均成本小於長期平均成本。

(C)75. 廠商擴大生產所產生規模不經濟(diseconomies of scale)現象,請問會是下列哪一項原因造成?
(A)政府提高營業稅 (B)石油價格上升 (C)管理困難 (D)公共建設不足。

(B)76. 下列有關廠商的長期成本與短期成本之說明,何者有誤?
(A)長期平均成本曲線(LAC)為所有短期平均成本曲線(SAC)的包絡線
(B)LAC曲線之每一點均由SAC曲線的最低點組合而成
(C)短期成本包括固定成本及可變動成本,而長期成本均為可變動成本
(D)在成本分析上,長、短期間並無一定標準,係依產業性質而定。
解 LAC曲線為SAC曲線的包絡線,僅當LAC曲線最低點時,才與SAC曲線最低點相切。

(D)77. 下列敘述有哪些是錯誤?
①若生產要素的用途僅有一種,則不存在著機會成本的概念
②經濟利潤係指總收益減去外露成本與內含成本的餘額
③平均固定成本AFC曲線是先下降後上升
④外部不經濟會使整條短期平均成本SAC曲線上移
(A)①② (B)②③ (C)①④ (D)③④。
解 ③:AFC隨產量增加而減少,AFC曲線呈現遞減。
④:外部不經濟會使整條長期平均成本LAC曲線上移。

(C)78. 下列有關廠商長期平均成本(LAC)的敘述,何者正確?
(A)是短期平均成本的水平加總線
(B)顯示固定要素投入的平均單位成本
(C)大規模生產經濟使LAC隨產量上升而遞減
(D)外部經濟使LAC整條上升。
解 A:LAC曲線是SAC曲線的包絡線。
B:長期平均成本是顯示變動要素投入的平均單位成本。
D:外部經濟使LAC減少,LAC曲線整條下移。

(C)79. 下列敘述何者有誤？
(A)由於資源的用途不只一種，因此會有機會成本產生
(B)長期平均成本（LAC）曲線是短期平均成本（SAC）曲線的包絡線
(C)U字型的LAC曲線是由每一條SAC曲線的最低點所組成
(D)廠商生產時所產生的外部成本，並沒有被計入在他的生產成本中。

解 LAC曲線遞減時，與SAC曲線遞減的部分相切；LAC曲線最低點時，與SAC曲線最低點相切；LAC曲線遞增時，與SAC曲線遞增的部分相切。

(D)80. 下列有關成本理論的敘述，何者正確？
(A)產業存在外部經濟即表示長期平均成本曲線（LAC）呈左上右下的形狀
(B)長期平均成本曲線（LAC）是各短期平均成本曲線（SAC）的最低點連線
(C)長期邊際成本曲線（LMC）是各短期邊際成本曲線（SMC）的最低點連線
(D)長期總成本曲線（LTC）始於原點。

解 A：是因為發生規模經濟與規模不經濟。
B：LAC不是各SAC最低點的連線。
C：LMC不是各SMC最低點的連線。

(A)81. 以下敘述，何者不是大規模生產經濟的理由？
(A)企業領導人的企業才能，不可能隨生產規模無限擴張
(B)規模擴大可使用更精密的機器
(C)規模擴大可採取更精密的分工
(D)規模擴大可增加原物料使用數量。

(D)82. 下列敘述哪些正確？
①短期平均成本曲線（SAC）呈U字型是因生產要素的邊際生產力先遞增後遞減所造成
②長期平均成本曲線（LAC）呈U字型是因外部經濟與外部不經濟所造成
③LAC整條往下或往上移動是因規模經濟與規模不經濟所造成
④機會成本的存在主要是因為資源有諸多不同的用途
(A)①②　(B)②③　(C)③④　(D)①④。

解 ②：LAC線呈U字型是因「內部經濟」與「內部不經濟」所造成。
③：LAC線整條往下或往上移動是因「外部經濟」與「外部不經濟」所造成。

(C)83. 造成生產者長期平均成本曲線整條下移的原因是
(A)勞動者的專業與分工
(B)引進全自動化的生產設備
(C)政府致力於開闢道路及港口
(D)生產者進行大規模採購。

解 A、B、D皆屬內部經濟，會使LAC隨產量增加而遞減。
C：外部經濟會使LAC曲線整條下移。

(C)84. 下列敘述何者為正確？
(A)LAC曲線成U字型，是因為邊際報酬先遞增後遞減之故
(B)短期平均成本曲線（SAC）呈U字型是因為內部經濟與不經濟之故
(C)當某一產量的LAC＝SAC時，長期邊際成本（LMC）亦等於短期邊際成本（SMC）
(D)LAC曲線是一條與無數條SAC曲線之最低點相切而成的曲線。

解 A：LAC曲線呈U字形，是因為內部經濟與不經濟之故。
　　B：SAC曲線呈U字形，是因為邊際報酬先遞增後遞減之故。
　　D：LAC不是各SAC最低點的連線。

(D)85. 下列敘述，何者錯誤？
(A)魚與熊掌不可兼得是指選擇成本
(B)內部經濟又稱規模經濟
(C)長期而言，所有生產要素都是可變的，無固定成本
(D)平均固定成本不隨產量變動而變動。

解 D：平均固定成本會隨產量增加而遞減。

(A)86. 下列有關LAC、SAC之敘述，何者有誤？
(A)LAC ≥ SAC
(B)LAC不一定等於SAC
(C)LAC為SAC的包絡線
(D)LAC ≤ SAC。

解 A：LAC ≤ SAC。

(B)87. 長期平均成本（LAC）曲線與短期平均成本（SAC）曲線之關係，下列敘述何者為錯誤？
(A)LAC曲線是SAC曲線的包絡線
(B)LAC曲線上的任何一點，均是SAC曲線最低點組成
(C)LAC曲線最低點時的SAC曲線，為最適生產規模
(D)LAC曲線與SAC曲線均呈U字形狀。

解 B：LAC曲線遞減時，與SAC曲線遞減的部分相切；LAC曲線最低點時，與SAC曲線最低點相切；LAC曲線遞增時，與SAC曲線遞增的部分相切。

(C)88. 下列關於長期成本和短期成本之關係何者為正確？
(A)長期邊際成本為短期邊際成本之包絡線
(B)長期平均成本通過長期邊際成本的最低點
(C)在長期平均成本上升時，長期邊際成本大於長期平均成本
(D)短期平均成本是長期平均成本的包絡線。

解 A：長期邊際成本「不是」短期邊際成本之包絡線。
　　B：「長期邊際成本」通過「長期平均成本」的最低點。
　　D：「長期平均成本」是「短期平均成本」的包絡線。

next...

(D)89. 內部經濟是指隨廠商生產規模之擴大,廠商本身會產生若干有利因素,促使長期成本降低的現象。下列何者不屬於促成內部經濟的原因?
(A)規模擴大可採行分工以降低成本
(B)規模擴大可利用副產品
(C)規模擴大可降低採購原料成本
(D)政府為扶植產業發展,給予該產業所有廠商租稅減免。

(D)90. 以下何者是促成生產者長期平均成本曲線整條下降的可能原因?
(A)自動化機器的使用　　　　(B)大規模採購及副產品的利用
(C)勞動者的專業與分工　　　　(D)政府對交通運輸的改良。

(C)91. 某廠商的長期平均成本（LAC）與長期邊際成本（LMC）如右圖,其中Q為產量,則下列何者敘述為正確?
(A)LAC下降的一段稱為規模不經濟
(B)產量達到Q^*時,表示生產效率最低
(C)LAC上升的一段稱為規模報酬遞減
(D)LMC上升的一段稱為規模報酬遞減。

解 A：稱為「規模經濟」。B：表示「生產效率最高」。D：為「LAC上升」的一段。

(D)92. 依下圖廠商的產出水準,在哪個階段表示存在規模不經濟?
(A)Q_2之前　　　　　　(B)Q_2到Q_3之間
(C)Q_3到Q_4之間　　　(D)Q_4之後。

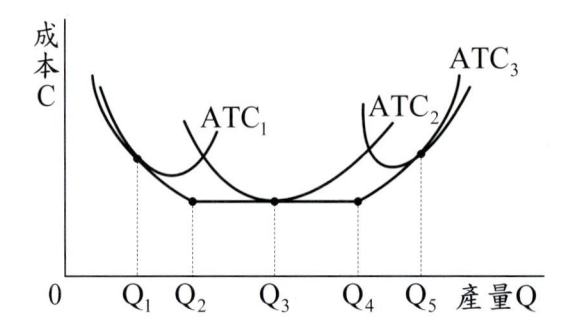

解 A：Q_2之前存在規模經濟。
　　B、C：Q_2到Q_4之間存在規模報酬不變。

進階挑戰題

(C)1. 林先生用自己的房子開早餐店,下列敘述何者正確?
(A)早餐店的總收入減掉會計成本等於早餐店的經濟利潤
(B)如果林先生租房子開店,店的經濟利潤減少
(C)當早餐店的經濟利潤為正時,其會計利潤必為正
(D)林先生請太太辭去工作來店裡幫忙,取代原來僱用的工讀生。因不支付太太薪水,店的經濟利潤會增加。 [5-1]

解 A:總收入－會計成本＝會計利潤。
B:開店時不論是租房子還是使用自有房子,都須計算租金,因此均需計入成本。
C:經濟利潤＝會計利潤－正常利潤,正常利潤必≥0 ⇒ 經濟利潤與會計利潤呈正相關。
D:早餐店節省了工讀生薪資的會計成本,但增加了太太辭去工作所損失收入的內含成本,故經濟利潤不一定增加。

(D)2. 下列有關成本曲線的敘述,何者正確?
(A)在某特定的產量,如果邊際成本曲線呈現遞增的狀態,則平均成本曲線一定會呈現遞增的狀態
(B)在某特定的產量,如果平均成本曲線呈現遞減的狀態,則邊際成本曲線一定會呈現遞減的狀態
(C)在某特定的產量,如果平均成本曲線是高於邊際成本曲線時,則邊際成本曲線一定是在遞減的狀態
(D)在某特定的產量,如果平均成本曲線是高於邊際成本曲線時,則平均成本曲線一定是在遞減的狀態。 [5-2]

▲ 閱讀下文,回答第3～4題。

小賈在夜市販賣波蘿麵包,下列是他過去一年的財務資料:向銀行貸款20萬元購買餐車,年利率5%,繳納夜市攤位費用一年2萬元,購買麵粉、奶油、紙袋等原材料總計18萬元。去年小賈總計賣出20,000個波蘿麵包,每個價格30元。

(B)3. 小賈去年的利潤是:
(A)20萬元　(B)39萬元　(C)50萬元　(D)60萬元。 [5-1][情境素養題]

解 $TR = P \times Q = 30 \times 20,000 = 600,000$,一年的貸款利息為$200,000 \times 5\% = 10,000$,
利潤π＝總收益－經濟成本＝$600,000 - 10,000 - 20,000 - 180,000 = 390,000$（元）。

(A)4. 承上題,小賈在夜市販售的波蘿麵包之平均固定成本與平均變動成本分別是:
(A)平均固定成本1.5元,平均變動成本9元
(B)平均固定成本11元,平均變動成本9元
(C)平均固定成本1.5元,平均變動成本10元
(D)平均固定成本11元,平均變動成本10元。 [5-2][情境素養題]

解 利息、攤位費用屬於固定成本,$AFC = \dfrac{10,000 + 20,000}{20,000} = 1.5$（元）。

購買原材料費用屬於變動成本,$AVC = \dfrac{180,000}{20,000} = 9$（元）。

情境素養題

(C)1. 炭治郎原先在瓦斯行工作,其工作月薪為4萬元,炭治郎尚有一間店面出租中,每月可得到3萬元租金。若炭治郎現以自有店面開設飲料店,一個月開店各項費用為20萬元,但其不支薪給自己,也不用付店租,而營業收入為25萬元。下列有關其損益的敘述,何者正確?
(A)有經濟利潤5萬元　　　　　　　(B)有經濟損失5萬元
(C)有經濟損失2萬元　　　　　　　(D)有經濟利潤2萬元。　　　　　　[5-1]

解 經濟利潤 = 總收益 − 會計成本 − 內含成本
　　　　　　 = 25萬 − 20萬 − (4萬 + 3萬) = −2萬(有經濟損失2萬元)。

(C)2. 陳同學辭掉原本的工讀工作,開始創業批貨擺攤,每月的擺攤收入為50,000元,除批貨成本為45,000元之外,並無其他成本支出。原本擺攤前打工一個月的薪資所得為10,000元。陳同學批貨擺攤創業的每月利潤為:
(A)會計利潤為 −5,000元　　　　　(B)經濟利潤為10,000元
(C)經濟利潤為 −5,000元　　　　　(D)會計利潤為15,000元。　　　[5-1][102統測]

解 會計利潤 = 總收益 − 會計成本 = 50,000 − 45,000 = 5,000(元)。
　　 經濟利潤 = 總收益 − 會計成本 − 內含成本
　　　　　　 = 50,000 − 45,000 − 10,000 = −5,000(元)。

(D)3. 小張高中畢業後就出來工作,原有的工作年薪為30萬元,預估未來四年都不會調薪。後來小張想繼續求學,於是將工作辭了成為全職的大學生,求學四年期間增加支出40萬元。假設利率為零之情況下,請問他放棄工作而選擇就讀大學四年的機會成本是多少?
(A)30萬元　(B)40萬元　(C)70萬元　(D)160萬元。　　　　　[5-1][107統測改編]

解 機會成本 = 會計成本 + 內含成本
　　　　　　 = 40萬 + 30萬 × 4
　　　　　　 = 160萬(元)。

(B)4. 老王經營一家玩具公司,假設生產玩具的固定成本為200元,總變動成本如下:

玩具生產數量	1	2	3	4	5	6	7
總變動成本(元)	10	20	40	80	160	320	640

請問在平均成本最小時,老王玩具公司玩具生產的數量應為多少?
(A)3　(B)4　(C)5　(D)6。　　　　　　　　　　　　　　　　　　　　[5-2]

解 當 Q = 4 時,AC最低,所以應生產4單位。

Q	1	2	3	4	5	6	7
TFC	200	200	200	200	200	200	200
TVC	10	20	40	80	160	320	640
TC	210	220	240	280	360	520	840
AC	210	110	80	70	72	86.7	120

統測臨摹

(A)1. 所謂內部經濟（Internal Economy）是指： (A)規模報酬遞增 (B)規模報酬遞減 (C)規模報酬固定 (D)長期平均成本線水平的部份。 [5-3][103統測]

(C)2. 有關長短期成本的關係，以下敘述何者不正確？
(A)長期平均成本線是短期平均成本線的包絡曲線
(B)長期平均成本線上任一點必與短期平均成本線上某一點相切
(C)長期平均成本必大於等於短期平均成本
(D)長期平均成本線的最低點，也必定是某短期平均成本線的最低點。 [5-3][103統測]

(B)3. 下列何者會使長期平均成本呈現遞減現象？
(A)在技術不變下，不斷增加勞動的雇用量
(B)擴大規模下，因大規模採購生產要素而獲得折扣，使成本下降
(C)政府改善交通建設，使運輸成本降低
(D)政府為改善財政赤字，對所有廠商加稅。 [5-3][104統測]

(A)4. 當經濟利潤等於零時： (A)生產者獲取正常利潤 (B)生產者獲取超額利潤 (C)生產者會關門歇業 (D)會計利潤小於零。 [5-1][105統測]

(A)5. 在短期之下，平均固定成本AFC會隨產量增加而：
(A)逐漸減少 (B)逐漸增加 (C)不變 (D)先遞減後遞增。 [5-2][105統測]

(D)6. 若長期平均成本LAC隨產量增加而遞增，此時稱為： (A)邊際報酬遞增 (B)邊際報酬遞減 (C)規模報酬遞增 (D)規模報酬遞減。 [5-3][105統測]

(D)7. 在短期下，若一廠商的產量（Q）、總成本（TC）、總變動成本（TVC）、平均成本（AC）、平均變動成本（AVC）、平均固定成本（AFC）之關係表如下表，則下列何者正確？
(A)$TC_1 = 700$，$AC_1 = 130$
(B)$TC_2 = 1,500$，$AVC_2 = 100$
(C)$TC_3 = 1,600$，$AFC_3 = 20$
(D)$TC_4 = 2,200$，$AC_4 = 88$。
[5-2][106統測]

Q	TC	TVC	AVC	AFC	AC
10	TC_1	TVC_1	70	AFC_1	AC_1
15	TC_2	900	AVC_2	AFC_2	AC_2
20	TC_3	1,000	50	AFC_3	80
25	TC_4	TVC_4	64	AFC_4	AC_4

解

Q	TC	TVC	AVC	AFC	AC	TFC
10	⑦$TC_1 = 1,300$	⑥$TVC_1 = 700$	70	④$AFC_1 = 60$	⑤$AC_1 = 130$	②600
15	⑪$TC_2 = 1,500$	900	⑧$AVC_2 = 60$	⑨$AFC_2 = 40$	⑩$AC_2 = 100$	
20	③$TC_3 = 1,600$	1,000	50	①$AFC_3 = 30$	80	
25	⑮$TC_4 = 2,200$	⑫$TVC_4 = 1,600$	64	⑬$AFC_4 = 24$	⑭$AC_4 = 88$	

next...

(C)8. 某廠商長期下有三種不同生產規模的選擇，此廠商在產量Q = 1,000時之不同規模下的短期各項成本資料如下表。若ATC表平均成本、AFC表平均固定成本、AVC表平均變動成本、TC表總成本、TFC表總固定成本、TVC表總變動成本，則下列何者正確？
(A) $ATC_1 = 5$ 且 $AFC_2 = 5$
(B) $TC_2 = 25,000$ 且 $AVC_3 = 20$
(C) $TFC_3 = 20,000$ 且 $AFC_2 = 12$
(D) 長期下，在產量Q = 1,000時應以「規模3」之生產規模來生產。 [5-3][107統測]

	TFC	TVC	TC	AVC	AFC	ATC
規模1	5,000	TVC_1	TC_1	10	AFC_1	ATC_1
規模2	TFC_2	8,000	TC_2	AVC_2	AFC_2	20
規模3	TFC_3	5,000	TC_3	AVC_3	20	ATC_3

解 $TVC_1 = 10 \times 1,000 = 10,000$。$TC_1 = 5,000 + 10,000 = 15,000$。
$AFC_1 = 5,000 \div 1,000 = 5$。$ATC_1 = 15,000 \div 1,000 = 15$。
$TC_2 = 20 \times 1,000 = 20,000$。$TFC_2 = 20,000 - 8,000 = 12,000$。
$AVC_2 = 8,000 \div 1,000 = 8$。$AFC_2 = 12,000 \div 1,000 = 12$。
$TFC_3 = 20 \times 1,000 = 20,000$。$TC_3 = 20,000 + 5,000 = 25,000$。
$AVC_3 = 5,000 \div 1,000 = 5$。$ATC_3 = 25,000 \div 1,000 = 25$。
長期應選擇ATC最低點來生產 ⇒ 規模1。

(D)9. 廠商甲的各產量的短期成本資料如下表。表中之ATC為平均成本、AFC為平均固定成本、AVC為平均變動成本、TC為總成本、TVC為總變動成本。表中的總成本為經濟成本，下列敘述何者正確？
(A) $AVC_1 = 100$，$TC_2 = 10,000$，$AVC_3 = 80$
(B) $TVC_1 = 7,000$，$AFC_2 = 20$，$ATC_3 = 85$
(C) 若已知銷售量Q = 100之市價P = 110且內含成本為500，則經濟利潤為500
(D) 若已知銷售量Q = 200之市價P = 80且會計利潤為500，則內含成本為1,500。
[5-2][108統測]

Q	TVC	TC	AVC	AFC	ATC
50	TVC_1	7,000	AVC_1	40	ATC_1
100	TVC_2	TC_2	80	AFC_2	100
200	15,000	TC_3	AVC_3	AFC_3	ATC_3

解 A：$AVC_1 = TVC \div Q = 5,000 \div 50 = 100$。$TC_2 = ATC \times Q = 100 \times 100 = 10,000$。
$AVC_3 = TVC \div Q = 15,000 \div 200 = 75$。
B：$TVC_1 = TC - TFC = 7,000 - 40 \times 50 = 7,000 - 2,000 = 5,000$。
$AFC_2 = TFC \div Q = 2,000 \div 100 = 20$。
$ATC_3 = TC_3 \div Q = (TVC + TFC) \div Q = (15,000 + 2,000) \div 200 = 85$。
C：總收益$TR = P \times Q = 110 \times 100 = 11,000$。
經濟利潤 = TR − 經濟成本 = 11,000 − 10,000 = 1,000。
D：會計利潤 = 總收益 − 會計成本 = TR −（經濟成本 − 內含成本）
$500 = 80 \times 200 - (17,000 - 內含成本) \Rightarrow$ 內含成本 = 1,500。

(B)10. 若甲廠商的長期平均成本線（LAC）與長期邊際成本線（LMC）皆為一平滑U型曲線，且LAC的最低點產量Q = 500，則下列敘述何者正確？
(A)當Q = 300時，LMC > LAC
(B)當Q = 400時，此廠商的生產處於規模報酬遞增的階段
(C)外部經濟會使LAC線整條向上移動
(D)當Q = 600時，短期平均成本（SAC）會小於長期平均成本（LAC）。

[5-3][108統測]

解 A：當Q = 300時，LMC < LAC。
C：外部經濟會使LAC線整條「向下」移動。
D：除了相切點之外，SAC線上的其他點皆「高於」LAC線上的點。

(D)11. 下表為某廠商短期下之各種產量的要素投入數量及成本之變動關係。表中Q為產量，L為勞動投入量，TFC為總固定成本，TVC為總變動成本，TC為總成本，AC為平均（總）成本，AVC為平均變動成本，MC為邊際成本。若變動生產要素只有勞動且其他條件不變下，下列敘述何者錯誤？

Q	TFC	L	TVC	TC	AC	AVC	MC
0	4,000	0	0	X_3			
100		1	1,000		X_5		
250		2				X_6	
420	X_1	3					
580		4	X_2				
660		5					X_7
720		6		X_4			

(A)$X_1 = X_2 = 4,000$　　(B)$X_3 = 4,000$，$X_4 = 10,000$
(C)$X_5 = 50$，$X_6 = 8$，$X_7 = 12.5$　(D)MC最低點的產量為580。

[5-3][110統測]

解 由於僅有一種變動生產要素L，而L = 1時，TVC = 1,000，
故L = 2時，TVC = 1,000 × 2 = 2,000，L = 3時，TVC = 1,000 × 3 = 3,000…依此類推。
$X_1 = \text{TFC} = 4,000$。$X_2 = 1,000 \times 4 = 4,000$。
$X_3 = \text{TFC} + \text{TVC} = 4,000 + 0 = 4,000$。
$X_4 = \text{TFC} + \text{TVC} = 4,000 + 1,000 \times 6 = 10,000$。
$X_5 = \dfrac{\text{TFC} + \text{TVC}}{Q} = \dfrac{4,000 + 1,000}{100} = 50$。$X_6 = \dfrac{\text{TVC}}{Q} = \dfrac{1,000 \times 2}{250} = 8$。
$X_7 = \dfrac{\Delta \text{TVC}}{\Delta Q} = \dfrac{1,000 \times 5 - 1,000 \times 4}{660 - 580} = 12.5$。

MC最低點對應MP最高點。由下表可知，當L = 3時，MP最大，此時產量為420。

Q	0	100	250	420	580	660	720
L	0	1	2	3	4	5	6
MP	—	100	150	170	160	80	60

(D)12. 下列有關長期平均成本LAC之敘述，何者正確？ (A)外部經濟會使LAC隨產量增加而遞減 (B)固定成本增加會使LAC線往上移動 (C)規模報酬遞減會使LAC線往下移動 (D)廠商內部不利的因素會使LAC處於上升階段。　[5-3][111統測]

解 A：LAC線「整條下移」。B：長期無固定成本。C：使LAC「處於上升階段」。

(B)13. 小許放棄月薪7萬元的工程師工作，決定經營一家咖啡店，同時收回原月租4萬元的自有店面做為開設地點，每月可以創造20萬元的總收益，而每月支付給員工薪資以及咖啡豆、耗材、水電等總支出為10萬元。關於經營咖啡店的敘述，下列何者正確？
(A)會計利潤＞正常利潤＞經濟利潤
(B)正常利潤＞會計利潤＞經濟利潤
(C)正常利潤＞經濟利潤＞會計利潤
(D)經濟利潤＞會計利潤＞正常利潤。　[5-1][112統測]

解 會計利潤＝20萬－10萬＝10萬（元）。
正常利潤＝內含成本＝原工程師月薪7萬＋原店面月租4萬＝11萬（元）。
經濟利潤＝總收益－會計成本－內含成本＝20萬－10萬－11萬＝－1萬（元）。

(A)14. 甲公司X1年只有一條產品線並有閒置廠房，可再擴充一條產品線，若將閒置廠房出租，每年可得$200,000的租金收入。新產品線設備購置所需資金$1,000,000，將來自於公司庫存現金，如將該筆款項存入銀行定存，目前定存利率10%。新產品線設備耐用年限5年，無殘值，採直線法折舊，可於X2年初加入營運。新產品線加入營運之後，預計每年營業收入可由$5,000,000，提高1倍。由於採購數量、批量增加，每年營業毛利率預計可提高至40%。X1年營業利益率10%，營業費用$1,000,000；X2年不含新產品線設備折舊費用，營業費用將需再增加$300,000；X1年與X2年皆無營業外收支。
新產品線擴充當年（即X1年）的機會成本為何？
(A)$300,000 (B)$600,000 (C)$1,300,000 (D)$1,600,000。 [5-1][112統測改編]

解 機會成本＝$200,000＋$1,000,000×10%＝$300,000。

(D)15. 右圖為平均成本線（AC）、平均變動成本線（AVC）及邊際成本線（MC）。若短期總成本線（TC）之反曲點以A點表示，而由原點出發的直線與TC線相切於B點，則下列何者正確？
(A)A點位置應對應於C點
(B)A點位置應對應於F點
(C)B點位置應對應於C點
(D)B點位置應對應於F點。

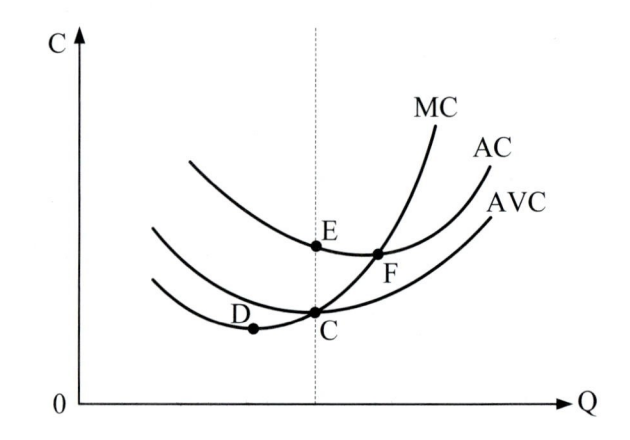

[5-2][113統測]

解 TC線上反曲點A，對應MC最低點D。
TC與由原點出發之直線的切點B，對應AC最低點F。

(D)16. 下列哪個因素不會使電動車廠商的長期平均成本線LAC整條線移動？
(A)車用晶片的市場價格變動　　(B)政府增建充電樁設施
(C)政府實施購買電動車補貼　　(D)電動車廠商增加產量。　　[5-3][114統測]

解 LAC整條線移動 ⇒ 受外部因素所造成的外部經濟或外部不經濟。
車用晶片市場價格變動、政府增建充電樁設施、政府實施購車補貼 ⇒ 外部因素。
電動車廠商增加產量 ⇒ 內部因素。

NOTE

CH 6 市場結構與廠商收益

本章學習重點

節名	必考重點
6-1 市場結構的類型與特徵	• 四種市場結構的特徵比較 ★★★☆☆
6-2 四種廠商的需求曲線與收益情形	• 四種廠商的收益情形比較 ★★★★☆

較常考不同市場結構的收益比較

統測命題分析

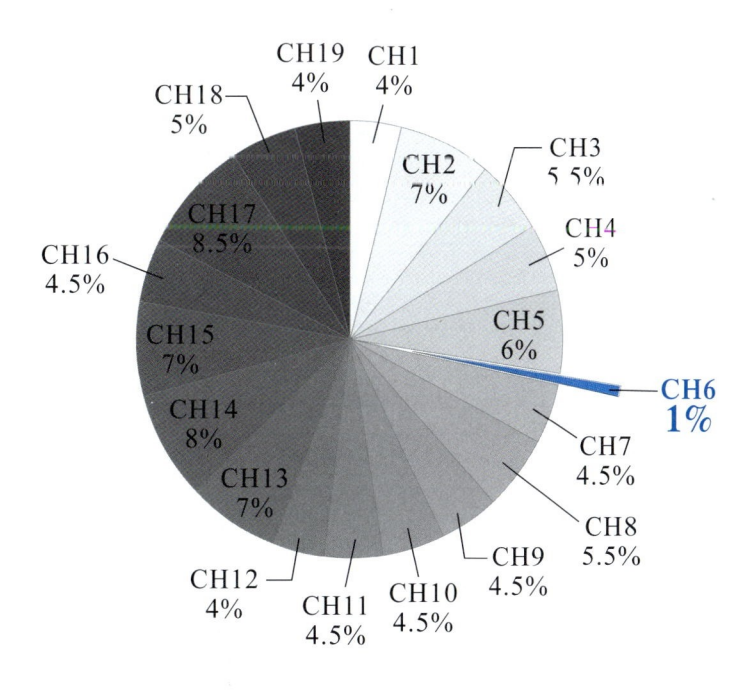

- CH1 4%
- CH2 7%
- CH3 5.5%
- CH4 5%
- CH5 6%
- CH6 1%
- CH7 4.5%
- CH8 5.5%
- CH9 4.5%
- CH10 4.5%
- CH11 4.5%
- CH12 4%
- CH13 7%
- CH14 8%
- CH15 7%
- CH16 4.5%
- CH17 8.5%
- CH18 5%
- CH19 4%

6-1 市場結構的類型與特徵

一、市場的意義

市場是生產某一特定財貨的廠商與對該財貨有需求的消費者，雙方共同決定**價格**與**數量**而產生交易的集合。

在經濟學上，市場不受限於空間，不一定要有具體的交易場所，而是**以「產品」來歸類**。

釋例 股票市場、智慧型手錶市場。

二、市場結構的類型

區分不同市場結構的主要分類依據包括：

1. **買賣雙方的人數多寡**。
2. **產品性質**。
3. **廠商進出市場有無障礙**。
4. **市場訊息的靈通程度**。

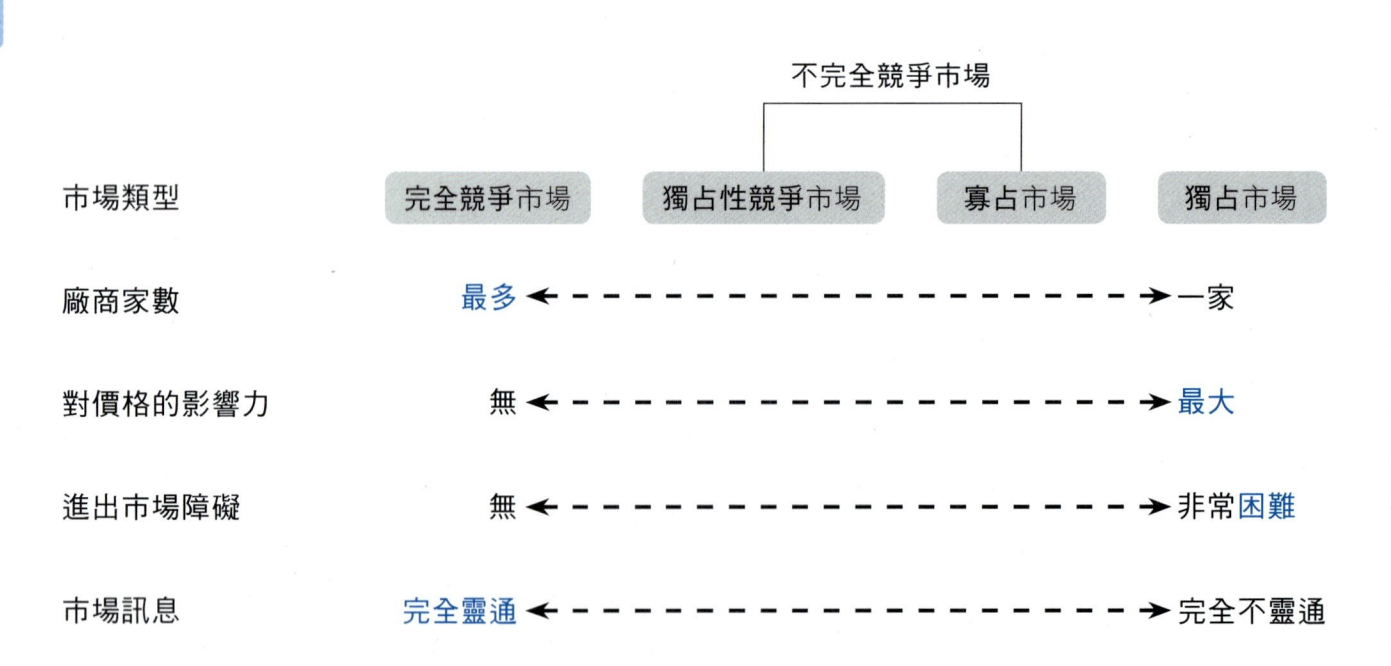

市場類型	完全競爭市場	獨占性競爭市場	寡占市場	獨占市場
		（不完全競爭市場）	（不完全競爭市場）	
廠商家數	最多 ←			→ 一家
對價格的影響力	無 ←			→ 最大
進出市場障礙	無 ←			→ 非常困難
市場訊息	完全靈通 ←			→ 完全不靈通

三、完全競爭市場的意義與特徵

1. **意義：**

   是指買賣人數眾多、生產同質產品、買賣雙方均為**價格接受者**（都不能影響市場價格）、且對市場資訊充分了解、生產要素可自由移動的市場。

2. **特徵：**

特徵	說明
買賣雙方人數眾多	• 買者賣者眾多，且皆為**價格接受者**（price taker），任何生產者或消費者都無法影響市場的價格 • 一種商品在同一時間與同一市場上只會有一種價格，稱為**一物一價法則**或**無差別法則** • 個別廠商所面對的是一條**水平**的需求曲線
生產同質產品	• 不同廠商所生產的產品在消費者心目中並無明顯差異，故廠商**無須作廣告促銷**，也無須進行**價格競爭** • 產品均為**同質**，不同廠商生產的產品可**完全替代**
市場訊息完全靈通	市場情報靈活暢通，買賣雙方對於市場供需以及價格等資訊**完全瞭解**
廠商進出市場無障礙	生產要素可以自由移動、廠商可以自由進出市場，**長期**下來每家廠商皆只有**正常利潤**，即 $\pi = 0$（詳見第7章）

黃金5秒鐘

同質 V.S. 異質

根據**消費者的主觀認定**來判斷：

產品**同質**：是指不同廠商所生產的產品在**消費者主觀**的認定上並**無差異**。

產品**異質**：是指不同廠商所生產的產品在**消費者主觀**的認定上具**有差異**。

3. **實例：**

   現實社會中並不存在完全競爭市場，僅有某些農產品市場較接近此種市場結構，例如小麥、稻米等市場。

四、獨占市場的意義與特徵

1. **意義**：又稱**壟斷市場**，市場上只有一**家廠商**，此一廠商即代表整個產業，該廠商**對價格具有絕對**的影響力，其決定的價格即為市場價格。

2. **特徵**：

特徵	說明
只有一位生產者	• 獨家生產與銷售，其產量等於市場供給量 • 廠商**對價格有絕對**影響力，為價格決定者（price maker）
沒有近似的替代品	產品是獨一無二的，市場上無類似的替代品存在
市場訊息完全不靈通	廠商會保留所有與生產相關的資訊，以維持其獨占地位，故市場訊息完全不靈通
廠商進出市場非常困難	• 由於經濟或法令等因素限制，導致獨占市場的進入障礙高，新廠商進入市場非常困難 • 原廠商獨占整個市場，一般而言不輕易退出市場 • 市場上無其他競爭者存在，故廠商長期下來能保有超額利潤或正常利潤，即 $\pi \geq 0$（詳見第8章）

3. **實例**：台灣電力公司、台灣自來水公司等。

4. **形成獨占市場的原因**：

原因		說明
經濟因素	自然獨占	有些產業在生產初期，必須投入大量固定設備成本，具有**產量愈多，長期平均成本愈低**的規模經濟特性，因而形成自然獨占，如台灣自來水公司、台電公司
經濟因素	掌握特殊生產技術（資源）	掌握了某一種特殊的生產技術或資源，如台糖掌握製糖原料甘蔗
法律因素	智慧財產權獨占	給予創作發明者獨家生產的權利，如專利權等
法律因素	特權許可	政府為保障公眾利益，或考量財政收入，而賦予特許經營的權利，如台灣自來水公司、中華郵政（郵遞寄信業務）等

又稱「人為獨占」

五、獨占性競爭市場的意義與特徵

1. **意義：**

    又稱**壟斷性競爭市場**，該市場的**廠商家數很多**，**進出市場容易**；廠商生產**異質產品**，**對價格具有部分影響力**，所以兼具了完全競爭（廠商家數多）與獨占（產品異質，能影響價格）的特質。

2. **特徵：**

特徵	說明
廠商家數很多	• 廠商家數很多，但比完全競爭廠商略少 • 每家廠商的產量占市場總產量的比例小
生產異質產品	• 產品具有差異性，因此廠商對價格有部分影響力 • 產品的差異愈大，廠商對價格的影響力愈大 • 廠商多以廣告、包裝、售後服務等非價格競爭方式來促銷
市場訊息 靈通但不完全	產品訊息傳遞暢通，但由於產品間具有異質性，因此廠商或多或少會保留一些與生產相關的訊息
廠商進出市場容易	• 廠商家數很多，新廠商進出市場容易 • 廠商長期下來只有正常利潤，即 $\pi = 0$（詳見第9章）

3. **實例：**

    獨占性競爭市場是**目前最常見的市場結構**，例如小吃業、美髮業等，均屬於獨占性競爭市場。

六、寡占市場的意義與特徵

1. **意義：**

    在寡占市場中，整個市場是由**少數幾個大廠商**所掌控，彼此**相互牽制**且**相互依賴**，故廠商之間**競爭激烈**，且廠商進出市場障礙高。

2. **特徵：**

特徵	說明
廠商家數少	• 廠商家數不多 • 每家廠商的產量占市場總產量的**比例大**，故**對價格具有影響力** • 廠商間**競爭激烈、相互依賴、彼此牽制**，因此產品**價格較穩定**
生產同質或異質產品	• **同質寡占（純粹寡占）**：生產同質產品 　釋例 水泥業、鋼鐵業 • **異質寡占（差別寡占）**：生產異質產品 　釋例 家電業、汽車業、電信業 • 廠商間為了避免惡性競爭，多採用廣告、贈獎、售後服務等**非價格競爭方式**（詳見第9章）
市場訊息不靈通且不完全	個別廠商為了維持競爭優勢，皆會保留部分資訊（商業機密），故市場上的資訊不靈通且不完全公開
廠商進出市場困難	• 寡占市場多屬資本密集（投入資本大）或技術密集（技術門檻高）之產業，故新廠商不易進入市場 • 原廠商已投入大量資源，需要較多時間回收固定成本，因此通常不輕易退出市場 • 廠商長期下來能保有**超額利潤**或**正常利潤**，即 $\pi \geq 0$

3. **實例：**

    如水泥業、石化業、鋼鐵業、家電業、汽車業、電信業、大型速食業、大型百貨業等。

七、四種市場結構的特徵比較

市場結構		完全競爭	獨占	不完全競爭	
				獨占性競爭	寡占
特徵	廠商家數	眾多	一家	很多	二家以上至若干家
	產品性質	同質	獨特，無類似替代品	略有差異	同質或異質
	市場訊息	完全靈通	完全不靈通	靈通但不完全	不靈通且不完全
	進入障礙	無障礙，廠商可自由進出市場	廠商進出市場非常困難	廠商容易進出市場	廠商進出市場困難
對價格的影響力		• 價格接受者 • 對價格無影響力	• 價格決定者 • 對價格有絕對影響力	有部分影響力	• 彼此牽制，價格僵固 • 彼此勾結，對價格影響大
釋例		小麥市場 稻米市場 （近似完全競爭）	台電公司 台灣自來水公司	美容美髮業 小吃店 服飾店	同質 水泥業 鋼鐵業 石化業　　異質 汽車業 家電業 電信業 大型百貨業 大型速食業

學以致用 6-1

(A)1. 下列哪一種市場結構，廠商對價格完全無影響力？
(A)完全競爭　(B)獨占性競爭　(C)寡占　(D)獨占。

(D)2. 下列何者為獨占市場形成的條件？
①獨家生產與銷售　②產業的進入障礙高　③壟斷市場　④市場訊息完全公開。
(A)①②③④　(B)①②④　(C)②③④　(D)①②③。

(C)3. 「一物一價法則」通常出現在
(A)獨占市場　(B)獨占性競爭市場　(C)完全競爭市場　(D)寡占市場。

(B)4. 下列哪一種市場結構之廠商為價格的決定者，具有完全影響力？
(A)完全競爭市場　　　　　　　(B)獨占市場
(C)寡占市場　　　　　　　　　(D)獨占性競爭市場。

(D)5. 不完全競爭市場是指下列哪兩種市場結構？
①完全競爭市場　②獨占市場　③獨占性競爭市場　④寡占市場。
(A)①②　(B)②③　(C)①③　(D)③④。
解 不完全競爭市場包括「獨占性競爭市場」與「寡占市場」。

(C)6. 下列哪一個市場結構中，廠商之間的市場訊息不完全但充分流通？
(A)完全競爭　(B)獨占　(C)獨占性競爭　(D)寡占。

(C)7. 下列哪一項不是完全競爭市場的特性？
(A)每個生產者皆為價格接受者
(B)產品同質
(C)要介入該產品之生產很困難
(D)每個人的市場資訊都很充分。
解 C：完全競爭市場無進入障礙，生產要素可自由移動，買賣雙方都是價格的接受者。

(A)8. 下列哪一項原因「不是」獨占市場的形成因素？
(A)可任意訂定價格
(B)由於法律因素，出現種種障礙阻止新生產者進入
(C)由於自然獨占，出現種種障礙阻止新生產者進入
(D)此生產者的產品與其他任何產業所生產的產品間，替代性非常低。

(B)9. 以下何項是造成自然獨占的原因？
(A)廠商利用自然資源的使用特權去從事生產
(B)存在極明顯之規模經濟
(C)廠商控制了稀少性資源的所有權
(D)沒有替代性強的替代品存在。

(B)10. 下列何種市場之產品具有獨一無二的特性？
(A)完全競爭市場　(B)獨占市場　(C)寡占市場　(D)獨占性競爭市場。

(A)11. 下列情況何者不是寡占市場的特性？
(A)各生產者之間的競爭性低，相互依賴性亦低
(B)市場中的產品價格相當穩定
(C)生產者人數少，每一生產者的產量在市場總產量中佔一顯著比例
(D)新生產者欲進入寡占市場相當困難。
解 A：寡占市場各生產者之間的競爭性高，彼此依賴性大。

(C)12. 寡占市場最主要的特性為
(A)市場訊息不完全但充分流通
(B)產品一定異質
(C)廠商相互影響非常大
(D)廠商可自由進出市場。
解 A：訊息不完全且不充分流通。B：生產同質產品或異質產品。D：進入障礙高。

(B)13. 獨占與獨占性競爭廠商具有的相同特徵是
(A)市場訊息極端缺乏，完全不流通　　(B)對價格有影響力
(C)價格僵固　　　　　　　　　　　　(D)市場進入障礙高。

14. 試根據右圖橫縱軸之市場結構特徵，判斷①、②、③、④分別為哪一種市場結構。

①：__完全競爭__ 市場
②：__獨占性競爭__ 市場
③：__寡占__ 市場
④：__獨占__ 市場

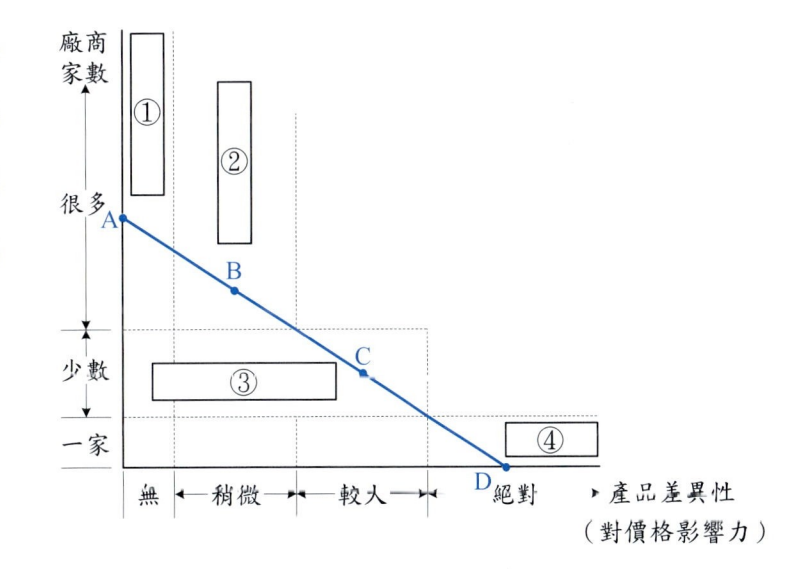

15. 請比較四種市場型態的特徵，並將答案填入空格中。
①完全競爭市場　②獨占市場　③獨占性競爭市場　④寡占市場

(1) 新廠商的進入障礙：__②__ > __④__ > __③__ > __①__。

(2) 產品性質：
均為同質　－__①__；異質但替代性高　－__③__；
獨特無替代品－__②__；可能同質也可能異質－__④__。

6-2 四種廠商的需求曲線與收益情形 [102] [104] [108] [112]

一、廠商的收益

「收益」是指「收入」,而非「利潤」哦!

1. **意義**:是指廠商生產的財貨經過市場交易後所獲得的貨幣收入。
2. **種類**:

種類	意義	公式
總收益TR	廠商銷售產品所獲得的貨幣總額	$TR = P \times Q$
平均收益AR	• 平均每一單位銷售量所獲得的貨幣收入,亦即為價格P • AR線為TR線上任一點與原點連線之斜率,亦為廠商所面對的需求線	$AR = \dfrac{TR}{Q} = \dfrac{P \times Q}{Q} = P$
邊際收益MR	• 每增加一單位銷售量(因),所引起總收益的變動量(果) • MR線為TR線上任一點的切線斜率	$MR = \dfrac{\Delta TR(果)}{\Delta Q(因)} = \dfrac{TR_n - TR_{n-1}}{Q_n - Q_{n-1}}$

二、完全競爭、獨占、不完全競爭廠商的收益比較

廠商	完全競爭	獨占與不完全競爭
圖形	(TR為自原點出發的正斜率直線;AR=MR=P=D為水平線)	(TR先遞增至最大後遞減;AR為負斜率直線,MR為負斜率直線且斜率為AR的兩倍,c點$E^d=1$,a點MR=0,b點$P=AR=D$)
TR	(1) 自原點出發的正斜率直線,隨Q↑呈同比例↑ (2) 欲增加TR的唯一方法就是增加Q	自原點出發,先遞減式增加至最大後,開始減少
AR	(1) P固定,不受Q增減而改變,為水平線($E^d = \infty$) (2) 為廠商所面對的需求曲線	(1) 隨Q↑而↓,為負斜率直線 (2) 為廠商所面對的需求曲線 (3) 廠商獨占性愈強,價格影響力愈大,需求曲線愈陡(E^d愈小) (4) 欲增加Q必須降低P(P↓ ⇒ Q↑)
MR	$P = AR = MR = D$,且平行於橫軸	隨Q↑而↓,為負斜率直線

三、獨占與不完全競爭廠商之各種收益曲線的關係

TR	MR	AR	MR與AR的關係
TR↑	MR > 0	AR↓ （$E^d > 1$）	MR < AR 且 MR斜率為AR的2倍
TR最大	MR = 0	AR中點 （$E^d = 1$）	
TR↓	MR < 0	AR↓ （$E^d < 1$）	

練習一下 ── 不同市場的各種收益曲線

請將正確答案填入空格中。

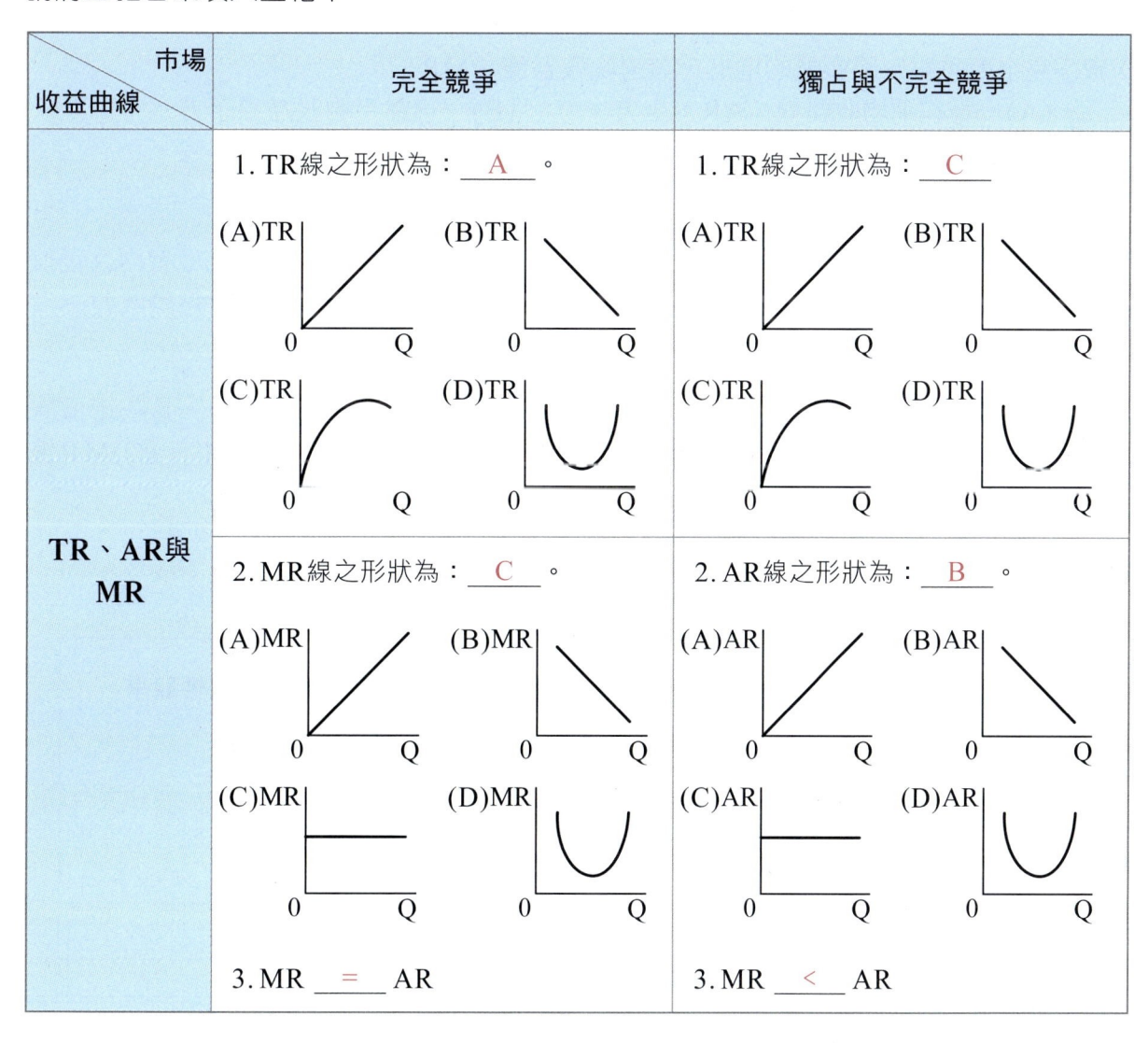

收益曲線＼市場	完全競爭	獨占與不完全競爭
TR、AR與MR	1. TR線之形狀為：__A__。 (A)(B)(C)(D) 圖 2. MR線之形狀為：__C__。 (A)(B)(C)(D) 圖 3. MR __=__ AR	1. TR線之形狀為：__C__。 (A)(B)(C)(D) 圖 2. AR線之形狀為：__B__。 (A)(B)(C)(D) 圖 3. MR __<__ AR

學以致用 6-2

(A)1. 在其他情況不變，廠商每增加一單位銷售量所引起總收益的變動量，稱為
(A)邊際收益 (B)平均收益 (C)正常利潤 (D)經濟利潤。

(D)2. 在何種市場會出現平均收益等於邊際收益的情況？
(A)獨占 (B)寡占 (C)獨占性競爭 (D)完全競爭。

(D)3. P = AR > MR不是下列何種市場型態之特徵？
(A)獨占 (B)獨占性競爭 (C)寡占 (D)完全競爭。
解 不完全競爭廠商：P = AR > MR；完全競爭市場：P = AR = MR = D。

(C)4. 獨占性競爭廠商的總收益線是呈現何種形狀？ (A)正斜率直線 (B)負斜率直線 (C)出自原點，先遞減式增加至最大後，開始減少 (D)水平線。

(B)5. 獨占市場中，MR的斜率是AR的 (A)$\frac{1}{2}$倍 (B)2倍 (C)2.5倍 (D)3倍。

(B)6. 獨占廠商的平均收益隨銷售量的增加而
(A)遞增 (B)遞減 (C)固定不變 (D)不一定。
解 獨占廠商的平均收益隨銷售量的增加而減少，為負斜率。

(D)7. 完全競爭廠商隨產量的增加，其邊際收益線（MR）
(A)一直在平均收益線（AR）上方 (B)一直在平均收益線下方
(C)先在平均收益線上方，後在其下方 (D)與平均收益線合為一線。
解 完全競爭廠商的P = AR = MR = D，為一水平線。

(B)8. 何時獨占廠商的總收益最大？ (A)當邊際收益等於邊際成本，且二者均為正值時 (B)當邊際收益等於零時 (C)當邊際收益等於平均成本時 (D)當邊際收益為負值時。

(C)9. 獨占性競爭廠商之MR線與需求曲線的關係是 (A)兩條曲線重疊，且在市價處呈水平狀 (B)MR線在需求曲線上方，且需求曲線在市價處呈水平狀 (C)MR線在需求曲線下方，且兩者皆是負斜率 (D)兩者重疊，且均是負斜率。
解 需求曲線即AR線，獨占性競爭廠商的MR線在AR線下方，二者皆為負斜率。

10. 請判斷下列收益曲線的狀況符合哪種市場結構，並在空格中打勾。

狀況＼市場	完全競爭	獨占與獨占性競爭
P = AR = MR = D	✓	
AR線在MR線上方		✓
需求彈性為無限大	✓	
MR隨銷售量增加而減少		✓

6-1 市場結構的類型與特徵

(D)1. 服飾店應歸屬於下列何種市場型態？
(A)完全競爭市場　　(B)獨占市場
(C)寡占市場　　(D)獨占性競爭市場。

(D)2. 台灣油品市場、汽車市場是屬於哪一種市場結構？
(A)完全競爭　(B)獨占　(C)獨占性競爭　(D)寡占。

(C)3. 從資訊流通的角度來說，市場消息靈通但是產品異質的市場是屬於：
(A)完全競爭市場　(B)獨占市場　(C)獨占性競爭市場　(D)寡占市場。

(B)4. 生產者多、產品品質相異、廠商進出自由、情報充分但不完全的市場係指：
(A)完全競爭市場　(B)獨占性競爭市場　(C)獨占市場　(D)寡占市場。

(B)5. 市場買賣雙方人數眾多，新廠商參加產業或原有廠商之退出產業均非常自由，但廠商產品品質具有差異性，此種市場型態為
(A)完全競爭市場　　(B)獨占性競爭市場
(C)差別寡占市場　　(D)純粹寡占市場。

(A)6. 下列何者不是市場結構分類的依據？
(A)產品價格高低　　(B)買賣者人數多寡
(C)產品差異程度　　(D)市場訊息靈通程度。

(C)7. 下列哪一種市場結構，廠商之間彼此牽制的行為最明顯？
(A)完全競爭　(B)獨占性競爭　(C)寡占　(D)獨占。

(D)8. 獨占性競爭市場廠商對產品價格具決定能力，是因為
(A)聯合勾結　(B)訊息不靈通　(C)廠商依存度高　(D)產品異質性。
解 因產品在消費者心中具異質性，故獨占性競爭廠商有部分決定價格的能力。

(D)9. 因產業的特性，使一廠商之最適規模下的產量，就足以供應整個市場需求，而形成獨占，稱之為
(A)差別獨占　(B)法律保障的獨占　(C)資源控制的獨占　(D)自然獨占。

(C)10. 完全競爭市場中，廠商面對的價格有
(A)無數個　(B)一個以上　(C)一個　(D)不一定。

(C)11. 以下何種市場，其賣者只有少數幾家？
(A)完全競爭市場　(B)獨占性競爭市場　(C)寡占市場　(D)獨占市場。

(D)12. 理論上來講，在自由經濟的制度下，經濟效率最高的市場型態是
(A)獨占競爭　(B)寡占　(C)完全獨占　(D)完全競爭。

(D)13. 台灣電力公司在國內電力產業中屬於
(A)完全競爭廠商　(B)寡占廠商　(C)獨占性競爭廠商　(D)獨占廠商。

next...

(D)14. 下列有關獨占市場的敘述，何者錯誤？
(A)自然獨占形成原因為產業具有規模經濟
(B)獨占市場產品無近似替代品
(C)獨占廠商為價格決定者
(D)廠商可以自由進出獨占市場。
解 D：獨占市場的進入障礙高，新廠商進入市場困難。

(D)15. 下列有關寡占市場的敘述，何者正確？
(A)廠商的家數眾多
(B)寡占廠商為價格接受者
(C)產品必定為同質化產品
(D)廠商偏好非價格競爭。
解 A：廠商家數少。B：對價格具有影響力。C：生產同質或異質產品。
D：為了避免惡性競爭，多採用廣告、贈獎、售後服務等非價格競爭方式。

(A)16. 寡占市場通常　(A)價格相當穩定　(B)廠商價格競爭很激烈　(C)由彼此成本的高低來決定價格　(D)進出市場障礙低。
解 寡占市場的廠商多採用非價格競爭策略，市場價格穩定。

(D)17. 獨占性競爭市場與完全競爭市場具有的相同特徵是
(A)異質性產品
(B)價格決定者
(C)互相牽制
(D)廠商進出市場容易。
解 獨占性競爭市場與完全競爭市場之廠商數量多，二者進出市場均容易。

(A)18. 有關獨占性競爭廠商之敘述，何者錯誤？
(A)生產同質產品或異質產品
(B)廠商家數較寡占廠商多
(C)對價格的影響力較完全競爭廠商大
(D)廠商容易進出市場。
解 獨占性競爭廠商生產異質產品。

(B)19. 導致獨占性競爭廠商可獲取利潤的原因是
(A)存在高度的市場進入障礙
(B)廠商成功的將其產品與其他廠商之產品區隔開來
(C)市場的進入與退出均容易
(D)只有一個廠商能存活。
解 獨占性競爭廠商的產品具有差異性，故在價格上仍有某種程度的控制能力。

(D)20. 下列敘述中何者不為完全競爭市場的條件？
(A)為數眾多的消費者與廠商
(B)生產同質產品
(C)具完全訊息，可自由進出市場
(D)政府政策的干預。

6-2 四種廠商的需求曲線與收益情形

(D)21. 下列何者為不完全競爭廠商的特性？
(A)廠商數目很多
(B)廠商生產的產品為同質產品
(C)廠商面對的是水平的需求曲線
(D)廠商對於產品價格有某種程度的控制能力。

解 A：獨占性競爭市場的廠商數目很多，但寡占市場的廠商數目少。
B：獨占性競爭廠商多生產異質產品；寡占廠商生產同質或異質產品。
C：獨占性競爭廠商面對負斜率的需求曲線，寡占廠商則面對拗折需求曲線。

(C)22. 完全競爭市場中，個別廠商所面對的需求曲線：
(A)為正斜率的直線
(B)為負斜率的直線
(C)為一條水平直線
(D)為一條垂直橫軸的直線。

解 完全競爭廠商為價格接受者，對價格沒有影響力，其需求曲線為一條水平線。

(B)23. 不完全競爭廠商隨產量的增加，其AR線
(A)遞增　(B)在MR線上方　(C)與MR線合而為一　(D)在MR線的下方。

(A)24. 廠商的產品價格如等於其邊際收益，則此產品面對的市場必為
(A)完全競爭　(B)不完全競爭　(C)獨占　(D)寡占。

解 完全競爭市場之P = AR = MR；不完全競爭市場與獨占市場之P = AR > MR。

(A)25. 獨占性競爭廠商的MR線為
(A)負斜率　(B)正斜率　(C)水平線　(D)垂直線。

(D)26. 若某廠商之總收益函數TR = 70Q，則其屬於何種型態的廠商？又其邊際收益函數為何？
(A)不完全競爭廠商，MR = 0
(B)獨占廠商，MR = 70Q
(C)寡占廠商，MR = 7
(D)完全競爭廠商，MR = 70。

解 TR = 70Q表示總收益隨產量增加呈等比例變動 $\Rightarrow$ 完全競爭 $\Rightarrow$ MR = $\dfrac{\Delta TR}{\Delta Q}$ = 70。

(C)27. 有關不完全競爭市場廠商之收益曲線，下列敘述何者正確？
(A)TR線呈一直線
(B)AR線 = MR線
(C)消費者的需求線為廠商的AR線
(D)因價格由市場供需決定，故MR線呈水平狀。

解 A：TR線出自原點，先遞減式增加至最大後，開始減少。
B：AR線高於MR線。
C：不完全競爭廠商之AR代表消費者在各個價格下願意購買的數量，亦即需求線。
D：不完全競爭廠商有部分決定價格的能力，其MR線呈負斜率。

next...

(B)28. 廠商的獨占性愈強，表示
(A)廠商的邊際收益曲線愈水平　　(B)廠商面對的需求曲線愈陡
(C)廠商控制價格能力愈小　　(D)市場的需求彈性愈大。

(C)29. 當獨占廠商在平均收益曲線中點時生產，其邊際收益為
(A)大於零　(B)小於零　(C)等於零　(D)趨近於無限大。
解 獨占廠商之AR線中點（$E^d=1$）對應總收益最大，其邊際收益等於零。

(A)30. 假設某廠商之總收益隨銷售量呈正比例變動，則此廠商所面臨之市場為
(A)完全競爭　(B)獨占性競爭　(C)寡占　(D)完全獨占。
解 總收益隨銷售量呈正比例變動，表示其邊際收益固定，因此是完全競爭市場。

(D)31. 有關四種市場結構的比較，下列敘述何者錯誤？
(A)寡占廠商相互依存度高
(B)完全競爭市場的進入障礙低
(C)獨占廠商的需求線最陡
(D)獨占性競爭廠商決定價格的能力最強。
解 獨占廠商決定價格的能力最強。

(A)32. 若某廠商銷售30單位財貨時，總收益為320元，銷售35單位財貨時，平均收益為10元，試求該廠商銷售35單位財貨時之邊際收益為
(A)6元　(B)8元　(C)10元　(D)30元。
解 $MR = \dfrac{\Delta TR}{\Delta Q} = \dfrac{(35 \times 10) - 320}{35 - 30} = \dfrac{30}{5} = 6$。

(A)33. 若一完全競爭廠商，其總收益TR為$500，邊際收益MR為$10，則其平均收益為何？銷售了多少單位？
(A)$10，50單位　　(B)$10，100單位
(C)$5，100單位　　(D)資料不足，無法得知。
解 在完全競爭市場中，$P = AR = MR = 10$，故其平均收益（AR）$= 10$。
$AR = \dfrac{TR}{Q} \Rightarrow 10 = \dfrac{500}{Q} \Rightarrow Q = 50$（單位）。

進階挑戰題

(C)1. 完全競爭市場與獨占性競爭市場的重要差異是：
(A)完全競爭市場中價格不影響需求量
(B)獨占性競爭市場中每個生產者與消費者都是價格的接受者
(C)完全競爭市場生產同質商品，獨占性競爭市場生產異質商品
(D)完全競爭市場可自由進出，獨占性競爭市場則否。 [6-1]

(B)2. 所謂「不完全」競爭市場，通常是指下列那兩種市場？
(A)寡占、獨占
(B)獨占性競爭、寡占
(C)獨占性競爭、獨占
(D)獨買、獨賣。 [6-1]

(A)3. 下列對不完全競爭市場的敘述，何者錯誤？
(A)市場一定有很高的進入障礙
(B)獨占性競爭和寡占市場都屬於不完全競爭市場的市場結構
(C)廠商販賣的產品可能同質也可能異質
(D)廠商有部分的獨占力。 [6-1]

情境素養題

(A)1. 目前台灣的量販店市場廠商有家樂福、COSTCO、大全聯、愛買等，其中又以家樂福的家數最多。就你對經濟學上市場的認識，請問台灣的量販店市場應該屬於下列哪一種市場結構？
(A)寡占市場
(B)獨占性競爭市場
(C)完全競爭市場
(D)獨占市場。 [6-1]

(B)2. 某新創公司研發出可以替代石油的新型電池，該電池可運用在汽車、機車上，同時該公司也取得20年的專利權，成為該市場中的獨占廠商。試問該公司能夠成為獨占廠商的原因為何？
(A)規模經濟
(B)法律因素
(C)自然資源容易被控制
(D)經營效率使然。 [6-1]

(B)3. 台灣的泡麵市場上，炸醬、椒麻、海鮮等各種口味的泡麵不斷推陳出新，但品牌卻只有統一、維力等少數幾家公司。由此可以判斷我國的泡麵市場較符合哪一種市場型態？
(A)同質寡占
(B)異質寡占
(C)完全獨占
(D)獨占性競爭。 [6-1]

(A)4. 某知名茶飲店被查出在花茶飲品中的原料－乾燥玫瑰花瓣含有「世紀之毒」殺蟲劑DDT，因而遭到調查。請問下列敘述何者正確？
(A)茶飲店的原料含有DDT，消費者望之卻步，將使需求曲線左移
(B)該茶飲店應負賠償責任，這是消費者基本權利中的申訴權利
(C)將玫瑰花瓣加以乾燥化後，可延長保存時限，此做法創增勞務效用
(D)茶飲店的廠商眾多、產品性質幾乎同質，屬於完全競爭市場。 [6-2]

解 B：求償的權利。
　　C：改變使用時間 ⇒ 時間效用。
　　D：獨占性競爭市場。

統測臨摹

(A)1. 若A財貨之產業需求線為負斜率,而此產業之甲廠商,其平均收入線為AR,而邊際收入線為MR,且AR = MR,則其為哪一類型之廠商?
(A)完全競爭
(B)獨占性競爭
(C)寡占
(D)單一訂價的獨占。 [6-2][102統測]

解 完全競爭市場的需求線為「負斜率」,
個別廠商的需求線為「水平線(P = AR = MR = D)」。

(A)2. 下列敘述何者正確?
(A)完全競爭廠商的邊際收益線等於平均收益線
(B)邊際收益為總收益除以產品之銷售量
(C)獨占性競爭廠商生產同質品
(D)完全競爭廠商的總收益線為水平線。 [6-2][104統測]

解 A:完全競爭廠商的邊際收益線等於平均收益線,即P = MR = AR。
B:邊際收益為「總收益的變動量ΔTR」除以「產品銷售量的變動量ΔQ」。
C:獨占性競爭廠商生產的產品具有「異質性」。
D:完全競爭廠商的總收益線為「正斜率」。

(C)3. 下列有關完全競爭與獨占的敘述,何者錯誤?
(A)完全競爭市場之產業需求曲線為負斜率
(B)完全競爭廠商的總收益會隨銷售量變動而等比例變動
(C)面對負斜率需求線的單一訂價獨占廠商,其平均收益會隨數量增加而遞增
(D)面對負斜率需求線的獨占廠商之總收益為最大時,其邊際收益等於零。

[6-2][108統測]

解 獨占廠商的平均收益會隨數量增加而逐漸下降。

(B)4. 已知某廠商的總收益函數為TR = 10q,其中q為廠商的產量,則下列何者錯誤?
(A)邊際收益函數為MR = 10　　(B)廠商的需求曲線為負斜率的直線
(C)平均收益AR等於MR　　(D)商品的市場價格為10。 [6-2][112統測]

解 從TR = 10q可知,該廠商為完全競爭廠商,此時P = AR = MR = D = 10,
廠商的需求曲線為水平線。

NOTE

CH 7 完全競爭市場產量與價格的決定

本章學習重點

114年統測重點
完全競爭廠商的短期均衡分析

節名	必考重點	
7-1 完全競爭廠商的短期均衡 *幾乎年年考哦！*	• 完全競爭廠商的短期均衡條件與分析 • 完全競爭廠商短期有虧損時的決策	★★★★★
7-2 完全競爭廠商的長期均衡	• 完全競爭廠商的長期均衡條件與分析	★★★☆☆
7-3 完全競爭市場的評論	• 完全競爭廠商的優缺點	★☆☆☆☆

統測命題分析

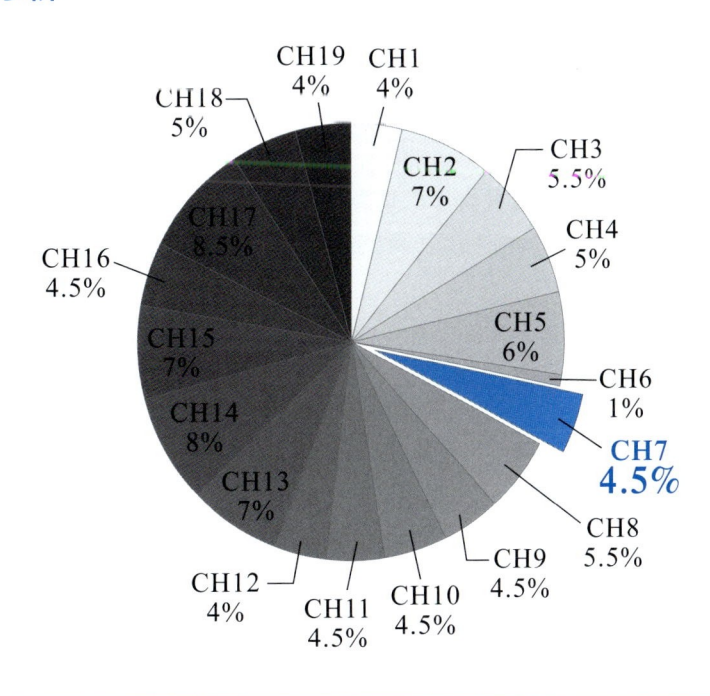

- CH1 4%
- CH2 7%
- CH3 5.5%
- CH4 5%
- CH5 6%
- CH6 1%
- **CH7 4.5%**
- CH8 5.5%
- CH9 4.5%
- CH10 4.5%
- CH11 4.5%
- CH12 4%
- CH13 7%
- CH14 8%
- CH15 7%
- CH16 4.5%
- CH17 8.5%
- CH18 5%
- CH19 4%

7-1 完全競爭廠商的短期均衡 102 103 104 106 108 109 110 111 112 114

一、完全競爭市場產品價格的決定 111

1. 當市場供給＝市場需求時，決定出產品的均衡價格及產量，如圖(a)所示。
2. 完全競爭廠商無法影響市場價格，故為**價格接受者**，個別廠商面對的是一條**水平**的**需求曲線**，此時 $P = AR = MR = D$，$E^d = \infty$，如圖(b)所示。

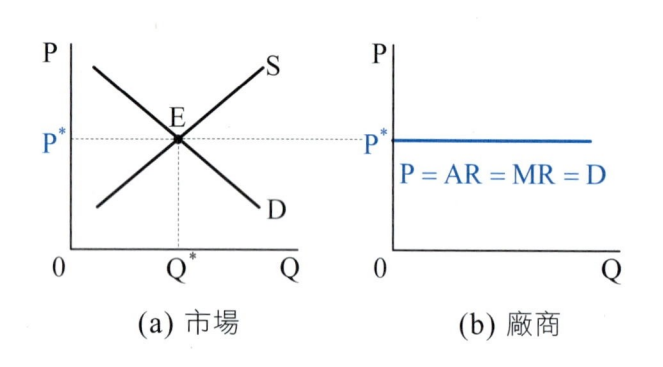

(a) 市場　　(b) 廠商

黃金5秒鐘

完全競爭市場與個別廠商之需求曲線形狀比較：

市場的 需求曲線形狀	負斜率
個別廠商的 需求曲線形狀	水平線 （$E^d = \infty$）

二、完全競爭廠商最適產量的決定

1. **總收益－總成本分析法（TR－TC）：**

位置	說明	圖形
$Q_1 < Q < Q_2$	$\pi = TR - TC > 0$ ⇒ 廠商有**超額利潤**（即A、B間的半月區）	
$Q = Q^*$	**π最大**（**TR與TC垂直距離最大**） ⇒ Q^* 為利潤最大時的**最適產量**	
$Q < Q_1$ 或 $Q > Q_2$	$\pi = TR - TC < 0$ ⇒ 廠商有**經濟損失**	
$Q = Q_1$ 或 $Q = Q_2$	$TR = TC$，$\pi = 0$ ⇒ 廠商僅有**正常利潤** 此時A、B稱為**損益平衡點**	

2. 邊際收益－邊際成本分析法：（MR － MC ＝ Mπ邊際利潤）

位置	說明	圖形
$Q < Q^*$	MR > MC： 邊際利潤 > 0 ⇒ 增產有利（Q↑）	
$Q > Q^*$	MR < MC： 邊際利潤 < 0 ⇒ 減產有利（Q↓）	
$Q = Q^*$	**MR = MC**： 邊際利潤 = 0 ⇒ Q^*為最適產量，廠商達短期均衡，即利潤最大或損失最小	

根據上述，可推得以下結論：

- 短期均衡條件為：**MR = MC**，此時**P = MC**。
- **MR = MC**時，代表廠商**利潤最大**或**損失最小**，此時Q^*為最適產量。

三、完全競爭廠商短期均衡的三種情形 [102] [106] [108] [109] [110] [112] [114]

情形	超額利潤（π > 0）	正常利潤（π = 0）	經濟損失（π < 0）
圖形			
圖形分析	TR = $P^* \times Q^*$ = □ P^*EQ^*0 －TC = AC × Q^* = □ abQ^*0 π = ▨ P^*Eba > 0 （有超額利潤）	TR = $P^* \times Q^*$ = □ P^*EQ^*0 －TC = AC × Q^* = □ P^*EQ^*0 π = 0 （有正常利潤）	TR = $P^* \times Q^*$ = □ P^*EQ^*0 －TC = AC × Q^* = □ gfQ^*0 π = ▨ $gfEP^*$ > 0 （有經濟損失）
均衡條件	MR = MC ⇒ 最適產量Q^*		
AR與AC關係	P = AR > AC（相交）	P = AR = AC（相切）	P = AR < AC（相離）
Q^*對應AC位置	Q^*對應AC遞增處	Q^*對應AC最低點	Q^*對應AC遞減處
MC、MR斜率	MC線斜率 > MR線斜率		

🟦 黃金 5 秒鐘

1. 廠商**MR = MC** ⇒ 決定最適產量Q^*。　　2. 市場**S = D** ⇒ 決定均衡價格P^*。
3. (**AR － AC**) × **Q** ⇒ 找π > 0，= 0，或 < 0。

教學範例 1 —— 完全競爭廠商的短期均衡

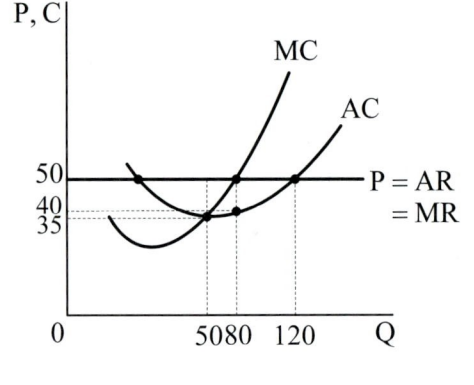

右圖為某完全競爭廠商短期均衡之成本收益圖，請問達到短期均衡時：

1. $Q^* =$ __80__ ，$P^* =$ __50__ 。

2. AC = __40__ 。

3. AR線與AC線 __相交__ 。（相切、相交、相離）

4. TR = __4,000__ ，TC = __3,200__ 。

5. $\pi =$ __800__ ，此時廠商有 __超額利潤__ 。（超額利潤、正常利潤、經濟損失）

解 1. MR = MC時，達到短期均衡，此時$Q^* = 80$，$P^* = 50$。

2.、3. 當$Q^* = 80$時，AC = 40，且AR線與AC線「相交」。

4. TR = $P^* \times Q^* = 50 \times 80 = 4,000$。TC = AC $\times Q^* = 40 \times 80 = 3,200$。

5. $\pi =$ TR － TC = 4,000 － 3,200 = 800。$\pi > 0$，廠商有「超額利潤」。

練習一下 —— 完全競爭廠商的短期均衡(1)

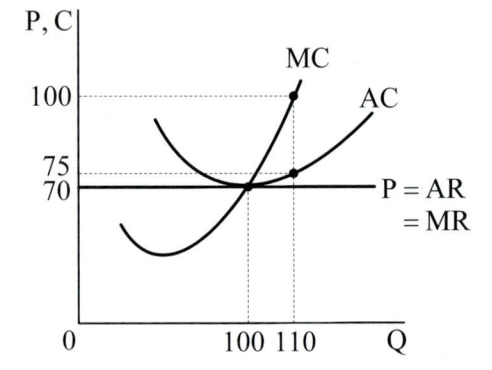

右圖為某完全競爭廠商短期均衡之成本收益圖，請問達到短期均衡時：

1. $Q^* =$ __100__ ，$P^* =$ __70__ 。

2. AC = __70__ 。

3. AR線與AC線 __相切__ 。（相切、相交、相離）

4. TR = __7,000__ ，TC = __7,000__ 。

5. $\pi =$ __0__ ，此時廠商有 __正常利潤__ 。（超額利潤、正常利潤、經濟損失）

解 1. MR = MC時，達到短期均衡，此時$Q^* = 100$，$P^* = 70$。

2.、3. 當$Q^* = 100$時，AC = 70，且AR線與AC線「相切」。

4. TR = $P^* \times Q^* = 70 \times 100 = 7,000$。TC = $70 \times 100 = 7,000$。

5. $\pi =$ TR － TC = 7,000 － 7,000 = 0。$\pi = 0$，廠商有「正常利潤」。

練習一下 ── 完全競爭廠商的短期均衡(2)

右圖為某完全競爭廠商短期均衡之成本收益圖,請問達到短期均衡時:

1. $Q^* = \underline{\ 90\ }$,$P^* = \underline{\ 60\ }$。

2. AC = $\underline{\ 85\ }$。

3. AR線與AC線 $\underline{\ 相離\ }$。(相切、相交、相離)

4. TR = $\underline{\ 5,400\ }$,TC = $\underline{\ 7,650\ }$。

5. $\pi = \underline{\ -2,250\ }$,此時廠商有 $\underline{\ 經濟損失\ }$。(超額利潤、正常利潤、經濟損失)

解 1. MR = MC時,達到短期均衡,此時$Q^* = 90$,$P^* = 60$。

2.、3. 當$Q^* = 90$時,AC = 85,且AR線與AC線「相離」。

4. TR = $P^* \times Q^* = 60 \times 90 = 5,400$。TC = $85 \times 90 = 7,650$。

5. π = TR − TC = 5,400 − 7,650 = −2,250。$\pi < 0$,廠商有「經濟損失」。

教學範例 2 ── 短期均衡的函數型計算

假設一完全競爭廠商,其總成本函數為TC = $Q^3 − 7Q^2 + 2Q + 72$,邊際成本函數為 MC = $3Q^2 − 14Q + 2$,產品價格為26元,試求:

1. 利潤最大時的產量為若干?

2. 利潤最大時的總成本為若干?

3. 最大的總利潤為若干?

解 1. 完全競爭廠商利潤最大時,
P = AR = MR = MC ⇒ $26 = 3Q^2 − 14Q + 2$ ⇒ Q = 6。

2. TC = $6^3 − 7 \times 6^2 + 2 \times 6 + 72 = 48$(元)。

3. TR = P × Q = 26 × 6 = 156(元),
π = TR − TC = 156 − 48 = 108(元)。

四、完全競爭廠商發生經濟損失時的決策 [103] [104] [110] [112]

完全競爭廠商在短期均衡時，若處於P＝AR＜AC（有經濟損失）的情況，是否應該歇業呢？由於在**短期有固定成本存在**，一旦歇業就會損失固定成本。因此，是否歇業須視**AR線**（即**P線**）與**AVC線**的位置而定，如下表三種情形。

情形	AVC＜P＜AC	AVC＝P＜AC	P＜AVC＜AC
圖形	圖（一）	圖（二）	圖（三）
TR	TR ＝ TVC ＋ 部分TFC （P*EQ*0 ＝ DAQ*0 ＋ P*EAD）	TR ＝ TVC （P*AQ*0 ＝ P*AQ*0）	TR ＜ TVC （P*EQ*0 ＜ DAQ*0）
若繼續生產	損失**部分**TFC （▨CBEP*）	損失**全部**TFC （▨CBAP*）	損失**全部**TFC ＋ **部分**TVC （□CBAD ＋ ▨DAEP*）
若歇業	損失**全部**TFC （□CBAD）	損失**全部**TFC （□CBAP*）	損失**全部**TFC （□CBAD）
決策	繼續**生產**	繼續**生產**或**歇業**	**歇業**
附註	**P＝AVC最低點**時，此點稱為**短期歇業點**，如圖（二）中的**A**點		

五、完全競爭廠商的短期供給曲線

廠商的短期均衡產量必在MR＝MC時，所以廠商會依MC曲線生產；但當P＜AVC時，廠商必定選擇歇業；故**完全競爭廠商的短期供給曲線為AVC線最低點以上的MC線**。

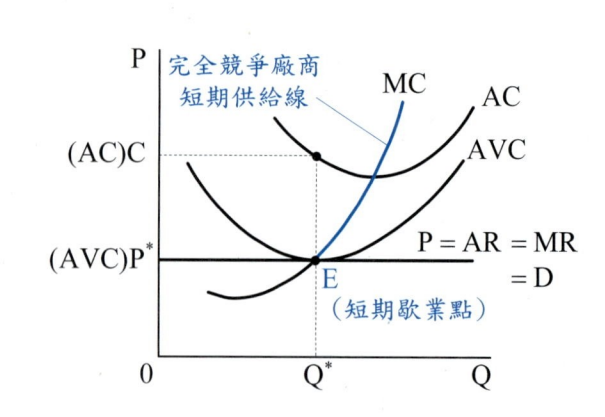

記憶要訣

完全競爭廠商的生產判斷

1. 增產或減產 ⇒ 比較MR與MC

情形	MR > MC	MR = MC	MR < MC
決策	增產	最適產量	減產

2. 有超額利潤或有經濟損失 ⇒ 比較AR與AC

情形	P = AR > AC	P = AR = AC	P = AR < AC
決策	超額利潤	正常利潤	經濟損失

3. 虧損時繼續生產或歇業 ⇒ 比較AR與AVC

情形	P = AR > AVC	P = AR = AVC	P = AR < AVC
決策	繼續生產	短期歇業點	歇業

教學範例 3 — 短期均衡之圖形題

右圖為某廠商達到短期均衡時的成本收益圖，請問：

1. 該市場型態為 __完全競爭__ 市場。
2. $Q^* = $ __70__ ，$P^* = $ __55__ 。
3. TFC = __2,660__ 。
4. 損失 = __1,120__ 。
5. TFC __>__ 損失（>、=、<）。
6. 該廠商是否應該繼續生產？
   答：__繼續生產__ 。

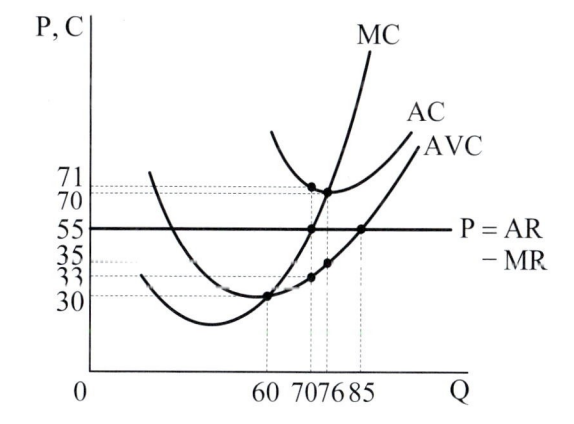

解
1. P = AR = MR = D（水平線），為「完全競爭」市場。
2. 當MR = MC時，$Q^* = 70$，$P^* = 55$。
3. TFC = (AC − AVC) × Q^* = (71 − 33) × 70 = 2,660。
4. 損失 = (AC − AR) × Q^* = (71 − 55) × 70 = 1,120。
5.、6. TFC（2,660）> 損失（1,120），廠商應「繼續生產」。

練習一下 ── 短期均衡之圖形題(1)

右圖為某完全競爭廠商短期均衡有虧損時的情形，請問：

1. $Q^* = \underline{\ 80\ }$，$P^* = \underline{\ 40\ }$。
2. TFC = $\underline{\ 4,000\ }$。
3. 損失 = $\underline{\ 6,400\ }$。
4. TFC $\underline{\ <\ }$ 損失（>、=、<）。
5. 該廠商是否應該繼續生產？
   答：$\underline{\ 應歇業\ }$。

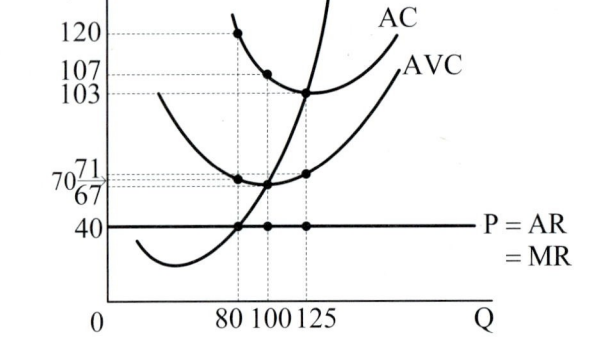

解 1. MR = MC時，$Q^* = 80$，$P^* = 40$。

2. TFC =（AC － AVC）× Q^* =（120 － 70）× 80 = 4,000。

3. 損失 =（AC － AR）× Q^* =（120 － 40）× 80 = 6,400。

4、5. TFC（4,000）＜損失（6,400），廠商應「選擇歇業」。

練習一下 ── 短期均衡之圖形題(2)

右圖為某完全競爭廠商短期均衡有虧損時的情形，請問：

1. $Q^* = \underline{\ 50\ }$，$P^* = \underline{\ 30\ }$。
2. TFC = $\underline{\ 1,500\ }$。
3. 損失 = $\underline{\ 1,500\ }$。
4. TFC $\underline{\ =\ }$ 損失（>、=、<）。
5. 該廠商是否應該繼續生產？
   答：$\underline{\ 繼續生產或歇業均可\ }$。
6. 圖中哪一點為短期歇業點？答：$\underline{\ A\ }$點。

解 1. MR = MC時，$Q^* = 50$，$P^* = 30$。

2. TFC =（AC － AVC）× Q^* =（60 － 30）× 50 = 1,500。

3. 損失 =（AC － AR）× Q^* =（60 － 30）× 50 = 1,500。

4、5. TFC（1,500）= 損失（1,500），廠商可選擇「繼續生產」或「歇業」。

6. P = AVC最低點時為短期歇業點，即圖中A點。

學以致用 7-1

(C)1. 在完全競爭之下，個別廠商所面臨的需求曲線呈現
(A)正斜率 (B)負斜率 (C)水平直線 (D)無法判斷。

(B)2. 在短期內，如果完全競爭市場之產品價格為20元，邊際成本為14元，則該廠商應該 (A)維持原生產 (B)增加生產 (C)減少生產 (D)提高產品價格。
解 完全競爭市場P = MR，而MR = 20 > MC = 14 ⇒ 廠商應「增加生產」。

(C)3. 在短期，完全競爭廠商於下列何種情況下，會有正常利潤？
(A)P < AVC < AC (B)P < AC (C)P = AC (D)P > AC。
解 P = AC ⇒ AR與AC相切 ⇒ π = 0（有正常利潤）。

(D)4. 在完全競爭下，廠商若短期面臨虧損，則下列敘述何者必然成立？
(A)此時P > AC (B)應立即結束營業
(C)若P > AFC，仍應繼續營業 (D)若P > AVC，仍應繼續營業。
解 當AVC < P < AC時，廠商若選擇繼續營業只會損失「部分」固定成本，廠商若選擇停業則會損失「全部」的固定成本，所以廠商會選擇繼續營業。

(D)5. 一個在完全競爭下的廠商每天生產200單位，每單位賣7元，而其平均成本為4.99元；若現在每天生產201單位，而其平均成本為5.00元，則其邊際成本為
(A)4元 (B)5元 (C)6元 (D)7元。
解 邊際成本為增加一單位產量所造成總成本的增量，
$TC_1 = 4.99 \times 200 = 998$，$TC_2 = 5.00 \times 201 = 1,005$，
$TC_2 - TC_1 = 1,005 - 998 = 7$。

6. 天國公司為一完全競爭廠商，其$TC = Q^3 - 8Q^2 + 3Q + 124$，$MC = 3Q^2 - 16Q + 3$，假設產品價格P = 15元，請計算其最大利潤。
解 P = MC時利潤最大：$15 = 3Q^2 - 16Q + 3 \Rightarrow Q = 6$，
$TR = P \times Q = 15 \times 6 = 90$，$TC = 6^3 - 8 \times 6^2 + 3 \times 6 + 124 = 70$，
$\pi = TR - TC = 90 - 70 = 20$（元）。

7. 由AR與AC的大小，可決定完全競爭廠商在短期的利潤情況：
   (1) 當AR > AC ⇒ π __>__ 0，廠商有 __超額利潤__，AR與AC __相交__，Q^*會對應AC __遞增處__。
   (2) 當AR < AC ⇒ π __<__ 0，廠商有 __經濟損失__，AR與AC __相離__，Q^*會對應AC __遞減處__。
   (3) 當AR = AC ⇒ π __=__ 0，廠商有 __正常利潤__，AR與AC __相切__，Q^*會對應AC __最低點__。

8. 由P與AVC的大小，可決定完全競爭廠商在短期面臨經濟損失時是否應該歇業：
   (1) 當P > AVC ⇒ 廠商會選擇 __繼續生產__。
   (2) 當P < AVC ⇒ 廠商會選擇 __歇業__。
   (3) 當P = AVC ⇒ 廠商可選擇 __繼續生產或歇業__。

7-2 完全競爭廠商的長期均衡 [107] [109] [111] [112]

一、長期均衡的調整過程

在長期，由於廠商**可以改變生產規模**，也可以**自由進出市場**，因此廠商只能獲得**正常利潤**。

情況	$P_1 > LAC$	$P_2 < LAC$
分析	有超額利潤（$\pi > 0$） ⇒ ｛舊廠商：**擴大生產規模** 　 新廠商：**加入市場** ⇒ 市場供給：增加（S_1右移至S_0） ⇒ 市場價格：下跌 　（P_1下移到P_0，至LAC最低點） ⇒ **$P = AR = LAC$，$\pi = 0$** 　（只有正常利潤） ⇒ ｛舊廠商：維持目前生產規模 　 新廠商：不再加入市場 ⇒ 達到長期均衡	有經濟損失（$\pi < 0$） ⇒ 舊廠商：縮小生產規模或退出市場 ⇒ 市場供給：減少（S_2左移至S_0） ⇒ 市場價格：上漲 　（P_2上移到P_0，至LAC最低點） ⇒ **$P = AR = LAC$，$\pi = 0$** 　（只有正常利潤） ⇒ 舊廠商：維持目前生產規模 ⇒ 達到長期均衡
圖形	市場：P軸，S_1、S_0、S_2，E_1、E、E_2，P_1、P_0、P_2，D，Q^*	廠商：LMC、SMC、LAC、SAC，E，$P_1 = AR_1 = MR_1 = D_1$，$P_0 = AR_0 = MR_0 = D_0$，$P_2 = AR_2 = MR_2 = D_2$，Q^*

二、長期均衡的條件

由上述可知,當廠商達到長期均衡時,廠商必會在 **P = LAC最低點**(**E點**)生產。

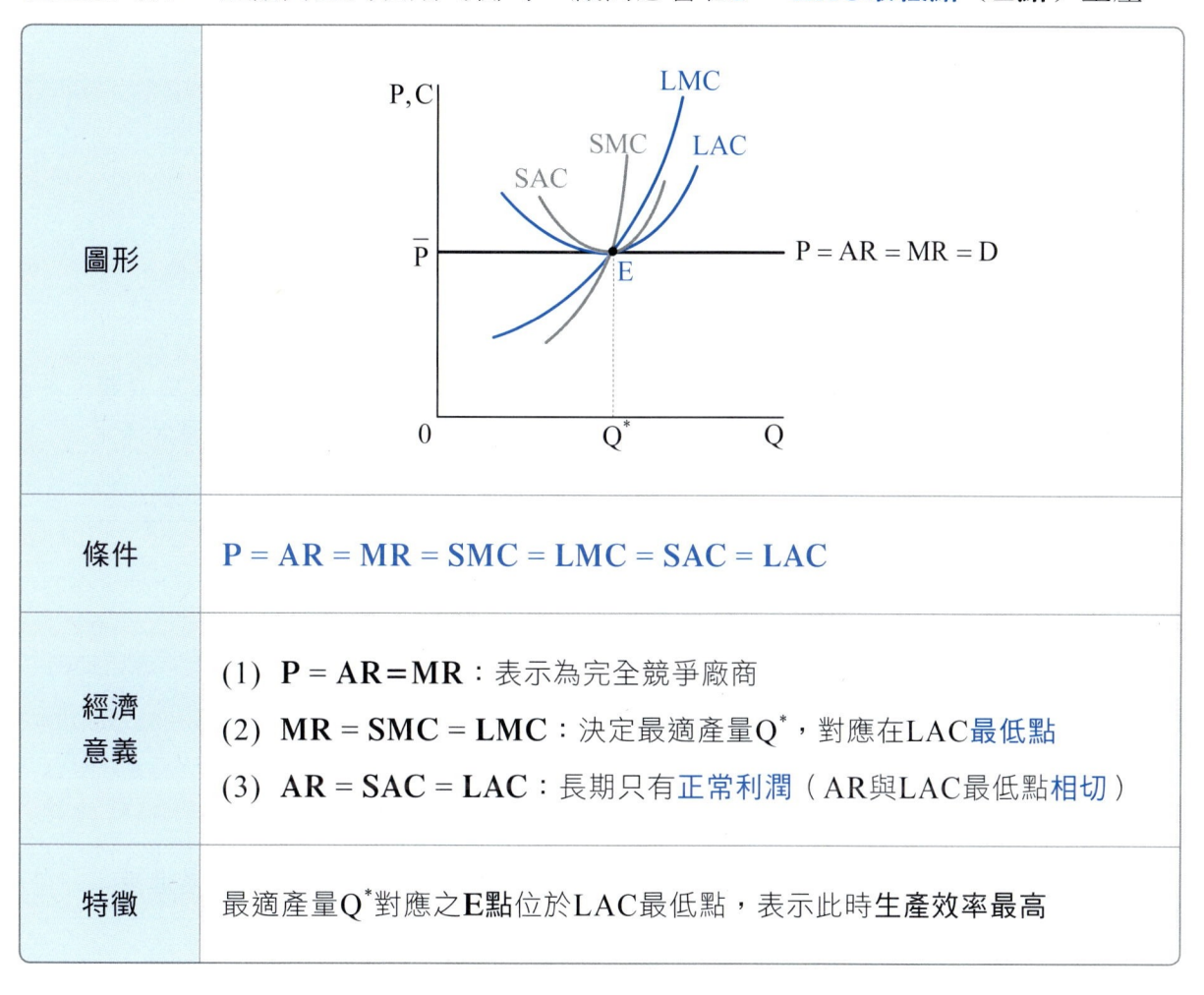

圖形	(圖形：P,C 座標，顯示 SAC、SMC、LAC、LMC 曲線交於 E 點，對應水平線 $\bar{P}$ = P = AR = MR = D，產量為 Q^*)
條件	**P = AR = MR = SMC = LMC = SAC = LAC**
經濟意義	(1) **P = AR = MR**:表示為完全競爭廠商 (2) **MR = SMC = LMC**:決定最適產量Q^*,對應在LAC最低點 (3) **AR = SAC = LAC**:長期只有正常利潤(AR與LAC最低點相切)
特徵	最適產量Q^*對應之**E點**位於LAC最低點,表示此時**生產效率最高**

三、完全競爭市場短期與長期利潤之比較

比較項目	短期			長期
利潤情況	超額利潤 ($\pi > 0$)	正常利潤 ($\pi = 0$)	經濟損失 ($\pi < 0$)	正常利潤 ($\pi = 0$)
經濟條件	P = AR > AC	P = AR = AC	P = AR < AC	P = AR = MR = SMC = LMC = SAC = LAC
Q^*對應 AC位置	SAC遞增處	SAC最低點	SAC遞減處	LAC最低點

7-3 完全競爭市場的評論

一、優點

優點	原因
生產效率最佳	廠商在 **LAC 最低點**生產
生產成本最低	
資源配置效率最佳	廠商根據 **P = MC** 決定最適產量，資源配置無浪費，社會福利最大，消費者支付的價格最低，可獲得最大滿足
社會福利最大	
消費者獲得最大滿足	

二、缺點

優點	原因
無法充分反映消費者的偏好	**產品同質**，消費者只有一種選擇
較缺乏追求進步的動力	廠商規模小且只獲得正常利潤，無能力追求進步

> **黃金 5 秒鐘**
> - **MR = MC**：短期均衡條件，決定出最適產量。
> - **AR = AC**：有正常利潤（π = 0）。
> - **P = AVC 最低點**：完全競爭廠商的短期歇業點。
> - **P = AR = MR**：為完全競爭廠商。
> - **P = MC**：社會福利最大，資源配置最佳。
> - **MC = AC**（即 **AC 最低點**）：生產效率最高，生產成本最低。

學以致用 7-2～7-3

(B)1. 在完全競爭市場中,當廠商有經濟利潤時,市場之長期調整方式為
(A)現有廠商會維持生產規模　(B)新的廠商會加入市場
(C)現有廠商會退出市場　(D)現有廠商會降低生產規模。

(B)2. 完全競爭市場中,個別生產者達到長期均衡時
(A)超額利潤與正常利潤兩者均無
(B)無超額利潤,但仍有正常利潤
(C)無正常利潤,但仍有超額利潤
(D)超額利潤與正常利潤兩者均有。

　解　完全競爭廠商在長期均衡時,超額利潤＝0,但仍有正常利潤。

(C)3. 在完全競爭市場下,個別生產者長期均衡點位於
(A)LMC線最低點　(B)LMC線遞減階段
(C)LAC線最低點　(D)LAC線遞增階段。

(A)4. 在長期均衡時,廠商可能遭受的最大損失為
(A)零　(B)總成本　(C)總固定成本　(D)總變動成本。

　解　在長期,若完全競爭廠商無法獲取正常利潤,則廠商必會退出市場,因此在長期,廠商不可能有損失。

(D)5. 長期而言,完全競爭市場的資源配置效率最佳是因為
(A)廠商會在LAC最低點生產
(B)產品具有同質性
(C)廠商控制價格能力小
(D)廠商根據P＝MC決定最適產量。

(A)6. 完全競爭廠商長期均衡的條件為
(A)P＝AR＝MR＝MC＝AC
(B)P＝AR＝MR＝MC
(C)P＝AR＝MR＝MC＞AC
(D)P＝AR＝MR＜MC。

　解　完全競爭廠商長期均衡條件為:P＝AR＝MR＝SMC＝LMC＝SAC＝LAC。

(B)7. 有關完全競爭廠商,下列敘述何者正確?
(A)廠商所面對的需求曲線是一條負斜率的直線
(B)廠商是價格接受者,也不須採用非價格競爭促銷
(C)廠商在長短期均衡時,均只獲得正常利潤
(D)短期均衡時,只要價格低於平均成本,廠商應即歇業。

　解　A:完全競爭廠商所面對的需求曲線是一條水平線。
　　　B:廠商為價格接受者,且產品同質,所以無需廣告等非價格競爭促銷。
　　　C:完全競爭廠商在短期均衡時有三種利潤情況:π＞0,π＝0,π＜0。
　　　D:P＜AVC應即歇業。

next...

(D)8. 完全競爭市場比其他市場結構更為理想的理由是
　　(A)各廠商長期利潤為零
　　(B)生產同質產品
　　(C)所得分配最平均
　　(D)資源分配最有效率。

　解　完全競爭廠商達到長期均衡時，LMC ＝ SMC ＝ LAC ＝ SAC，表示廠商在最低成本下生產，而達到最適產量與最適生產規模，社會資源作最有效的分配。

9. 關於完全競爭廠商長期均衡條件所代表之經濟意義，請根據各方框之條件所示，將正確答案填入空格中。
　①長期僅有正常利潤　②廠商為完全競爭廠商　③決定出最適產量

$$P = AR = MR = SMC = LMC = SAC = LAC$$

(②)　　(③)　　(①)

10. 下圖為完全競爭廠商長期均衡的調整過程圖，請於空格填入正確答案。

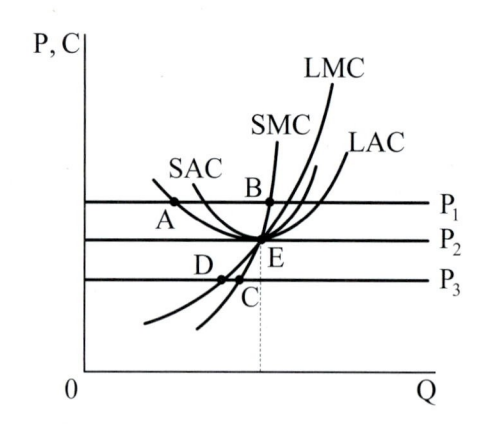

(1) 當 P ＞ LAC（＞、＝、＜），如圖中 P_1 時 ⇒ 舊廠商會擴大生產規模、新廠商會加入市場 ⇒ 使得市場供給 ↑（↑、↓），市場價格 ↓（↑、↓）至 P_2，此時P位於LAC的 最低點 （遞增處、最低點、遞減處）。

(2) 當 P ＜ LAC（＞、＝、＜），如圖中 P_3 時 ⇒ 舊廠商會縮小生產規模或退出市場 ⇒ 使得市場供給 ↓（↑、↓），市場價格 ↑（↑、↓）至 P_2，此時P位於LAC的 最低點 （遞增處、最低點、遞減處）。

(3) 圖中哪一點可代表該廠商已達最適生產規模？答： E 。

滿分印鑑

7-1 完全競爭廠商的短期均衡

(C)1. 已知完全競爭市場相關變數如下:價格(P),邊際成本(MC),則廠商之短期均衡條件為 (A)P > MC (B)P < MC (C)P = MC (D)無法判斷。
解 完全競爭廠商的短期均衡條件為 P = AR = MR = MC。

(B)2. 右圖為完全競爭廠商之收入與成本結構,為求利潤最大,廠商之最適產量為
(A)Q_1 (B)Q_2 (C)Q_3 (D)無法判斷。
解 MR = MC 時決定完全競爭廠商的最適產量 ⇒ Q_2。

(A)3. 完全競爭廠商在短期均衡的情況下,當 AR 線與 AC 線相交時,則該廠商
(A)π > 0 (B)π < 0 (C)π = 0 (D)無法判斷。
解 AR 與 AC 相交 ⇒ P > AC ⇒ π > 0。

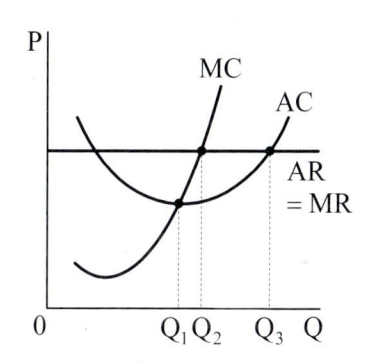

(A)4. 若甲廠商為完全競爭廠商,其短期平均成本最低為 6 元,平均變動成本最低為 4 元。短期下,甲廠商在下列哪一個價格時會停止生產?
(A)3 元 (B)6 元 (C)7 元 (D)8 元。
解 完全競爭廠商的短期供給線為 AVC 最低點以上的 MC 線,故甲廠商在 4 元以下會停產。

(C)5. 在短期內,如果完全競爭市場之產品價格為 10 元,邊際成本為 15 元,則該廠商應該 (A)維持原生產 (B)增加生產 (C)減少生產 (D)提高產品價格。

(D)6. 若一完全競爭廠商在均衡時有超額利潤,表示
(A)邊際收益大於邊際成本 (B)邊際收益小於邊際成本
(C)平均收益小於平均變動成本 (D)平均收益大於平均成本。
解 MR = MC 時,完全競爭廠商達到均衡;此時當 AR > AC 時,有超額利潤(π > 0)。

(C)7. 廠商短期均衡是根據邊際收益等於邊際成本準則,此乃在決定最大利潤的
(A)最佳生產規模 (B)最佳生產技術 (C)最適產量 (D)最適廠商人數。

(C)8. 短期間,廠商停止生產,則
(A)避免任何損失 (B)損失了變動成本
(C)損失了固定成本 (D)損失慘重將會破產。

(C)9. 完全競爭廠商的短期供給曲線為
(A)邊際成本線 (B)平均成本線
(C)在 AVC 最低點以上的 MC 線 (D)在 AC 最低點以上的 MC 線。

(C)10. 完全競爭廠商在短期決定歇業是因為
(A)有虧損存在 (B)虧損大於總成本
(C)虧損大於總固定成本 (D)價格等於平均成本。
解 在短期,當虧損大於 TFC 時,完全競爭廠商會歇業,損失 TFC。

next...

(C)11. 短期廠商獲得超額利潤、正常利潤或經濟損失是根據下列哪兩者之大小來決定？
(A)MR與MC　(B)TFC與TR　(C)AR與AC　(D)P與AVC。

(C)12. 完全競爭廠商在短期均衡的情況下，其產品的價格（P）與平均變動成本（AVC）之間有下列哪一項關係時，就必然要停業？
(A)P > AVC　(B)P = AVC　(C)P < AVC　(D)P < AC。
解 P = AVC最低點時，為完全競爭廠商的短期歇業點；
P < AVC時，虧損 > 固定成本，廠商會停業，只損失固定成本。

(B)13. 完全競爭廠商的短期歇業點為何者的最低點？
(A)AC　(B)AVC　(C)MC　(D)TC。

(D)14. 完全競爭廠商追求利潤最大的情況為
(A)P > MC = AVC　　　　　(B)P > MC = AC
(C)P < MC < AVC　　　　　(D)P = MC > AVC。

(C)15. 完全競爭短期生產之下，廠商最有利的產量是在
(A)平均成本最低點　　　　(B)總成本最低點
(C)邊際成本與市價相等的一點　(D)邊際成本與平均成本相等的一點。

(A)16. 在完全競爭市場中，廠商為追求利潤極大，短期若虧損，則在哪一種情況下的廠商會繼續營業？
(A)價格大於平均變動成本　(B)價格小於平均變動成本
(C)無論如何都會繼續營業　(D)虧損大於固定成本。

(B)17. 完全競爭廠商為價格接受者，則：
(A)廠商之需求曲線為垂直線
(B)廠商之價格等於其邊際收益
(C)廠商之平均收益大於其邊際收益
(D)廠商之需求曲線具有負斜率。
解 A、D：需求曲線為「水平線」。C：AR = MR。

(A)18. 有關完全競爭市場廠商的敘述，下列何者為正確？
(A)廠商通常不需要廣告宣傳　(B)廠商長期下來仍有經濟利潤
(C)各廠商的產品有差異　　　(D)各廠商均有自己的品牌。
解 B：只有正常利潤。A、C、D：完全競爭廠商是生產「同質產品」（若各自有自己的品牌，表示廠商是生產異質產品），廠商不需做廣告宣傳。

(C)19. 在短期，下列何種情況必定會使競爭市場中的廠商生產量為0？
(A)平均收益低於平均成本
(B)廠商最大利潤為負
(C)價格低於短期平均變動成本最低點
(D)短期總成本超過總收益。
解 當P < AVC時，完全競爭市場中的廠商會歇業，產量 = 0。

7-16

(A)20. 完全競爭市場之廠商在短期均衡時具有下列何種特性？
(A)價格P必定等於短期邊際成本
(B)均衡點必定位於SAC曲線的最低點
(C)均衡時必定沒有超額利潤
(D)P必須高於平均固定成本，廠商才會生產。

解 B：唯有當$\pi = 0$時，均衡點方位於SAC曲線的最低點。
C：完全競爭市場之廠商在短期均衡時有三種利潤情況：$\pi > 0$，$\pi < 0$，$\pi = 0$。
D：P > AVC時，廠商才會生產。

(D)21. 下列各項有關完全競爭市場的敘述，何者為真？
(A)個別生產者必須降低價格才可售出產品
(B)短期均衡時，其邊際收益可能小於邊際成本
(C)其邊際收益可能小於平均收益
(D)其總收益為一直線。

解 A：個別生產者為「價格接受者」。B：短期均衡時，MR = MC。
C：P = AR = MR。

(D)22. 以下有關完全競爭廠商的敘述，何者是錯誤的？
(A)銷售量改變時，價格不變　　(B)邊際收益等於價格
(C)平均收益等於價格　　(D)邊際收益小於平均收益。

解 完全競爭市場下，P = AR = MR。

(C)23. 完全競爭廠商欲使其生產效率達到最高的最適產量，是決定於
(A)MC < AC　　(B)MC > AC
(C)MC = AC　　(D)MC = AVC。

(B)24. 在完全競爭的市場結構下，假設某追求利潤最大之廠商，短期時其平均成本（AC）、平均變動成本（AVC）及邊際成本（MC）的關係如右圖所示，P為市場價格，Q為產量。請問下列敘述何者不正確？
(A)當$P_2 < P < P_3$時，廠商有虧損
(B)當$P = P_1$時，廠商的供給量為Q_1
(C)當$P = P_4$時，廠商有超額利潤
(D)當$P = P_3$時，廠商無超額利潤。

(C)25. 如右圖，均衡時廠商的利潤為
(A)80　　(B)100
(C)120　　(D)135。

解 完全競爭廠商AR = MR，由圖形可知在MR = MC的均衡產量為40，該均衡產量下的AC = 7、AR = 10，所以廠商的利潤為$40 \times (10 - 7) = 120$。

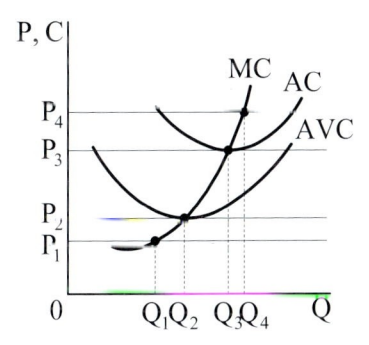

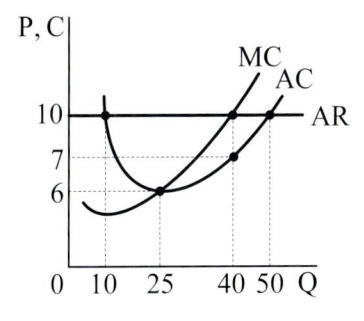

(D)26. 假設有一完全競爭廠商的短期供給情況如右圖，當市場價格P＝10，則願供給30單位，若市場價格P＝6，則其願供給多少單位？
(A)25　(B)20
(C)10　(D)0。

解 完全競爭廠商的短期供給線為AVC線以上的MC線。
若P＝6，則廠商選擇不生產，因此$Q_S = 0$。

(D)27. 依據右圖，在完全競爭市場中，若市場價格為20元，則廠商可獲得之最大利潤為
(A)400元　(B)300元
(C)105元　(D)100元。

解 P＝MC ⇒ 最適產量＝20。
$\pi = (P - AC) \times Q = (20 - 15) \times 20 = 100$。

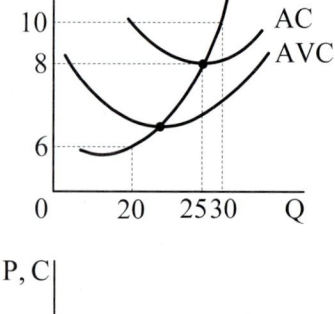

(A)28. 有一完全競爭廠商的邊際成本函數為MC＝Q＋10（單位：元），其中Q代表產量，當市場的價格為每單位30元時，該廠商在利潤極大之下的產量與總收益各為多少？
(A)產量為20，總收益為600元　(B)產量為20，總收益為300元
(C)產量為10，總收益為600元　(D)產量為10，總收益為300元。

解 利潤極大時，P＝MR＝MC，即30＝Q＋10，Q＝20，
總收益TR＝P×Q＝30×20＝600。

(B)29. 某完全競爭廠商每天的產出能有5,000元的總收益，AC為20元，AVC為10元，MC為25元，則其每天的產出及固定成本為
(A)500單位，2,000元　(B)200單位，2,000元
(C)250單位，1,000元　(D)200單位，1,500元。

解 MR＝MC決定最適產量Q^*：
TR＝AR×Q^*＝5,000 ⇒ $\frac{5,000}{Q^*}$＝AR＝P＝MC＝25 ⇒ Q^*＝200單位。
AFC＝AC－AVC＝20－10＝10，TFC＝AFC×Q＝10×200＝2,000（元）。

(A)30. 假設某一完全競爭廠商生產500單位的產品，以每單位$30出售，其邊際成本為$30且處於遞增狀況，平均總成本為每單位$45，平均變動成本為$35，則為求利潤最大或損失最小，此廠商應當：
(A)暫時歇業　(B)增加產量　(C)減產但不關門　(D)生產500單位的產品。

解 P＝30，AVC＝35，可知P＜AVC，則廠商會選擇歇業，損失總固定成本。

7-2　完全競爭廠商的長期均衡

(C)31. 完全競爭下的廠商可以自由進出市場，此特性促使　(A)平均成本線成U字型　(B)MR遞減　(C)長期下來只能獲得正常利潤　(D)AR為水平線。

解 當π＞0時，舊廠商會擴大生產規模，並吸引新廠商加入，使個別利潤降低。
當π＜0時，舊廠商會退出市場或縮小生產規模，使個別利潤提高。
所以完全競爭廠商長期下來超額利潤＝0，只能獲得正常利潤。

(B)32. 對一個廠商而言，MR＝MC的主要經濟意義為：
(A)效用最大　(B)利潤最大　(C)社會福利最大　(D)損失最大。
解 MR＝MC為廠商的短期均衡條件，表示利潤最大或損失最小。

(B)33. 完全競爭市場廠商長期下來
(A)商業利潤等於零　　　　　(B)經濟利潤等於零
(C)正常利潤等於零　　　　　(D)經濟利潤大於零。

(B)34. 下列有關完全競爭市場之廠商行為說明，何者正確？
(A)於短期下，當價格低於平均成本，則廠商必因虧損而選擇退出市場
(B)於長期下，廠商之均衡條件必發生於長期平均成本線（LAC）之最低點
(C)因新舊廠商可自由進出市場，故短期間廠商不會有超額利潤
(D)因廠商之最適訂價乃依據價格等於邊際成本（P＝MC），故其邊際成本線就是短期供給曲線。
解 A：短期下，當「P＜AVC＜AC」時，廠商必因虧損而退出市場。
C：因廠商進出市場自由，故「長期間」廠商不會有超額利潤。
D：完全競爭廠商的短期供給曲線為「AVC線最低點以上的MC線」。

(D)35. 完全競爭市場下，比較廠商達短期均衡與長期均衡時的（超額）利潤，下列敘述何者正確？
(A)短期均衡時的廠商利潤等於零，長期均衡時的廠商利潤也等於零
(B)短期均衡時的廠商利潤大於零，長期均衡時的廠商利潤也大於零
(C)短期均衡時的廠商利潤可能大於、等於、或小於零，長期均衡時的廠商利潤大於零
(D)短期均衡時的廠商利潤可能大於、等於、或小於零，長期均衡時的廠商利潤等於零。
解 完全競爭廠商短期均衡時，利潤可能為正、負、或零；但由於完全競爭廠商可自由進出市場，所以長期經濟利潤為零，只可獲得正常利潤。

(B)36. 下列關於完全競爭市場廠商的敘述，何者錯誤？
(A)廠商的長期均衡一定位於長期平均成本（LAC）曲線上的最低點
(B)廠商的短期停業點位於平均固定成本曲線上的最低點
(C)廠商短期所面對的需求曲線呈水平直線
(D)廠商的短期均衡有可能存在超額利潤。
解 廠商的短期停業點位於「平均變動成本曲線」上的最低點。

(D)37. 關於完全競爭市場的敘述，下列何者正確？
(A)在達成長期均衡時，廠商正常利潤為零
(B)完全競爭廠商面對的需求曲線是彈性為零的水平線
(C)廠商在短期不會做虧本生意
(D)廠商的總收益線、平均收益線與邊際收益線皆為直線。
解 A：在達成長期均衡時，廠商的「超額利潤」為零。
B：完全競爭廠商面對的需求曲線是彈性為「無限大」的水平線。
C：完全競爭廠商在短期仍可能「有虧損」，π＜0。
D：TR線為以原點為端點的直線，AR＝MR為水平線。

next...

(A)38. 下列有關完全競爭市場之敘述，何者錯誤？
(A)廠商在短期均衡時，若經濟利潤為正，則其AC會達到最低
(B)廠商長期下來經濟利潤一定為零
(C)廠商短期的供給曲線是AVC線最低點以上之MC線段
(D)廠商之AR＝MR，且為水平直線。

解 A：若$\pi > 0$，表示MR＝MC決定的均衡產量，對應AC曲線的遞增處。

(B)39. 有關完全競爭市場的敘述，以下何者正確？
(A)廠商面對遞減的平均收益線
(B)短期下，廠商利潤最大時，利潤有可能為負
(C)短期下，廠商利潤最大時，邊際收益應大於邊際成本
(D)廠商在長期均衡時，利潤必定不等於0。

解 A：水平的平均收益線。C：邊際收益等於邊際成本。D：必等於0。

(B)40. 下列何者不是完全競爭市場長期均衡點上之特性？
(A)經濟利潤為零
(B)廠商在價格高於邊際成本處生產
(C)沒有誘因使廠商改變規模
(D)沒有誘因使廠商多生產或少生產。

解 B：廠商在價格等於邊際成本處生產。

7-3　完全競爭市場的評論

(C)41. 若完全競爭市場廠商具生產效率（production efficiency），廠商應符合哪一項條件？
(A)價格等於長期邊際成本時生產
(B)價格等於邊際收益時生產
(C)價格等於長期平均成本的最低點時生產
(D)邊際成本等於邊際收益時生產。

(A)42. 價格等於邊際成本（P＝MC）的主要經濟意義為：
(A)社會福利最大　　　　　(B)利潤最大
(C)成本最低　　　　　　　(D)損失最少。

(A)43. 完全競爭廠商在LAC最低點生產，表示該廠商正處於下列何種狀態？
(A)生產效率最高　　　　　(B)MC最低
(C)資源配置最佳　　　　　(D)訂價最高。

(C)44. 下列何者為完全競爭市場的缺點？
(A)資源配置效率不佳
(B)長期有經濟損失
(C)缺乏創新的動力
(D)廠商無法自由進出市場。

進階挑戰題

(B)1. 當完全競爭市場的廠商發現它的邊際收益小於邊際成本時,如何做可以提高利潤?
(A)增加產量　(B)減少產量　(C)提高價格　(D)降低價格。　[7-1]

(D)2. 有關完全競爭市場的敘述,下列何者正確?
(A)由於個別廠商是價格接受者,因此市場需求線是一條水平線
(B)在長期如果廠商發生虧損,只要P > AVC就應該繼續營業
(C)由於廠商是價格接受者,若政府對所有廠商課稅,市場的均衡價格不會改變
(D)在短期如果廠商發生虧損並不一定要關門停業。　[7-1]

解 A:「個別廠商」面對的需求線為水平線。
B:「短期」發生虧損時,只要P > AVC就應繼續營業。
C:政府對廠商課稅會提高生產成本,使廠商供給減少,供給線上移,均衡價格上升。

(B)3. 某完全競爭市場內的所有廠商的成本結構相同。假設每單位產品的市場價格為30元,每家廠商的均衡產量為500單位,其平均成本為20元,平均變動成本為15元。當該市場達成長期均衡時,下列何者正確?
(A)每家廠商的超額利潤為5,000元
(B)廠商家數將會增加,導致長期均衡價格必然低於30元
(C)長期均衡的廠商平均固定成本為5元
(D)廠商將會退出市場,導致長期均衡價格上漲超過30元。　[7-2][情境素養題]

解 AC = AVC + ATC ⇒ 20 = 15 + ATC ⇒ ATC = 5。
當P = 30 > LAC = 20時,表示有超額利潤 ⇒ 新廠商加入市場 ⇒ 市場供給↑
⇒ P下跌 ⇒ P = AR = LAC,超額利潤 = 0,達到長期均衡。
此時,$P^* < 30$,LAC < 20,∵AVC處於遞增狀態,故ATC < 5。

(B)4. 假設全球的玉米為一個完全競爭市場,且所有生產玉米的農夫都有相同的成本結構。若玉米每公斤的市價為30元,且生產玉米的平均總成本的最低值為40元。下列何者在長期最有可能正確?
(A)生產玉米農夫的平均總成本會降低
(B)有些生產玉米的農夫會退出此市場
(C)玉米的均衡價格會下跌
(D)更多生產玉米的農夫會進入此市場。　[7-2][情境素養題]

情境素養題

(A) 1. 老王是位農夫以種柑橘為業，今年老王投入種柑橘的樹苗、肥料、農藥等成本共計10,000元。再過幾天柑橘就成熟了，由於人手不足，老王在思考是否請工人來採收柑橘，但目前請工人來採收的工錢總共是2,000元，可採收200公斤柑橘，而目前柑橘的市價每公斤為70元，試問老王是否該請人來採收？他所賺取的利潤（或虧損）為多少？
(A)應請人採收，$\pi = 2,000$元
(B)應請人採收，$\pi = 1,000$元
(C)不應請人採收，$\pi = 0$
(D)不應請人採收，$\pi = -2,000$元。 [7-1]

解 $AC = \dfrac{(10,000 + 2,000)}{200} = 60$，$AVC = \dfrac{2,000}{200} = 10$。

$P = 70 > AC$，$\pi = 70 \times 200 - 60 \times 200 = 2,000$元 > 0，應請人來採收。

(A) 2. 某絲織廠商處於完全競爭市場，其短期成本與市場價格關係如右圖所示，若該廠商所面對的產品價格為P^*，在追求利潤最大的條件下，請問該廠該怎麼做？（P為價格，Q為數量，AVC為平均變動成本，AC為平均成本，MC為邊際成本） 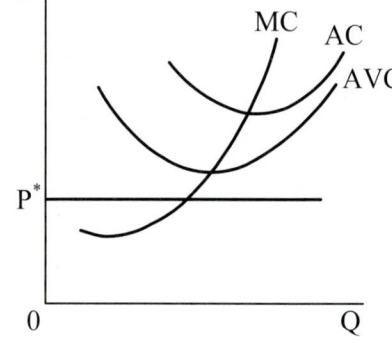
(A)歇業以減少損失
(B)繼續營運賺取正常利潤
(C)雖略有損失但仍可繼續營運
(D)繼續營運賺取超額利潤。 [7-1][103統測改編]

解 如圖所示，在$P < AVC < AC$時，因為虧損 > 固定成本，所以廠商該選擇歇業。

(A) 3. 若一完全競爭廠商的短期各成本線如右圖所示，圖中ATC為平均成本、AVC為平均變動成本、MC為邊際成本，B點為ATC的最低點，C點為AVC的最低點，A點對應的縱座標為22，B點對應的縱座標為20。下列敘述何者正確？ 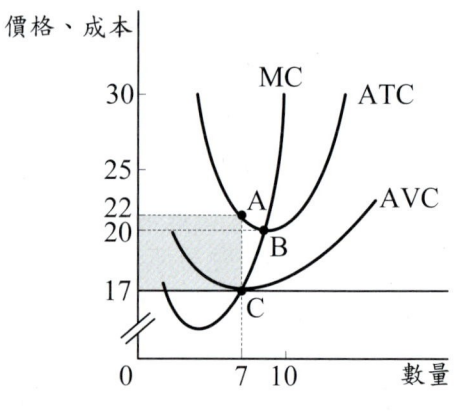
(A)廠商歇業的損失為35
(B)若市場均衡價格為15時，此廠商仍會繼續生產
(C)短期歇業點為B點
(D)若市場均衡價格為25時，此廠商的獲利僅有正常利潤。 [7-1][104統測]

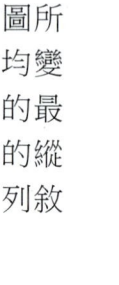

解 A：該廠商歇業的損失為總固定成本$TFC = (AC - AVC) \times Q = (22 - 17) \times 7 = 35$。
B：市場均衡價格P為15時，$P < AVC \Rightarrow$ 該廠商會選擇「歇業」。
C：當$P = AVC$最低點時，繼續生產或歇業的損失相同，此時，「$P = AVC$最低點（即C點）」稱為短期歇業點。
D：市場均衡價格P為25時，$P > AC \Rightarrow$ 該廠商有超額利潤。

統測臨摹

(B)1. 若一完全競爭廠商,其產量(Q)、平均成本(AC)與邊際成本(MC)之關係如下表。下列敘述何者正確?
(A)市價為8時,此廠商有經濟損失
(B)市價為8時,此廠商有正常利潤
(C)市價為14時,此廠商有正常利潤
(D)市價為14時,此廠商有經濟損失。 [7-1][102統測]

產量(Q)	平均成本(AC)	邊際成本(MC)
10	10	6
15	8	8
20	12	14

解 A、B:P = MC = AR = AC = 8,廠商有正常利潤。
C、D:P = MC = AR = 14 > AC = 12,廠商有超額利潤。

(A)2. 若某完全競爭廠商達到短期均衡時,總收益為2,500,000元,平均成本為200元,平均變動成本為100元,邊際成本為250元,則該廠商在此短期均衡下之產量為:
(A)10,000 (B)12,500 (C)20,000 (D)25,000。 [7-1][106統測]

解 ∵P = MC為完全競爭廠商短期均衡的條件,TR = P × Q,
∴TR = P × Q = MC × Q ⇒ 2,500,000 = 250 × Q ⇒ Q = 10,000。

(B)3. 在追求利潤最大化的目標下,下列有關完全競爭廠商A的描述,何者錯誤?
(A)短期下只要虧損小於固定成本,則廠商A仍應繼續生產
(B)廠商A面對的需求線之價格彈性為完全無彈性
(C)當價格低於平均變動成本時,廠商A的產量為零
(D)長期均衡時,廠商A會在長期平均成本最低點生產。 [7-2][107統測]

解 個別完全競爭廠商面對的需求曲線為水平線 ⇒ $E^d = \infty$(完全彈性)。

(A)4. 若已知一完全競爭之廠商,在價格P = 20時,其均衡數量Q = 100,則下列有關此廠商在Q = 100時之敘述,何者錯誤?
(A)邊際收入小於20
(B)平均收入等於20
(C)總收入等於2,000
(D)需求的價格彈性為無窮大。 [7-1][108統測]

解 A、B:完全競爭市場在短期均衡時,P = AR = MR = 20。
C:TR = $P^* × Q^*$ = 20 × 100 = 2,000。
D:完全競爭廠商面對水平的需求曲線,其需求價格彈性為無限大。

next...

(A)5. 假設某一追求利潤最大化之完全競爭廠商之產量及總成本如下表。若P表價格、Q表產量、TC表總成本，AC表平均總成本、MC表邊際成本、AVC表平均變動成本、AFC表平均固定成本。已知總固定成本為40，且產量為3時之MC＝17，則下列關於此廠商在短期均衡下之敘述，何者正確？　(A)當P＝31時，短期均衡之AC＝26且經濟利潤為30　(B)當P＝20，Q＝4，廠商經濟利潤為80　(C)當P＝25，AVC＝17，廠商有超額利潤　(D)當P＝110，AFC＝5，AVC＝30。　[7-1][109統測]

Q	3	4	5	6	7	8
TC	80	100	125	156	210	320
P＝MC	17	20	25	31	54	110
AC	26.7	25	25	26	30	40

解 完全競爭廠商短期均衡時，P＝AR＝MR＝MC，
A：P＝31時，Q^*＝6 ⇒ AC＝26，經濟利潤＝(31－26)×6＝30。
B：P＝20時，Q^*＝4 ⇒ AC＝25，經濟利潤＝(20－25)×4＝－20。
C：P＝25時，Q^*＝5 ⇒ AVC＝17，經濟利潤＝(25－25)×5＝0 ⇒ 僅有正常利潤。
D：P＝110時，Q^*＝8 ⇒ AFC＝40÷8＝5，AVC＝40－5＝35。

(B)6. 若某一完全競爭廠商，當市場價格P＝15時之短期均衡下，此廠商之總收益TR＝750，ATC＝12且AVC＝10。若Q表數量、ATC表平均總成本、AVC表平均變動成本、MR表邊際收益、AR表平均收益，則下列有關短期均衡下之敘述，何者正確？　(A)MR＞15　(B)Q＝50　(C)MR＞AR　(D)經濟利潤為250。　[7-1][110統測]

解 A、C：均衡時，P＝AR＝MR＝MC＝15。B：TR＝P×Q，750＝15Q，Q＝50。
D：經濟利潤＝(15－12)×50＝150。

(A)7. 假設某一完全競爭廠商，若其邊際成本（MC）、平均總成本（ATC）、平均變動成本（AVC）皆為U型曲線。在追求利潤最大或損失最小化的目標下，此廠商在價格P＝30時，產量Q＝400，MC＝30且處於遞增狀況，ATC＝45，AVC＝25。此廠商在上述條件下應如何決策？　(A)維持產量為400　(B)讓產量大於400　(C)讓產量小於400但不歇業　(D)暫時歇業。　[7-1][110統測]

解 均衡時之P＝MR＝MC＝30，此時AC（＝ATC＝45）＞P＞AVC
⇒ 應繼續生產，並讓產量維持在均衡時的400。

(B)8. 若某產品的市場需求線為P＝2,000－Q，市場供給線為P＝Q，若此市場為完全競爭市場，而廠商甲為此完全競爭市場的供給者之一。若P為價格，Q為數量，TR為總收益，MR為邊際收益，AR為平均收益，MC為邊際成本，則下列有關廠商甲的敘述何者正確？　(A)TR＝2,000×Q　(B)MR＝1,000　(C)AR為負斜率的直線　(D)若MR與MC交點的數量Q＝10，則TR＝20,000。　[7-1][111統測]

解 A：TR＝1,000×Q。
B：P＝AR＝MR＝D＝1,000。
C：AR為水平直線。
D：TR＝1,000×10＝10,000。

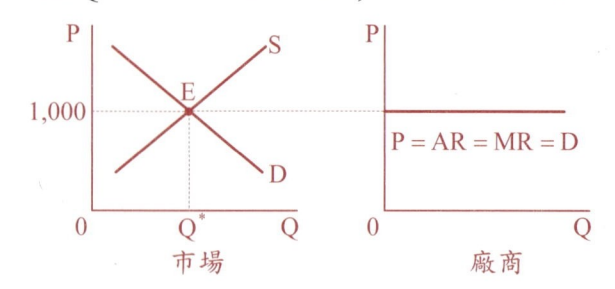

(C)9. 若某完全競爭廠商之長期平均成本LAC與長期邊際成本LMC皆為U型曲線，該廠商達到長期均衡時之價格P = 150且數量Q = 300。若AR表平均收益，MR表邊際收益，在其他條件不變下，下列有關長期均衡下的敘述何者正確？
(A)在LAC之最低點時，MR = AR = LAC > 150
(B)當P = 150時，LAC = LMC且經濟利潤大於零
(C)若P = 160時，廠商會擴大生產規模或會有新廠商加入此產業
(D)若Q = 250時，LAC < LMC且經濟利潤小於零。 [7-2][111統測]

解 A：MR = AR = LAC「=」150。
B：經濟利潤「等於」零。
D：LAC「>」LMC且經濟利潤「大於」零。

(C)10. 有一個完全競爭廠商的各種短期成本曲線如下圖所示，其中MC、AC、AVC、P、C和q分別代表邊際成本、平均成本、平均變動成本、價格、成本和產量，下列敘述何者正確？
(A)廠商的短期供給曲線為D點以上的MC線
(B)當市場價格為20元時，該廠商的經濟利潤為72
(C)當市場價格為13元時，該廠商的總固定成本為161
(D)當市場價格為10元時，該廠商應該生產的數量為10。 [7-1][112統測]

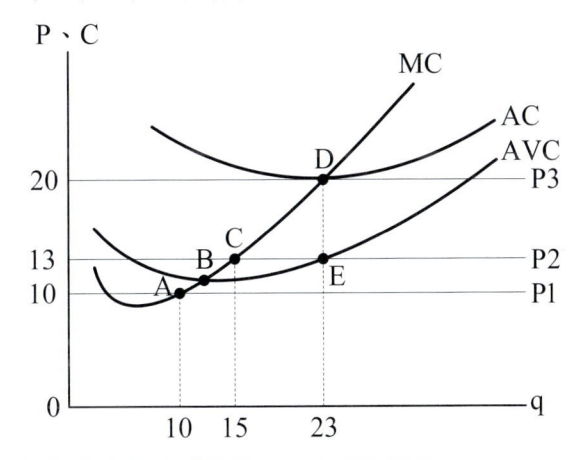

解 A：廠商的短期供給曲線為「B點」以上的MC線。
B：P = 20時，P = AR = AC，此時該廠商的經濟利潤為0。
C：TFC = (20 − 13) × 23 = 161。
D：P < 10時，因P低於AVC最低點（短期歇業點），因此廠商會選擇歇業，此時產量 = 0。

(B)11. 某產業屬於完全競爭市場，以下何者符合廠商在長期均衡時之表現？
(A)留在該產業的廠商具有超額利潤
(B)價格 = 平均收益 = 長期邊際成本
(C)價格 > 長期平均成本
(D)短期邊際成本 < 長期平均收益。 [7-2][112統測]

解 長期均衡時，完全競爭廠商只能獲得正常利潤，此時：
P = AR = MR = SMC = LMC = SAC = LAC。

(C)12. 有一家完全競爭廠商，面對市場價格 P = 14 元。該廠商在產量 q = 8 時，MC = AC；在 q = 9 時，MC = AR；在 q = 10 時，AC = AR，其中 MC、AC、AR 分別代表邊際成本、平均成本、平均收益。已知 AC = $q^2 - 16q + 74$，則該廠商在最適產量之下的超額利潤為何？
(A)0　(B)10　(C)27　(D)36。 [7-1][114統測]

解 如下圖，q = 9 時，AC = $9^2 - 16 \times 9 + 74 = 11$。
π = (14 − 11) × 9 = 27。

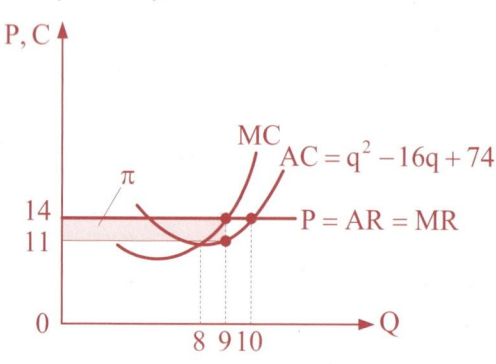

CH 8 獨占市場產量與價格的決定

本章學習重點

114年統測重點
獨占廠商的短期均衡、獨占廠商的訂價策略

節名	必考重點	
8-1 獨占廠商的短期均衡	• 獨占廠商的短期均衡分析	★★★☆☆
8-2 獨占廠商的長期均衡	• 獨占廠商的長期均衡分析	★☆☆☆☆
8-3 獨占廠商的訂價策略	• 差別訂價的定義與種類	★★★★★
8-4 獨占市場的評論 幾乎年年考！	• 獨占廠商的優缺點 • 獨占市場與其他類型市場的比較	★☆☆☆☆

統測命題分析

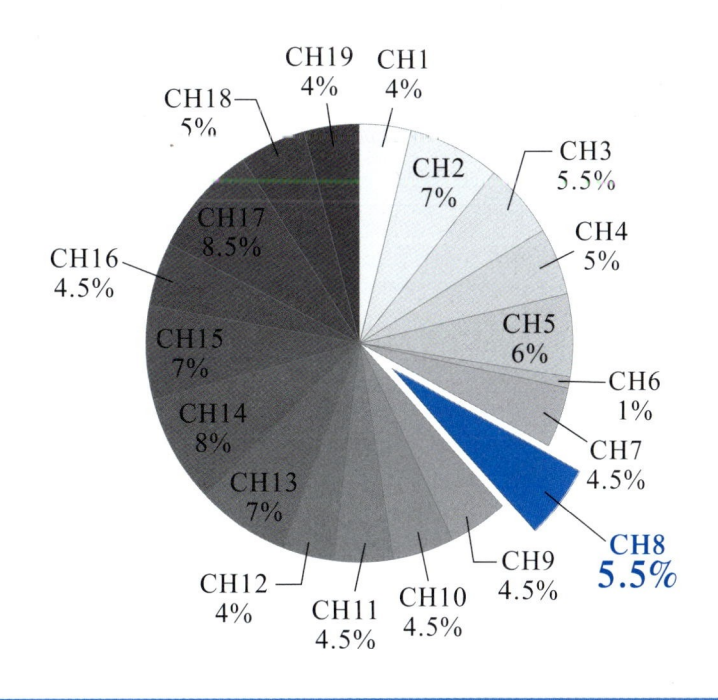

章節	比例
CH1	4%
CH2	7%
CH3	5.5%
CH4	5%
CH5	6%
CH6	1%
CH7	4.5%
CH8	**5.5%**
CH9	4.5%
CH10	4.5%
CH11	4.5%
CH12	4%
CH13	7%
CH14	8%
CH15	7%
CH16	4.5%
CH17	8.5%
CH18	5%
CH19	4%

8-1 獨占廠商的短期均衡 [103] [107] [110] [113] [114]

一、獨占廠商訂價及產量的考量

決定均衡價格	1. 影響訂價的因素： 　(1) 產品的需求彈性E^d 　(2) 產品的生產成本 2. 將Q^*對應至$P = AR = D$線，即可決定均衡價格P^* 3. 獨占廠商常採差別訂價法來訂價（詳見8-3節）
決定均衡產量	1. 根據$MR = MC$原則決定最適產量Q^* 　(1) 當$MR > MC \Rightarrow$ 增產有利（$Q\uparrow$）$\Rightarrow \pi\uparrow$ 　(2) 當$MR < MC \Rightarrow$ 減產有利（$Q\downarrow$）$\Rightarrow \pi\uparrow$ 　(3) 當$MR = MC \Rightarrow$ 為最適產量（Q^*）$\Rightarrow \pi$最大 2. 獨占廠商會在$E^d > 1$的階段生產 　（∵$MR = MC > 0$，此時$TR\uparrow$）

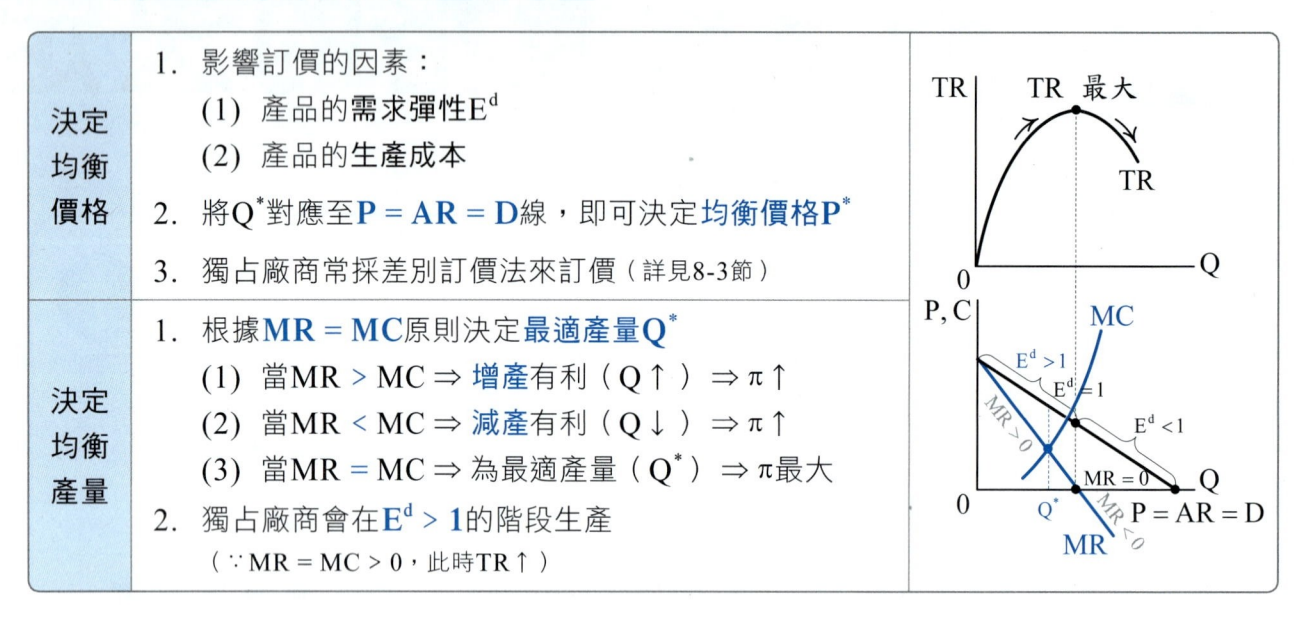

二、獨占廠商短期均衡的三種情形

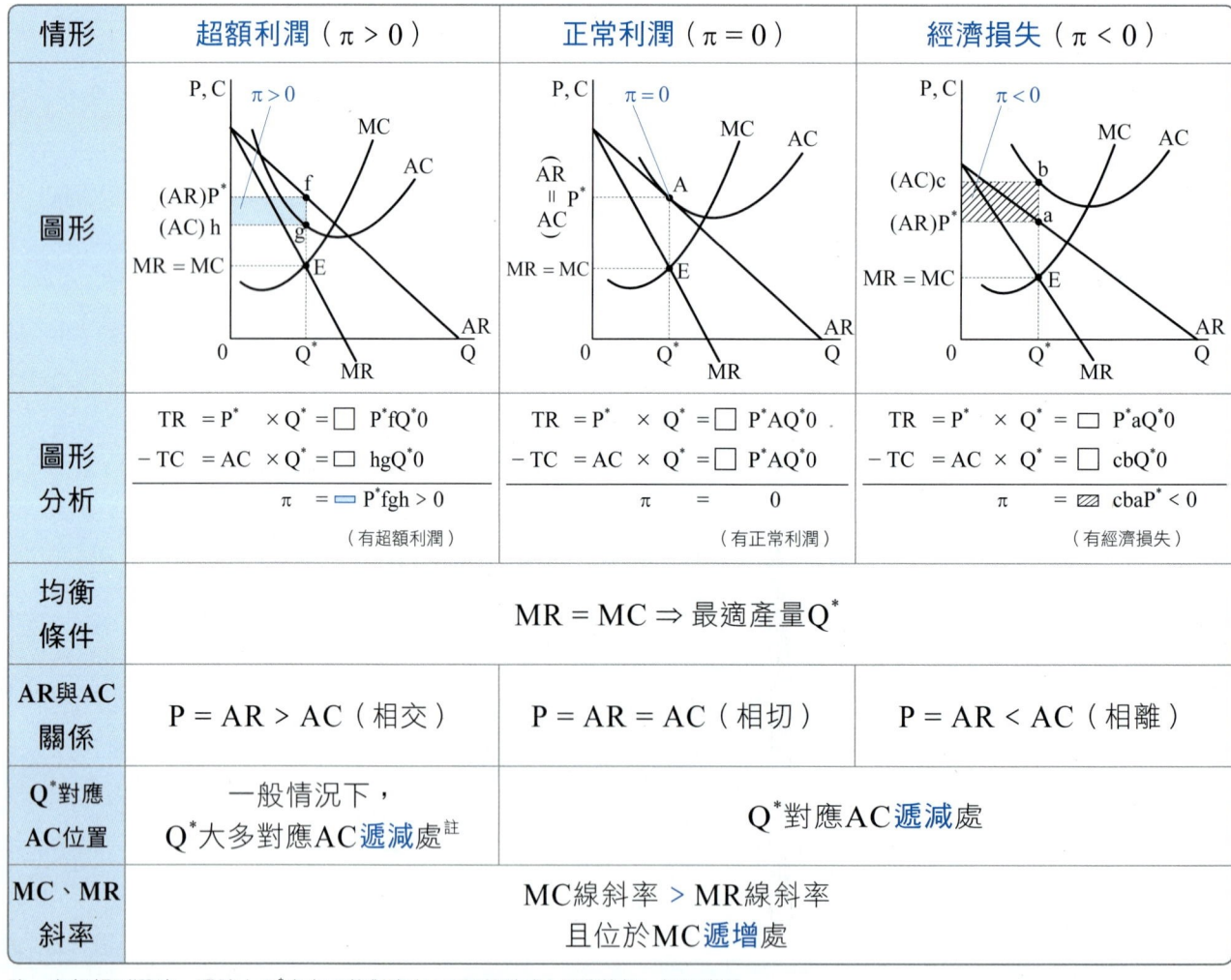

情形	超額利潤（$\pi > 0$）	正常利潤（$\pi = 0$）	經濟損失（$\pi < 0$）
圖形	（圖）	（圖）	（圖）
圖形分析	$TR = P^* \times Q^* = \square\, P^*fQ^*0$ $-TC = AC \times Q^* = \square\, hgQ^*0$ $\pi = \square\, P^*fgh > 0$ （有超額利潤）	$TR = P^* \times Q^* = \square\, P^*AQ^*0$ $-TC = AC \times Q^* = \square\, P^*AQ^*0$ $\pi = 0$ （有正常利潤）	$TR = P^* \times Q^* = \square\, P^*aQ^*0$ $-TC = AC \times Q^* = \square\, cbQ^*0$ $\pi = \square\, cbaP^* < 0$ （有經濟損失）
均衡條件	$MR = MC \Rightarrow$ 最適產量Q^*		
AR與AC關係	$P = AR > AC$（相交）	$P = AR = AC$（相切）	$P = AR < AC$（相離）
Q^*對應AC位置	一般情況下，Q^*大多對應AC遞減處註	Q^*對應AC遞減處	Q^*對應AC遞減處
MC、MR斜率	MC線斜率 > MR線斜率 且位於MC遞增處		

註：有超額利潤時，理論上Q^*也有可能對應在AC最低點或AC遞增處，但不常見。

三、獨占廠商發生經濟損失時的決策 [113]

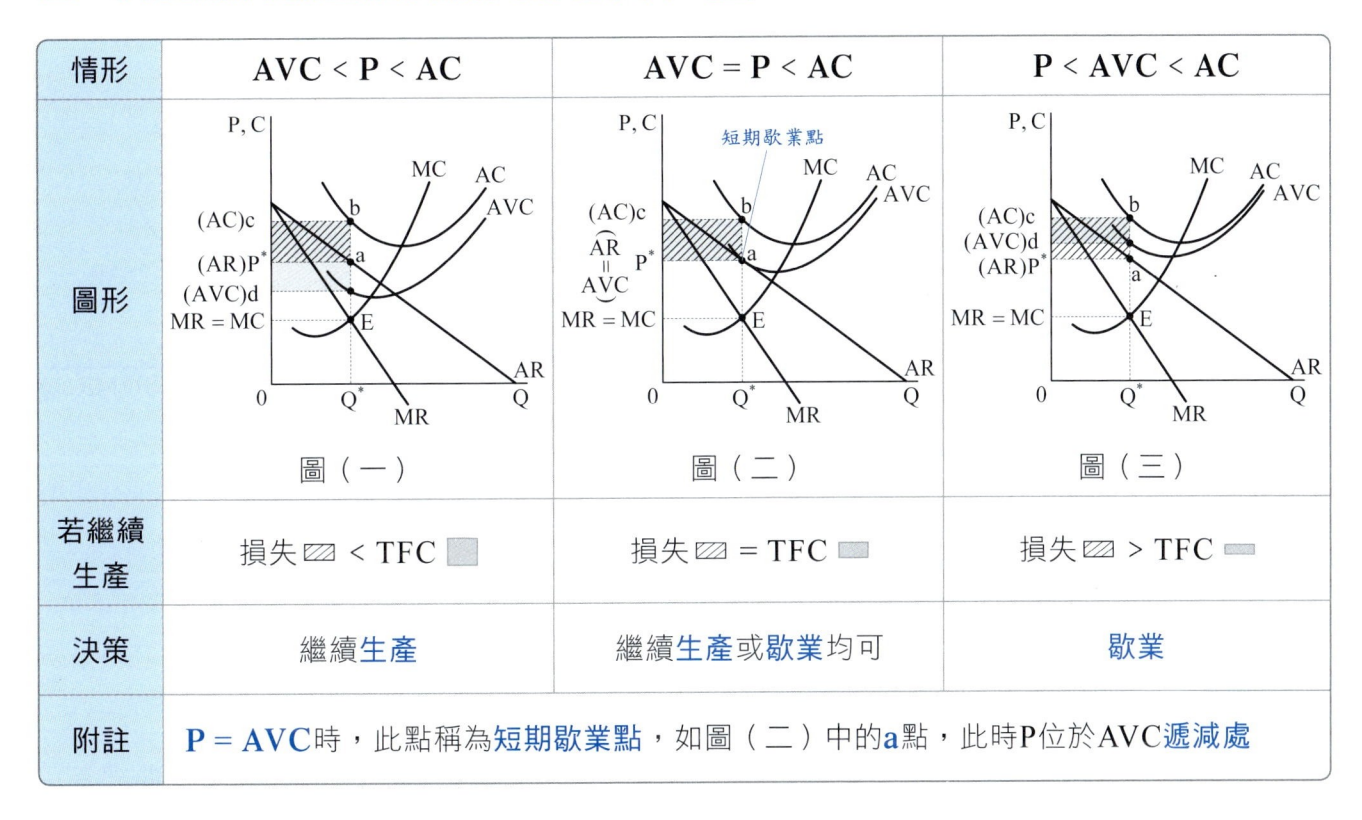

情形	AVC < P < AC	AVC = P < AC	P < AVC < AC
圖形	圖（一）	圖（二）	圖（三）
若繼續生產	損失 < TFC	損失 = TFC	損失 > TFC
決策	繼續生產	繼續生產或歇業均可	歇業
附註	P = AVC時，此點稱為短期歇業點，如圖（二）中的a點，此時P位於AVC遞減處		

四、獨占廠商沒有短期供給曲線

廠商根據MR = MC找到最適產量Q^*後，對應至AR線才決定P^*，而當市場需求（D = AR）改變時，MR也會跟著改變，因此，價格與數量並不是「一對一」的對應關係，所以獨占廠商**沒有供給曲線**。

黃金5秒鐘

完全競爭廠商與獨占廠商的短期均衡比較：

比較	完全競爭廠商	獨占廠商
有超額利潤	P = AR > AC	
有正常利潤	P = AR = AC	
有經濟損失	P = AR < AC	
虧損時的短期歇業點	P = AVC最低點	P = AVC遞減處
短期供給曲線	AVC最低點以上之MC線	沒有

教學範例 1 ── 短期均衡的圖形題

右圖為某獨占廠商的成本收益圖,請問:

1. 最適產量為 __40__ 。
2. 最適價格為 __50__ 。
3. 在最適產量下,該廠商的利潤為 __1,000__ 。

解 1、2. MR = MC時,決定最適產量Q = 40,
  對應AR線得最適價格P = 50。

3. π = (AR − AC) × Q = (50 − 25) × 40 = 1,000。

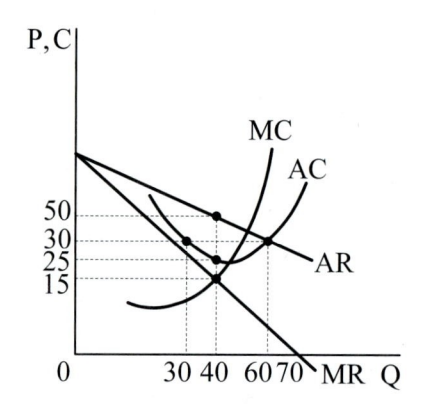

教學範例 2 ── 最大利潤的計算

假設某公司為一獨占廠商,其總成本函數為TC = 200 + 5Q,所面對的需求曲線為 P = 100 − 2Q;若該公司每月生產10單位產品,則每月的利潤為何?

解 AR = P = 100 − 2Q,TR = P × Q = (100 − 2Q) × Q = 100Q − 2Q^2,

當Q = 10時,

TR = 100 × 10 − 2 × 10^2 = 800,TC = 200 + 5 × 10 = 250,

π = TR − TC = 800 − 250 = 550。

練習一下 ── 最大利潤的計算

某獨占廠商面對的市場需求曲線為Q = 10 − 0.5P,邊際收益函數為MR = 20 − 4Q。若此廠商的邊際成本固定為4,TC = 4Q,請問該廠商能獲得的最大利潤為何?

解 當MR = MC時,可找到最適產量Q*,此時利潤最大。

MR = MC ⇒ 20 − 4Q = 4 ⇒ Q = 4,

代入需求函數:4 = 10 − 0.5P ⇒ P = 12。

TR = P × Q = 12 × 4 = 48,TC = 4Q = 16,π = TR − TC = 48 − 16 = 32。

8-2 獨占廠商的長期均衡

由於獨占市場的**進入障礙高**，新廠商無法加入，因此廠商長期能保有**超額利潤**或**正常利潤**，即 $\pi \geq 0$，而不可能有經濟損失。

情形	超額利潤（$\pi > 0$）	正常利潤（$\pi = 0$）
圖形	（圖：P_1 點 A、C 點 B、E 點，LMC、SMC、LAC、SAC、AR=P、MR）	（圖：P_2 點 A、E 點，AR=AC、LMC、SMC、LAC、SAC、AR=P、MR）
圖形分析	TR = $\square P_1AQ^*0$ − TC = $\square CBQ^*0$ ――――――― π = $\square P_1ABC$ （有超額利潤）	TR = $\square P_2AQ^*0$ − TC = $\square P_2AQ^*0$ ――――――― π = 0 （有正常利潤）
均衡條件	1. MR = SMC = LMC ⇒ 最適產量 Q^* 2. P = AR > LAC ⇒ **超額**利潤	1. MR = SMC = LMC ⇒ 最適產量 Q^* 2. P = AR = LAC ⇒ **正常**利潤
Q^* 對應 LAC 位置	一般而言，Q^* 大多對應 LAC **遞減**處 （在生產 I 階段生產，資源未充分利用）	
經濟意義	1. P = AR > MR：表示為**獨占廠商** 2. MR = SMC = LMC：決定**最適產量 Q^***，對應在 LAC **遞減**處 3. P = AR > SAC = LAC ⇒ 長期有**超額利潤**	3. P = AR = SAC = LAC ⇒ 長期只有**正常利潤**

黃金5秒鐘

完全競爭廠商與獨占廠商的長、短期均衡利潤比較：

市場 利潤狀況 長、短期	完全競爭廠商	獨占廠商
短期均衡	超額利潤（$\pi > 0$） 正常利潤（$\pi = 0$） 經濟損失（$\pi < 0$）	超額利潤（$\pi > 0$） 正常利潤（$\pi = 0$） 經濟損失（$\pi < 0$）
長期均衡	只有**正常利潤**（$\pi = 0$）	**超額利潤**（$\pi > 0$） **正常利潤**（$\pi = 0$）

學以致用 8-1～8-2

(B) 1. 追求利潤最大的獨占廠商決定其產品價格時，須考慮該項產品的
(A)供給彈性與生產成本
(B)需求彈性與生產成本
(C)需求彈性與供給彈性
(D)生產成本。

(B) 2. 下列何者符合獨占廠商追求利潤最大的條件？
(A)P = MC　(B)MR = MC　(C)AR = MC　(D)AR = AC。

(A) 3. 有關獨占廠商短期的利潤，下列敘述何者正確？
(A)經濟利潤、損失或正常利潤皆有可能
(B)不會有經濟損失
(C)僅有正常利潤
(D)不會有經濟利潤。

(B) 4. 當獨占廠商達成均衡且利潤大於零時，此時AR線與AC線的相互關係為
(A)相切　(B)相交　(C)相離　(D)不一定。

解　獨占市場達成短期均衡時，若$\pi > 0$，AR線與AC線相交；若$\pi < 0$，AR線與AC線相離；若$\pi = 0$，AR線與AC線相切。

(D) 5. 追求利潤最大化的獨占廠商，其產量不可能發生於
(A)經濟損失階段　(B)MR < P階段　(C)MC < AC階段　(D)MR < 0階段。

解　獨占廠商不可能在需求彈性小於一，即缺乏彈性的階段生產，因為此時MR < 0。

(B) 6. 獨占廠商長期可以保有超額利潤，其主要原因為
(A)產品價格由市場決定
(B)進入障礙高，新廠商無法加入競爭
(C)生產規模太小
(D)資訊較流通。

(B) 7. 完全獨占廠商長期擁有超額利潤時，其AR與AC的關係為
(A)AR < AC　(B)AR > AC　(C)AR = AC　(D)以上皆非。

解　當AR > AC（二線相交）時，獨占廠商可獲得超額利潤。

(B) 8. 下列有關獨占廠商MR與AR的敘述，何者為正確？
(A)MR高於AR
(B)MR低於AR
(C)AR隨產量增加而上升
(D)MR隨產量增加而上升。

解　獨占廠商的AR線與MR線如右圖所示。
C：AR隨產量增加而減少。
D：MR隨產量增加而減少。

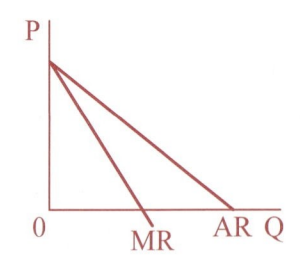

(B)9. 對於獨占廠商行為的描述，以下敘述何者正確？
(A)供給曲線是邊際成本曲線在平均成本線最低點上方的部分
(B)理性廠商會在TR遞增（MR＞0）的地方生產
(C)最適產量下的價格等於邊際成本
(D)在短期一定會有利潤。

解 A：獨占廠商沒有短期供給曲線。
C：獨占廠商為了享有超額利潤，會在P＞MC處生產。
D：獨占廠商在短期時可能有經濟利潤、損失或正常利潤，視其價格而定。

(A)10. 下列有關獨占廠商之敘述，何者為真？
(A)MR曲線在需求曲線下方　　(B)MR曲線與需求曲線重合
(C)MR曲線在需求曲線上方　　(D)MR＝P。

解 獨占廠商的MR曲線在AR曲線下方，而AR＝D，所以MR亦在需求曲線下方。

(D)11. 完全獨占廠商達到長期均衡時，
(A)超額利潤與正常利潤兩者均無
(B)無超額利潤，但仍有正常利潤
(C)無正常利潤，但仍有超額利潤
(D)超額利潤與正常利潤兩者皆有可能。

解 完全獨占廠商在長期均衡時，可能獲得超額利潤或正常利潤，但不可能有經濟損失。

(D)12. 假設某獨占廠商面對的需求曲線為Q＝100－2P，其邊際收益函數為MR＝50－Q，邊際成本MC＝2，則獨占廠商利潤最大的價格與產量為
(A)(48, 26)　(B)(26, 50)　(C)(50, 26)　(D)(26, 48)。

解 MR＝MC ⇒ 50－Q＝2 ⇒ Q＝48，P＝50－$\frac{1}{2}$×48＝26。

(B)13. 已知某獨占廠商所面對的市場需求曲線為Q＝20－P，其邊際成本為MC＝6，邊際收益函數為MR＝20－2Q，則此獨占廠商應生產多少產量才能使利潤最大？
(A)6　(B)7　(C)14　(D)26。

解 MR＝MC ⇒ 20－2Q＝6 ⇒ Q＝7。

14. 假設右圖為某獨占廠商達到短期均衡時的成本收益圖，試問：

(1) TR＝＿＿6,000＿＿。

(2) TC＝＿＿7,200＿＿。

(3) π＝＿＿－1,200＿＿。

解 (1) TR＝100×60＝6,000。
(2) TC＝120×60＝7,200。
(3) π＝TR－TC＝6,000－7,200＝－1,200。

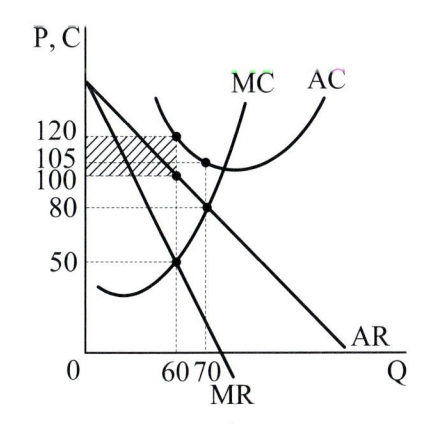

8-3 獨占廠商的訂價策略 [102][103][104][105][106][108][109][110][111][112][113][114]

一、差別訂價法

差別訂價又稱為**價格歧視**，是指同一個產品針對不同的消費需求（如不同的消費市場、不同的消費數量等）而訂定不同的價格。

1. 第一級差別訂價法（完全差別訂價法） [104][109][111]

定義	依據消費者對**每一單位產品所願意支付的最高價格**來訂價（即依消費者之需求價格來訂價）
圖形與說明	（圖：P 軸上有 P_1, P_2, P_3，Q 軸上有 Q_1, Q_2, Q_3，需求線 D，斜線部分） 願付價格 ＝ 斜線部分 －實付價格 ＝ 斜線部分 ———————————— CS ＝ 0
目的	剝奪**所有**的消費者剩餘
釋例	小島上僅有一位醫生，他根據每個病人所願支付的價格，來收取不同的診療費用

2. 第二級差別訂價法（階段訂價法、區間訂價法、數量訂價法） [111]

定義	依據消費者**購買數量**，在某特定數量之內訂定一特定價格；超過此數量之後，每增加一定數量，則訂定較低的價格
圖形與說明	（圖：P 軸上有 P_1, P_2, P_3，Q 軸上有 Q_1, Q_2, Q_3，區塊標示 甲乙丙 A B C） 當消費者購買 Q_3 保留的 CS ＝ 甲＋乙＋丙 被剝奪 CS ＝ A＋B＋C
目的	剝奪**部分**的消費者剩餘
釋例	第1塊麵包要價30元，第2~5塊麵包每塊25元，第6塊麵包後每塊20元

3. 第三級差別訂價法（市場分割訂價法） 102 104 105 106 111 112 113 114

定義	根據消費者特性（如身分、性別、消費時段、所在地區等）區分不同市場，並針對**不同市場的需求彈性**訂定不同價格
條件	(1) **市場上的消費者有不同的需求彈性**： 唯有存在不同的需求彈性，廠商才能透過制定不同的價格而獲得差別訂價的利益 (2) **廠商可依需求彈性區隔市場**： 廠商針對**彈性較小**的市場訂定**較高**的價格，**彈性較大**者則訂定**較低**的價格 (3) **產品無法在不同市場轉售**： 廠商必須確保產品在不同的市場間不能流通，否則即會失去差別訂價的目的
圖形	（A市場：(高)P_A、AR_A（彈性小）、MR_A、Q_A）（B市場：(低)P_B、AR_B（彈性大）、MR_B、Q_B）（獨占市場：$MC_{市}$、$MR_{市}$、$Q^* = Q_A + Q_B$）
說明	A市場需求彈性**小** ⇒ 訂價**高** B市場需求彈性**大** ⇒ 訂價**低**
公式	$MR_A = MR_B = MC$ $\because MR = P(1 - \dfrac{1}{\lvert E^d \rvert})$ $\therefore P_A(1 - \dfrac{1}{\lvert E_A^d \rvert}) = P_B(1 - \dfrac{1}{\lvert E_B^d \rvert})$
釋例	學生票較全票便宜 演唱會的搖滾區較其他座位區貴

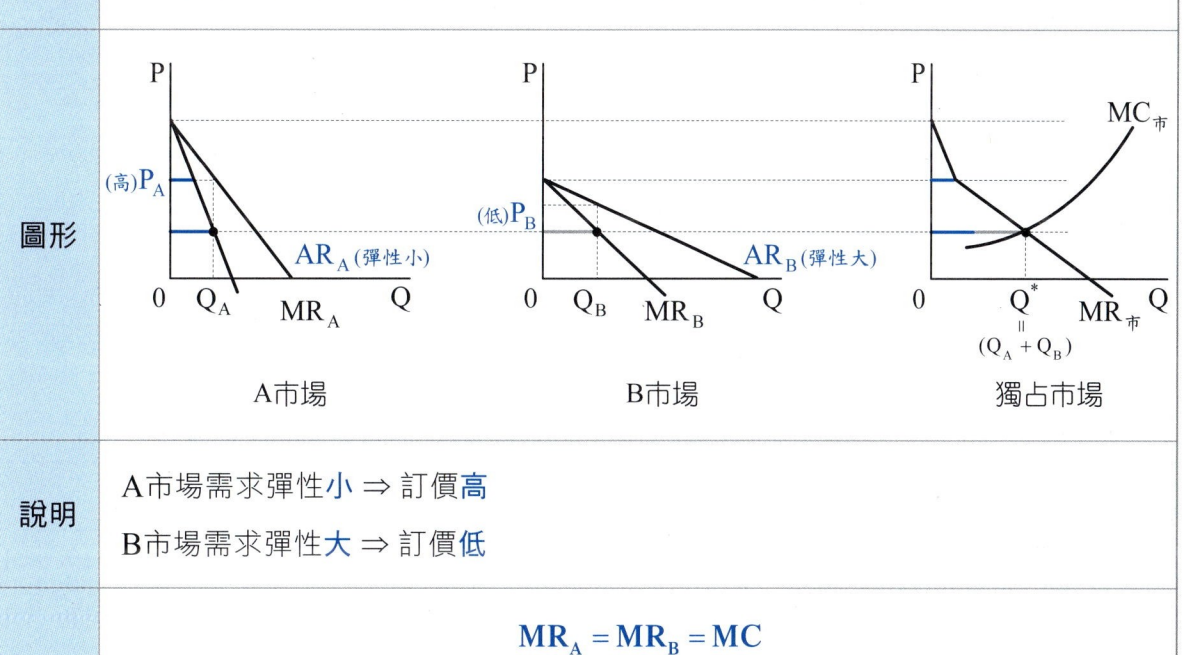

教學範例 2 ——— 第一級差別訂價

右圖為某獨占廠商所面對的需求曲線，請問：

1. 若該廠商不採差別訂價，則當廠商以價格80元出售4單位產品時，消費者剩餘為多少？
2. 若該廠商採第一級差別訂價，則消費者購買4單位產品實付多少元？消費者剩餘為若干？

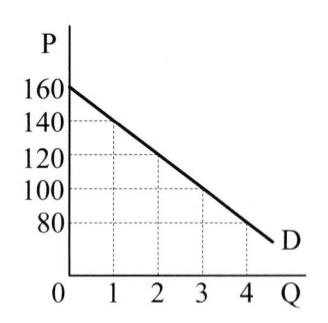

解 1. 未採差別訂價：

願付價格 = 梯形面積 = $(160 + 80) \times \dfrac{4}{2} = 480$（元）。

實付價格 = $P \times Q = 80 \times 4 = 320$（元）。

CS = $480 - 320 = 160$（元），如右圖紅網底區塊。

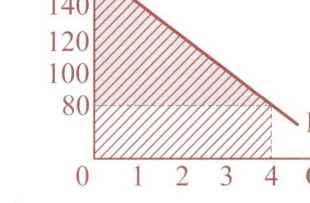

2. 採第一級差別訂價：

實付價格 = 願付價格 = 梯形面積 = $(160 + 80) \times \dfrac{4}{2} = 480$（元）。

CS = $480 - 480 = 0$（剝奪所有的CS），如上圖斜線區塊。

練習一下 ——— 第一級差別訂價

假設A廠商為獨占廠商生產某獨占產品，已知老李對該獨占產品的需求表如右所示，試問：

P（元）	35	27	22	20	17	14
Q（單位）	0	2	5	8	10	12

1. 若A廠商不採差別訂價，當該廠商以市價20元出售8單位產品時，消費者剩餘為若干？
2. 若A廠商採第一級差別訂價，則消費者購買8單位產品實際支付多少元？消費者剩餘為若干？

解 1. 消費者心中願付的支出 = $27 \times (2 - 0) + 22 \times (5 - 2) + 20 \times (8 - 5) = 180$（元）。

消費者實際支付的支出 = $20 \times 8 = 160$（元）。

消費者剩餘（CS）= $180 - 160 = 20$（元）。

2. 若A廠商採第一級差別訂價，則消費者購買8單位產品實際支付 __180__ 元，消費者剩餘（CS）= __0__ 元，A廠商剝奪所有的消費者剩餘。

教學範例 3 ——— 第二級差別訂價

計程車計費方法為:第1~10公里,每公里收50元;第11~20公里,每公里收45元;第21~30公里,每公里收40元;試問:

1. 此為第幾級差別訂價?
2. 消費者乘坐30公里的車程應支付多少車資?

解 1. 第二級差別訂價。

2. $10 \times 50 + (20 - 10) \times 45 + (30 - 20) \times 40 = 1,350$(元)。

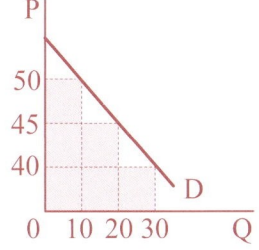

練習一下 ——— 第二級差別訂價

夜市叫賣大王促銷T恤,促銷方式為:買第2件以內每件200元,買第3~6件每件180元,買第7~10件每件150元,買第11件以上每件120元。試問:

1. 叫賣大王是採用何種差別訂價法?
2. 若沈杏仁一口氣買了12件T恤,她共需付多少元?

解 1. 第二級差別訂價。

2. $2 \times 200 + (6 - 2) \times 180 + (10 - 6) \times 150 + (12 - 10) \times 120 = 1,960$(元)。

教學範例 4 ——— 第三級差別訂價

某一獨占廠商面對A與B兩個市場;假設A市場需求彈性$|E_A^d| = 2$,B市場需求彈性$|E_B^d| = 4$,已知A市場的產品價格為600元,試問B市場的產品價格為若干?

解 $P_A(1 - \frac{1}{|E_A^d|}) = P_B(1 - \frac{1}{|E_B^d|}) \Rightarrow 600(1 - \frac{1}{2}) = P_B(1 - \frac{1}{4}) \Rightarrow P_B = 400$(元)。

練習一下 ——— 第三級差別訂價

某獨占廠商在甲、乙兩個完全區隔的市場銷售同一種產品。若甲市場$|E_甲^d| = 4$、$P_甲 = 10$元;乙市場$|E_乙^d| = 6$,為求利潤極大化,乙市場的產品訂價應為多少?

解 $P_甲(1 - \frac{1}{|E_甲^d|}) = P_乙(1 - \frac{1}{|E_乙^d|}) \Rightarrow 10(1 - \frac{1}{4}) = P_乙(1 - \frac{1}{6}) \Rightarrow P_乙 = 9$(元)。

二、其他訂價法 103 110

訂價方法	訂價原則	分析
獨占利潤訂價法	MR = MC	1. 又稱**最大利潤**訂價法 2. 此法**訂價最高，產量最少** 3. **超額利潤最大** 4. 消費者負擔最重
最大收入訂價法	MR = 0	總收入TR最多（$E^d = 1$）
邊際成本訂價法	P = MC = AR	1. 又稱**社會福利最大**訂價法 2. **資源配置效率最佳**
平均成本訂價法	P = AC = AR	1. 廠商只能賺取正常利潤（$\pi = 0$） 2. **最公平**的訂價法 3. **公用事業**定價時常採用

三、獨占廠商訂價時的考慮因素

獨占廠商有時不採最大利潤訂價法（MR = MC），而將價格訂得較低，是因：

1. **公用事業**（如電力等）為了保障消費者的權益，由政府訂定較低的價格。
2. 為了避免觸犯**反獨占法**而遭受制裁。
3. 為了**阻止新廠商**進入市場。
4. 為了**維持企業形象**，獲得社會大眾的尊重。

8-4 獨占市場的評論

一、優點

優點	原因
具規模經濟	廠商可藉由**大規模生產**，使平均成本降低
具創新能力	廠商可**保有超額利潤**，有能力從事技術創新與研發

二、缺點

缺點	原因
生產效率不佳	獨占廠商在LAC**遞減處**生產（而非LAC最低點），因此生產效率不佳（$P \geq LAC$）
資源配置效率不佳	獨占廠商為求利潤最大，訂價會高於邊際成本（$P > MC$），資源未被充分利用，造成社會福利的無謂損失
有社會福利損失	
所得分配不均	獨占廠商長期可保有超額利潤，**利潤集中於獨占廠商**，產生所得分配不均現象
缺乏創新誘因	獨占市場**無競爭者能加入生產**，獨占廠商長期可保有超額利潤，因此缺乏創新的誘因

黃金5秒鐘

獨占廠商

具備創新能力	缺乏創新誘因
因保有超額利潤	因缺乏競爭

三、完全競爭市場與獨占市場的比較

比較項目	完全競爭市場	獨占市場
產量、價格	Q^*多、P^*低	Q^*少、P^*高
供給曲線	AVC最低點以上的MC線段	無
生產效率	最高（在LAC最低點生產）	不佳（在LAC遞減處生產）
資源配置效率	最佳（P = MC）	不佳（P > MC）
社會福利	最大（P = MC）	差（P > MC，有社會無謂損失）
長期均衡	只有正常利潤（$\pi = 0$）	有超額利潤或正常利潤（$\pi \geq 0$）
所得分配	較平均（長期時超額利潤 = 0）	較不均（長期時超額利潤 ≥ 0）
規模經濟	不會出現	較可能出現
創新能力	無	有（但缺乏創新誘因）
創新動力	無	無

四、完全競爭廠商與獨占廠商之社會福利比較 [105]

社會福利 = 消費者剩餘（CS）＋ 生產者剩餘（PS）

市場	完全競爭廠商	獨占廠商
說明	社會福利 = CS + PS = △AP完E + △P完BE = △AEB	社會福利 = CS + PS = △AP獨G + 梯形P獨BFG = 梯形AGFB（∴損失△GFE）
結論	達到社會福利最大時的 △AEB ⇒ 沒有社會福利損失	社會福利 梯形AGFB < 社會福利最大時的 △AEB ⇒ 有社會無謂損失 △GEF
圖形	（圖形：P,C 軸，A點，P獨，P完，MC線，AR完 = MR完，AR獨，MR獨，G、E、F點，Q獨、Q完，社會無謂損失陰影區；E點（完：P = MC），F點（獨：MR = MC））	

學以致用 8-3～8-4

(A)1. 獨占廠商採行差別訂價時，會對需求彈性較小的市場
(A)訂較高價格　　(B)訂較低價格
(C)訂一樣價格　　(D)沒有特定價格。

(C)2. 電影票價分為全票、學生票、軍警票等，是採用哪一種差別訂價法？
(A)第一級差別訂價
(B)第二級差別訂價
(C)第三級差別訂價
(D)第四級差別訂價。

(A)3. 獨占廠商採下列哪一種訂價法，所訂定的價格最高？
(A)獨占利潤訂價法　　(B)最大收入訂價法
(C)邊際成本訂價法　　(D)平均成本訂價法。

(D)4. 公用事業訂價時，常採用下列哪一種訂價法？
(A)獨占利潤訂價法
(B)最大收入訂價法
(C)邊際成本訂價法
(D)平均成本訂價法。

解 P＝AC，廠商只能賺取正常利潤（π＝0）。

(B)5. 獨占廠商不採獨占利潤訂價法訂價，而將價格訂得較低的理由，不包括下列哪一點？
(A)維持企業形象
(B)吸引新廠商加入
(C)避免受「反獨占法」制裁
(D)維護消費者權益。

解 B：獨占廠商為了阻止新廠商進入市場，會將價格訂得較低。

(A)6. 下列關於獨占廠商的敘述何者有誤？
(A)資源配置效率佳
(B)具規模經濟
(C)具創新能力
(D)生產效率不佳。

(B)7. 下列何者不是差別訂價成功的要件？
(A)廠商面對可分割的市場
(B)廠商為價格接受者
(C)廠商能避免產品流通在不同市場
(D)不同市場之需求價格彈性不同。

解 廠商為價格決定者方能採取差別訂價。

next...

(C)8. 獨占廠商與完全競爭廠商有何相似之處？
　　　(A)兩者皆具明確的供給線
　　　(B)兩者都按MR＝MC的原則決定價格
　　　(C)兩者都按MR＝MC的原則決定產量
　　　(D)兩者都按P＝MC的原則決定產量。

> 解 A：獨占廠商沒有供給曲線。
> 　　B、C：獨占市場是依照MR＝MC決定均衡產量，再對應AR線決定均衡價格。
> 　　D：僅有完全競爭廠商是以P＝MC的原則決定均衡產量。

(C)9. 關於完全競爭市場與獨占市場的比較，下列何者有誤？
　　　(A)前者社會福利最大，後者社會福利受損
　　　(B)前者廠商長期下來只有正常利潤，後者廠商長期下來不可能有經濟損失
　　　(C)前者廠商競爭能力大，後者競爭能力小
　　　(D)前者所得分配平均，後者不平均。

> 解 完全競爭廠商的規模較小，且缺乏創新研發的能力，所以競爭能力小；
> 　　獨占廠商的資本雄厚，規模較大，且擁有創新研發的能力，所以競爭能力大。

10. 試比較完全競爭廠商與獨占廠商之社會福利：

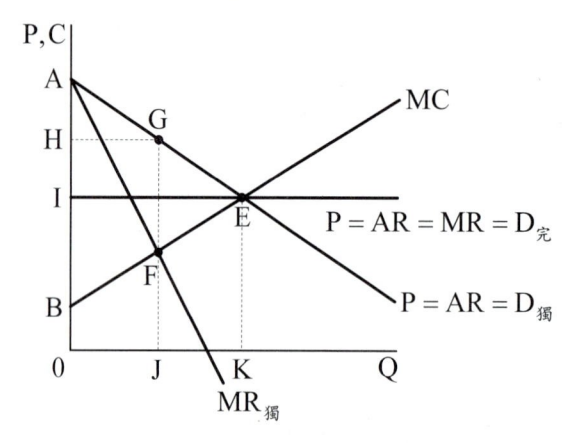

(1) 完全競爭社會福利 ＝ CS ＋ PS ＝ △AEI ＋ ▽IEB ＝ △AEB

(2) 獨占社會福利　　 ＝ CS ＋ PS ＝ △AGH ＋ ▱HGFB ＝ △AGFB

　　（∴損失 △GEF ）

8-1 獨占廠商的短期均衡

(B)1. 若某獨占廠商的AC線高於其面對的需求線，則該廠商在短期均衡時
(A)有正常利潤　(B)有經濟虧損　(C)有超額利潤　(D)無法確定。
解 P＝AR＜AC，代表有「經濟虧損」。

(B)2. 當獨占廠商的總收益（TR）最大時，下列何者為真？
(A)MR＞0　(B)MR＝0　(C)MR＜0　(D)無法判斷。
解 當TR最大時，MR＝0。

(D)3. 獨占廠商的短期供給曲線是
(A)AR曲線
(B)MC曲線
(C)MC曲線高於AVC曲線最低點的一段
(D)無供給曲線。
解 獨占廠商無短期供給曲線。

(C)4. 獨占廠商的短期均衡條件為
(A)價格等於邊際成本　　　　　(B)價格等於平均成本
(C)邊際收益等於邊際成本　　　(D)平均收益等於平均成本。
解 獨占廠商的短期均衡條件為MR＝MC，P＞MC。

(A)5. 獨占廠商追求利潤極大，一定會選在
(A)需求彈性大於一之階段生產
(B)需求彈性等於一之階段生產
(C)需求彈性小於一之階段生產
(D)需求彈性等於零之階段生產。

(C)6. 廠商短期均衡是根據邊際收益等於邊際成本準則，此乃在決定最大利潤的
(A)最佳生產規模　(B)最佳生產技術　(C)最適產量　(D)最適廠商人數。

(D)7. 獨占廠商供給曲線具有的特性為：
(A)正斜率　(B)負斜率　(C)水平線　(D)不存在。

(A)8. 當獨占廠商達成均衡且僅獲得正常利潤時，其AR線與AC線的相互關係為
(A)相切　(B)相交　(C)相離　(D)不一定。

(C)9. 以下有關追求利潤最大之獨占廠商在短期均衡的敘述中，何者為真？
(A)產品訂價依供需決定
(B)依MR＝P決定生產數量及價格
(C)獨占廠商無供給曲線
(D)依MC＝AR決定生產數量。
解 A：獨占廠商為「價格決定者」。
B、D：MR＝MC決定最適產量（Q*），對應AR線決定均衡價格（P*）。

next...

8-17

(A)10. 以下關於獨占廠商的敘述何者不正確？
(A)廠商短期均衡利潤不可能為負
(B)廠商在不同價格下可能有同樣的交易量
(C)獨占廠商沒有供給線
(D)短期下，只要市場價格高於平均變動成本，廠商仍會繼續生產。
解 A：獨占廠商在短期均衡時，仍可能有經濟損失。

(C)11. 對於獨占廠商行為的描述，以下敘述何者錯誤？
(A)獨占廠商追求利潤最大的條件為MR＝MC
(B)獨占廠商為了享有超額利潤，會在P＞MC處生產
(C)在短期一定有利潤
(D)會在需求彈性大於1的地方生產。
解 C：獨占廠商短期均衡時的利潤情況有三種：$\pi > 0$、$\pi = 0$、$\pi < 0$。

(D)12. 某廠商的短期成本、收益線如右圖所示，今該廠商為獲得最大利潤，其產量應選擇
(A)75單位　　　　　　(B)67單位
(C)60單位　　　　　　(D)50單位。
解 廠商須採獨占利潤訂價法，即以MR＝MC原則來決定最適產量，可得$Q^* = 50$單位。

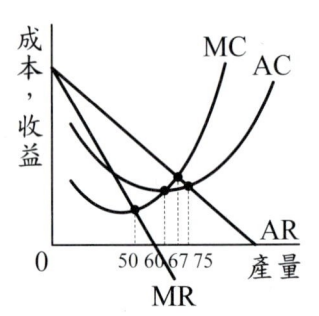

(B)13. 某獨占廠商面臨需求函數$Q = 50 - 0.5P$，$TC = 50 + 40Q$，$MR = 100 - 4Q$，$MC = 40$，則該廠商的最大利潤為
(A)500　(B)400　(C)300　(D)200。
解 $Q = 50 - 0.5P \Rightarrow P = 100 - 2Q \Rightarrow TR = P \times Q = 100Q - 2Q^2$，
MR＝MC $\Rightarrow 100 - 4Q = 40 \Rightarrow Q = 15$，
$\pi = TR - TC = (100Q \times 2Q^2) - (50 + 40Q)$
$= (100 \times 15 - 2 \times 15^2) - (50 + 40 \times 15) = 400$。

(A)14. 若獨占廠商面對的需求函數為$Q = 20 - P$、邊際成本為8、邊際收益函數為$MR = 20 - 2Q$，其中P為價格，Q為數量，TC為總成本。則欲使其利潤極大，價格應設定為：
(A)14　(B)12　(C)8　(D)7。
解 MR＝MC $\Rightarrow 20 - 2Q = 8 \Rightarrow Q = 6$，代入需求函數可得P＝14。

(B)15. 設獨占廠商面對的市場需求函數為$Q = 14 - 2P$，$MR = 7 - Q$，其中Q為需求量而P為價格。若該廠商無固定成本且邊際成本為5元，則該廠商追求利潤極大的產量為
(A)1　(B)2　(C)3　(D)4。
解 $Q = 14 - 2P \Rightarrow P = 7 - 0.5Q \Rightarrow TR = P \times Q - 0.5Q^2$，
MR＝MC時利潤極大 $\Rightarrow 7 - Q = 5 \Rightarrow Q = 2$。

8-2 獨占廠商的長期均衡

(C)16. 完全獨占廠商長期均衡點Q^*，對應在LAC線
(A)遞增處 (B)最低點 (C)遞減處 (D)最高點。

(C)17. 下列關於獨占廠商的描述何者正確？
(A)均衡價格等於邊際成本
(B)市場上存在數家類似的廠商
(C)存在進入障礙
(D)長期之下的超額利潤為零。

解 A：P＞MC。B：市場上僅有一家廠商。C：長期可能有超額利潤。

(B)18. 下列何項為完全獨占廠商長期均衡的條件？
(A)P = AR＜MR；MR = SMC = LMC；P = AR ≥ SAC = LAC
(B)P = AR＞MR；MR = SMC = LMC；P = AR ≥ SAC = LAC
(C)P = AR＞MR；MR = SMC = LMC；P = AR ≤ SAC = LAC
(D)P = AR = MR；MR = SMC = LMC；P = AR＞SAC = LAC。

8-3 獨占廠商的訂價策略

(D)19. 獨占廠商面對兩個不同市場時，應如何差別訂價，才能獲得最大利潤？
(A)規模大之市場訂價高
(B)規模小之市場訂價高
(C)需求的價格彈性大之市場訂價高
(D)需求的價格彈性小之市場訂價高。

(D)20. 某獨占廠商將產品銷售到可完全區隔的A、B兩個市場，其市場需求彈性係數（以絕對值表示）依序為5與3，若獨占廠商採用差別訂價以提高利潤，則A、B兩個市場的價格P_A與P_B之關係為
(A)$P_A ≥ P_B$ (B)$P_A = P_B$
(C)$P_A > P_B$ (D)$P_A < P_B$。

(A)21. 獨占廠商從差別訂價中所獲取的額外收入來自
(A)消費者剩餘 (B)生產者剩餘
(C)價格較高 (D)成本較低。

(D)22. 棒球賽中之內野票價比外野票價貴，是因為廠商採用
(A)完全差別訂價法 (B)分段訂價法
(C)第二級差別訂價法 (D)市場分割訂價法。

(C)23. 獨占廠商採下列哪一種訂價法，其社會福利可達最大？
(A)平均成本訂價法 (B)獨占利潤訂價法
(C)邊際成本訂價法 (D)最大收入訂價法。

next...

(A)24. 何種差別訂價方式，消費者剩餘會被獨占者剝削殆盡？
(A)第一級差別訂價　　　　　(B)第二級差別訂價
(C)第三級差別訂價　　　　　(D)市場分割訂價。

(B)25. 假設獨占廠商為追求利潤最大，對於購買同質商品之成人及學生實施差別取價。若一般成人之需求的價格彈性為2，訂價為100元，則下列敘述何者正確？
(A)若學生之需求的價格彈性為3時，訂價應高於100元
(B)若學生之需求的價格彈性為3時，訂價應低於100元
(C)若學生之需求的價格彈性為2時，訂價應高於100元
(D)若學生之需求的價格彈性為1時，訂價應低於100元。

(D)26. 下列有關訂價的敘述，何者錯誤？
(A)第一級差別訂價會使消費者剩餘為零
(B)邊際成本訂價法為價格等於邊際成本
(C)第三級差別訂價會對需求價格彈性較小的市場訂價較高
(D)追求最大利潤的廠商，其訂價條件為邊際收入等於變動成本。

解 D：追求最大利潤的廠商，其訂價條件為邊際收入等於邊際成本。

(D)27. 獨占廠商若採用差別取價時，下列何者為正確？
(A)消費者剩餘變大
(B)消費者會支付較低價格
(C)若為完全差別取價，社會的無謂損失（deadweight loss）達到最大
(D)若為完全差別取價，廠商可完全剝奪消費者剩餘。

解 A：消費者剩餘減少。
　　B：消費者會支付較高的價格。
　　C：在完全差別取價下，獨占廠商剝奪了所有的消費者剩餘，社會福利＝生產者剩餘，並不會產生無謂損失。

(B)28. 為賺取最大利潤，獨占廠商可針對不同的市場採取差別訂價，其差別訂價策略，下列何者正確？
(A)需求價格彈性愈大的市場，採取較高價格
(B)需求價格彈性愈大的市場，採取較低價格
(C)需求所得彈性愈大的市場，採取較低價格
(D)需求所得彈性愈大的市場，採取較高價格。

(A)29. 有關獨占廠商的差別取價，以下何者正確？
(A)完全差別取價之消費者剩餘均歸生產者享受
(B)完全差別取價是指廠商對每一單位的產品，均按供給線所對應的價格取價
(C)完全差別取價時，廠商面對的需求線為水平線
(D)完全差別取價時，廠商收益為供給線下的面積。

解 B：按「需求線」所對應的價格取價。
　　C：為負斜率。
　　D：為需求曲線下的面積。

(B)30. 某產品為獨占市場如右圖所示，AC為平均成本線，MC為邊際成本線，MR為邊際收入線，AR為平均收入線。該獨占廠商未採差別訂價，在追求利潤最大的前提下，短期均衡時，其產量（Q）與價格（P）的組合應為(Q, P) = ？
(A)(Q_1, P_4)
(B)(Q_1, P_1)
(C)(Q_2, P_2)
(D)(Q_3, P_3)。

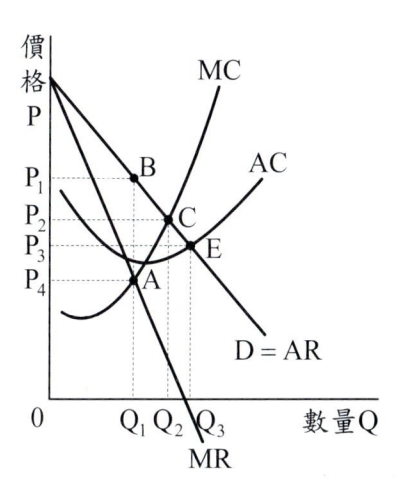

解 MC＝MR決定最適產量Q_1及均衡價格P_1。

(B)31. 一獨占廠商的邊際成本固定為4.5元，其面對可採取差別訂價的甲、乙兩個市場（兩個市場間的產品無法轉售），甲市場的需求價格彈性固定為 −4，而乙市場的固定為 −2。若目前甲市場的價格為6元，乙市場的價格為10元，則此獨占廠商為求利潤的極大，應採行下列哪個措施？
(A)提高乙市場價格
(B)降低乙市場價格
(C)降低甲市場價格並提高乙市場價格
(D)降低甲市場價格。

解 利潤最大條件：MR＝MC，

$$4.5 = P_甲(1 - \frac{1}{|-4|}) = P_乙 \times (1 - \frac{1}{|-2|}) \Rightarrow P_甲 = 6，P_乙 = 9，故乙市場應該降低價格。$$

8-4 獨占市場的評論

(A)32. 下列有關獨占與完全競爭市場特性之敘述，何者不正確？
(A)自然獨占（natural monopoly）是因廠商具有天然資源所形成之優勢
(B)長期而言，完全競爭廠商不會有超額利潤
(C)採差別訂價之獨占廠商，一般會對較高價格彈性之市場訂定較低價格
(D)現實環境中，大宗農產品（如稻米、小麥）是較符合完全競爭市場條件之產業。

解 A：自然獨占是因廠商具有「規模經濟（產量愈多，平均成本愈低）」的特性。

(C)33. 有關獨占與完全競爭兩種市場廠商在長期間的行為，何者正確？
(A)獨占廠商容易進入與退出，但完全競爭市場廠商有進入障礙
(B)完全競爭市場廠商可控制供給，但獨占廠商對供給影響力消失
(C)完全競爭市場廠商利潤為零，但獨占廠商的利潤則可能存在正利潤
(D)均成為價格接受者。

解 A：獨占市場有進入障礙，完全競爭市場則無。
B：完全競爭廠商無法控制供給，獨占廠商可絕對控制供給。
D：獨占廠商是價格決定者，而完全競爭廠商則是價格接受者。

next...

(B)34. 下列有關獨占廠商的敘述，何者正確？
(A)其所面臨的需求曲線為一條水平線
(B)其利潤最大或損失最小的條件為MR＝MC
(C)由於市場上沒有任何競爭者及替代品，其產品價格應訂得愈高愈好，以追求最大利潤
(D)從生產效率及消費者福利的觀點而言，獨占市場優於完全競爭市場。

解 A：獨占廠商面對負斜率的需求線（AR）。
　　B：任何市場皆根據MR＝MC的原則來決定最適產量。
　　C：獨占廠商訂價時應考量需求彈性與生產成本，倘若產品價格落在$E^d<1$之處，反而會減少利潤，因此獨占廠商的訂價並非愈高愈好。
　　D：完全競爭市場優於獨占市場。

(D)35. 下列關於完全獨占廠商的敘述，何者正確？
(A)在長期之下，完全獨占廠商的價格低於完全競爭廠商的價格
(B)完全獨占廠商的產量高於完全競爭廠商的產量
(C)長期均衡時，完全獨占廠商和完全競爭廠商都沒有超額利潤
(D)完全獨占廠商可以決定產品價格，所以沒有供給曲線的存在。

解 A：在長期之下，完全獨占廠商的價格高於完全競爭廠商的價格。
　　B：完全獨占廠商的產量少於完全競爭廠商的產量。
　　C：只要能維持進入障礙，完全獨占廠商長期仍能享有超額利潤。

(A)36. 比較獨占廠商訂價下與完全競爭廠商訂價下的消費者剩餘與生產者剩餘（兩種剩餘之和，稱之為社會福利），右圖中哪一塊面積代表獨占廠商的社會福利損失
(A)DEG (B)ACG (C)BCGD (D)BCED。

解 社會福利＝CS＋PS
　　　　　　＝△ABD＋□BCED＝□ACED，
　　小於社會福利最大時的△ACG，
　　產生社會福利損失△DEG。

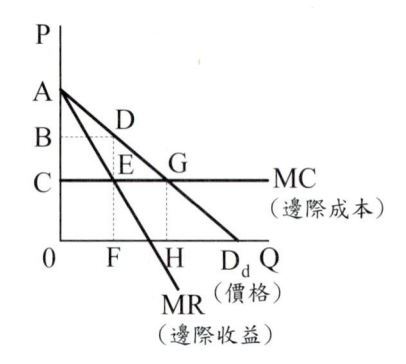

進階挑戰題

因應統測難度↑　　　　　　　　　　　　　　　　請自行斟酌練習

(D)1. 假設一個追求利潤最大的獨占廠商面對負斜率的市場需求曲線。當此廠商生產第10單位時，此廠商：
(A)生產第10單位的平均成本小於生產第9單位所得到的平均成本
(B)生產10單位所得到的總收益大於生產9單位所得到的總收益
(C)生產第10單位所得到的平均收益大於生產第9單位所得到的平均收益
(D)生產第10單位所得到的邊際收益小於生產第9單位所得到的邊際收益。 [8-1]

(D)2. 假設一個獨占廠商面對負斜率的需求曲線。當此獨占廠商增加其產量時，其平均收益：
(A)增加，且邊際收益也增加
(B)維持不變，且邊際收益也不變
(C)增加，且邊際收益遞減
(D)遞減，且邊際收益也遞減。 [8-1]

(C)3. 關於「獨占廠商沒有供給曲線」的原因，下列敘述何者正確？
(A)因為獨占市場不允許其他廠商進入
(B)因為獨占廠商生產的產品沒有替代品
(C)因為獨占廠商可以自己訂價格，不需要面對任何既定的價格
(D)因為獨占廠商的供給量受到政府的管制，無法自己訂價格。 [8-1]

(C)4. 若政府對自然獨占產業不加以管制，則：
(A)追求利潤極大的自然獨占廠商會生產長期平均成本曲線最低點之產量
(B)追求利潤極大的自然獨占廠商會生產邊際成本等於長期平均成本之產量
(C)追求利潤極大的自然獨占廠商會生產邊際成本等於邊際收益之產量
(D)追求利潤極大的自然獨占廠商會以低成本生產足夠產量滿足市場需求。 [8-2]

解 追求利潤最大的獨占廠商會在MR＝MC時生產，此時在「LAC遞減處」生產，且訂價最高、產量最少。

(C)5. 假設一個追求利潤最大獨占廠商的最適產量為40單位，最適價格為160元，且產量為40單位的邊際成本為120元。另外，此市場需求曲線為負斜率的直線，邊際成本為正斜率的直線，且社會最大效率產量為50單位。則獨占市場所造成的無謂損失（deadweight loss）為：
(A)40元　(B)100元　(C)200元　(D)400元。 [8-3]

解 $\frac{1}{2}(160-120)(50-40) = 200$（元）。

情境素養題

(D)1. 假設台鐵阿里山－嘉義的火車每週開一班車，其成本為50,000元，且營業收入為58,000元，若每週加開一班車，則成本增加為85,000元，而營業收入增加40,000元，請問台鐵會考慮加開班車嗎？
(A)不會，因為邊際成本＞邊際收入
(B)不會，因為邊際成本＜邊際收入
(C)會，因為邊際成本＞邊際收入
(D)會，因為邊際成本＜邊際收入。 [8-1]

解 MC = 85,000 − 50,000 = 35,000，而MR = 40,000，MC＜MR ⇒ 加開班車。

(A)2. 獨占廠商為了獲得最大利潤，會根據消費者的不同需求為商品訂定不同的價格。請問下列敘述中，何者不是採第二級差別訂價法？
(A)客運全票一張300元，老人、小孩可享半價優惠
(B)飲料店慶祝開幕，限定商品一杯60元，購買第二杯可享半價
(C)生吐司一袋250元，買三袋送一袋
(D)藥妝店週年慶，多項商品加一元多一件。 [8-3]

解 A：是採第三級差別訂價法。

(C)3. 小華家中有安裝智慧電表，並已申請採用「時間電價」來計算電費。他最近看到電費帳單，發現台灣電力公司會依據尖峰、半尖峰、離峰不同時間分別訂定不同的用電費率，且夏季用電費率亦高於冬季用電費率。請問這是屬於下列哪一種訂價方式？
(A)平均成本訂價法
(B)競爭價格
(C)差別訂價法
(D)均衡價格法。 [8-3]

解 根據不同用途、時間等變數區隔市場，訂定不同的價格，屬於第三級差別訂價。

(B)4. 假設某交通運輸公司為完全獨占廠商，因考慮購票者規劃旅遊時間特性，將市場區隔為早鳥市場（搭乘日期5天前購票）及一般市場。早鳥市場採限量優惠，為正常售價之65%。已知該交通票正常售價為1,500元，而廠商之邊際成本為390元，請問早鳥市場的需求價格彈性是多少？
(A)1.43
(B)1.67
(C)2.50
(D)5.00。 [8-3][102統測改編]

解 $P_{早鳥} = 1,500 \times 65\% = 975$。
$MR_{早鳥} = MR_{一般} = MC = 390$，
$MR = P(1 - \frac{1}{|E^d|}) \Rightarrow 390 = 975(1 - \frac{1}{|E^d|}) \Rightarrow |E^d| ≒ 1.67$。

▲ 閱讀下文,回答第5～6題。

由於台北與高雄兩地的消費者,對清心公司所生產之飲料的需求彈性不同,因此清心公司在台北與高雄兩地的飲料訂價不同。已知該公司某項飲料在台北的價格為45元,在高雄的價格為40元。試回答下列問題。

(C)5. 請問清心公司是採用哪一種差別訂價法?
(A)完全差別訂價法　　　　　(B)區間訂價法
(C)市場分割訂價法　　　　　(D)階段訂價法。 [8-3]

(C)6. 若台北地區消費者對該飲料的 $\left|E^d_{北}\right|=3$,則高雄地區消費者對該飲料的 $\left|E^d_{高}\right|=$?
(A)2　(B)3.38　(C)4　(D)0.25。 [8-3]

解 $P_{北}(1-\dfrac{1}{\left|E^d_{北}\right|})=P_{高}(1-\dfrac{1}{\left|E^d_{高}\right|}) \Rightarrow 45(1-\dfrac{1}{3})=40(1-\dfrac{1}{\left|E^d_{高}\right|}) \Rightarrow \left|E^d_{高}\right|=4$。

統測臨摹

(A)1. 某完全獨占廠商短期成本與收益曲線如右圖所示，其中P為價格，Q為數量，AVC為平均變動成本，AC為平均成本，MC為邊際成本，AR為平均收益，MR為邊際收益。請問在利潤最大的條件下，該廠商的產量應設為：
(A)Q_1 (B)Q_2 (C)Q_3 (D)Q_4。 [8-1][103統測]

解 獨占廠商想要達到利潤最大或損失最小，必須根據MR＝MC來決定最適產量。

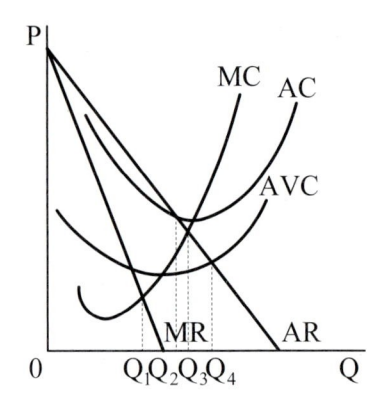

(C)2. 為了降低公營獨占事業訂價所產生的社會損失，同時避免該事業出現虧損，可以採取下列何種訂價方法？（其中P＝價格、MR＝邊際收入、MC＝邊際成本、AC＝平均成本、AR＝平均收入）
(A)P＝MR (B)P＝MC (C)P＝AC (D)P＝AR。 [8-3][103統測]

解 公營獨占事業最常採用「平均成本訂價法（P＝AC）」來決定價格與數量，此時廠商的超額利潤π＝0，只能賺取正常利潤。此為最公平的訂價方法。

(B)3. 下列有關獨占廠商的敘述，何者錯誤？
(A)獨占廠商沒有短期供給線
(B)短期下利潤一定大於零
(C)若其採完全差別訂價時，消費者剩餘將為零
(D)若其採第三級差別訂價時，對於需求價格彈性較小的市場，會採取較高的售價。
[8-3][104統測]

解 獨占廠商達到短期均衡時，利潤有三種情形：$\pi > 0$、$\pi = 0$、$\pi < 0$。

(D)4. 一獨占廠商對甲乙兩市場採行差別訂價，若甲市場需求彈性為2，乙市場需求彈性為5，下列何者最可能是獨占廠商的訂價？
(A)甲：100元，乙：60元
(B)甲：100元，乙：160元
(C)甲：60元，乙：100元
(D)甲：160元，乙：100元。 [8-3][105統測]

解 $P_甲(1-\frac{1}{|E_甲^d|}) = P_乙(1-\frac{1}{|E_乙^d|}) \Rightarrow P_甲(1-\frac{1}{|2|}) = P_乙(1-\frac{1}{|5|}) \Rightarrow \frac{1}{2}P_甲 = \frac{4}{5}P_乙 \Rightarrow P_甲 : P_乙 = 8 : 5$

⇒ 甲市場訂價160元、乙市場訂價100元符合上述比例，最可能是該獨占廠商的訂價。

(D)5. 如右圖所示：兩軸P、Q代表價格、產量；D、MR、MC分別為獨占廠商面對的需求曲線、邊際收益線、邊際成本線。請問在獨占廠商利潤最大的產量下，社會的無謂損失為： (A)△NAC (B)△NEG (C)△BHC (D)△CHG。 [8-4][105統測]

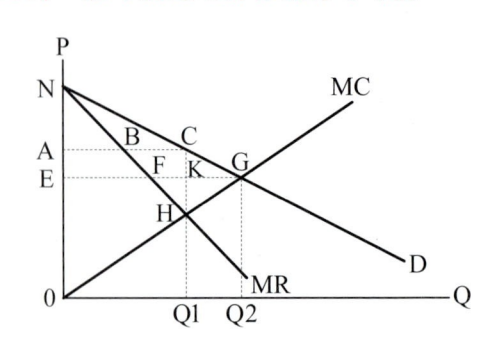

解 獨占廠商利潤最大時，MR＝MC，
社會福利＝CS＋PS＝△NAC＋▱A0HC＝▱N0HC
⇒ 社會福利損失為▷CHG。

(B)6. 假設某獨占廠商在A與B兩市場之間採取差別訂價,且此廠商也能確保產品不會在兩市場間轉售。已知兩市場中,B市場的需求價格彈性較小,當此廠商利潤最大化時,下列有關兩市場的敘述何者正確?
(A)B市場的價格會較低
(B)兩市場的邊際收益必定等於邊際成本
(C)兩市場的銷售數量必定相等
(D)兩市場的價格必定相等。 [8-3][106統測]

解 A、D:B市場需求價格彈性較小 ⇒ 價格較「高」。
C:根據$MR_A = MR_B = MC_{獨占}$分別決定A、B兩市場的均衡數量,兩市場的均衡數量不一定相等。

(C)7. 如果獨占廠商的邊際收益線(MR)為一條負斜率的直線,且MR會通過邊際成本線(MC)與平均成本線(AC)的交點,MC與AC兩者皆為U型線。在利潤最大化下,此廠商在均衡時:
(A)經濟利潤等於零
(B)會計利潤小於零
(C)經濟利潤大於零
(D)經濟利潤大於會計利潤。 [8-1][107統測]

解 MR = MC時達到均衡,此時利潤最大,
MR通過MC與AC交點如右圖,
此時P = AR > AC ⇒ 存在超額利潤(經濟利潤 > 0)。

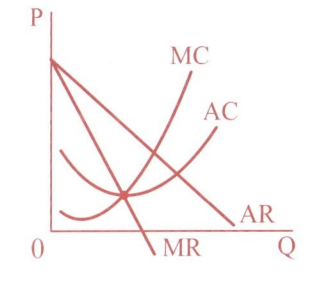

(C)8. 下列關於差別訂價之敘述,何者正確?
(A)採第一級差別訂價之獨占廠商,其需求函數P = 18 − Q,P為價格,Q為銷售量,當Q = 8時,「消費者剩餘」為32
(B)便利商店舉辦促銷活動,相同商品第二件六折,此訂價方式為第三級的差別訂價法
(C)若獨占廠商面對A、B二市場,二者之需求價格彈性分別為3與4,若採市場分割訂價法時,當B市場定價160時,A市場應定價180
(D)獨占廠商面對A、B二市場,二市場的平均收入分別是AR_a與AR_b,此廠商利潤最大訂價方式是$AR_a = AR_b$。 [8-3][108統測]

解 A:採第一級差別訂價法時,消費者剩餘為0。
B:根據消費者購買數量,在特定數量內訂定一特定價格 ⇒ 第二級差別訂價法。
C:$P_A(1 - \frac{1}{E_A^d}) = P_B(1 - \frac{1}{E_B^d}) \Rightarrow P_A(1 - \frac{1}{3}) = 160 \times (1 - \frac{1}{4}) \Rightarrow P_A = 180$。
D:廠商採最大利潤訂價法時,是根據「$MR_A = MR_B = MC$」的原則來訂價。

next...

經濟學 滿分總複習（上）

(D)9. 某獨占廠商之平均成本線（AC）、平均變動成本線（AVC）皆為平滑U型線，若在Q = 100會對應於AC的最低點，且此數量所對應之AC = 20而AVC = 14。此外，當Q = 80會對應AVC的最低點且此時之AVC = 13。若P為價格，Q為數量，則下列敘述何者正確？
(A)總固定成本為600，且產量為80時之AC = 19
(B)若此廠商採完全差別訂價，則生產者剩餘為零
(C)此廠商的短期供給線為價格高於13以上之邊際成本線
(D)若需求線Q = 200 − 2P且均衡數量為100時，此廠商有超額利潤。 [8-3][109統測]

解 A：Q = 80、TFC = 600時，AC = AVC + AFC = $13 + \frac{600}{80} = 20.5$。
B：採完全差別訂價，則「消費者剩餘」為零。
C：獨占廠商「沒有」短期供給曲線。
D：$Q^* = 100$代入需求函數可得$P^* = 50$，此時P = AR > AC（= 20）⇒ 有超額利潤。

(A)10. 若某追求利潤最大化之獨占廠商，其面對的需求曲線為負斜率的直線，則下列敘述何者正確？
(A)若採第二件打七折的差別訂價法，此法的消費者剩餘大於第一級差別訂價法
(B)若此廠商採單一訂價，在總收益最大值之情況下，其需求價格彈性小於一
(C)此獨占廠商永遠不會在供給價格彈性小於一的階段進行生產
(D)若此廠商採單一訂價，長期均衡價格等於邊際成本，且長期平均成本為遞減階段。 [8-3][110統測]

解 A：第一級差別訂價法剝奪全部的消費者剩餘，第二級差別訂價法則尚保留部分消費者剩餘。
B：根據最大收入訂價法，會根據MR = 0的原則來訂價，此時$E^d = 1$。
C：廠商會在$E^d > 1$處生產。
D：長期均衡價格「大於」邊際成本。

(C)11. 有關某獨占廠商之差別訂價行為，在追求利潤最大化下，下列敘述何者正確？（下列敘述中的CS表消費者剩餘，P_a與P_b分別為A、B兩市場之價格，E_a與E_b分別為A、B兩市場的需求價格彈性，MR_a與MR_b分別為A、B兩市場的邊際收益）
(A)若採第二級差別訂價，會使CS = 0
(B)若採第三級差別訂價，其會較第一級差別訂價剝奪更多的CS
(C)若在A、B兩市場銷售，當$E_a = 2$而$E_b = 4$，則$P_a = 1.5P_b$
(D)若在A、B兩市場銷售，當$E_a > E_b$，則均衡時$MR_a > MR_b$。 [8-3][111統測]

解 A：若採「第一級」差別訂價，會使CS = 0。
B：第三級差別訂價會較第一級差別訂價剝奪「較少」的CS。
C：$P_a(1 - \frac{1}{2}) = P_b(1 - \frac{1}{4}) \Rightarrow P_a = 1.5P_b$。
D：$MR_a = MR_b$。

(A)12. 甲公司為提供跨境運輸之獨占廠商，該公司為獲取最大利潤，訂出淡旺季不同價格。已知淡季市場價格為8,000元，旺季市場價格為12,000元且淡季需求彈性為4，則旺季需求彈性為何？ (A)2 (B)3 (C)5 (D)6。 [8-3][112統測]

解 $P_淡(1 - \frac{1}{E^d_淡}) = P_旺(1 - \frac{1}{E^d_旺}) \Rightarrow 8,000(1 - \frac{1}{4}) = 12,000(1 - \frac{1}{E^d_旺}) \Rightarrow E^d_旺 = 2$。

CH8 獨占市場產量與價格的決定

(C)13. 右圖為以利潤最大為目標之某完全獨占廠商的短期均衡情形。下列敘述何者正確？（圖中P為價格，C為成本，Q為數量，MC、AC、AVC分為邊際成本、平均成本與平均變動成本，AR與MR分別為平均收益與邊際收益）
(A)最適產量為c點，價格訂為j，會有正常利潤
(B)短期均衡時，因為無法支應總生產成本，應暫停營業
(C)最適產量為g點，價格訂為i，會有經濟損失
(D)最適產量為g點，價格訂為k，會有超額利潤。 [8-1][113統測]

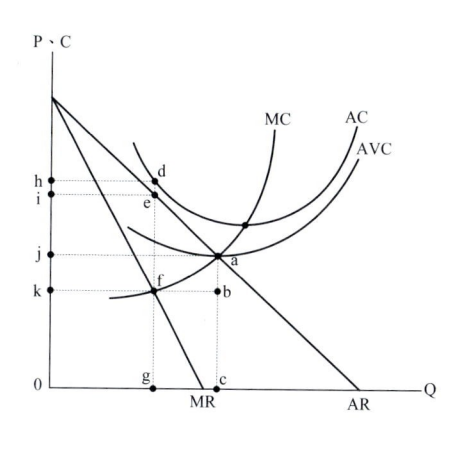

解 短期均衡時MR ＝ MC ⇒ 短期均衡點為f點，最適產量為g，價格為i，此時，P ＝ AR ＜ AC ⇒ 有經濟損失。
因AVC ＜ P ＜ AC ⇒ 虧損＜固定成本 ⇒ 應繼續生產。

(B)14. 甲公司於X1年1月1日設立，存貨依國際會計準則IAS 2規定處理，公司採用定期盤存制及加權平均法來決定期末存貨金額。當年度期末存貨之淨變現價值為$9,900，其商品進出情形如右：假設甲公司為一完全獨占廠商，目前在國內有A市場與B市場兩個銷售據點，甲公司符合實施第三級

日期	交易事項	數量	單位成本
1月1日	進貨	20	$100
3月20日	進貨	40	110
7月21日	進貨	60	120
9月4日	銷貨	110	
11月15日	進貨	80	130

差別訂價之所有條件。其中在A市場，X2年初訂定商品售價是以X1年底甲公司財務報表存貨評價金額為基礎，銷售每單位商品要能為公司賺取毛利$30。已知A市場的需求弧彈性資料為：當商品售價為$110，市場需求量為27單位；當商品售價為$120，市場需求量為19單位。B市場的需求弧彈性資料為：當商品售價為$110，市場需求量為29單位；當商品售價為$120，市場需求量為17單位。已知A、B市場需求曲線均為直線，則甲公司在B市場的商品售價應訂為多少？
(A)$110 (B)$126 (C)$135 (D)$140。 [8-3][113統測]

解 $P_A(1 - \frac{1}{E_A^d}) = P_B(1 - \frac{1}{E_B^d})$，$P_A = \frac{9,900}{(20+40+60)-110+80} + 30 = 140$。

$E_A^d = \left| \frac{\frac{19-27}{(27+19)/2}}{\frac{120-110}{(110+120)/2}} \right| = 4$，$E_B^d = \left| \frac{\frac{17-29}{(17+29)/2}}{\frac{120-110}{(110+120)/2}} \right| = 6$。

$P_A(1 - \frac{1}{E_A^d}) = P_B(1 - \frac{1}{E_B^d}) \Rightarrow 140 \times (1 - \frac{1}{4}) = P_B(1 - \frac{1}{6}) \Rightarrow P_B = 126$（元）。

(B)15. 關於獨占廠商價格與收益的敘述，下列何者正確？ (A)價格P ＞ 平均收益AR (B)邊際收益MR ＜ 平均收益AR (C)平均收益AR及邊際收益MR為水平線 (D)總收益TR達到最大時，邊際收益MR ＞ 0。 [8-1][114統測]

解 P「＝」AR。AR及MR均為「負斜率直線」。
TR最大時，MR「＝」0。

next...

8-29

(A)16. 某軌道運輸業者為完全獨占廠商。該廠商針對具有不同特性的乘用者訂出不同的價格，下列敘述何者正確？
(A)此作法為第三級差別訂價法
(B)平均邊際收益等於邊際成本
(C)常見於旅展拍賣競價販售乘用券
(D)純粹為廠商實踐企業社會責任所採用。 [8-3][114統測]

解 針對不同市場訂定不同價格 ⇒ 第三級差別訂價法。

CH 9 不完全競爭市場產量與價格的決定

本章學習重點

114年統測重點
寡占市場的訂價方法

節名	必考重點	
9-1 獨占性競爭市場產量與價格的決定	• 獨占性競爭廠商的長短期均衡分析 • 獨占性競爭市場的優缺點	★★★☆☆
9-2 寡占市場產量與價格的決定	• 寡占廠商之拗折需求曲線 • 寡占廠商勾結與競爭的方式 • 寡占市場的優缺點 • 四種市場型態的綜合比較	★★★★★

最常考各種市場型態的比較！

統測命題分析

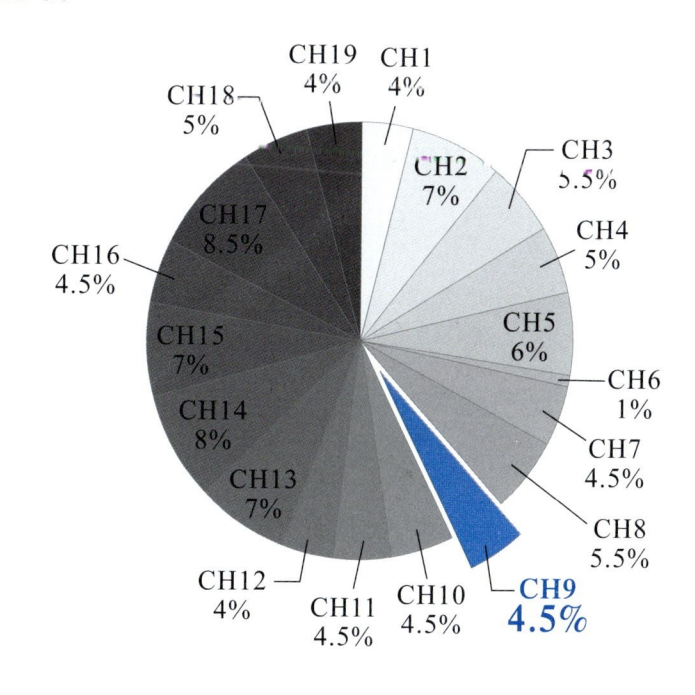

章節	比例
CH1	4%
CH2	7%
CH3	5.5%
CH4	5%
CH5	6%
CH6	1%
CH7	4.5%
CH8	5.5%
CH9	4.5%
CH10	4.5%
CH11	4.5%
CH12	4%
CH13	7%
CH14	8%
CH15	7%
CH16	4.5%
CH17	8.5%
CH18	5%
CH19	4%

9-1 獨占性競爭市場產量與價格的決定 [102] [103] [108] [112] [113]

一、不完全競爭市場

1. 不完全競爭市場理論是由英國學者**羅賓遜女士**（Joan Robinson）以及美國學者**秦伯霖**（Edward Chamberlin）提出。
2. 不完全競爭市場包含**獨占性競爭市場**與**寡占市場**兩種。

二、獨占性競爭市場的特徵 [112] [113]

1. 廠商家數**很多**。
2. 產品**稍有**差異性，廠商對價格稍有**影響力**。
3. 進入障礙**低**。
4. 市場訊息**靈通**但**不完全**。

三、獨占性競爭廠商與獨占廠商需求線的比較 [112]

比較項目	獨占性競爭	獨占
相同點	負斜率	負斜率
相異點	D_2：需求線較**平緩**	D_1：需求線較**陡直**
原因	E^d**大**，獨占力**小**	E^d**小**，獨占力**大**
說明	P↑ ⇒ 消費者有其他替代品可選擇 ⇒ Q_d減少的幅度較大（$Q_e → Q_2$） ⇒ 需求線較**平緩**	P↑ ⇒ 消費者無替代品可選擇 ⇒ Q_d減少的幅度較小（$Q_e → Q_1$） ⇒ 需求線較**陡直**
圖形		

獨占力小 ⇒ D較平坦（E^d大）
獨占力大 ⇒ D較陡直（E^d小）

四、獨占性競爭廠商短期均衡的調整過程

獨占性競爭廠商決定最適產量的考量均與獨占廠商相同，調整過程如下表所示。

情況	調整過程
MR > MC	廠商會增產
MR < MC	廠商會減產
MR = MC	達到利潤最大或損失最小 獨占性競爭廠商的短期均衡條件 對應至AR線 $E^d > 1$ 處

五、獨占性競爭廠商短期均衡的三種情形

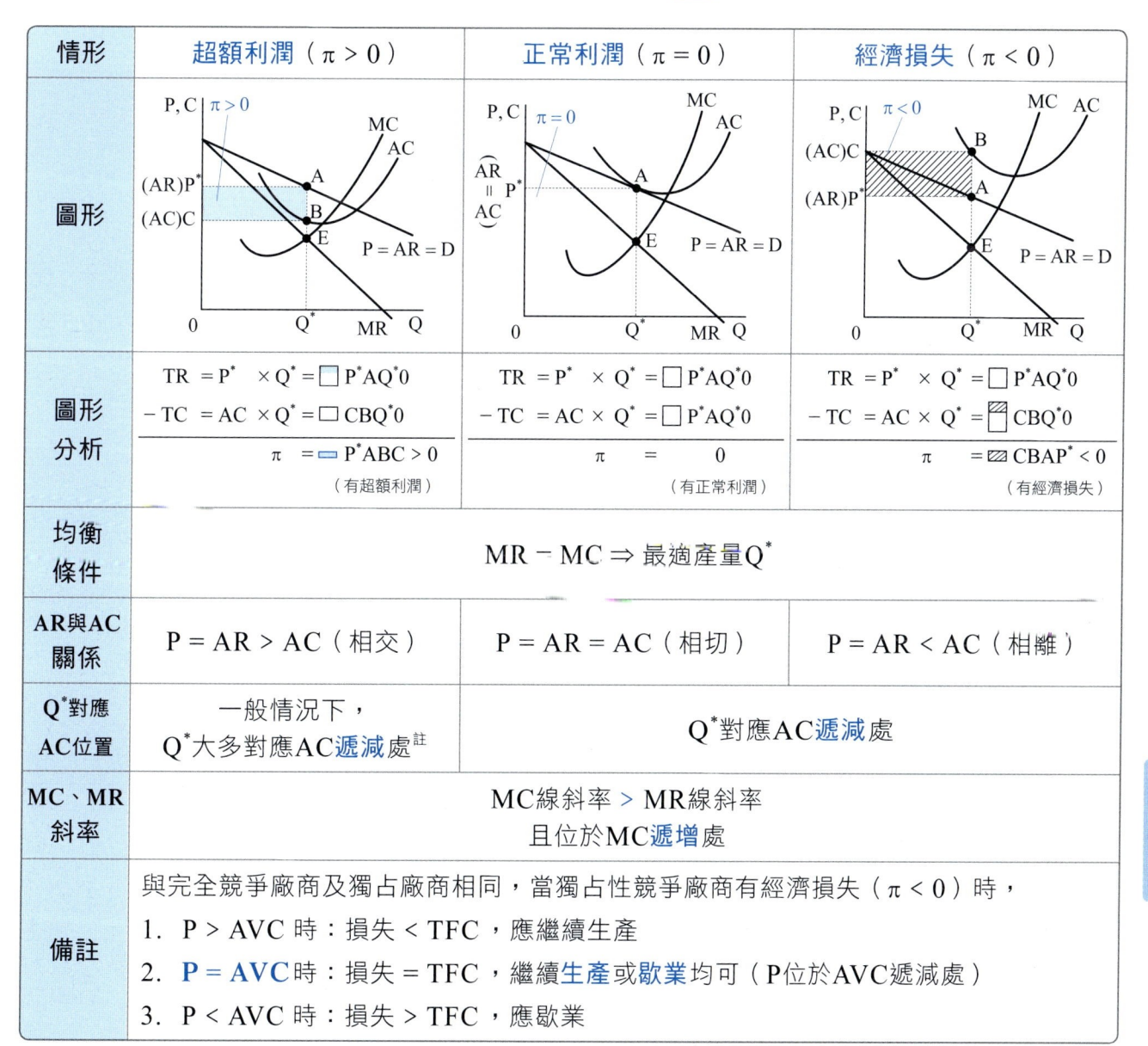

情形	超額利潤（π > 0）	正常利潤（π = 0）	經濟損失（π < 0）
圖形	（圖）	（圖）	（圖）
圖形分析	TR = $P^* \times Q^* = \square P^*AQ^*0$ − TC = AC × $Q^* = \square CBQ^*0$ π = $\square P^*ABC > 0$ （有超額利潤）	TR = $P^* \times Q^* = \square P^*AQ^*0$ − TC = AC × $Q^* = \square P^*AQ^*0$ π = 0 （有正常利潤）	TR = $P^* \times Q^* = \square P^*AQ^*0$ − TC = AC × $Q^* = \square CBQ^*0$ π = $\square CBAP^* < 0$ （有經濟損失）
均衡條件	\multicolumn{3}{c}{MR = MC ⇒ 最適產量Q^*}
AR與AC關係	P = AR > AC（相交）	P = AR = AC（相切）	P = AR < AC（相離）
Q^*對應AC位置	一般情況下，Q^*大多對應AC遞減處註	\multicolumn{2}{c}{Q^*對應AC遞減處}
MC、MR斜率	\multicolumn{3}{c}{MC線斜率 > MR線斜率 且位於MC遞增處}
備註	\multicolumn{3}{l}{與完全競爭廠商及獨占廠商相同，當獨占性競爭廠商有經濟損失（π < 0）時， 1. P > AVC 時：損失 < TFC，應繼續生產 2. P = AVC 時：損失 = TFC，繼續生產或歇業均可（P位於AVC遞減處） 3. P < AVC 時：損失 > TFC，應歇業}

註：有超額利潤時，理論上Q^*也有可能對應在AC最低點或AC遞增處，但不常見。

六、獨占性競爭廠商沒有短期供給曲線 [113]

和獨占廠商一樣，獨占性競爭廠商**沒有供給曲線**（詳見第8章8-1節）。

七、獨占性競爭廠商的長期均衡分析 [103] [108] [112] [113]

1. **獨占性競爭廠商**與完全競爭廠商相同，由於在長期廠商**可以改變生產規模**，也可以**自由進出市場**，因此只有**正常利潤**。

2. 長期均衡分析：

情形	正常利潤（$\pi = 0$）
圖形	（圖：$P = LAC \Rightarrow \pi = 0$，LMC、SMC、SAC、LAC、AR = P、MR，均衡點E，價格P^*，產量Q^*，A點在LAC上）
圖形分析	$\begin{aligned} TR &= \square P^*AQ^*0 \\ -TC &= \square P^*AQ^*0 \\ \hline \pi &= 0 \end{aligned}$（有正常利潤）
均衡條件	1. $MR = SMC = LMC \Rightarrow$ 最適產量Q^* 2. $P = AR = LAC \Rightarrow$ 正常利潤
Q^*對應LAC位置	Q^*對應LAC**遞減**處 （在生產I階段生產，資源未充分利用）
經濟意義	1. $P = AR > MR$：表示為不完全競爭廠商 2. $MR = SMC = LMC$：決定**最適產量Q^***，對應LAC**遞減**處 3. $P = AR = SAC = LAC$：長期只有**正常利潤**（AR線與AC線**相切**）

八、獨占性競爭市場的優缺點

1. 優點：

優點	原因
消費者有多樣化的選擇	廠商生產異質產品，產品多樣化可滿足消費者不同的需求
消費者福利增加	廠商採非價格競爭，如提高產品品質、延長保固期限等

2. 缺點：

缺點	原因
生產效率較差	廠商在LAC遞減處（而非最低點）生產，均衡產量小於最適生產規模，因此生產效率較差
資源配置效率不佳	均衡時P > MC，資源未被充分利用
未達社會福利最大	

九、獨占性競爭市場與完全競爭市場的比較

比較項目	獨占性競爭市場	完全競爭市場
相同點	(1) 廠商數目多 (2) 短期可能有超額利潤、正常利潤或經濟損失 (3) 廠商可調整生產規模、自由進出市場，因此長期下來只有正常利潤，無超額利潤	
相異點	(1) 產品異質 (2) 個別廠商面對負斜率的需求線 (3) 個別廠商為價格決定者（部分決定權） (4) 無供給曲線 (5) 長期均衡時Q^*對應LAC遞減處，生產效率不佳 (6) P > MC，有社會福利損失	(1) 產品同質 (2) 個別廠商面對水平的需求線 (3) 個別廠商為價格接受者（無決定權） (4) 供給曲線為AVC最低點以上之MC線 (5) 長期均衡時Q^*對應LAC最低點，生產效率最高 (6) P = MC，社會福利最大

黃金5秒鐘

完全競爭廠商、獨占廠商、獨占性競爭廠商的長期均衡比較：

長期均衡＼市場	完全競爭廠商	獨占廠商	獨占性競爭廠商
有超額利潤		✓	
有正常利潤	✓	✓	✓
在LAC遞減處生產		✓	✓
在LAC最低點生產	✓		

學以致用 9-1

(A)1. 不完全競爭市場理論是由下列哪二位經濟學者所共同提出？ (A)秦伯霖、羅賓遜女士 (B)凱因斯、皮古 (C)史威吉、熊彼得 (D)亞當斯密、李嘉圖。

(B)2. 在獨占性競爭市場中，買方與賣方的家數分別為何？
(A)買方家數很多，賣方家數少
(B)買方家數很多，賣方家數很多
(C)買方家數很少，賣方家數很多
(D)買方家數很少，賣方家數很少。

(B)3. 獨占性競爭廠商對產品價格具有影響力，是因為
(A)產品同質 (B)產品異質 (C)廠商聯合壟斷 (D)廠商家數多。
解 由於各廠商生產的產品稍有差異性，所以對價格稍具影響力。

(C)4. 獨占性競爭市場不具備哪一項特徵？
(A)短期均衡條件為MR = MC (B)負斜率的需求曲線，但較平緩
(C)進入障礙高 (D)有部分控制價格的能力。
解 獨占性競爭市場的進入障礙低。

(C)5. 商業廣告中特別強調產品之品牌及產品的差異性，如一般日用百貨品，其市場競爭型態為 (A)完全競爭 (B)獨占 (C)獨占性競爭 (D)寡占。
解 為了滿足消費者的需求，獨占性競爭廠商會不斷提升產品的品質、延長保固期限等，強調品牌或產品的差異性。

(A)6. 獨占性競爭廠商的長期均衡點是位於LAC之
(A)遞減階段 (B)最低點 (C)遞增階段 (D)皆有可能。

(C)7. 獨占性競爭廠商的長期均衡點是位於
(A)P = AC最低點 (B)P < AC (C)P = AC (D)P > AC。

(A)8. 獨占性競爭達到長期均衡時，
(A)P > MC = MR (B)P = AC < MC (C)P = AC = MC (D)P = MR = MC。

(D)9. 下列有關獨占性競爭（monopolistic competition）的敘述，何者有誤？
(A)產品具有差異性 (B)廠商可以自由進出
(C)廠商面對負斜率的需求線 (D)廠商長期仍有超額利潤。
解 D：獨占性競爭廠商長期時僅有正常利潤。

(C)10. 造成獨占性競爭廠商的需求線較獨占廠商的需求線平緩的主要原因是
(A)前者的市場存在進入障礙，而後者則否
(B)前者有效地使用資源，而後者則否
(C)前者的產品有替代品存在，而後者則否
(D)前者在MR = MC處生產，而後者則否。
解 獨占性競爭廠商的需求曲線較平緩，代表其需求彈性大於獨占廠商，而影響需求彈性的主要原因是獨占性競爭廠商的產品有許多替代品存在。

(C)11. 獨占性競爭廠商之MR線與需求曲線的關係是
(A)兩條曲線重疊，且在市價處呈水平狀
(B)MR線在需求曲線上方，且需求曲線在市價處呈水平狀
(C)MR線在需求曲線下方，且兩者均是負斜率
(D)兩者重疊，且均是負斜率。

解 獨占性競爭廠商的需求曲線即為其AR線，因MR < AR，所以MR < D，MR線在需求曲線的「下方」。

(C)12. 獨占性競爭廠商的長期均衡
(A)與獨占廠商相同，都可能獲得超額利潤或正常利潤
(B)與完全競爭廠商相同，均衡產量都是決定於長期平均成本與邊際收益相交點
(C)產量較最低平均成本點的產量低
(D)產量較最低平均成本點的產量高。

解 長期時獨占性競爭廠商會在LAC遞減處生產，產量較最低平均成本點的產量低。

13. 以社會福利的角度來看，獨占性競爭市場有無謂的損失，是因為廠商之 P ___>___ MC。

14. 獨占性競爭廠商短期均衡且有經濟損失時，最適產量是對應AC線 __遞減__ 處，且位於MC線 __遞增__ 處。

15. 右圖中，D_1、D_2、D_3分別為不同市場結構廠商的需求曲線，請判斷分別屬於何種市場結構。

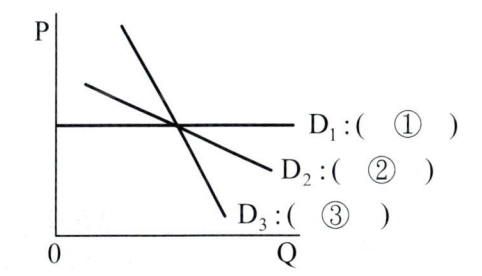

①：____完全競爭____ 廠商
②：____獨占性競爭____ 廠商
③：____獨占____ 廠商

9-2 寡占市場產量與價格的決定 104 106 110 111 114

一、寡占市場的特徵

1. 廠商家數少，相互**依存度高**，會相互**牽制**。

2. 生產**同質**或**異質**產品。

3. 價格具有**僵固性**。（供需改變不一定會馬上反應到價格）

4. 進入障礙**高**。

5. 市場訊息**不靈通**且**不完全**。

二、拗折需求曲線 110 111

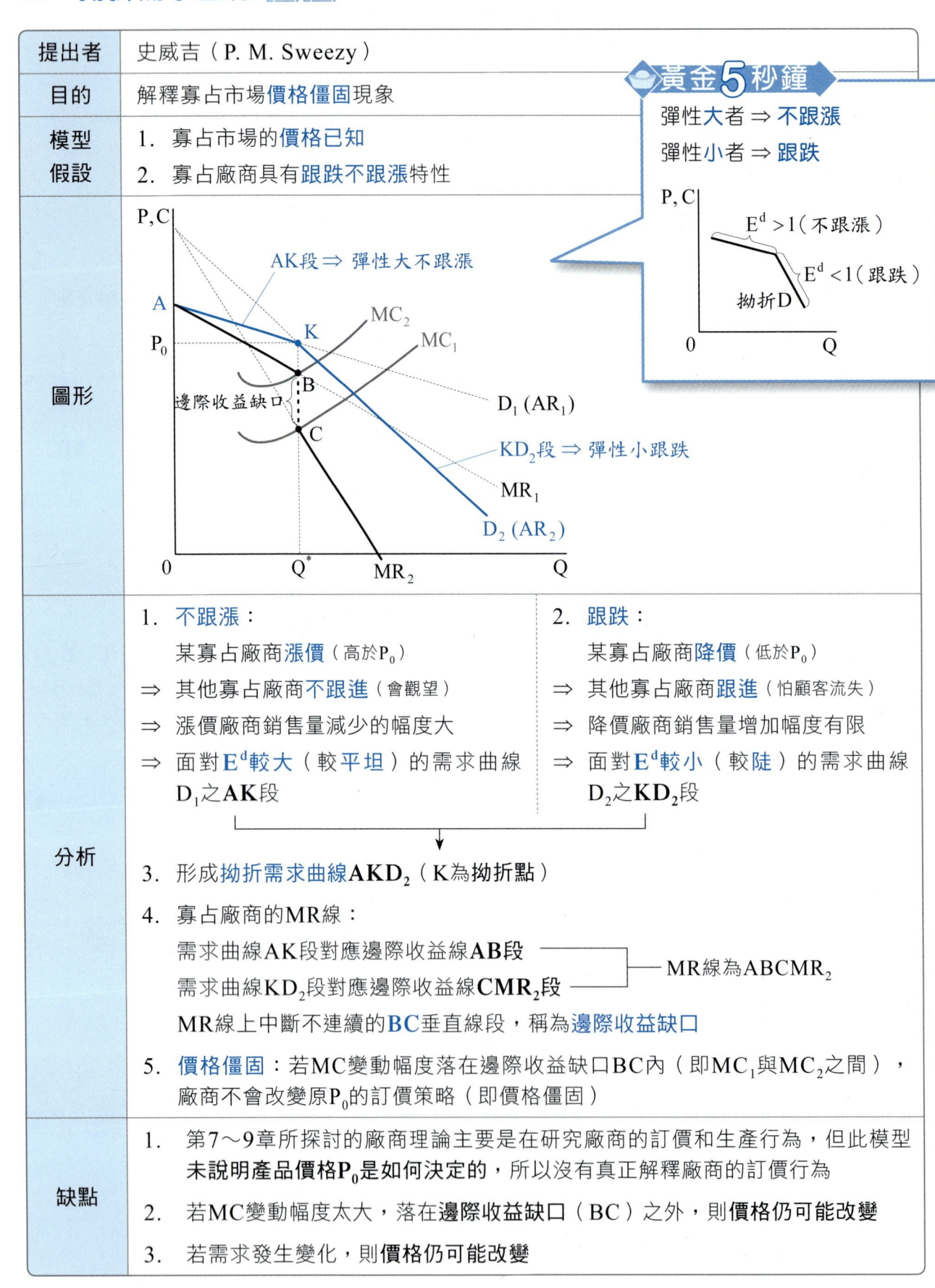

提出者	史威吉（P. M. Sweezy）
目的	解釋寡占市場**價格僵固**現象
模型假設	1. 寡占市場的**價格已知** 2. 寡占廠商具有**跟跌不跟漲**特性
圖形	（圖形：P,C 對 Q 座標軸，顯示 AK 段 ⇒ 彈性大不跟漲，KD₂ 段 ⇒ 彈性小跟跌，A、K、B、C 點，P₀，Q*，MC₁、MC₂、D₁(AR₁)、D₂(AR₂)、MR₁、MR₂，邊際收益缺口 BC） **黃金5秒鐘** 彈性大者 ⇒ 不跟漲 彈性小者 ⇒ 跟跌 $E^d > 1$（不跟漲） $E^d < 1$（跟跌） 拗折 D
分析	1. **不跟漲**： 　某寡占廠商**漲價**（高於P₀） 　⇒ 其他寡占廠商**不跟進**（會觀望） 　⇒ 漲價廠商銷售量減少的幅度大 　⇒ 面對 E^d 較大（較平坦）的需求曲線 D₁ 之 **AK**段 2. **跟跌**： 　某寡占廠商**降價**（低於P₀） 　⇒ 其他寡占廠商**跟進**（怕顧客流失） 　⇒ 降價廠商銷售量增加幅度有限 　⇒ 面對 E^d 較小（較陡）的需求曲線 D₂ 之 **KD₂**段 3. 形成**拗折需求曲線 AKD₂**（K為**拗折點**） 4. 寡占廠商的 MR 線： 　需求曲線 AK 段對應邊際收益線 **AB**段 　需求曲線 KD₂ 段對應邊際收益線 **CMR₂**段　── MR線為 ABCMR₂ 　MR 線上中斷不連續的 **BC** 垂直線段，稱為**邊際收益缺口** 5. **價格僵固**：若 MC 變動幅度落在邊際收益缺口 BC 內（即 MC₁ 與 MC₂ 之間），廠商不會改變原 P₀ 的訂價策略（即價格僵固）
缺點	1. 第7～9章所探討的廠商理論主要是在研究廠商的訂價和生產行為，但此模型**未說明產品價格P₀是如何決定的**，所以沒有真正解釋廠商的訂價行為 2. 若 MC 變動幅度太大，落在**邊際收益缺口（BC）之外**，則**價格仍可能改變** 3. 若需求發生變化，則**價格仍可能改變**

三、寡占廠商的訂價方法 107 109 114

1. **平均成本加成訂價法：**

   (1) **意義：**
   以每單位產品的平均成本加上某一百分比的利潤，來做為產品的價格。

   (2) **公式：**
   $P = AC(1 + r)$
   r：加成百分比

   教學範例 1 ── 平均成本加成訂價法之計算

   統一超商欲推出美式甜甜圈，每個甜甜圈的平均成本為25元，預計賺60%的利潤，則其預估的可能售價為多少？

   解 $P = AC(1 + r) = 25(1 + 60\%) = 40$（元）。

   練習一下 ── 平均成本加成訂價法之計算

   假設蘋果公司打算推出新產品iPad Air，每台的平均成本為10,000元。若該公司欲採取平均成本加成訂價法，預估每台賺取70%的利潤，則訂價應為多少？

   答 $P = AC(1 + r) = 10,000(1 + 70\%) = 17,000$（元）。

2. **價格領導制：**

   (1) **意義：**
   以市場中**規模較大、市場占有率較高或歷史最悠久**之寡占廠商的價格為依據，來決定本身的價格。被其他廠商作為價格依據的廠商是**價格領導者**，其他追隨此一價格的廠商是「價格跟隨者」。

   (2) **優點：**
   價格追隨者不必擔心本身的價格無法為消費者接受、或引起同業不良的反應。

四、寡占廠商的競爭方式 [111]

方式	說明
價格競爭	1. **意義**：廠商以**降價**的方式，提高市場占有率或增加銷售量 2. **缺點**：寡占廠商之間若互相削價競爭，導致最後價格降至平均成本以下，將會形成**割頸式價格競爭**。理性的廠商不會長期採用此方式
非價格競爭	1. **意義**：價格競爭對寡占廠商不利，因此**寡占廠商通常會從事非價格競爭** 2. **方式**：包括**加強廣告宣傳、提升品牌形象、延長保固期限、增加售後服務、增加促銷活動、提供其他獎勵方法**等
勾結	1. **公開有形的勾結**：寡占廠商之間為了避免激烈價格競爭並提高利潤，而以公開的方式聯合壟斷，在**數量與價格上達成協議**，形成具獨占性質的組織，例如： 　(1) **卡特爾**（Cartel）：廠商採取**共同訂價**或**劃分銷售市場**方式，以壟斷市場的組織型態。如台北市公車聯營、石油輸出國家組織（簡稱**OPEC**） 　(2) **托拉斯**（Trust）：同一產業或具有連帶關係的不同產業之間，**採取一致的行動**，藉以壟斷市場的組織型態 　(3) **辛迪克**（Syndicate）：廠商共同成立一個**銷售中心**，各廠商必須將產品交由該中心統一出售，再依各廠商的產量來分配利潤的組織型態 2. **暗中無形的勾結（君子協定）**：寡占廠商之間無公開協議，而以秘密或口頭約定產量、價格的一種勾結方式；最常見的是**價格領導制** ※ 其他說明： 　• **勾結易瓦解**：**寡占廠商間存在欺騙誘因**，一旦有了欺騙行為，勾結就容易瓦解 　• **法令管制**：聯合壟斷會造成社會福利損失，所以一般國家都會透過法令來管制 　　釋例 我國1991年制定**公平交易法**、美國1890年制定**反托拉斯法**

五、寡占市場的優缺點

優點	從事創新**有助於經濟成長**	廠商藉由研發創新保持競爭優勢，此創新行為有助於經濟成長
	消費者福利增加	廠商採**非價格競爭**，如品質與服務的提升等，可增加消費者的福利
缺點	生產效率較差	廠商在LAC**遞減處**（而非LAC最低點）生產，均衡產量小於最適生產規模，因此生產效率較差（**P ≥ LAC**）
	資源配置效率不佳	均衡時**P > MC**，資源配置無效率
	未達社會福利最大	
	所得分配不均	寡占廠商聯合壟斷賺取暴利，**財富集中**在少數人手中

六、四種市場類型的比較 106 109 111

比較項目		完全競爭	獨占性競爭	寡占	獨占
廠商家數		眾多	很多	二家以上至若干家	一家
產品性質		同質	異質	同質或異質	獨特
市場訊息		完全靈通	靈通但不完全	不靈通且不完全	完全不靈通
進入障礙		無	低	高	非常困難
廠商供給曲線		AVC最低點以上的MC線	無供給曲線		
廠商需求曲線		水平線 P = AR = MR	負斜率直線（較平坦） P = AR > MR	拗折需求曲線 P = AR > MR	負斜率直線（較陡直） P = AR > MR
價格決定		無決定權	稍有決定權	有大部分的決定權	有完全的決定權
短期均衡	條件	P = MR = MC	MR = MC	依據MR = MC，在拗折點MR有缺口	MR = MC
	利潤	$\pi > 0$（超額利潤）、$\pi = 0$（正常利潤）、$\pi < 0$（經濟損失）			
長期均衡	條件	P = AR = MR = SMC = LMC = SAC = LAC	P = AR > MR MR = SMC = LMC P = AR = SAC = LAC	—	P = AR > MR MR = SMC = LMC P = AR ≥ SAC = LAC
	利潤	$\pi = 0$（正常利潤）		$\pi \geq 0$（超額利潤或正常利潤）	
生產效率		達到最高 （在LAC最低點生產）	較差 （在LAC遞減處生產）		
資源分配效率		最佳 （P = MC）	不佳 （P > MC）		
社會福利		社會福利最大	有無謂損失		
訂價策略		一物一價 （市場供需決定）	• 利潤最大訂價法 （MR=MC） • 觀察同業情況	• 平均成本加成訂價法 • 價格領導制	• 獨占利潤訂價法 （MR = MC） • 最大收入訂價法 （MR = 0） • 邊際成本訂價法 （P = MC） • 平均成本訂價法 （P = AC） • 差別訂價 $P_A(1 - \frac{1}{E_A^d}) = P_B(1 - \frac{1}{E_B^d})$
創新能力		無	無	有	有
創新動力		無	有	有	無
行銷策略		不存在價格競爭與非價格競爭	價格競爭 非價格競爭		非價格競爭
所得分配		平均、公平	不平均、不公平		

學以致用 9-2

(C)1. 下列何種市場，廠商間存在相互依存性？
(A)完全競爭　(B)獨占性競爭　(C)寡占　(D)獨占。

(A)2. 寡占市場通常
(A)價格相當穩定　　　　　　　　(B)廠商價格競爭很激烈
(C)由彼此成本的高低來決定價格　(D)以上皆非。
解 寡占廠商跟跌不跟漲，市場價格相當穩定（具僵固性）。

(C)3. 70年代國內只有3家電視台，在當時是屬於何種市場結構？
(A)完全競爭市場　(B)獨占市場　(C)寡占市場　(D)獨占性競爭市場。

(C)4. 寡占廠商勾結時，其目的通常在
(A)滿足消費者需求　(B)求社會福利最大　(C)求聯合利潤最大　(D)增加產量。
解 寡占廠商之間為了提高利潤，常會互相勾結，形成具有獨占性質的組織。

(B)5. 寡占廠商在 P > MC 下生產，將導致
(A)生產效率不佳　　　　(B)資源配置效率不佳
(C)社會福利達到最大　　(D)所得分配平均。
解 廠商為價格決定者方能採取差別訂價。

(A)6. 下列何者為寡占的特徵？
(A)寡占廠商必須考慮競爭對手的反應
(B)寡占產業相對地較容易進入和退出
(C)寡占廠商較不會嘗試將產品差異化
(D)在寡占產業中有為數眾多的廠商。
解 B：寡占市場的進入障礙高。
　　 C：寡占市場競爭激烈，廠商通常會從事研發創新的工作，以將產品差異化。
　　 D：寡占市場的廠商家數少。

(D)7. 拗折需求曲線理論最大的缺點是
(A)預測寡占市場的價格相當穩定，此與現實不符
(B)假設價格下降時，其他廠商會跟進，此與現實不符
(C)假設價格上漲時，其他廠商會跟進，此與現實不符
(D)無法解釋穩定的價格是如何被決定。

(C)8. 下列各項敘述，何者為真？
(A)拗折的需求曲線是指價格上升時會跟進，而下降時不會跟進
(B)寡占市場的特性之一是廠商間彼此獨立
(C)在獨占性競爭市場中，廠商存在過剩之產能
(D)寡占市場中有許多賣者與買者。
解 A：價格上升時不會跟進，下降時會跟進。B：寡占廠商間彼此牽制、依賴。
　　 D：寡占市場的廠商家數少。

9. 試完成寡占廠商之拗折需求曲線模型分析。

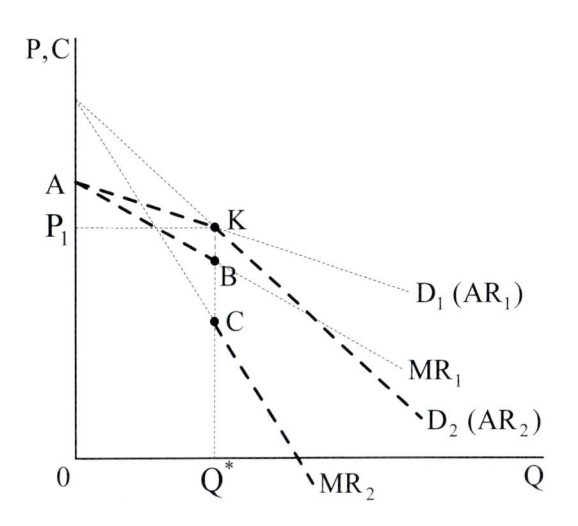

   (1) 當廠商漲價時,其他廠商會 __不跟漲__,該廠商面對的是 E^d 較 __大__ 的需求線 __D_1__,如圖中的 __AK__ 段;所對應的邊際收益線為 __AB__ 段。

   (2) 當廠商降價時,其他廠商會 __跟跌__,該廠商面對的是 E^d 較 __小__ 的需求線 __D_2__,如圖中的 __KD_2__ 段;所對應的邊際收益線為 __CMR_2__ 段。

   所以寡占廠商所面對的是一條 __拗折__ 需求曲線,為圖中 __AKD_2__ 段。

   (3) 邊際收益缺口為圖中 __BC__ 段。

   (4) 拗折需求曲線模型主要是用來說明寡占市場價格具有 __僵固__ 性。

10. 下表為四種不同市場型態廠商的比較,請在空格中填入正確答案。

比較項目	完全競爭	獨占性競爭	寡占	獨占
短期供給曲線	AVC最低點以上的MC線	無	無	無
短期均衡利潤	有超額利潤、正常利潤、經濟損失	有超額利潤、正常利潤、經濟損失	有超額利潤、正常利潤、經濟損失	有超額利潤、正常利潤、經濟損失
長期均衡利潤	僅有正常利潤	僅有正常利潤	有超額利潤或正常利潤	有超額利潤或正常利潤
生產效率	最高 在P = LAC「最低點」生產	不佳 在LAC「遞減處」生產	不佳 在LAC「遞減處」生產	不佳 在LAC「遞減處」生產
資源分配效率	最佳 P = MC	不佳 P > MC	不佳 P > MC	不佳 P > MC

滿分印鑑

9-1 獨占性競爭市場產量與價格的決定

(A)1. 在日常生活中，最普遍的市場型態是
(A)獨占性競爭　(B)完全競爭　(C)寡占　(D)獨占。

(C)2. 獨占性競爭廠商所面對的需求曲線為其
(A)MC線　(B)MR線　(C)AR線　(D)AC線。

(B)3. 獨占性競爭廠商達到短期均衡且有經濟損失時，AR線與AC線
(A)相切　(B)相離　(C)相交　(D)重合。
解 AR線與AC線相離，表示P＜AC，有經濟損失。

(C)4. 獨占性競爭廠商達到短期均衡時，
(A)一定有超額利潤
(B)一定有經濟損失
(C)超額利潤可能為正、負或零
(D)只能獲得正常利潤。

(B)5. 獨占性競爭廠商之產品具有下列哪一種特性？
(A)同質性
(B)異質性
(C)市場上完全沒有類似的產品
(D)產品價格固定不變。

(B)6. 獨占性競爭市場之個別廠商，對其本身產品價格具有影響力的主要理由是什麼？
(A)廠商容易進行差別訂價
(B)各家廠商之產品具異質性
(C)廠商面對水平之需求曲線
(D)因政府法令制度因素，而致使市場具進入障礙所致。
解 A：「獨占廠商」容易進行差別訂價。
　　C：獨占性競爭廠商面對「負斜率」之需求曲線。
　　D：為形成「獨占市場」的原因之一。

(D)7. 獨占性競爭廠商對產品價格具決定能力，是因為
(A)聯合勾結　　　　　　　(B)訊息不靈通
(C)廠商依存度高　　　　　(D)產品異質性。
解 獨占性競爭廠商會生產異質產品，以與其他廠商產品作區隔，故對產品價格有部分決定能力。

(A)8. 獨占性競爭廠商最適生產量的決定依照何種原則？
(A)MR＝MC　　　　　　　(B)P＝MC
(C)P＝AC　　　　　　　　(D)AR＝AC。

(C)9. 獨占性競爭廠商達到短期均衡且有經濟利潤時，AR線與AC線
(A)相切 (B)相離 (C)相交 (D)重合。

(A)10. 獨占性競爭廠商的短期供給曲線：
(A)不存在
(B)平均成本以上的邊際成本線
(C)平均變動成本以上的邊際成本線
(D)整條邊際成本線。

(D)11. 獨占性競爭市場長期的特徵為
(A)廠商加入或退出很困難　　　(B)產品同質
(C)廠商有經濟利潤　　　　　　(D)廠商只有正常利潤。

解　獨占性競爭市場進入障礙低，廠商進出自由，故長期廠商只能獲得正常利潤。

(D)12. 獨占性競爭廠商達到長期均衡時，下列何者為正確？
(A)仍有經濟利潤存在
(B)均衡產量決定於長期邊際成本與平均收益相交點
(C)均衡產量由長期平均成本最低點決定
(D)均衡產量比長期平均成本最低點的產量少。

解　A：僅有正常利潤。B：長期邊際成本與平均收益「相切」點。
　　C：決定於LAC遞減處。

(A)13. 在獨占性競爭市場中的廠商行為，何者正確？
(A)許多廠商銷售異質性產品
(B)僅少數廠商決定價格
(C)所有廠商均存在超額利潤
(D)廠商之間容易產生勾結。

解　B：個別廠商對產品價格有部分的影響力。
　　C：獨占性競爭廠商短期有π＞0，＝0或＜0三種情形。
　　D：寡占市場廠商家數少，容易產生勾結的行為。

(C)14. 在任何市場結構下，追求最大利潤的廠商，具有下列哪些共同現象？
①短期均衡時，僅有正常利潤
②長期均衡時，必定沒有虧損
③採MR（邊際收益）＝MC（邊際成本）的定價方式
(A)①② (B)①③ (C)②③ (D)①②③。

解　①：短期均衡時，利潤可能為正、負或零。

(D)15. 下列有關獨占性競爭廠商的敘述，何者錯誤？
(A)對自己產品的價格有某種影響力
(B)產品價格的決定與其產品在市場上的差異化程度有關
(C)長期均衡必定沒有經濟利潤
(D)長期均衡必定位於長期平均成本曲線的最低點。

解　長期均衡必定位於長期平均成本曲線的「遞減」處。

next...

(D)16. 下列敘述，何者錯誤？
(A)獨占性競爭廠商長期均衡時，一定不是位於LAC曲線上的最低點
(B)獨占性競爭廠商不存在產品的供給曲線
(C)自然獨占廠商的LAC曲線是呈遞減的
(D)獨占廠商短期均衡時，不可能存在虧損。

解 D：獨占廠商在短期均衡時可能有虧損存在，但長期均衡時則不可能有虧損存在。

(C)17. 關於獨占性競爭市場的敘述，下列何者錯誤？
(A)是一種不完全競爭市場，且市場中買賣雙方人數頗多
(B)獨占性競爭廠商所面對的需求曲線較獨占廠商所面對的需求曲線平坦
(C)獨占性競爭廠商的長期均衡條件為MR = LMC，故享有經濟利潤
(D)廠商長期均衡點不在長期平均成本線的最低點。

解 獨占性競爭廠商的長期均衡條件為MR = LMC，但因獨占性競爭市場的進入障礙低，廠商可以自由進入市場，因此在長期下，AR = LAC，廠商只能享有正常利潤。

(A)18. 獨占性競爭廠商達到長期均衡時，下列何者不成立？
(A)平均收益等於長期邊際成本
(B)平均收益等於長期平均成本
(C)價格大於長期邊際成本
(D)價格等於長期平均成本。

解 獨占性競爭廠商達到長期均衡時，P = AR = AC > MR = MC。

(C)19. 獨占性競爭廠商短期最適產量決定於MR = MC，在此最適產量下，能獲得經濟利潤大於零之條件為
(A)P = AR < AC
(B)P = AR = AC
(C)P = AR > AC
(D)以上皆非。

解 廠商根據MR = MC決定最適產量，若經濟利潤 > 0，表示AR > AC。

(D)20. 下列有關獨占性競爭市場的敘述，哪些正確？
①廠商在長期均衡時，其均衡點一定不會在LAC的最低點
②廠商在長期均衡時，一定無法賺取超額利潤
③廠商對產品價格有若干的影響能力
④廠商的產品供給曲線不存在
(A)①②③ (B)②③ (C)②③④ (D)①②③④。

(D)21. 獨占性競爭廠商在長期均衡時，以下何者為真？
(A)廠商最適決策為價格等於邊際成本
(B)長期均衡時利潤小於零
(C)廠商在長期平均成本之最低點生產
(D)廠商面對負斜率的需求線。

解 A：P > MR = MC。B：只有正常利潤。C：在LAC遞減處生產。

(B)22. 有關獨占性競爭市場，以下何者不正確？
(A)長期均衡下，廠商的均衡點在需求曲線與平均成本曲線的相切點
(B)長期均衡下，廠商仍可擁有超額利潤
(C)長期均衡下，廠商有產能過剩現象
(D)長期均衡下，廠商生產點處於平均成本最低點的左方。
解 B：只有正常利潤。

(D)23. 下列對獨占性競爭廠商的敘述，何者正確？
(A)面對的平均收益線低於邊際收益線
(B)面對水平的需求線
(C)不管短期均衡或長期均衡，都有正利潤
(D)面對負斜率的需求線。
解 A：平均收益線「高於」邊際收益線。B：面對水平需求線的是完全競爭廠商。
C：長期均衡時僅有正常利潤。

(A)24. 有關獨占性競爭市場長期均衡的敘述，下列何者正確？
(A)均衡產量小於最適規模產量，生產效率不佳
(B)因為有競爭，因此廠商生產在長期平均成本最低點，利潤為零
(C)長期均衡時資源配置效率最高
(D)因為有獨占的特性，廠商在長期有正利潤。
解 B：在LAC遞減處生產。C：P＞MC，資源配置效率不佳。D：只有正常利潤。

(C)25. 造成獨占性競爭廠商的需求線較獨占廠商的需求線平坦的主要原因是
(A)前者的市場新廠商有進入障礙，而後者則無
(B)前者可有效使用資源，而後者則無
(C)前者的產品有替代品，而後者則無替代品
(D)前者在MR＝MC處生產，而後者則在MR＞MC處生產。

(C)26. 有關獨占性競爭廠商與完全競爭廠商的比較，下列敘述何者正確？
(A)兩者皆生產異質產品
(B)兩者皆面對水平的需求線
(C)兩者皆有眾多的買者與賣者
(D)兩者在短期均衡時，皆只能獲得正常利潤。
解 A：獨占性競爭廠商生產異質產品；完全競爭廠商生產同質產品。
B：獨占性競爭廠商面對負斜率之需求線；完全競爭廠商面對水平的需求線。
D：兩者在短期均衡時，超額利潤皆可能為正、負或零。

(D)27. 關於獨占性競爭市場的敘述，以下何者不正確？
(A)市場中的廠商彼此出售異質性產品來競爭
(B)長期下廠商可以自由進出市場
(C)廠商可採用廣告的方式來增加市場占有率
(D)長期均衡下，廠商仍有正的利潤。
解 D：獨占性競爭廠商長期均衡時只有正常利潤。

next...

(A)28. 如果獨占性競爭廠商賺取到正的經濟利潤,則
(A)生產期間必為短期
(B)AR線必與AC線相離
(C)沒有競爭廠商存在
(D)競爭對手廠商必然也賺取正的經濟利潤。

解 A：短期均衡時經濟利潤可為正、負或零；長期均衡時經濟利潤為零。
　　B：AR線與AC線相交。
　　C：競爭廠商家數很多,且會有新廠商加入競爭。
　　D：競爭對手不一定賺取正的經濟利潤。

(B)29. 有關完全競爭廠商與獨占性競爭廠商之比較,下列何者錯誤？
(A)廠商均可自由進出市場
(B)長期均衡時,廠商均是在LAC最低點生產
(C)短期皆可能有超額利潤
(D)廠商家數都很多。

解 B：長期均衡時,完全競爭廠商在LAC「最低點」生產,但獨占性競爭廠商在LAC「遞減處」生產。

(A)30. 右圖內,ATC、MC、MR與D,各為平均總成本曲線、邊際成本曲線、邊際收入曲線、與需求曲線。如果廠商為獨占性競爭廠商,則其最大利潤的產量為
(A)30　　　　　(B)50
(C)70　　　　　(D)15。

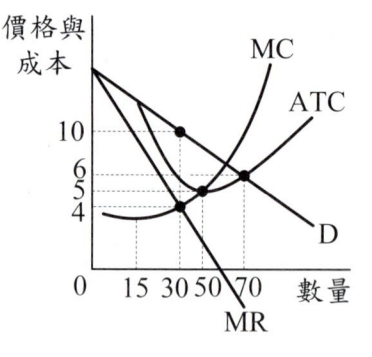

解 MR = MC ⇒ $Q^* = 30$ 單位。

(C)31. 獨占性競爭市場下的某一廠商,此廠商之長期平均成本線如右圖中的LAC線,則
(A)此廠商所面對的需求線為水平線
(B)此廠商長期均衡下之經濟利潤大於零
(C)長期時此廠商的均衡產量小於LAC最低點之產量Q_1
(D)長期時此廠商的均衡產量等於LAC最低點之產量Q_1。

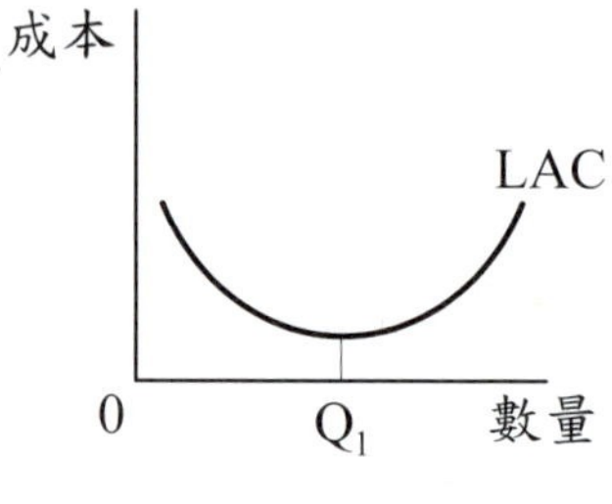

解 A：需求線為「負斜率」。B：長期均衡下經濟利潤「等於」零。
　　C、D：長期時在LAC線「遞減處」生產 ⇒ 均衡產量 < LAC最低點之產量Q_1。

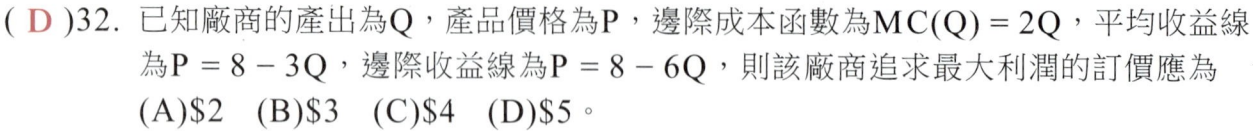

(D)32. 已知廠商的產出為Q,產品價格為P,邊際成本函數為MC(Q) = 2Q,平均收益線為P = 8 − 3Q,邊際收益線為P = 8 − 6Q,則該廠商追求最大利潤的訂價應為
(A)$2　(B)$3　(C)$4　(D)$5。

解 廠商的最適產量：MR = MC ⇒ 8 − 6Q = 2Q ⇒ 8Q = 8 ⇒ $Q^* = 1$,
　　廠商最大利潤的訂價：將$Q^* = 1$代入P = 8 − 3Q式中,得出P = 5。

9-2 寡占市場產量與價格的決定

(D)33. 拗折的需求曲線在說明：
(A)獨占性競爭市場的價格現象
(B)獨占市場的差別訂價現象
(C)完全競爭市場的訂價過程
(D)寡占市場的價格僵固現象。

(B)34. 拗折點需求曲線（Kinked Demand Curve）的形成，是假設寡占廠商的價格策略為
(A)跟漲不跟跌
(B)跟跌不跟漲
(C)既跟漲也跟跌
(D)不跟漲也不跟跌。

(C)35. 寡占市場的需求曲線，為有拗折點的需求曲線，其原因係由於
(A)價格機能的運作
(B)價格領袖制度
(C)價格僵固性
(D)以價制量。

(D)36. 拗折的需求曲線，係假設寡占市場中，某一廠商調整價格時，其他廠商的反應是
(A)完全跟進
(B)完全不跟進
(C)跟漲不跟跌
(D)跟跌不跟漲。

(D)37. 拗折點需求曲線是在說明寡占市場的何種現象？
(A)追求最大市場占有率
(B)產品的同質性
(C)割頸式價格競爭
(D)價格的相對穩定性。

(C)38. 依據寡占市場「拗折的需求曲線」（kinked demand curve）理論，當某廠商面臨其他廠商漲價時，該廠商的反應策略為
(A)漲價
(B)降價
(C)維持原價
(D)減少產量。

(C)39. 下列哪一種市場結構，廠商之間彼此牽制的行為最明顯？
(A)完全競爭　　　　　　　　(B)獨占性競爭
(C)寡占　　　　　　　　　　(D)獨占。

next...

(B)40. 依據史威吉（Sweezy）的理論認為在寡占市場中，廠商彼此間之依存度頗高，形成寡占廠商所面對的係一拗折的需求曲線，其原因是當領導廠商在變更價格時，其他廠商
(A)跟漲不跟跌
(B)跟跌不跟漲
(C)跟漲又跟跌
(D)不跟漲不跟跌。

(B)41. 經濟學者提出拗折的需求線模型，試圖解析寡占市場廠商的下列哪一項現象？
(A)產品的一致性
(B)價格的僵固性
(C)產品的差異性
(D)價格的多變性。

(B)42. 寡占市場的廠商，其需求曲線（即AR線）有拗折點的原因為
(A)漲價時其他廠商跟進，降價時其他廠商不跟進
(B)漲價時其他廠商不跟進，降價時其他廠商跟進
(C)漲價，降價其他廠商均跟進
(D)漲價，降價其他廠商均不跟進。

(D)43. 寡占市場有拗折需求曲線的原因是廠商考慮對手的何種反應？
(A)產量
(B)成本
(C)收益
(D)價格。

解 寡占廠商考慮對手跟跌不跟漲的價格策略。

(D)44. 寡占市場之產品價格具有相當穩定性，可用下列哪個模型說明？
(A)平均成本加成訂價
(B)價格領導
(C)卡特爾訂價
(D)有拗折點的需求曲線。

(C)45. 寡占市場的主要特性為何？
(A)進出市場容易
(B)廠商生產同質產品
(C)彼此互相牽制
(D)只有一家廠商。

(C)46. 生產相同或差異性產品的少數廠商共同控制整個產業為
(A)完全競爭市場
(B)完全獨占市場
(C)寡占市場
(D)獨占性市場。

(B)47. 一個卡特爾（Cartel）的組織最可能存在於下列哪一種市場型態？
(A)獨占
(B)寡占
(C)獨占性競爭
(D)完全競爭。

(C)48. 「當一廠商降價時，其他廠商會跟進降價；當一廠商漲價時，其他廠商不會跟進漲價，所以廠商面對的是拗折的需求曲線」，上述現象是哪一個市場的特性？
(A)完全競爭市場
(B)獨占市場
(C)寡占市場
(D)獨占性競爭市場。

(A)49. 對寡占市場的敘述，下列何者錯誤？
(A)廠商常採取價格競爭
(B)廠商間相互影響很大
(C)廠商主要價格策略是跟跌不跟漲
(D)新廠商不易加入生產行列。

解 價格競爭對寡占廠商不利，因此寡占廠商較常採取非價格競爭。

(C)50. 企業勾結乃指
(A)相同產業的廠商聯合生產異質產品來提升需求
(B)產業中的廠商共同推選出價格領導廠商
(C)相同產業的廠商聯合採取相同策略，如減少產量提高售價，以提升全體之總利潤
(D)相同產業的廠商聯合干擾市場機能，以爭取政治權力。

(D)51. 下列敘述何者正確？
(A)獨占廠商短期不可能有經濟損失
(B)完全競爭市場個別廠商面對的需求曲線為負斜率直線
(C)相較於四種市場型態，獨占性競爭市場的社會福利最大
(D)寡占廠商無供給曲線。

解 A：獨占廠商短期仍可能有經濟損失。B：水平線，P＝AR＝MR＝D。
　　C：獨占性競爭市場P＞MC，社會成本偏高，有社會福利損失。

(C)52. 下列有關寡占市場特性之敘述，何者正確？
(A)因價格訂定是採平均成本訂價法，故其價格具僵固性
(B)卡特爾（Cartel）組織並無法長期維持，乃是因易遭受消費者抵制所致
(C)廠商彼此間之競爭性與依賴性很高，且互相制衡
(D)跟漲不跟跌之價格競爭特性，是形成拗折需求線（kinked demand curve）之主因。

解 A：因寡占廠商「跟跌不跟漲」，故寡占市場的價格具有僵固性。
　　B：卡特爾無法長期維持，是因為寡占廠商之間存在「欺騙的誘因」。
　　D：「跟跌不跟漲」是形成拗折需求線之主因。

next...

(D)53. 下列有關寡占市場的敘述，何者不正確？
(A)廠商做決策時，相當關心同業的反應與作為，因此同業間彼此牽制、互相依賴
(B)拗折的需求曲線用來說明寡占市場產品價格的僵固性
(C)拗折的需求曲線是假設廠商在訂價時「跟跌不跟漲」所得到
(D)寡占市場廠商因同業間彼此牽制，不會產生勾結行為。
解 寡占廠商之間會彼此勾結，以求聯合利潤最大。

(C)54. 比較產品的完全競爭市場、獨占市場、及不完全競爭市場相似之處，下列敘述何者錯誤？
(A)不完全競爭廠商與獨占廠商所面對的市場需求曲線，斜率為負值
(B)四個市場的廠商追求利潤最大的條件皆為 MR = MC
(C)完全競爭廠商與獨占廠商短期的供給曲線，皆為大於平均變動成本之邊際成本線
(D)三個市場的廠商達短期均衡時發生虧損，只要價格大於平均變動成本，皆不必歇業。
解 C：獨占廠商無供給曲線。

(B)55. 下列有關寡占廠商的敘述，何者錯誤？
(A)產品市場常有價格僵固的現象
(B)各生產者之間較少採價格競爭，因而相互依存性亦低
(C)各生產者均無產品供給曲線
(D)主要生產者的人數較少，且其產量在市場總銷售量中，占一顯著的比例。
解 B：寡占廠商相互依存度高。

(D)56. 關於拗折需求曲線理論的敘述，下列何者錯誤？
(A)假設廠商調整價格時其他廠商會「跟跌不跟漲」
(B)平均收益線為一拗折線
(C)邊際收益線會在平均收益線拗折處出現垂直缺口
(D)當邊際成本線恰通過邊際收益線之垂直缺口時，產品價格無法決定。
解 當MC線恰通過MR線之垂直缺口時，價格P即可決定於AR的拗折點。

(D)57. 下列敘述哪些正確？
①完全競爭廠商因無法自行決定價格，故沒有供給曲線
②獨占廠商因其價格與數量是同時決定的，故沒有供給曲線
③完全競爭廠商短期只能賺取正常利潤
④完全競爭廠商與獨占性競爭廠商長期下來均只能賺取正常利潤
(A)①②③　(B)②③④　(C)①③　(D)②④。
解 ①：AVC最低點以上的MC線，為完全競爭廠商的短期供給曲線。
③：完全競爭廠商在短期可能有經濟利潤、正常利潤或經濟損失。

(B)58. 下列哪一項為完全競爭、獨占性競爭及獨占廠商達到短期利潤極大之共同條件？
(A)價格等於短期邊際成本
(B)邊際收益等於短期邊際成本
(C)價格等於平均總成本
(D)平均收益等於短期邊際成本。

(C)59. 下列敘述何者錯誤？
(A)個別完全競爭廠商，面對價格彈性無窮大的需求線
(B)獨占廠商，面對負斜率的需求線
(C)獨占性競爭廠商，面對價格彈性等於零的需求線
(D)寡占市場中，存在價格僵固性（sticky price），是因為廠商之間跟跌不跟漲的訂價行為所致。

解 C：獨占性競爭廠商面對負斜率的需求線。

(C)60. 下列敘述何者正確？
(A)獨占廠商進行差別訂價時，對於需求價格彈性較大的市場，會訂定較高的價格
(B)完全競爭廠商的短期供給線，為平均成本線最低點以上的邊際成本線段
(C)完全競爭和獨占性競爭廠商在長期均衡時，只能維持正常利潤
(D)獨占和獨占性競爭廠商在長期均衡時，一定會在長期平均成本線（Long-Run Average Cost）的最低點生產。

解 A：對於需求價格彈性較大的市場，會訂定較低的價格。
　　B：為AVC線最低點以上的MC線段。
　　D：獨占和獨占性競爭廠商在長期均衡時，一定會在LAC線「遞減」處生產。

(A)61. 有關寡占市場，下列敘述何者正確？
(A)在施威吉（Sweezy）模型中，由於假設廠商在價格的調整方面是追跌不追漲，所以造成拗折的需求曲線
(B)由於廠商數目有限，各廠商可以自行決定產量，所以廠商之間的依存度甚低
(C)由於各廠商可自行決定售價，所以市場價格的變異性很大
(D)寡占廠商經常以差別訂價為其競爭手段。

解 B、C：寡占廠商相互依存度高，價格具僵固性。
　　D：寡占廠商經常採非價格競爭策略。

(B)62. 不宜以價格競爭方式增加銷路者，為
(A)完全競爭廠商
(B)寡占廠商
(C)獨占性競爭廠商
(D)獨占廠商。

解 為了避免發生割頸式價格競爭，寡占廠商多採非價格競爭策略。

(A)63. 有關市場結構理論，下列敘述何者正確？
(A)完全競爭市場和壟斷性競爭市場上的廠商數目皆很多
(B)在壟斷性競爭市場和寡占市場上，廠商進出時皆有很大的障礙
(C)石油輸出國組織（OPEC）是一個壟斷性競爭的例子
(D)獨占市場中，一廠獨大，不可能出現虧損。

解 B：壟斷性競爭市場的進入障礙低；寡占市場的進入障礙高。
　　C：OPEC為寡占的例子。
　　D：短期當AR＜AC時，獨占廠商仍可能出現虧損。

next...

(D)64. 下列敘述何者錯誤？
(A)P = MC的主要經濟意義為社會福利的最大化
(B)所有不完全競爭市場之廠商，均無產品供給曲線
(C)完全競爭市場之廠商的總收益線是原點射出的直線而非拋物線
(D)廠商若採AR = AC來決定均衡，則其目的在追求成本的最小化。

解 當AR = AC時，超額利潤 = 0。廠商若追求成本極小，則會在AC最低點生產。

(C)65. 下列有關寡占、獨占性競爭市場之敘述，何者正確？
(A)拗折需求曲線是在說明寡占廠商的產量僵固性
(B)寡占廠商常用的競爭策略是價格競爭
(C)獨占性競爭廠商在長期均衡時，一定無法達到長期平均成本的最低處
(D)獨占性競爭廠商在長期均衡時，具有AR > AC的特性。

解 A：拗折需求曲線是在說明寡占廠商的「價格」僵固性。
　　B：寡占廠商常用的競爭策略是非價格競爭。
　　D：獨占性競爭廠商在長期均衡時，P = AR = SAC = LAC。

(B)66. 下列有關獨占性競爭與獨占市場之長期均衡比較，何者正確？
①兩者均有超額利潤
②前者只獲得正常利潤
③兩者之最適生產量決定均為MR = SMC = LMC（MR為邊際收益，SMC為短期邊際成本，LMC為長期邊際成本）
④兩者都在LAC（長期平均成本）的最低點達到均衡
(A)①③　(B)②③　(C)①④　(D)②④。

解 ①：在長期，獨占性競爭廠商只有正常利潤，而獨占廠商的超額利潤大於0。
　　④：獨占性競爭與獨占市場均在LAC的遞減處達到均衡。

(A)67. 下列有關寡占市場的敘述，何者錯誤？
(A)拗折點之需求曲線理論可用來解釋該市場之產品價格波動頻繁的現象
(B)廠商彼此間容易形成卡特爾（Cartel）組織從事勾結
(C)台灣之水泥市場及汽車市場屬於寡占市場
(D)廠商家數少，互相牽制、依賴。

解 A：解釋該市場之產品價格具僵固性的現象。

(D)68. 下列廠商，有哪些為了追求利潤最大（或損失最小），會依據邊際收入等於邊際成本的原則來決定產量？
①完全競爭廠商　②獨占廠商　③寡占廠商　④壟斷性競爭廠商
(A)①②　(B)①②④　(C)①③④　(D)①②③④。

解 任何型態的廠商都是根據MR = MC的原則決定最適產量，以達到利潤最大。

(A)69. 下列敘述何者有誤？
(A)拗折需求曲線的理論主要是在解釋寡占廠商的產量僵固性
(B)獨占性競爭廠商長期均衡時，必定是P = SAC = LAC
(C)自然獨占廠商的LAC曲線是遞減的
(D)獨占廠商長期均衡時，AR ≥ SAC = LAC。

(B)70. 下列何者有誤？ (A)長期間，完全競爭廠商無超額利潤 (B)寡占市場中的產品屬於異質產品 (C)獨占廠商短期間可能有經濟損失 (D)獨占廠商沒有供給曲線。
解 B：為同質或異質產品。

(C)71. 下列何者不是寡占市場下，拗折需求線存在的原因或現象？ (A)跟跌不跟漲的假設 (B)廠商面對不同價格彈性的需求線 (C)廠商實施差別取價 (D)拗折點發生邊際收益缺口。

(D)72. 關於市場類型的敘述，以下何者不正確？
(A)完全競爭市場的廠商是價格接受者
(B)獨占市場的廠商通常有決定價格的能力
(C)寡占市場的廠商之間互動極為重要，任一廠商的決策均會對其他廠商產生影響
(D)獨占性競爭市場的個別廠商是價格接受者。
解 D：獨占性競爭廠商對價格稍有決定權。

(D)73. 下列何者不是寡占市場的行為？ (A)價格僵固 (B)割頸式的競價行為 (C)採廣告等非價格競爭手段 (D)廠商間各自獨立作業，互不影響。
解 D：寡占廠商之間互相牽制，相互依存度高。

(C)74. 下列有關獨占性競爭市場和寡占市場的比較，何者正確？
(A)獨占性競爭市場廠商沒有訂價能力，寡占市場廠商則有
(B)獨占性競爭市場的產品異質，寡占市場的產品同質
(C)獨占性競爭市場沒有進入障礙，寡占市場則有進入障礙
(D)獨占性競爭市場廠商之間相互牽制互動頻繁，寡占市場則少。
解 A：獨占性競爭市場廠商對價格稍有決定權。
B：寡占廠商可能生產同質或異質產品。
D：寡占市場廠商會互相牽制，獨占性競爭市場則否。

(A)75. 下列有關獨占性競爭市場與寡占市場的敘述，何者不正確？
(A)均不會造成所得分配不均
(B)長期均衡時，生產效率均不佳
(C)都會造成社會福利的無謂損失
(D)長期均衡時，資源配置效率均不佳。
解 A：均「會」造成所得分配不均。

(C)76. 有關拗折需求曲線的描述，下列何者正確？
(A)假設對手廠商跟漲不跟跌
(B)其屬於獨占性競爭廠商理論
(C)在解釋價格的僵固性
(D)其屬於獨占廠商理論。
解 A：跟跌不跟漲。B、D：屬於寡占廠商理論。

(B)77. 下列哪一種市場結構的廠商，長期均衡的生產效率最高？
(A)獨占市場 (B)完全競爭市場 (C)獨占性競爭市場 (D)寡占市場。
解 A、C、D：均在LAC遞減處生產，生產效率不佳。

進階挑戰題

(C)1. 有關完全競爭市場與獨占性競爭市場的比較,下列敘述何者正確?
(A)兩種市場的個別廠商都生產同質產品
(B)兩種市場的個別廠商都需要打廣告
(C)在長期均衡時,完全競爭市場的個別廠商不存在超額產能,獨占性競爭市場的個別廠商則存在超額產能
(D)獨占性競爭市場個別廠商所面對的需求線有更大的需求彈性。 [9-1]

(B)2. 寡占廠商的拗折的需求曲線,可以說明:
(A)當成本提高,產品售價上升的現象
(B)當成本提高,產品售價不變的現象
(C)當成本提高,產品售價下降的現象
(D)當成本提高,產品需求量增加的現象。 [9-2]

(A)3. 長期下,若廠商選擇在長期平均成本線最低點生產,則我們稱之為生產效率(production efficiency)。下列哪些市場結構之長期均衡具生產效率?
①完全競爭市場 ②寡占市場 ③獨占市場 ④獨占性競爭市場
(A)僅① (B)僅② (C)僅①④ (D)①②③④。 [9-2]

(C)4. 下列敘述何者錯誤?
(A)獨占廠商在總收益最大時的產量,會大於獲得最大利潤時的產量
(B)獨占性競爭廠商沒有短期供給曲線,長期均衡時僅有正常利潤
(C)若廠商對價格沒有影響力,則其平均收益大於邊際收益
(D)某寡占廠商降價時,其他廠商會跟進,表示此時該廠商面對較陡的需求曲線。 [9-2]

解 廠商對價格沒有影響力 ⇒ 完全競爭市場,則其 AR = MR。

(C)5. 下列有關獨占性競爭市場和寡占市場的比較,何者正確?
(A)獨占性競爭市場廠商沒有訂價能力,寡占市場廠商則有
(B)獨占性競爭市場的產品異質,寡占市場的產品同質
(C)獨占性競爭市場進入市場容易,寡占市場則有進入障礙
(D)獨占性競爭市場廠商之間互相牽制互動頻繁,寡占市場則少。 [9-2]

情境素養題

(C)1. 小明到超商購物時，發現超商正推出集點加價購寶可夢商品的活動，包含雨傘、隨行杯、行李箱、零錢包等商品，只要蒐集點數並加價149～1,099元的價格，就可購買這些商品。請問超商業者推出集點數加價商品的活動，是屬於何種競爭策略？
(A)售後服務　(B)價格競爭　(C)非價格競爭　(D)聯合勾結。 [9-1]

(B)2. 台灣的油品市場屬於寡占市場，由於寡占市場的廠商家數少，彼此具有牽制的力量，所以市場競爭激烈，廠商為了提高市場占有率，常以削價的方式競爭，有的廠商甚至將價格調降至平均成本以下。請問這種競爭方式是屬於？
(A)良性競爭　(B)割頸式價格競爭　(C)勾結　(D)非價格競爭。 [9-2]

▲ 閱讀下文，回答第3～7題。

美國經濟學者提出拗折需求曲線模型，以解釋寡占廠商價格僵固的現象，該模型假設寡占市場的價格已知，且寡占廠商具有跟跌不跟漲的特性。根據右圖，請問：

(D)3. 為了達到利潤最大，寡占廠商必須將產品價格訂在多少元？
(A)32　(B)34　(C)36　(D)40。 [9-2]
解 MR = MC ⇒ $Q^* = 46$，
對應到AR ⇒ $P^* = 40$。

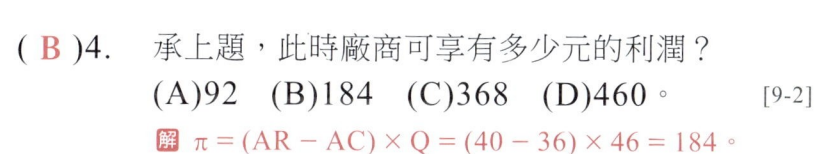

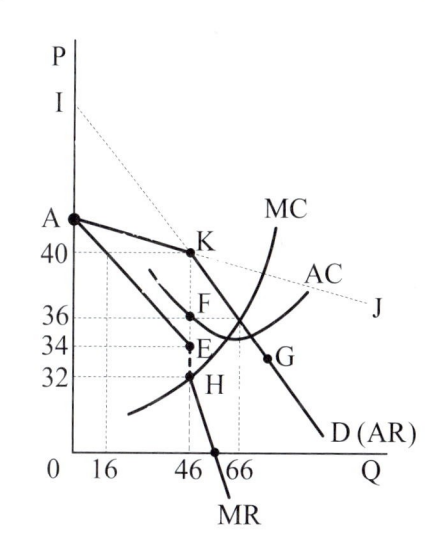

(B)4. 承上題，此時廠商可享有多少元的利潤？
(A)92　(B)184　(C)368　(D)460。 [9-2]
解 $\pi = (AR - AC) \times Q = (40 - 36) \times 46 = 184$。

(B)5. 當其他廠商漲價時，寡占廠商所對應的AR線為圖中的哪一段？
(A)AE段　(B)AK段　(C)KG段　(D)EH段。 [9-2]

(C)6. 當其他廠商跌價時，寡占廠商所對應的AR線為圖中的哪一段？
(A)AE段　(B)AK段　(C)KG段　(D)EH段。 [9-2]

(A)7. 拗折需求曲線中的邊際收益缺口是指圖中的哪一段？
(A)EH段　(B)IK段　(C)KJ段　(D)AKG段。 [9-2]

統測臨摹

(C)1. 若一獨占性競爭廠商,右圖為其需求線（D）、邊際收入線（MR）、平均成本線（AC）與邊際成本線（MC）。在短期均衡下,下列何者正確？
(A)均衡價格為15
(B)均衡價格為10
(C)均衡數量為100
(D)均衡數量為130。　　　　　[9-1][102統測]

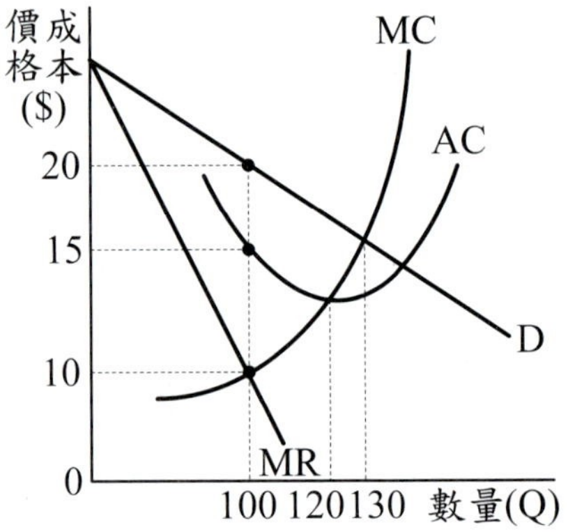

解 MR＝MC求出均衡數量為100。
對應至需求線D,可得均衡價格為20。

(D)2. 已知獨占性競爭廠商長期成本與收益曲線如右圖,其中P為價格,Q為數量,LAC為長期平均成本,LMC為長期邊際成本,SAC為短期平均成本,SMC為短期邊際成本,AR為平均收益,MR為邊際收益。則其處於長期均衡時,價格應為：　(A)P_1　(B)P_2　(C)P_3　(D)P_4。
[9-1][103統測]

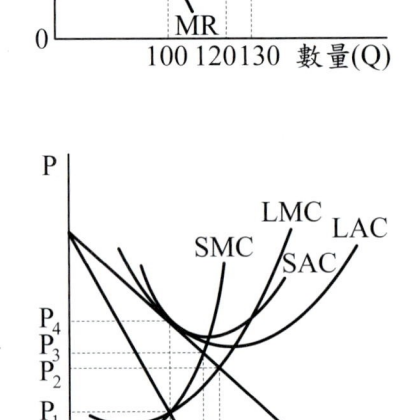

解 獨占性競爭廠商長期是以MR＝SMC＝LMC來決定最適產量Q_1,再以Q_1對應AR線,決定出均衡價格為P_4。

(D)3. 下列敘述何者正確？
(A)拗折需求線是在說明獨占廠商的產量僵固性
(B)獨占性競爭廠商常會勾結成立卡特爾（Cartel）組織
(C)寡占廠商長期均衡條件為邊際收益等於平均收益
(D)獨占性競爭廠商長期均衡時,其平均收益會等於平均成本。　　[9-2][104統測]

解 A：拗折需求線 ⇒ 說明「寡占市場」的「價格」僵固性。
B：卡特爾為「寡占廠商」所常採用的競爭方式之一。
C：邊際收益等於平均收益為「完全競爭廠商」的長期均衡條件。
D：獨占性競爭廠商長期均衡時只有正常利潤 ⇒ P＝AR＝LAC。

(D)4. 下列有關各種市場結構的敘述,何者正確？
(A)獨占者不論長短期的經濟利潤必定大於零
(B)獨占性競爭廠商生產同質品
(C)寡占廠商生產的商品必為異質品
(D)長期均衡時,完全競爭廠商與獨占性競爭廠商的經濟利潤必為零。　[9-2][106統測]

解 A：獨占廠商短期均衡時,π可能＞0、＝0、＜0；長期時,π可能＞0或＝0。
B：獨占性競爭廠商生產「異質」產品,產品性質略有差異。
C：寡占廠商生產「同質或異質」產品。

(C)5. 下列有關不完全競爭市場之敘述,何者正確?
(A)獨占性競爭市場的資源配置具有效率
(B)價格領導制度為獨占性競爭市場之價格決定方式
(C)拗折需求線之理論是用來分析寡占市場價格僵固的現象
(D)獨占性競爭廠商在追求利潤最大化目標下,其產量的決策原則為邊際成本等於價格。
[9-2][106統測]

解 A:獨占性競爭市場的資源配置效率「不佳」。
B:價格領導制度為「寡占市場」的價格決定方式之一。
D:獨占性競爭廠商是以「MR = MC」來決定均衡產量與均衡價格。

(D)6. 若某一寡占廠商採取「平均成本加成訂價法」,已知加成百分比為20%,且平均固定成本大於零,則:
(A)若價格為120時,則平均變動成本為100
(B)平均變動成本為80時,則價格為96
(C)若價格為120時,則平均成本為144
(D)平均成本為50時,則價格為60。
[9-2][107統測]

解 A、C:P = AC(1 + r) ⇒ 120 = 1.2AC ⇒ AC = 100。
∵ AC = AFC + AVC,AFC > 0,∴ AVC < 100。
B:條件不足(僅知AFC > 0,AVC = 80),故無法計算P。
D:P = AC(1 + r) = 1.2 × 50 = 60。

(B)7. 廠商A為完全競爭廠商,其長期平均成本線為LAC_A;廠商B為獨占性競爭廠商,其長期平均成本線為LAC_B。LAC_A最低點時之長期平均成本為50且產量為100,LAC_B最低點時之長期平均成本為60且產量為80。LAC_A與LAC_B兩者皆為U型曲線,在長期均衡下,下列敘述何者正確?
(A)廠商A的產量低於100
(B)廠商B的產量低於80
(C)廠商A的總收益大於5,000
(D)廠商B的長期平均成本為60。
[9-2][107統測]

解 A、C:長期均衡時,廠商A會在P = LAC_A最低點生產,
此時產量 = 100,總收益 = P × Q = 50 × 100 = 5,000。
B、D:長期均衡時,廠商B會在LAC_B遞減處生產,
此時產量 < 80,P = LAC > 60。

(B)8. 若某一獨占性競爭廠商,長期均衡時之價格P = 60且產量Q = 500。已知此廠商的長期邊際成本(LMC)線、長期平均成本(LAC)線皆為U字型曲線,則下列有關此廠商的敘述,何者正確?
(A)當Q = 500時,經濟利潤為正
(B)當P = 50時,經濟利潤為負
(C)LAC線最低點之長期平均成本為60
(D)LAC線最低點的產量Q必小於500。
[9-1][108統測]

解 A:獨占性競爭廠商在長期均衡時,經濟利潤為0。
B:當P = 50時,P = AR < AC,其經濟利潤為負。
C、D:獨占性競爭廠商在長期均衡時,最適產量對應在LAC遞減處,故LAC最低點之長期平均成本應低於60、其產量大於500。

next...

(B)9. 若A廠商為完全競爭廠商，而B廠商為獨占性競爭廠商，若兩者皆以追求利潤最大化為目標，則下列敘述何者錯誤？
(A)B廠商所面對的需求線為負斜率
(B)長期均衡時，兩者皆可達到資源的配置效率
(C)當短期價格為50時，A廠商會虧損但仍繼續生產，此時之平均變動成本必小於50
(D)長期均衡時，A廠商可達到生產效率，但B廠商則無法達到生產效率。
[9-1][109統測]

解 B：獨占性競爭廠商長期均衡時，P > LMC，資源未被充分利用，資源配置效率不佳。
C：短期A廠商虧損仍繼續生產，AVC有可能小於P或等於P。

(C)10. 若某廠商長期平均成本線LAC為一條U型線，LAC線最低點為A點，A點所對應的長期平均成本LAC = 50而產量Q = 45，則下列敘述何者正確？
(A)生產要素價格上漲不會使LAC線產生移動
(B)若此廠商為獨占性競爭廠商，其長期均衡下的總成本必為2,250
(C)若此廠商為完全競爭廠商，且長期均衡之會計利潤為100，則外顯成本為2,150
(D)若此廠商為完全競爭廠商，其長期均衡下之長期邊際成本大於50。
[9-1][109統測]

解 A：生產要素價格上漲，會使LAC線整條上移。
B：獨占性競爭廠商長期均衡時P對應LAC遞減處，
此時P > 50而Q < 45，則總成本不一定等於2,250（= 50 × 45）。
C：經濟利潤 = 會計利潤 − 正常利潤 = 總收益 − 經濟成本。
完全競爭廠商在長期均衡時，經濟利潤為0，
此時會計利潤100 = 正常利潤、總收益2,250 = 經濟成本。
經濟成本 = 外顯成本（會計成本）+ 內含成本（正常利潤）
⇒ 2,250 = 外顯成本 + 100 ⇒ 外顯成本 = 2,150。
D：完全競爭廠商在長期均衡時，P = LMC = LAC = 50。

(C)11. 下列有關不同市場結構下廠商利潤的敘述，何者正確？　(A)完全競爭廠商在長期均衡下的會計利潤必為零　(B)獨占性競爭廠商在短期均衡下的經濟利潤必為零　(C)採取平均成本訂價法之獨占廠商只能賺取正常利潤　(D)採取平均成本加成訂價法之寡占廠商之經濟利潤為零。
[9-2][109統測]

解 A：完全競爭廠商在長期均衡下僅有正常利潤，即經濟利潤為零。
B：獨占性競爭廠商在短期均衡下可能有超額利潤、正常利潤、經濟損失。
D：採平均成本加成訂價法，其已將某一百分比之利潤計入，故經濟利潤應不為零。

(A)12. 若某寡占廠商的需求線為「拗折需求線」，此線的拗折點對應的價格P = 10，數量Q = 300，且「邊際收益缺口」介於5至7間。此外，當Q小於300時之需求線為負斜率之直線D_1，而Q大於300之需求線為負斜率之直線D_2，則下列敘述何者正確？（下列敘述中，MR為邊際收益、MC為邊際成本、TR為總收益）
(A)若MR = MC = 6，TR = 3,000
(B)若MR = MC = 8，則Q > 300
(C)若MR = MC = 5.5，則P < 10
(D)D_2的需求價格彈性會大於D_1的需求價格彈性。
[9-2][110統測]

解 A：MR = MC = 6落在邊際收益缺口處 ⇒ P = 10、Q = 300，TR = 10 × 300 = 3,000。
B：MR = MC = 8時，對應至D_1，則Q < 300。
C：MR = MC = 5.5落在邊際收益缺口處 ⇒ P = 10。
D：$E^{D2} < E^{D1}$。

(D)13. 下列有關獨占性競爭與寡占之敘述，何者正確？
(A)寡占廠商的拗折需求線是因為採取差別訂價所造成
(B)獨占性競爭與寡占廠商皆會有勾結行為之產生
(C)價格領導制為獨占性競爭市場之訂價方法之一
(D)獨占性競爭與寡占廠商對於價格皆有影響力。 [9-2][111統測]

解 A：跟跌不跟漲。B、C：勾結行為及價格領導制主要發生在寡占市場中。

(C)14. 小林經營小型餐車提供快餐服務，因獨特口感頗受好評，下列敘述何者正確？
(A)長期而言會有超額利潤　　　(B)長期採取邊際成本訂價最為有利
(C)短期面對負斜率之需求曲線　(D)短期而言為價格接受者。 [9-1][112統測]

解 小型餐車快餐服務屬於獨占性競爭市場，對廠商而言：
A：長期而言只有正常利潤。B：採MR＝MC最為有利。D：為價格決定者。

(B)15. 小方在市集經營手工飾品攤位，販售自身創作的產品，因為風格新穎小有名氣，產品售價由小方自行訂定。該市集也有其他創作者進駐經營類似品項，且攤位進駐及離開更替頻率頗高。在此種市場結構下，下列敘述何者正確？
(A)小方的短期供給曲線為正斜率
(B)小方在短期面對負斜率的市場需求曲線
(C)小方在長期均衡時仍可保障有超額利潤
(D)進駐競爭廠商與小方在短期都是市場價格接受者。 [9-2][113統測]

解 廠商對價格有影響力、產品性質略有差異、廠商進出市場容易 ⇒ 獨占性競爭市場。
A：獨占性競爭市場「沒有」短期供給曲線。
B：獨占性競爭市場長期均衡時只有「正常利潤」。
D：獨占性競爭廠商對價格多少具有影響力，不是價格接受者。

(D)16. 某產品市場由甲、乙、丙、丁四家廠商組成，各家廠商之基本資料如下表。下列敘述何者正確？

廠商	市場佔有率	平均成本（元）	利潤率	產品訂價（元）
甲	10%	100	30%	130
乙	20%	90	30%	120
丙	30%	85	40%	120
丁	40%	80	50%	120

(A)甲廠商是市場價格追隨者
(B)乙廠商是市場價格領導者
(C)丙廠商採取非價格競爭策略
(D)丁廠商採取平均成本加成訂價。 [9-2][114統測]

解 丁廠商的市佔率最高，故其為市場價格領導者。從上表可看出，其訂價方式為「成本加成訂價法」，即訂價120元＝平均成本80元×(1＋利潤率50%)。
甲廠商的訂價與其他廠商不同，其並非價格追隨者。
乙廠商、丙廠商的價格與價格領導者丁廠商一致，兩者均為價格追隨者。

NOTE

CH 10 分配理論

本章學習重點

114年統測重點
邊際生產力理論

節名	必考重點	
10-1 所得分配的基本概念	• 所得分配的種類	★☆☆☆☆
10-2 所得分配不均度的測量	• 羅倫茲曲線 • 吉尼係數曲線 • 最高最低所得組倍數	★★★★☆
10-3 所得分配與社會福利	• 所得分配不均的因應策略	★☆☆☆☆
10-4 生產要素需求的特性及其決定因素	• 生產要素需求的特性 • 決定生產要素需求的因素	★★☆☆☆
10-5 生產要素分配理論 最常考計算！	• 最適要素投入量的決定 • 邊際生產力理論 • 邊際生產力均等法則	★★★★★

統測命題分析

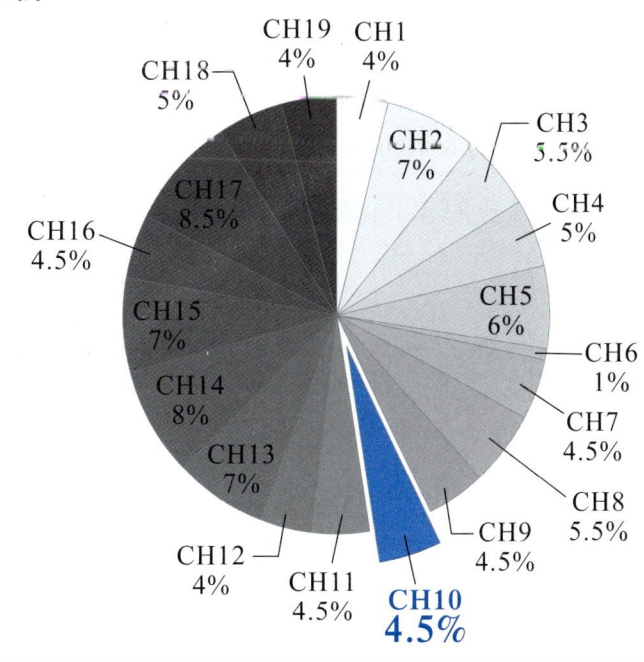

- CH1 4%
- CH2 7%
- CH3 5.5%
- CH4 5%
- CH5 6%
- CH6 1%
- CH7 4.5%
- CH8 5.5%
- CH9 4.5%
- **CH10 4.5%**
- CH11 4.5%
- CH12 4%
- CH13 7%
- CH14 8%
- CH15 7%
- CH16 4.5%
- CH17 8.5%
- CH18 5%
- CH19 4%

10-1 所得分配的基本概念

一、所得分配的意義

將生產成果分配給參與生產的要素提供者,即為所得分配。

二、所得分配的種類

1. **功能性所得分配:**

   (1) **意義**:是指依據土地、勞動、資本、企業家精神能等生產要素,在生產過程中的貢獻程度來作分配;**為經濟學分配理論所研究的重點。**

   (2) **功能性所得的報酬:**

生產要素	土地	勞動	資本	企業家精神
報酬	地租	工資	利息	利潤

   (3) **特性**:在生產要素的報酬中,以**工資**占國民所得的比例**最高**且**最穩定**;而**利潤**占國民所得的比例通常**最不穩定**,且常隨景氣循環而波動。

2. **個人所得分配:**

   (1) **意義**:又稱**家庭所得分配**,是指**以個人或家庭為單位**來研究所得分配的情形。

   (2) **個人所得分配的來源:**

   - **勞動(勤勞)所得**:由個人的勞力或才能所換取的所得,如:薪資所得。
   - **財產所得**:由個人勞力以外的財產所換取的所得,如:利息所得。
   - **移轉所得**:由企業或政府部門移轉給家計部門的所得,如:獎學金、失業救濟金。

   (3) **個人所得分配不均的原因**:包含個人能力、教育程度、技能高低、財富數量、機運等因素。

10-2 所得分配不均度的測量 [102] [104] [105] [108] [112]

一、羅倫茲曲線（Lorenz Curve，簡稱LC）

項目	說明
提出者	羅倫茲（Lorenz），亦譯為洛侖士
功能	呈現一國所得實際分配的情況，以探討**所得分配是否平均**
圖形說明	1. 將全國家庭按所得高低分成**五等分**，以一正方箱型圖來呈現 2. **橫座標**：全國家庭戶數累積並分成五等級的**家庭戶數累積百分比** 3. **縱座標**：全國所得累積並分成五等級的**所得累積百分比** 4. 將以上兩者關係所連結而成，即為羅倫茲曲線（如LC_3）
解析	1. 極端的羅倫茲曲線 　● 所得分配**絕對平均線**：即**對角線**（LC_1），如上圖中，M點表示60%的累積家庭戶數擁有60%的全國累積所得 　● 所得分配**絕對不平均線**：即**直角折線**（LC_2），表示全國99.99%的累積家庭戶數都沒有所得，而0.01%的累積家庭戶數卻擁有全部的所得 2. 一般的羅倫茲曲線：介於LC_1與LC_2之間的曲線（如LC_3） 　● 愈靠近**對角線**LC_1 ⇒ 所得分配愈**平均** 　● 愈靠近**直角折線**LC_2 ⇒ 所得分配愈**不平均**
缺點	1. 若兩條羅倫茲曲線**相交**，則無法判斷哪一國的所得分配較平均，如右圖之LC_3與LC_4 2. 上述羅倫茲曲線的缺點，可由吉尼係數來彌補（詳次頁）

二、吉尼係數（Gini Coefficient，簡稱g） [106] [112]

項目	說明
意義	為「羅倫茲曲線與所得分配絕對平均線LC_1所夾的半月形面積（**A**）」，與「所得分配絕對平均線LC_1以下的三角形面積（**A** + **B**）」之比
公式	$g = \dfrac{\text{羅倫茲曲線與絕對平均線所夾的半月形面積}}{\text{絕對平均線以下的三角形面積}} = \dfrac{A}{A+B}$
圖形說明	1. LC愈趨近絕對平均線（LC_1） 　⇒ A愈小 ⇒ g愈小 ⇒ 所得分配愈平均 2. LC愈趨近絕對不平均線（LC_2） 　⇒ A愈大 ⇒ g愈大 ⇒ 所得分配愈不平均
結論	1. **g = 0** ⇒ 所得分配絕對平均 2. **g = 1** ⇒ 所得分配絕對不平均 3. 一般而言，吉尼係數的數值為 **0 < g < 1**

教學範例 1　判斷羅倫茲曲線與吉尼係數（圖形題）

1. 絕對平均羅倫茲曲線為　__0NZ__　；
   絕對不平均羅倫茲曲線為　__0YZ__　；
   在一般常見的羅倫茲曲線0GZ、0PZ中，所得分配較平均的曲線為　__0GZ__　。

2. 在0GZ、0PZ兩條羅倫茲曲線中，以　__0PZ__　所形成的吉尼係數較大，表示其所得分配　__較不平均__　。

3. 羅倫茲曲線0PZ所形成的吉尼係數為　$\dfrac{甲+乙}{甲+乙+丙}$　。（以吉尼係數的公式表示）

三、最高最低所得組倍數 112

項目	說明
意義	「最高所得組之所得」相對於「最低所得組之所得」的倍數
公式	最高最低所得組倍數 = $\dfrac{\text{最高所得組所得占全國所得的百分比}}{\text{最低所得組所得占全國所得的百分比}}$
結論	1. 倍數愈小 ⇒ 所得分配愈平均 2. 倍數愈大 ⇒ 所得分配愈不平均 3. 倍數 = 1 ⇒ 所得分配絕對平均

10-3 所得分配與社會福利

一、所得分配的方式

方式	各取所值	各取所需	各取等份
意義	個人所得高低決定於其**邊際生產力**，亦即對生產有貢獻者可分配所得	不管個人對生產所作的貢獻有多少，每個人的需求都應得到滿足	不管個人對社會所作的貢獻有多少，每個人都獲得同樣的所得
說明	1. 為**資本主義**的主張 2. **符合功能性所得分配之精神** 3. **優點**：可激發人們的上進心，促進經濟發展 4. **缺點**：可能造成貧富差距過大	1. 為**共產主義**的主張 2. **缺點**：降低人們上進的動機，易造成均貧	**缺點**：為齊頭式的假平等，降低人們上進的動機，易造成均貧
結論	經濟學家們普遍認為各取所值的分配方式較能被一般社會大眾所接受，因為貧富不均可藉由政府的**稅制**或**福利**制度予以改善			

二、解決所得分配不均的方法

1. **推行社會福利制度**：如興建社會住宅、制定殘障福利法、給予社會福利補貼等。
2. **推行社會安全制度**：如發放失業救濟金、醫療補貼、實施全民健保等。
3. **加強職業教育訓練**：如廣設就業輔導機構等。
4. 實施**累進稅制**，平均社會財富。
5. 對奢侈品課以高稅率，對必需品課以低稅率（或免稅）。

學以致用 10-1～10-3

(C)1. 在功能性所得分配中，哪一項占國民所得的比例最高且最穩定？
(A)地租 (B)利息 (C)工資 (D)利潤。

(B)2. 個人所得分配的單位是 (A)公司 (B)家庭 (C)社區 (D)城市。

(B)3. 經濟學家通常利用下列何種曲線，做為衡量所得分配的指標？
(A)需求曲線 (B)羅倫茲曲線
(C)生產可能曲線 (D)勞動供給曲線。

(A)4. 吉尼係數彌補了羅倫茲曲線的哪一項不足？
(A)兩條羅倫茲曲線一旦相交，便無法看出何者的所得分配較不均
(B)羅倫茲曲線計算過程過於複雜
(C)羅倫茲曲線的資料來源取得不易
(D)羅倫茲曲線的數據容易被造假。

(B)5. 若實際所得分配的羅倫茲曲線與所得分配絕對平均的羅倫茲曲線之間的面積愈大，表示所得分配
(A)愈平均 (B)愈不平均 (C)維持不變 (D)資訊不足，無法判斷。

(D)6. 已知某年甲、乙、丙、丁國的吉尼係數分別為0.35、0.28、0.42、0.16；請問哪一國的羅倫茲曲線較靠近所得分配絕對平均線？
(A)甲國 (B)乙國 (C)丙國 (D)丁國。

(B)7. 已知某國最高所得組所得占全國所得百分比為64%，最低所得組所得占全國所得百分比為4%，則該國之最高最低所得組倍數為多少？
(A)20 (B)16 (C)12 (D)8。

解 最高最低所得組倍數 = $\dfrac{\text{最高所得組所得占全國所得\%}}{\text{最低所得組所得占全國所得\%}} = \dfrac{64\%}{4\%} = 16$。

(A)8. 關於吉尼係數g，下列敘述何者正確？
(A)g值愈高，所得分配愈不均　　(B)g ≤ 0
(C)g值與生活水準高低有關　　(D)g值高低與所得分配無關。
解 B：0 < g < 1。
C、D：g值與生活水準無關、與所得分配有關。

(C)9. 下列哪一種所得分配方式比較不可能造成「均貧」的局面？
(A)各取等份
(B)各取所需
(C)各取所值
(D)不論採取何種所得分配方式，皆不會造成均貧的局面。
解 C：「各取所值」易造成「貧富不均」的現象。

(C)10. 下列何者不是解決所得分配不均的辦法？
(A)推行社會安全制度　　(B)推行全民醫療保險制度
(C)實施單一稅率　　(D)興建低價國民住宅。
解 C：政府應實施「累進」稅率。

11. 在所得分配中，經濟學研究的重點是　**功能性**　所得分配。（個人、功能性）

12. 請寫出四大生產要素及其報酬。

生產要素	報酬
土地	地租
勞動	工資
資本	利息
企業家精神	利潤

13. 羅倫茲曲線愈靠近對角線，表示所得分配愈　**平均**　；（平均、不平均）
愈靠近直角折線，表示所得分配愈　**不平均**　。（平均、不平均）

14. 一般而言，吉尼係數g的數值為　**0**　＜ g ＜　**1**　。
g值愈趨近　**0**　，所得分配愈平均；愈趨近　**1**　，所得分配愈不平均。

15. 最高最低所得組倍數愈　**小**　，所得分配愈平均；（大、小）
反之，倍數愈　**大**　，所得分配愈不平均。（大、小）

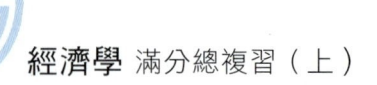

10-4 生產要素需求的特性及其決定因素 [113]

一、生產要素需求的特性

需求特性	說明	釋例
引申需求（間接需求）	廠商對生產要素有需求，主要是因為消費者對最終產品有需求所引申出來的	7-11便利商店因消費者對影印、傳真有需求，才會設置多功能事務機來提供影印傳真服務
聯合需求（互補需求）	某些生產要素之間具有互補性，廠商必須結合多種生產要素才能完成產品的生產	製片商需要導演、演員、攝影機等生產要素才能完成一部電影的拍攝
競爭需求（替代需求）	某些生產要素之間具有替代性，廠商可選擇較具生產效率的要素來生產	餐廳以洗碗機代替洗碗工來洗滌餐具

> **黃金5秒鐘**
> 就家計部門與企業部門而言：
> **產品需求**是指在**產品市場**中，**消費者**對**最終產品**（消費財）的需求。
> **要素需求**是指在**要素市場**中，**生產者**對**生產要素**（生產財）的需求。

二、決定「生產要素需求」的因素 [113]

因素	說明
消費者對最終產品的需求	消費者對產品的需求↑⇒廠商對生產要素的需求↑ **釋例** 口罩需求↑⇒廠商對口罩生產原料的需求↑。
產品價格	產品的價格↑⇒廠商對生產要素的需求↑ **釋例** 口罩價格↑⇒廠商對口罩生產原料的需求↑。
生產要素的生產力	要素的生產力↑⇒廠商對生產要素的需求↑ **釋例** 機器的生產效能↑⇒廠商對機器的需求↑。
替代性生產要素的價格	替代性生產要素價格↑⇒廠商對生產要素的需求↑ **釋例** 勞工工資↑⇒廠商對自動化生產機器的需求↑。
互補性生產要素的價格	互補性生產要素價格↑⇒廠商對生產要素的需求↓ **釋例** 生產汽車所需的晶片價格↑⇒成本增加，廠商減產⇒對汽車生產線工人的需求↓。

10-5 生產要素分配理論 107 108 110 111 114

生產要素分配理論主要是在探討**廠商應投入多少生產要素**、如何決定出**最適要素投入量**，才能以最小的成本，獲取最大利潤。為簡化分析，本節假設廠商只使用**勞動L**一種生產要素，且產品市場及要素市場皆為完全競爭市場。

一、生產要素的邊際生產力

市場	需求表示方式	價格表示方式	數量表示方式
產品市場	最終產品X、Y	P_X、P_Y	Q_X、Q_Y
要素市場	生產要素L、K	P_L（或W）、P_K	L、K

在第四章提及的邊際產量**MP**概念，是指每增加一單位生產要素使總產量變動的數量；從廠商投入勞動生產要素以產出**實物**的角度來看，則為**每增加一單位勞動僱用量**，使**總產量變動的數量**，此稱為**邊際實物產量MPP_L**。因此，即$MP_L = MPP_L$。

廠商在決定應投入多少生產要素才能獲得最大利益時，應考慮所投入要素的收益及成本，以下分別說明。

1. **要素收益**

   (1) **邊際生產收益（MRP_L）** 103 105 111

意義	又稱**邊際產量收益、邊際收益產量**，是指廠商**每增加一單位勞動僱用量L**的投入，使**X產品總收益變動的數量**，即X產品的邊際收益MR_X與L要素的邊際產量MP_L之乘積
公式	$MRP_L = \dfrac{\Delta TR_X}{\Delta L} = \dfrac{\Delta TR_X}{\Delta Q} \times \dfrac{\Delta Q}{\Delta L} = MR_X \times MP_L$ 邊際生產收益 = 產品的邊際收益 × 要素的邊際產量

   (2) **邊際產值（VMP_L）**

意義	廠商**每增加一單位勞動僱用量L**的投入，使**X產品總產值**（或稱總價值、總市值）**變動的數量**，即X產品的價格P_X與L要素的邊際產量MP_L之乘積
公式	$VMP_L = P_X \times MP_L$ 邊際產值 = 產品的價格 × 要素的邊際產量

   (3) **MRP_L與VMP_L之關係**

   因假設產品市場為完全競爭市場，$P_X = MR_X$，則

   $\left.\begin{array}{l} MRP_L = MR_X \times MP_L \\ VMP_L = \ \ P_X \ \ \times MP_L \end{array}\right\} \Rightarrow MRP_L = VMP_L$

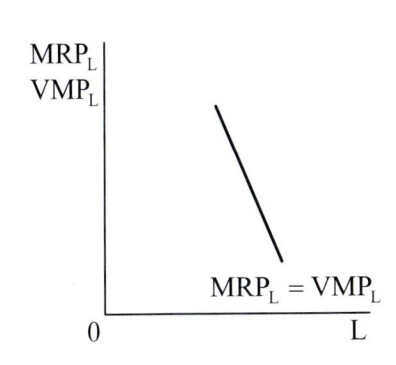

2. 要素成本

假設廠商只使用一種生產要素－勞動L，則**勞動要素價格P_L**即為廠商的要素成本。由於假設要素市場為完全競爭市場，故不論生產要素的供給量為多少，個別廠商所面對的P_L，都是由要素市場供需所決定出的均衡價格P_L^*；廠商只能以此價格來購買生產要素，因此**個別廠商**為要素價格的**接受者**，其所面對的**要素供給曲線S_L**為一條**水平線**，此時$P_L = S_L$。

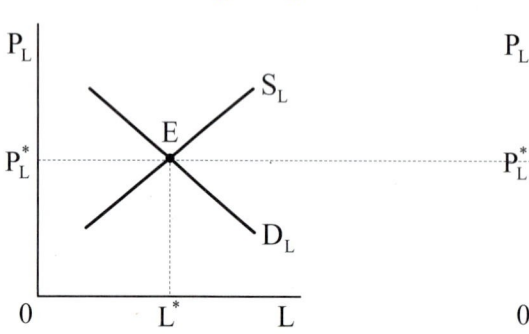

圖a：完全競爭要素市場的要素供需曲線

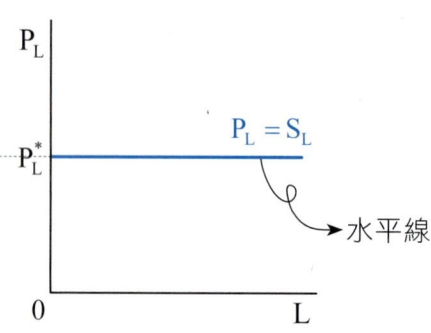

圖b：完全競爭要素市場個別廠商面對的要素供給曲線

二、邊際生產力理論 114

提出者	美國經濟學者**大克拉克**
假設	1. 要素市場為**完全競爭市場** 2. 邊際報酬遞減 3. 規模報酬不變
分析	1. 以**邊際生產力**來衡量**生產要素對廠商的貢獻程度** 2. 邊際生產力可用**邊際生產收益MRP**來衡量 3. 最適要素投入量的決定：每增加一單位勞動僱用量，將同時增加**邊際生產收益MRP_L與要素價格P_L**：

情況	說明	廠商決策
$MRP_L > P_L$	增加一單位勞動僱用量時： 增加的收益 > 增加的成本	增加勞動僱用
$MRP_L < P_L$	增加一單位勞動僱用量時： 增加的收益 < 增加的成本	減少勞動僱用
$MRP_L = P_L$	增加一單位勞動僱用量時： 增加的收益 = 增加的成本	最適勞動僱用量

因此，決定最適要素僱用量的條件為：**$MRP_L = P_L$**

適用要素	**勞動、土地、資本** ⇒ **適用**此理論分配**工資、地租、利息**
不適用要素	企業家精神 ⇒ 「利潤」不適用此理論
理論地位	為首度以**邊際生產力**的角度來解釋**功能性所得分配**的理論

三、廠商對生產要素的需求曲線

廠商根據 $MRP_L = P_L$ 決定要素僱用量，而在不同工資水準 P_L 下，各要素僱用均衡點均會落在 MRP_L 線上，因此個別廠商的**要素需求曲線D_L**即為**MRP_L曲線**（如右圖），推導說明如下：

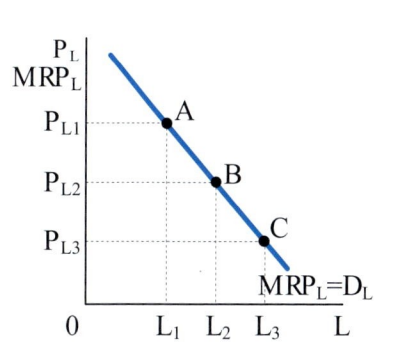

情形	說明
$P_L = P_{L1}$ 時	交點為 A，最適僱用量 $= L_1$
$P_L = P_{L2}$ 時	交點為 B，最適僱用量 $= L_2$
$P_L = P_{L3}$ 時	交點為 C，最適僱用量 $= L_3$

連接各交點，可得要素需求曲線 D_L

四、邊際生產力均等法則

1. 最小成本組合

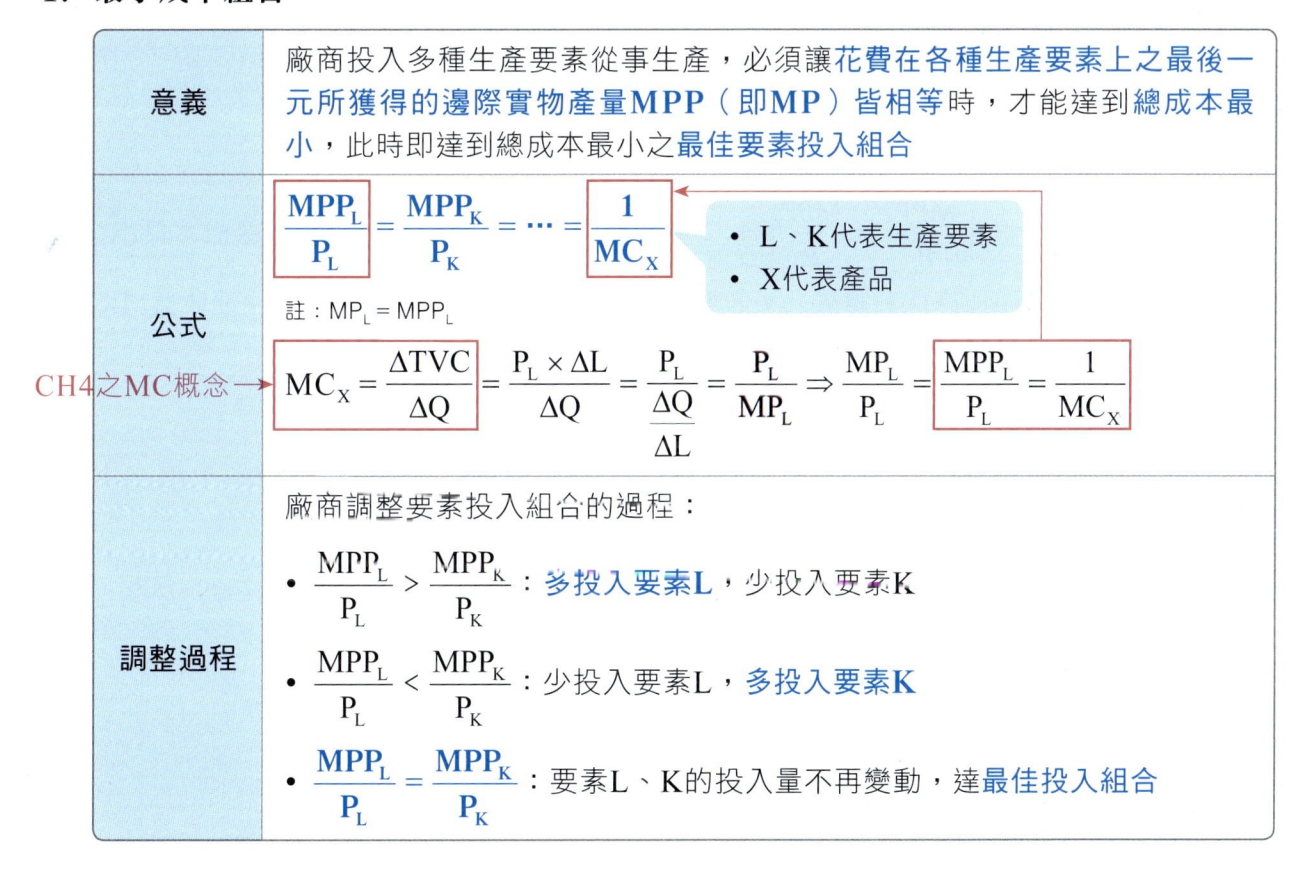

意義	廠商投入多種生產要素從事生產，必須讓花費在各種生產要素上之最後一元所獲得的邊際實物產量MPP（即MP）皆相等時，才能達到**總成本最小**，此時即達到總成本最小之**最佳要素投入組合**
公式	$\dfrac{MPP_L}{P_L} = \dfrac{MPP_K}{P_K} = \cdots = \dfrac{1}{MC_X}$　• L、K代表生產要素　• X代表產品 註：$MP_L = MPP_L$ CH4之MC概念 → $MC_X = \dfrac{\Delta TVC}{\Delta Q} = \dfrac{P_L \times \Delta L}{\Delta Q} = \dfrac{P_L}{\frac{\Delta Q}{\Delta L}} = \dfrac{P_L}{MP_L} \Rightarrow \dfrac{MP_L}{P_L} = \dfrac{MPP_L}{P_L} = \dfrac{1}{MC_X}$
調整過程	廠商調整要素投入組合的過程： • $\dfrac{MPP_L}{P_L} > \dfrac{MPP_K}{P_K}$：多投入要素L，少投入要素K • $\dfrac{MPP_L}{P_L} < \dfrac{MPP_K}{P_K}$：少投入要素L，多投入要素K • $\dfrac{MPP_L}{P_L} = \dfrac{MPP_K}{P_K}$：要素L、K的投入量不再變動，達**最佳投入組合**

記憶要訣

單一種生產要素之最適投入量的決定原則為：$MRP_L = P_L$；

多種生產要素之最佳投入組合的決定原則為：$\dfrac{MPP_L}{P_L} = \dfrac{MPP_K}{P_K} = \cdots$。

黃金5秒鐘

邊際效用均等法則（CH3）

$$\frac{MU_X}{P_X} = \frac{MU_Y}{P_Y} = \cdots = MU_m$$

情況	消費者購買產品決策
$\dfrac{MU_X}{P_X} > \dfrac{MU_Y}{P_Y}$	多買X財，少買Y財
$\dfrac{MU_X}{P_X} < \dfrac{MU_Y}{P_Y}$	少買X財，多買Y財
$\dfrac{MU_X}{P_X} = \dfrac{MU_Y}{P_Y}$	X、Y財的購買量不再變動，達到最佳購買組合

邊際生產力均等法則（CH10）

$$\frac{MPP_L}{P_L} = \frac{MPP_K}{P_K} = \cdots = \frac{1}{MC_X}$$

情況	廠商投入要素決策
$\dfrac{MPP_L}{P_L} > \dfrac{MPP_K}{P_K}$	多投入要素L，少投入要素K
$\dfrac{MPP_L}{P_L} < \dfrac{MPP_K}{P_K}$	少投入要素L，多投入要素K
$\dfrac{MPP_L}{P_L} = \dfrac{MPP_K}{P_K}$	要素L、K的投入量不再變動，達到最佳投入組合

2. 最大利潤組合

意義	根據 $\dfrac{MPP_L}{P_L} = \dfrac{MPP_K}{P_K} = \cdots$ 決定最佳要素投入組合，只能確保成本最小，但不能確保利潤最大；若要同時達到利潤最大，必須以邊際生產收益MRP來衡量，方能達到總成本最小之最佳要素投入組合
公式	$\dfrac{MRP_L}{P_L} = \dfrac{MRP_K}{P_K} = \cdots = 1$ **公式推導** 將成本最小條件 $\dfrac{MPP_L}{P_L} = \dfrac{MPP_K}{P_K} = \cdots = \dfrac{1}{MC_X}$ 皆乘以 MR_X $\Rightarrow \dfrac{MR_X \times MPP_L}{P_L} = \dfrac{MR_X \times MPP_K}{P_K} = \cdots = \dfrac{MR_X}{MC_X}$ $\Rightarrow \dfrac{MRP_L}{P_L} = \dfrac{MRP_K}{P_K} = \cdots = 1$

記憶要訣

$\dfrac{MPP_L}{P_L} = \dfrac{MPP_K}{P_K} = \cdots$ ⇒ 最佳要素投入組合，成本最小。

$\dfrac{MRP_L}{P_L} = \dfrac{MRP_K}{P_K} = \cdots = 1$ ⇒ 最佳要素投入組合，成本最小且利潤最大。

黃金5秒鐘

廠商面對X產品為完全競爭市場及生產要素L為完全競爭市場時：

面對的市場	產品市場（CH7）	要素市場（CH10）
需求曲線	$P_X = AR_X = MR_X = D_X$（水平線）	$MRP_L = D_L$
供給曲線	AVC_X線最低點以上的MC_X線	$P_L = S_L$（水平線）
利潤最大條件	$MR_X = MC_X \Rightarrow$ 最適產量	$MRP_L = P_L \Rightarrow$ 最適勞動僱用量

教學範例 2 ── 求算最適僱用量－基本型

在要素市場與產品市場均為完全競爭的情況下，若$MP_L = 130 - 6L$，$P_L = 150$，$P_X = 15$，試問廠商在追求最大利潤的勞動最適僱用量為若干單位？

解 $VMP_L = MRP_L = P_L$

$\Rightarrow P_X \times MP_L = MR_X \times MP_L = P_L$

$\Rightarrow 15 \times (130 - 6L) = 150$

$\Rightarrow 1,950 - 90L = 150$

$\Rightarrow L^* = 20$（單位）。

教學範例 3 —— 求算最適僱用量－表格型

假設要素市場及產品市場皆為完全競爭市場，已知勞動的邊際產量（MP_L）如下表所示，若產品每單位之價格為3元，工資水準為75元，則廠商追求最大利潤的勞動最適僱用量為若干單位？

勞動僱用人數L	1	2	3	4	5	6	7	8
MP_L	36	35	34	32	30	25	18	12

解 $VMP_L = MRP_L = P_L$
$\Rightarrow P_X \times MP_L = MR_X \times MP_L = P_L \Rightarrow 3 \times MP_L = 75 \Rightarrow MP_L = 25$。
由上表可得知：當$MP_L = 25$時，勞動僱用人數為「6單位」。

練習一下 —— 求算最適僱用量－表格型

假設要素市場及產品市場皆為完全競爭市場，已知勞動的邊際實物產量（MPP_L）如下表所示，若產品每單位之價格為5元，工資水準為100元，則廠商追求最大利潤的勞動最適僱用量為若干單位？

勞動僱用人數L	1	2	3	4	5	6	7
MPP_L	6	8	12	15	20	16	10

答 $MPP_L = MP_L$；
$VMP_L = MRP_L = P_L$
$\Rightarrow P_X \times MPP_L = MR_X \times MPP_L = P_L \Rightarrow 5 \times MPP_L = 100 \Rightarrow MPP_L = 20$。
由上表可得知：當$MPP_L = 20$時，勞動僱用人數為「5單位」。

教學範例 4 —— 求算勞動價格（工資）

假設要素市場及產品市場皆為完全競爭市場，已知$MPP_L = 60 - 3L$，$P_X = 10$，若均衡時之勞動僱用量$L^* = 15$，試求工資水準為若干元？

解 $MPP_L = MP_L$；
$VMP_L = MRP_L = P_L$
$\Rightarrow P_X \times MPP_L = MR_X \times MPP_L = P_L$
$\Rightarrow 10 \times (60 - 3 \times 15) = P_L \Rightarrow P_L^* = 150$（元）。

練習一下 —— 求算勞動價格（工資）

假設要素市場及產品市場皆為完全競爭市場，已知$MP_L = 150 - 5L$，$P_X = 20$，若均衡時之勞動僱用量$L^* = 18$，試求工資水準為若干元？

答 $VMP_L = MRP_L = P_L$；

$\Rightarrow P_X \times MP_L = MR_X \times MP_L = P_L$

$\Rightarrow 20 \times (150 - 5 \times 18) = P_L \Rightarrow P_L^* = 1,200$（元）。

教學範例 5 —— 求算產品價格

假設要素市場及產品市場皆為完全競爭市場，已知某廠商的勞動僱用人數及產量如下表所示；若增加僱用第5個工人，其邊際產值（VMP_L）為450，試問產品的單位價格為若干元？

勞動僱用人數	1	2	3	4	5	6
產量	4	12	22	35	50	62

解 $VMP_L = P_X \times MP_L = P_X \times (\dfrac{50 - 35}{5 - 4}) = 450$

$\Rightarrow P_X = 30$（元）。

練習一下 —— 求算產品價格

假設要素市場及產品市場皆為完全競爭市場，已知某廠商的勞動僱用人數及產量如下表所示；若增加僱用第8個工人，其邊際產值（VMP_L）為720，試問產品的單位價格為若干元？

勞動僱用人數	2	4	6	8	10
產量	33	45	60	96	120

答 $VMP_L = P_X \times MP_L = P_X \times (\dfrac{96 - 60}{8 - 6}) = 720$

$\Rightarrow P_X = 40$（元）。

學以致用 10-4～10-5

(C)1. 鼎泰豐餐廳需結合廚師、食材、廚具、獨家配料等要素,才能製作出美味的小籠湯包。鼎泰豐對這些要素的需求,即為
(A)競爭需求 (B)市場需求 (C)聯合需求 (D)無效需求。

(B)2. 在生產要素價格固定下,要素的生產力愈大,廠商對要素的需求
(A)愈少 (B)愈多 (C)維持不變 (D)增減不一定。

(B)3. 假設要素市場及產品市場皆為完全競爭市場,已知$MPP_L = 140 - 3L$,$P_X = 5$,若均衡時之勞動僱用量$L^* = 25$單位,則工資水準為
(A)125元 (B)325元 (C)95元 (D)65元。

解 $MPP_L = MP_L$;
$VMP_L = MRP_L = P_L$
$\Rightarrow P_X \times MP_L = MR_X \times MP_L = P_L$
$\Rightarrow 5 \times (140 - 3 \times 25) = P_L \Rightarrow P_L^* = 325$(元)。

(A)4. 假設要素市場及產品市場皆為完全競爭市場,若$MP_L = 86 - 3L$,$P_L = 180$,$P_X = 9$,則追求最大利潤的勞動最適僱用量為若干單位?
(A)22 (B)20 (C)59 (D)33。

解 $MPP_L = MP_L$;
$VMP_L = MRP_L = P_L$
$\Rightarrow P_X \times MP_L = MR_X \times MP_L = P_L$
$\Rightarrow 9 \times (86 - 3L) = 180 \Rightarrow L^* = 22$(單位)。

5. 要素需求是 __生產者__ 對生產要素的需求。(消費者、生產者)。

6. 生產要素成本占總成本的比例愈大,生產要素的需求彈性愈 __大__ 。(大、小)

7. 當產品市場為完全競爭市場時,$MRP_L = $ __P_X__ $\times MP_L$。(P_X、P_L)

8. 邊際生產力理論適用於 __勞動__ 、 __土地__ 、 __資本__ 等生產要素,不適用於 __企業家精神__ 。(勞動、土地、資本、企業家精神)

9. 根據邊際生產力均等法則,當要素市場為完全競爭市場時,利潤最大的條件為:
$\dfrac{MRP_a}{P_a} = \dfrac{MRP_b}{P_b} = \cdots = $ __1__ 。

10. 在要素市場中,當$\dfrac{MP_a}{P_a} > \dfrac{MP_b}{P_b}$時,理性的廠商會 __增加__ 要素a的投入。(增加、減少)

10-1 所得分配的基本概念

(C)1. 在個人所得來源中,藉由個人的勞力與才能所換取的所得,是為
(A)財產所得 (B)移轉所得 (C)勤勞所得 (D)利息所得。

(C)2. 關於功能性所得分配,下列敘述何者錯誤?
(A)功能性所得分配是以生產要素在生產過程中的貢獻程度來作分配
(B)長期而言,工資、地租、利息、利潤占功能性所得分配的比例會有所消長
(C)四大生產要素即工資、地租、利息、利潤
(D)生產要素報酬占功能性所得分配的比例與經濟結構、生產技術、企業組織、生產要素的供需等因素息息相關。

解 C:四大生產要素是指「土地、勞動、資本、企業家精神」;「地租、工資、利息、利潤」分別是其報酬。

(D)3. 廠商依據生產過程中各生產因素的貢獻,來分配相對的報酬,此種分配稱為:
(A)社會所得分配 (B)家庭所得分配 (C)個人所得分配 (D)功能性所得分配。

10-2 所得分配不均度的測量

(C)4. 如果所得分配絕對平均,則羅倫茲曲線為
(A)一曲線 (B)直角折線 (C)對角線 (D)等軸雙曲線。

(C)5. 在羅倫茲曲線的正方箱型圖中,縱軸代表
(A)全國家庭按所得高低,由低而高分成五等級的戶數累積百分比
(B)國民所得的高低
(C)全國所得由低到高分成五等級的所得累積百分比
(D)國內生產毛額的變化。

(A)6. 若一國的所得分配愈不均,貧富差距持續擴大,則該國的吉尼係數會
(A)愈來愈大 (B)愈來愈小 (C)接近0 (D)固定不變。

(C)7. 所得分配絕對平均時,吉尼係數(g)為
(A)g = 1 (B)0 < g < 1 (C)g = 0 (D)g > 1。

(D)8. 下列何者不是測量所得分配不均程度的方式?
(A)洛倫士曲線(Lorenz Curve) (B)吉尼係數
(C)最高與最低所得差距的倍數 (D)所得彈性。

解 D:所得彈性是判斷消費者所得變動時,對某項財貨需求量變動的影響程度。

(A)9. 洛倫士曲線(Lorenz Curve)圖形的縱軸變數為何?
(A)累計所得百分比 (B)累計戶數百分比
(C)累計支出百分比 (D)累計投資百分比。

(D)10. 下列何者並非所得分配之衡量指標？
(A)洛倫士曲線（Lorenz curve）
(B)最高組所得相對最低組所得的倍數
(C)吉尼係數
(D)痛苦指數。

(A)11. 台灣近年的所得分配，貧富差距持續擴大，此隱含台灣的吉尼（Gini）係數愈來愈如何？　(A)大　(B)小　(C)接近0　(D)接近－1。
解 0＜吉尼係數（g）＜1；吉尼係數愈大（接近1），所得分配愈不均。

(C)12. 羅倫茲（Lorenz）曲線愈靠近對角線，表示所得分配
(A)大於1　(B)小於1　(C)愈平均　(D)愈不平均。

(C)13. 下列何者表示一個國家所得分配愈不平均，貧富差距擴大？
(A)最高20%之家庭所得與最低20%家庭所得差距倍數縮小
(B)吉尼係數（Gini Coefficient）愈小
(C)羅侖士曲線（Lorenz curve）愈遠離對角線
(D)羅侖士曲線（Lorenz curve）為對角線。
解 最高最低所得組倍數「愈大」、吉尼係數「愈大」、羅侖士曲線愈「遠離」對角線
⇒ 所得分配愈不均。

(D)14. 若一經濟體系逐漸進入M型社會，在經濟學上是指：
(A)所得越來越少
(B)羅倫茲曲線越來越接近對角線
(C)最高與最低組所得相對倍數越來越小
(D)吉尼係數越來越接近1。
解 經濟體系逐漸進入M型社會 ⇒ 所得分配愈不均，羅倫茲曲線愈「遠離」對角線，最高最低所得組倍數「愈大」，吉尼係數愈接近「1」。

(A)15. 下列有關吉尼係數（Gini coefficient）之敘述，何者正確？
(A)吉尼係數愈大時，表所得分配愈不平均
(B)吉尼係數等於1時，表所得分配絕對平均
(C)吉尼係數等於0時，表所得分配絕對不平均
(D)吉尼係數愈小時，表所得分配愈不平均。
解 0＜g＜1；g愈大（接近1）⇒ 所得分配愈不均；g愈小（接近0）⇒ 所得分配愈平均。

(D)16. 有關所得分配理論，下列敘述何者正確？
(A)所謂「個人的所得分配」是按照生產要素對於生產貢獻的不同所作的分配
(B)羅倫茲曲線（Lorenz curve）其橫軸是人口密度指數
(C)吉尼係數（Gini coefficient）大於1，表示所得分配極不平均
(D)高低所得倍數的比值愈大，表示所得分配愈不平均。
解 A：按照生產要素對於生產貢獻的不同所作的分配是指「功能性所得分配」。
　　B：羅倫茲曲線的橫軸是「家庭戶數累積百分比」。
　　C：0＜吉尼係數＜1；吉尼係數不可能大於1。

(C)17. 有關所得分配的敘述,何者錯誤?
(A)按各生產要素在生產過程中貢獻之大小,決定其分配多寡者稱為功能性所得分配
(B)羅倫茲曲線是用以表示一國之個人所得分配是否平均的曲線
(C)吉尼係數愈大,代表所得分配愈平均
(D)工資、地租、利息、利潤之大小屬於功能性所得分配之內容。
解 C:吉尼係數愈大 ⇒ 所得分配愈「不均」。

(A)18. 當羅倫茲曲線與絕對平均線重疊時,吉尼係數等於
(A)0 (B)0.5 (C)1 (D)2。
解 羅倫茲曲線與絕對平均線重疊 ⇒ 所得分配絕對平均 ⇒ g = 0。

(A)19. 右圖中哪一條羅倫茲曲線的吉尼係數最小?
(A)LC_1 (B)LC_2 (C)LC_3 (D)LC_4。

(D)20. 承上題,哪一條羅倫茲曲線為絕對不平均線?
(A)LC_1 (B)LC_2 (C)LC_3 (D)LC_4。

(B)21. 已知某國最高所得組所得占全國所得百分比為48%,最低所得組所得占全國所得百分比為12%;請問該國之最高最低所得組倍數為多少?
(A)0.25 (B)4 (C)36 (D)15。
解 最高最低所得組倍數 = $\dfrac{最高所得組所得占全國所得\%}{最低所得組所得占全國所得\%}$ = $\dfrac{48\%}{12\%}$ = 4。

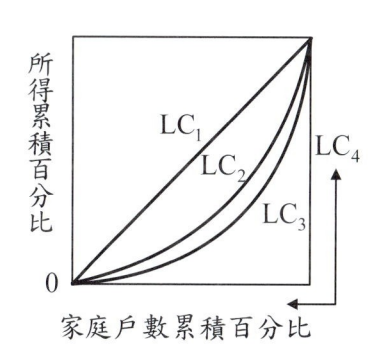

10-3 所得分配與社會福利

(A)22. 「一個人所得的高低決定於他的邊際生產力,也就是他對生產所作的貢獻」,此一敘述係屬於何種所得分配方式?
(A)各取所值 (B)各取所需 (C)各取等份 (D)資訊不足,無法判斷。

(A)23. 經濟學家普遍認為下列何種所得分配方式較能被社會大眾所接受? (A)各取所值 (B)各取所需 (C)各取等份 (D)不論何種所得分配方式,對社會大眾而言是無差異的。

(C)24. 不管個人對社會所做的貢獻有多少,每個人都得到相同的報酬,為齊頭式的假平等,此為何種所得分配方式的觀念?
(A)各取所值 (B)各取所需 (C)各取等份 (D)資訊不足,無法判斷。

(C)25. 下列何者不是解決所得分配不均的方法?
(A)制定殘障福利法 (B)發放失業救濟金
(C)實施定額稅率 (D)興建低價國民住宅。
解 C:應實施「累進稅率」,以平均社會財富。

10-4 生產要素需求的特性及其決定因素

(C)26. 下列何者不是影響生產者之要素需求大小的因素？
(A)所生產產品的價格　　(B)要素的生產力
(C)其他產品的價格　　(D)其他要素的價格。

解 生產要素需求的決定因素包括：
①消費者對最終產品的需求　②所生產產品的價格
③生產要素的生產力　　　　④其他生產要素的價格。

(C)27. 關於生產要素價格對要素需求的影響，下列敘述何者錯誤？
(A)當其他互補性的生產要素價格上漲時，生產要素的需求會減少
(B)當其他替代性的生產要素價格上漲時，生產要素的需求會增加
(C)當其他互補性的生產要素價格下跌時，生產要素的需求會減少
(D)當其他替代性的生產要素價格下跌時，生產要素的需求會減少。

解 C：當互補性的生產要素價格下跌時，對該生產要素的需求會「增加」。

10-5 生產要素分配理論

(A)28. 在完全競爭要素市場下，廠商所面對的勞動要素供給曲線S_L，即
(A)P_L線　(B)MPP_L線　(C)MRP_L線　(D)MC_X線。

(C)29. 根據邊際生產力理論，當多使用一單位的生產要素L會使得成本大於收入時，理性的生產者對L生產要素的使用將如何改變？
(A)增加　(B)不變　(C)減少　(D)可能增加、減少或不變。

(A)30. 要生產要素分配理論中，$\dfrac{MPP_a}{P_a} = \dfrac{MPP_b}{P_b}$的主要經濟意義為何？
(A)成本最小　(B)利潤最大　(C)社會福利最大　(D)收益最大。

(A)31. 下列關於邊際生產力理論的敘述何者錯誤？
(A)分析的對象適用於任何市場
(B)決定最適勞動投入量的條件為$P_L = MRP_L$
(C)由美國經濟學者大克拉克首先提出
(D)以邊際生產力的角度來解釋功能性所得分配。

解 邊際生產力理論分析的對象是「完全競爭市場」。

(B)32. 假設要素市場為完全競爭市場，則生產者對某一生產要素會使用到該要素價格等於
(A)邊際收益MR　　(B)邊際生產收益MRP
(C)邊際成本MC　　(D)邊際實物產量MPP。

(D)33. 經濟學家認為下列何者可決定生產要素的貢獻程度？
(A)生產要素的邊際實物產量　(B)生產要素的平均成本
(C)生產要素的總成本　　　　(D)生產要素的邊際生產力。

(C)34. 每增加一單位生產要素的投入,所增加的貨幣收入,稱為 (A)邊際收益(MR) (B)邊際實物產量(MPP) (C)邊際生產收益(MRP) (D)邊際成本(MC)。

(A)35. 依據 $\frac{MPP_a}{P_a} = \frac{MPP_b}{P_b} = \frac{MPP_c}{P_c}$ …決定各生產因素的使用量,此法則稱為:
(A)邊際生產力均等法則　　(B)邊際效用均等法則
(C)邊際報酬均等法則　　　(D)邊際成本均等法則。

(C)36. 生產者使用多種生產因素從事生產,為使要素組合成本最低,生產要素的使用,必符合
(A)邊際效用均等法則　　(B)邊際報酬遞減法則
(C)邊際生產力均等法則　(D)邊際成本均等法則。

(A)37. 若L表勞動,K表資本,MPP_L表勞動邊際生產力,MPP_K表資本邊際生產力,P_L表勞動價格,P_K表資本價格。當 $(\frac{MPP_L}{P_L}) > (\frac{MPP_K}{P_K})$,為使兩者達到相等,生產者可使用哪一種調整方式?
(A)增加L使用量　　　　(B)增加K使用量
(C)同時增加L及K的使用量　(D)同時減少L及K的使用量。

(A)38. 如果廠商在產品及要素市場皆為價格接受者,在利潤極大時,下列何者不一定成立? (A)產品價格等於要素價格 (B)要素邊際生產收益等於要素價格 (C)產品的邊際收益等於邊際成本 (D)要素邊際產值等於要素價格 (E)產品價格等於邊際成本。

(A)39. 下列敘述何者錯誤?
(A)若產品與要素市場皆為完全競爭市場,則廠商對a要素的需求曲線為P_a線
(B)當邊際生產力均等法則成立時,生產成本會達到最低
(C)若產品的相對價格愈高,則廠商對生產該產品所須投入之要素的需求會愈大
(D)羅倫茲(Lorenz)曲線越趨近於直線,表示所得分配越平均。
解 A:廠商對a要素的需求曲線為MRP_a曲線。

(A)40. 若要素市場為完全競爭,而廠商使用a、b兩種要素(價格為P_a、P_b)來生產X財貨(價格為P_X),則下列敘述有哪些是正確的?
①當 $\frac{MPP_a}{P_a} = \frac{MPP_b}{P_b}$ 成立時,廠商的生產成本達於最低(MPP_a為要素的邊際生產量)
②當 $\frac{MRP_a}{P_a} = \frac{MRP_b}{P_b}$ 成立時,廠商的利潤達於最大(MRP_a為要素的邊際生產收益)
③要素a的僱用量決定於P_X = MRP_a
(A)① (B)①② (C)②③ (D)①②③。
解 ②:當 $\frac{MRP_a}{P_a} = \frac{MRP_b}{P_b} = 1$ 成立時,廠商的利潤達到最大。
　 ③:要素a的僱用量決定於P_a = MRP_a。

(B)41. 在要素市場及產品市場皆為完全競爭市場下，最大利潤的生產投入使用法則為：
(A)產品的價格等於投入的邊際產值
(B)投入的邊際產值等於投入的價格
(C)投入的邊際產值等於零
(D)投入的價格等於產品的邊際收益。

解 $VMP_{投入} = MRP_{投入} = P_{投入}$。

(D)42. 假設$MP_L = 50 - 2L$，$P_X = \$10$，其中$MP_L$表示勞動之邊際生產量，$P_X$表示X產品之產出價格，L為勞動。若均衡時之勞動僱用量為L = 15，試求產品市場與要素市場皆為完全競爭時的工資水準為　(A)20　(B)30　(C)150　(D)200。

解 $VMP_L = MRP_L = P_L$
$\Rightarrow P_X \times MP_L = MR_X \times MP_L = P_L$
$\Rightarrow 10 \times (50 - 2L) = P_L \Rightarrow P_L^* = 200$（元）。

(B)43. 假設要素市場與產品市場皆為完全競爭市場，已知勞動的邊際實物產量（MPP_L）如下表所示，若產品每單位之價格為3元，工資水準為90元，則廠商在追求最大利潤的情況下，勞動之最適僱用量為若干單位？
(A)2　(B)3　(C)4　(D)6。

勞動僱用人數L	1	2	3	4	5	6
MPP_L	18	24	30	28	25	20

解 $VMP_L = MRP_L = P_L$
$\Rightarrow P_X \times MPP_L = MR_X \times MPP_L = P_L$
$\Rightarrow 3 \times MPP_L = 90 \Rightarrow MPP_L = 30$。
由上表可得知，當$MPP_L = 30$時，勞動最適僱用量為「3單位」。

(B)44. 若某廠商多用1單位勞動，可增加2單位產量；若多用1單位資本，可增加4單位產量；已知1單位資本價格為2元，則在成本最低的要素組合下，勞動工資應為
(A)2元　(B)1元　(C)3元　(D)4元。

解 假設勞動為L，資本為K，
成本最小的要素組合條件為：$\dfrac{MPP_L}{P_L} = \dfrac{MPP_K}{P_K} \Rightarrow \dfrac{2}{P_L} = \dfrac{4}{2} \Rightarrow P_L = 1$（元）。

(D)45. 假設要素市場與產品市場皆為完全競爭市場，已知老王的漢堡店最大利潤時所僱用的工人之工資率是6元，每個漢堡賣2元，他目前僱用18個人，則第18個工人的邊際產值（VMP）是　(A)0.11元　(B)2元　(C)3元　(D)6元。

解 $VMP_L = MRP_L = P_L \Rightarrow VMP_L = 6$。

(A)46. 在要素市場及產品市場皆為完全競爭下，若$MPP_L = 64 - 4L$，$P_L = 200$，$P_X = 25$，則追求最大利潤的勞動最適僱用量為若干單位？
(A)14　(B)8　(C)24　(D)36。

解 $VMP_L = MRP_L = P_L$
$\Rightarrow P_X \times MPP_L = MR_X \times MPP_L = P_L$
$\Rightarrow 25 \times (64 - 4L) = 200 \Rightarrow L^* = 14$（單位）。

進階挑戰題

(B)1. 下列有關吉尼係數（Gini coefficient）之敘述，何者正確？
(A)吉尼係數接近1時，所得分配最平均
(B)吉尼係數接近1時，所得分配最不平均
(C)吉尼係數接近$\frac{1}{2}$時，所得分配最平均
(D)吉尼係數接近 -1時，所得分配最不平均。 [10-2]

(B)2. 關於所得分配的衡量，下列敘述何者正確？
(A)勞倫茲曲線（Lorenz curve）是一種衡量所得分配的方法，當此曲線呈直角線時，代表所得分配最平均
(B)勞倫茲曲線（Lorenz curve）是一種衡量所得分配的方法，當此曲線呈直角線時，代表所得分配最不平均
(C)吉尼係數（Gini coefficient）越大表示所得分配越平均
(D)吉尼係數（Gini coefficient）等於1表示所得分配最平均。 [10-2]

(B)3. 廠商對勞動的需求稱為「引申需求」（derived demand），意指：
(A)廠商對勞動的需求可引申為對商品的需求
(B)消費者對商品的需求可引申為廠商對勞動的需求
(C)勞動品質的優劣可引申為工資的高低
(D)勞動僱用量的多寡可引申為勞動品質的優劣。 [10-4]

(B)4. 如果商品市場和要素市場都是完全競爭，而且廠商僱用利潤極大的要素組合，則下列哪個條件必須成立？
(A)要素價格大於邊際產值
(B)要素價格等於邊際產值
(C)要素價格小於邊際產值
(D)商品價格等於邊際生產收益。 [10-5]

(A)5. 假設一廠商僱用4個勞工，第4個勞工的邊際產量為5、均衡工資為7元。若商品的價格為1.5元，則此面對完全競爭商品及勞動市場的廠商應採取下列何種策略，以增加其利潤？
(A)增加勞工僱用量
(B)增加勞工生產力
(C)降低工資
(D)減少勞工僱用量。 [10-5][情境素養題]

解 最適要素僱用量的條件為$VMP_L = MRP_L = P_L$，
$VMP_L = P_x \times MP_L = 1.5 \times 5 = 7.5 > P_L = 7$，此時廠商應增加勞動僱用量。

情境素養題

(B)1. 羅倫茲曲線、吉尼係數及最高最低所得組倍數皆可用來衡量一個社會的所得分配是否平均，假設某年台灣的吉尼係數（Gini Coefficient）為0.3，而南韓的吉尼係數為0.4，則以下選項何者正確？
①台灣的所得分配較南韓不平均
②台灣的所得分配較南韓平均
③台灣的羅倫茲曲線與絕對平均線的距離較南韓近
④台灣的貧富懸殊較南韓大
(A)①③ (B)②③ (C)①④ (D)①③④。 [10-2]

解 台灣的吉尼係數＜南韓的吉尼係數 ⇒ 台灣的所得分配較南韓平均，羅倫茲曲線與絕對均等線（對角線）的距離較南韓近。

(C)2. 假設A、B、C、D四個國家的吉尼係數如下所示，若A國的吉尼係數為0.33，B國的吉尼係數為0.30，C國的吉尼係數為0.42，D國的吉尼係數為0.38，則下列何者正確？
(A)四國中所得分配最不平均的是B國
(B)四國中所得分配最平均的是C國
(C)與D國相比，A國的所得分配較為平均
(D)與B國相比，D國的所得分配較為平均。 [10-2][106統測]

解 吉尼係數越大，所得分配越不平均，故ABCD四國的所得分配從最平均到最不平均依序為：

所得平均比較	最平均	較平均	較不平均	最不平均
國家	B國	A國	D國	C國
吉尼係數	0.30	0.33	0.38	0.42

(A)3. 廠商生產商品時，皆需要投入生產要素，才能製造出商品。假設某成衣工廠為了生產出漂亮的衣服，需結合布料、機器、廠房、打版師傅、員工等要素，則成衣工廠對這些生產要素的需求，稱為
(A)聯合需求 (B)無效需求 (C)競爭需求 (D)獨立需求。 [10-4]

(C)4. 假設一家廠商在完全競爭要素市場中，僱用兩種生產要素X與Y，以生產產品A，並於完全競爭產品市場出售。如果X與Y的邊際實物產量分別為6與4，同時，X與Y的單位價格分別為18元與12元，在追求利潤最大化下，這家廠商達到均衡時，產品A的單位價格應為多少元？
(A)0.5 (B)0.67 (C)3 (D)5。 [10-5]

解 $MPP_X = 6$，$MPP_Y = 4$；$P_X = 18$，$P_Y = 12$。

廠商投入多種要素達到利潤最大的條件：

$$\frac{MRP_X}{P_X} = \frac{MRP_Y}{P_Y} = 1 \Rightarrow \frac{MR_A \times MPP_X}{P_X} = \frac{MR_A \times MPP_Y}{P_Y} = 1$$

$$\Rightarrow \frac{MR_A \times 6}{18} = \frac{MR_A \times 4}{12} = 1 \Rightarrow \frac{1}{3} MR_A = \frac{1}{3} MR_A = 1 \Rightarrow MR_A = 3。$$

產品市場為完全競爭市場 ⇒ $P_A = MR_A = 3$（元）。

統測臨摹

(D)1. 右圖為X、Y兩國的洛侖士曲線（Lorenz curve）。以下何者為真？
(A)X國所得分配為完全平均
(B)Y國的吉尼係數小於零
(C)Y國的吉尼係數較X國大
(D)Y國的所得分配較X國平均。 [10-2][102統測]

解 A：所得分配完全平均時 ⇒ LC為「對角線」。
B：吉尼係數g介於0與1之間，不會小於零。
C：LC愈接近對角線，所得分配愈平均 ⇒ g愈趨近於0 ⇒ Y國的吉尼係數g較X國小。

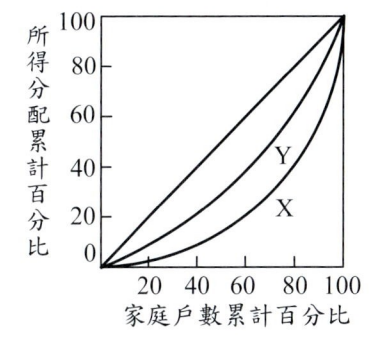

(D)2. 勞動的邊際生產收益（MRP_L）是指：
(A)工資和勞動的邊際產量相乘
(B)工資和勞動雇用量相乘
(C)產品的邊際成本和勞動的邊際產量相乘
(D)產品的邊際收益和勞動的邊際產量相乘。 [10-5][103統測]

解 $MRP_L = MR_X \times MP_L$。

(B)3. 下列何種情形表示所得分配愈不平均？
(A)洛侖士曲線（Lorenz Curve）愈靠近對角線
(B)吉尼係數由0.4提高至0.5
(C)最高組所得與最低組所得之倍數由6.34下降成為6.12
(D)經濟成長率由5%下降為3%。 [10-2][104統測]

(B)4. 若某國之洛侖士曲線（Lorenz curve）如右圖之LC線，則其吉尼係數（Gini's coefficient）及最高與最低所得組倍數分別為何？
(A)0；0
(B)0；1
(C)1；0
(D)1；1。 [10-2][105統測]

解 洛侖士曲線為對角線，所得分配「絕對平均」
⇒ 吉尼係數＝0；
最高最低所得組倍數 ＝ 最高所得組所得占全國所得% / 最低所得組所得占全國所得% ＝ 20%／20% ＝ 1。

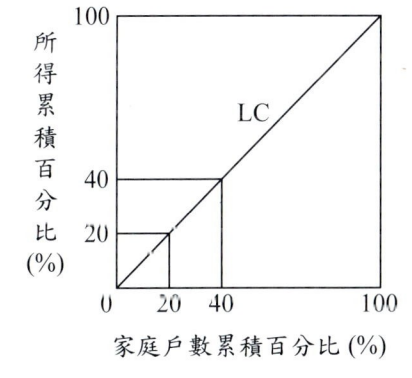

(A)5. 每增加一單位生產要素的投入所增加的貨幣收入稱為：
(A)邊際產量收益（Marginal Revenue Product, MRP）
(B)邊際收益（Marginal Revenue, MR）
(C)邊際產量（Marginal Product, MP）
(D)邊際效用（Marginal Utility, MU）。 [10-5][105統測]

解 廠商每增加一單位「生產要素」的投入，引起「總生產收益」（貨幣收入）變動的數額
⇒ 邊際產量收益（又稱「邊際生產收益」、「邊際收益產量」）。

next...

(D)6. 若勞動市場為完全競爭時，以下對勞動此生產要素市場之敘述，何者正確？
(A)個別廠商所面對之勞動供給線為正斜率
(B)勞動之邊際生產收益必定會等於邊際產值
(C)勞動的邊際生產收益是每增加一單位勞動僱用量，會使總產量增加的數量
(D)若勞動的僱用價格大於勞動的邊際生產收益時，廠商會減少勞動的僱用量。

[10-5][107統測]

解 A：個別廠商面對的勞動供給曲線為「水平線」。
B：當「產品市場為完全競爭市場」時，勞動之邊際生產收益才會等於邊際產值。
C：邊際生產收益是指每增加一單位勞動僱用量，使「總收益」增加的數量。

(C)7. 下列關於所得的敘述，何者正確？
(A)不論家庭所得高低，家庭的文化支出占總所得的比例固定
(B)吉尼係數若由0.32上升為0.35，表示所得水準上升
(C)若一個家庭糧食支出不變，但家庭總所得提高，則恩格爾係數會變小
(D)吉尼係數愈高，糧食支出占家庭總所得的比例愈高。

[10-2][108統測]

解 A：不論家庭所得高低，家庭的「一般支出」占總所得的比例固定。
B：吉尼係數愈大，表示所得分配愈不平均。
D：「恩格爾係數」愈高，糧食支出占家庭總所得的比例愈高。

(A)8. 若某完全競爭市場之財貨價格為P，MP_L為勞動生產此財貨之邊際產量，若勞動生產此財貨邊際產值$VMP_L = 500$，則下列敘述何者正確？
(A)若P = 5時，$MP_L = 100$
(B)若P = 10時，$MP_L = 5,000$
(C)若P = 100時，$MP_L = 400$
(D)若P = 20時，$MP_L = 480$。

[10-5][108統測]

解 $VMP_L = P_X \times MP_L$，
A：P = 5時，$500 = 5 \times MP_L \Rightarrow MP_L = 100$。
B：P = 10時，$500 = 10 \times MP_L \Rightarrow MP_L = 50$。
C：P = 100時，$500 = 100 \times MP_L \Rightarrow MP_L = 5$。
D：P = 20時，$500 = 20 \times MP_L \Rightarrow MP_L = 25$。

(B)9. 若財貨A之生產要素之一為X，而Y為X之替代性生產要素。若MP_X為X之邊際產量，P_A為財貨A之價格，而P_X為生產要素X的價格、P_Y為生產要素Y的價格。下列敘述何者正確？
(A)若X生產力提高時，不會影響對於X之需求
(B)若$MP_X = 20$，且$P_A = 10$，則X的邊際產值為200
(C)若P_A上升時，對於X的需求會減少
(D)若P_Y上升時，對於X的需求會減少。

[10-5][110統測]

解 A：X生產力提高 ⇒ 廠商對X之需求「提高」。
B：$VMP_X = P_A \times MP_X = 10 \times 20 = 200$。
C：財貨價格提高 ⇒ 廠商對X之需求「提高」。
D：替代性生產要素價格提高 ⇒ 廠商對X之需求「提高」。

(A)10. 若有一完全競爭市場中的廠商，其產品價格為30元，而每位員工的工資為100元，該產品的勞動投入和總產量之關係如下表。假設此廠商之變動成本除勞動之工資外，並無其他變動成本，則下列何者正確？
(A)當員工人數為1位時，該名員工的邊際產量收益為300元
(B)當員工人數由1位增加為2位時，第2位員工的邊際產量為18個產品
(C)當僱用員工人數由2位增加為3位時，會讓此廠商利潤減少，所以僅會僱用2位員工
(D)依表中資料，僱用員工人數愈多，產量也愈高，顯示此廠商的生產違反邊際報酬遞減法則。
[10-5][111統測]

員工人數	0	1	2	3
總產量	0	10	18	24
TR_X	0	300	540	720
MP_L	—	10	8	6

解 A：$MRP_L = \dfrac{\Delta TR_X}{\Delta Q} = \dfrac{300-0}{1-0} = 300$（元）。

B：第2位員工的邊際產量為「8」個產品。

C：增加為3位時，廠商利潤持續增加，此時會僱用3位員工。

D：從上表可知，MP持續遞減，符合邊際報酬遞減法則。

(A)11. 甲、乙兩國之所得分配如下表所示，下列敘述何者正確？
(A)甲國之所得分配較乙國為平均
(B)乙國之所得分配較甲國為平均
(C)甲國之吉尼係數較乙國大
(D)甲國與乙國之吉尼係數相同。
[10-2][112統測]

可支配所得按戶數五等分組之所得分配		
戶數五等分組	甲國所得分配（％）	乙國所得分配（％）
最低所得20%	12	8
次低所得20%	18	12
中等所得20%	22	20
次高所得20%	25	25
最高所得20%	23	35

解 甲國的最高最低所得倍數 $= \dfrac{23\%}{12\%} ≒ 1.917$

乙國的最高最低所得倍數 $= \dfrac{35\%}{8\%} = 4.375$

甲國之所得分配較乙國為平均。

由上可推得，甲國之吉尼係數應較乙國小。

next...

(A)12. 小趙在完全競爭市場製作糕點販售時，會使用到甲、乙、丙、丁等四種材料，其材料調配方式如下：
①甲與乙須以固定比例配置使用
②丙與丁的使用可有條件替代，但至少須擇一使用
依上述情境，下列敘述何者正確？
(A)面對材料甲價格上漲，小趙對材料乙的需求會減少
(B)糕點價格上漲會使小趙同時減少材料甲與材料乙的需求
(C)面對材料丙價格下跌，小趙對材料丁的需求會增加
(D)糕點價格下跌會使小趙同時增加材料丙與材料丁的需求。　　[10-5][113統測]

解 甲與乙屬於互補性生產要素，丙與丁屬於替代性生產要素。
A：互補性生產要素甲價格↑ ⇒ 對乙的需求↓。
B：產品價格↑ ⇒ 對生產要素的需求↑。
C：替代性生產要素丙價格↓ ⇒ 對丁的需求↓。
D：產品價格↓ ⇒ 對生產要素的需求↓。

(B)13. 依據邊際生產力理論，若甲廠商僱用工人從事生產活動，當工人之邊際生產收益（MRP_L）為100單位，而工資為120單位。為達利潤最大甲廠商應採取下列何種行為？
(A)減少產品訂價　　　　　　　(B)減少工人雇用量
(C)增加產品訂價　　　　　　　(D)增加工人雇用量。　　[10-5][114統測]

解 根據邊際生產力理論，當$MRP_L < P_L$時，應減少雇用量。

NOTE

素養導向題（實務導向題）示例
專業科目（二）
經濟學、會計學

資料來源：技專校院入學測驗中心

※ 有關「會計學」之題目研析，可請教該科授課老師。

▲ 閱讀下文，回答第1～2題。

主修資工系和副修會計系畢業的小陳準備創業開設咖啡廳，籌備工作如下所述：

① 首先以咖啡店的名義，以利率6%跟銀行貸款了200萬元的十年期創業金，並自2023年1月底開始在二年內每月只支付利息。
② 媽媽無償提供原月租金5萬元的出租店面給小陳當咖啡廳店面。
③ 將創業金的100萬元購買咖啡的機器設備，50萬元裝潢成具特色的咖啡廳店面，留存50萬元作為咖啡廳營運現金。
④ 籌備期間，他也接程式設計的案子，平均每月可以接到一件5萬元的案子，並預期2023年程式設計市場狀況不變。
⑤ 擇期於2023年1月1日開始營業，並專職經營咖啡廳，每年底編製財務報表。
⑥ 名詞解釋：存量是指一個時點上的量值；流量是指一段時間內所累積變動的量。

(B) 1. 依據上述，則2023年年初流動資產和流動負債分別是多少？咖啡廳創業過程中，現金來源和用途會出現在哪一張財務報表上？ [會計學]

	財務報表名稱	資產負債表	
		流動資產	流動負債
(A)	綜合損益表	100萬元	215萬元
(B)	現金流量表	50萬元	0元
(C)	綜合損益表	100萬元	210萬元
(D)	現金流量表	50萬元	200萬元

(C) 2. 小陳以每月5萬元僱用小張當店長並於年底支付現金年終獎金兩個月，每個月穩定的現金收入可達50萬元，原物料花費上每個月支付30萬元，另外支付水、電、瓦斯、電話等支出每個月5萬元。小陳於2023年年底編製完咖啡廳的現金基礎財務報表後，拿給經濟系畢業的小楊看。請問小楊在什麼財務報表會看到稅前淨利數字為何？小楊從經濟學的觀點認為財務報表忽略掉什麼？短期間咖啡廳應該繼續經營嗎？ [經濟學]

	財務報表			是否有現金支付		繼續經營	
	名稱	稅前淨利金額	忽略部份	是	否	是	否
(A)	綜合損益表	98萬元	機會成本		✓		✓
(B)	現金流量表	120萬元	外顯成本	✓		✓	
(C)	綜合損益表	98萬元	內隱成本		✓	✓	
(D)	現金流量表	120萬元	外顯成本	✓			✓

114學年度科技校院四年制與專科學校二年制統一入學測驗試題本

商業與管理群
專業科目（二）：經濟學

( )25. 有一條生產可能曲線（Production Possibility Curve；PPC）如右圖所示，其中橫軸與縱軸分別為X、Y兩財貨的產量。下列敘述何者錯誤？
(A)G點表示資源未充分利用
(B)E點和F點的邊際轉換率相等
(C)E點和F點的生產效率相同
(D)達到H點的可能方法為技術進步。 [1-4]

( )26. 如右圖所示，若電動車市場呈現負斜率的需求曲線和正斜率的供給曲線（未呈現於圖形中），兩條曲線相交於均衡點E。若電動車的生產技術大幅進步，新均衡點最可能出現在哪一個象限？
(A)第I象限
(B)第II象限
(C)第III象限
(D)第IV象限。 [2-5]

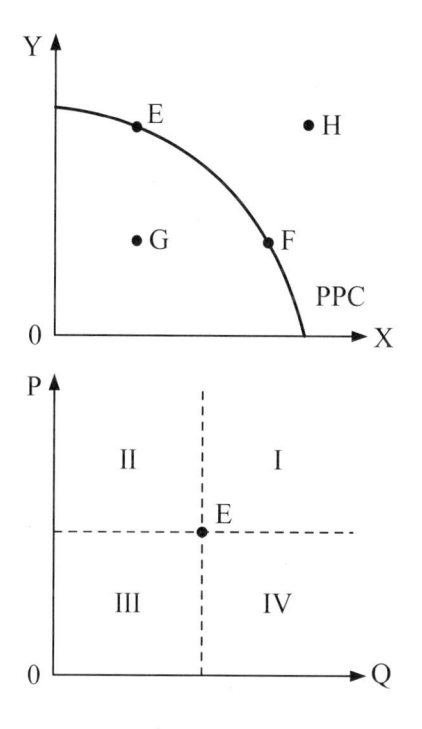

( )27. 有一家完全競爭廠商，面對市場價格P＝14元。該廠商在產量q＝8時，MC＝AC；在q＝9時，MC＝AR；在q＝10時，AC＝AR，其中MC、AC、AR分別代表邊際成本、平均成本、平均收益。已知AC＝$q^2-16q+74$，則該廠商在最適產量之下的超額利潤為何？
(A)0　(B)10　(C)27　(D)36。 [7-1]

( )28. 商品X個別生產者的供給表如下表所示，若市場有10個相同的生產者，則市場的供給函數為何？

p	1	2	3
q	8	18	28

(A)Q＝－20＋100P
(B)Q＝－20＋200P
(C)Q＝－2＋10P
(D)Q＝10P。 [2-3]

( )29. 小方對甜甜圈的需求曲線為一條負斜率的直線，若小方在P＝20元時，購買10個，消費者剩餘為100，若甜甜圈店家週年慶打對折（P＝10元），此時消費者剩餘為多少？　(A)150　(B)200　(C)225　(D)375。 [3-4]

( )30. 某廠商勞動人數L、平均產量AP、邊際產量MP如下表所示，至少要雇用多少勞動人數才會進入生產第二階段？

L	1	2	3	4	5	6	7	8
AP	4	8	8	7	6	5	4	3
MP	4	12	8	4	2	0	−2	−4

(A)2　(B)3　(C)5　(D)7。 [4-5]

( )31. 下列哪個因素不會使電動車廠商的長期平均成本線LAC整條線移動？
(A)車用晶片的市場價格變動　　(B)政府增建充電樁設施
(C)政府實施購買電動車補貼　　(D)電動車廠商增加產量。 [5-3]

( )32. 關於獨占廠商價格與收益的敘述，下列何者正確？
(A)價格P＞平均收益AR
(B)邊際收益MR＜平均收益AR
(C)平均收益AR及邊際收益MR為水平線
(D)總收益TR達到最大時，邊際收益MR＞0。 [8-1]

( )33. S_1、S_2、S_3為三條平行的供給曲線，如右圖所示。關於F、G、H點的供給價格點彈性大小之比較，下列何者正確？
(A)F＞G＞H
(B)F＜G＜H
(C)F＞G＝H
(D)F＝G＝H。 [2-4]

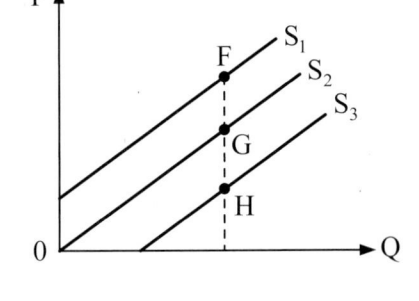

( )34. 某軌道運輸業者為完全獨占廠商。該廠商針對具有不同特性的乘用者訂出不同的價格，下列敘述何者正確？
(A)此作法為第三級差別訂價法
(B)平均邊際收益等於邊際成本
(C)常見於旅展拍賣競價販售乘用券
(D)純粹為廠商實踐企業社會責任所採用。 [8-3]

( )35. 某產品市場由甲、乙、丙、丁四家廠商組成，各家廠商之基本資料如下表。下列敘述何者正確？

廠商	市場佔有率	平均成本（元）	利潤率	產品訂價（元）
甲	10%	100	30%	130
乙	20%	90	30%	120
丙	30%	85	40%	120
丁	40%	80	50%	120

(A)甲廠商是市場價格追隨者　　(B)乙廠商是市場價格領導者
(C)丙廠商採取非價格競爭策略　(D)丁廠商採取平均成本加成訂價。 [9-2]

( )36. 依據邊際生產力理論,若甲廠商僱用工人從事生產活動,當工人之邊際生產收益(MRP_L)為100單位,而工資為120單位。為達利潤最大甲廠商應採取下列何種行為?
(A)減少產品訂價
(B)減少工人僱用量
(C)增加產品訂價
(D)增加工人僱用量。 [10-5]

( )37. 小林擁有分屬甲地與乙地之兩筆土地租金。甲地與乙地之年租金分別為200萬元及120萬元。若年利率為4%,小林有意同時出售該兩筆土地,下列何者正確?
(A)甲地與乙地之地價合計為8,000萬元
(B)甲地與乙地之地價合計為800萬元
(C)甲地與乙地之地價合計為6,000萬元
(D)甲地與乙地之地價合計為320萬元。 [11-2]

( )38. 關於利潤發生的原因,下列敘述何者正確?
(A)根據風險與不確定說,勞動保險能保障利潤
(B)根據創新說,利潤是企業家從事創新活動的報酬
(C)根據獨占說,利潤可經由資本的邊際生產力決定
(D)根據剝削說,市場進入障礙有助於確保超額利潤。 [12-2]

( )39. 關於經濟福利衡量,下列敘述何者正確?
(A)經濟福利淨額(NEW)的計算未計入未上市的產品及勞務價值
(B)經濟福利為總體指標,衡量時無須考量物價水準及人口變動因素
(C)綠色國民所得帳強調GDP應整合環境與經濟才是符合永續目標的福利指標
(D)計算經濟福利淨額(NEW)為國民所得淨額／國民生產淨額(NNI／NNP)減去休閒價值。 [13-5]

( )40. 假設均衡所得(Y)＝消費(C)＋投資(I)＋政府支出(G),$C = 100 + 0.5Y_d$、可支配所得(Y_d)＝Y－T、稅(T)＝50、I＝300、G＝100,則均衡所得為何?
(A)750　(B)800　(C)950　(D)1,000。 [14-5]

( )41. 關於投資乘數的敘述,下列何者正確?
(A)所得增加所引起的投資變動稱為投資乘數
(B)投資乘數的大小與邊際消費傾向(MPC)無關
(C)邊際消費傾向(MPC)越大,均衡所得增加越多
(D)邊際儲蓄傾向(MPS)越大,均衡所得增加越多。 [14-6]

( )42. 某國將於2025年公告調整貨幣政策,在未來可能採取「階段性調升短期利率以達到連續升息的效果」,以及「減少向市場注入資金的公開市場操作政策」,關於此貨幣政策,下列推論何者正確?
(A)政府可能增加貨幣供給量以配合未來貨幣政策
(B)預計經由調節貨幣供給量以達成景氣降溫的目標
(C)調整貨幣政策的目的為提振景氣以促進經濟繁榮發展
(D)政府亦可經由降低重貼現率以配合未來貨幣政策的調整方向。 [5-5]

( )43. 關於費雪之交易方程式的敘述，下列何者正確？
(A)在貨幣數量學說中亦被稱為現金餘額說
(B)貨幣流通速度並非交易方程式考量的影響因素
(C)強調貨幣價值儲藏功能，代表社會的總所得會等於總產出
(D)短期下貨幣供給量與物價水準存在同方向同比例變動關係。 [15-3]

( )44. 美國洛杉磯由於氣候乾燥經常發生森林野火，當地居民通常會為自己的房子投保野火防治的相關保險，其可能發生之情況為下列哪幾項？
①居民投保野火防治險後會更重視房子的防火措施
②保險公司可能為資訊不對稱狀況中的資訊劣勢方
③保險公司可經由設定保險自付額比率降低道德風險發生的機會
④資訊不對稱的狀況可能迫使資訊劣勢方在契約成立之前做出逆選擇
(A)僅①②　(B)僅③④　(C)僅①②③　(D)僅②③④。 [16-6]

( )45. 我國致力於加入多邊國際經貿組織，關於國際經貿組織的敘述，下列何者正確？
(A)我國加入的國際經貿組織為世界貿易組織（WTO）
(B)目前東南亞國協（ASEAN＋6）包含世界經貿大國美國及英國
(C)經濟合作暨發展組織（OECD）比WTO更強調實質經貿利益的互惠
(D)跨太平洋夥伴全面進步協定（CPTPP）在瑞士帶領下，經濟整合度勝於歐洲聯盟（EU）。 [17-5]

( )46. 假設臺灣與美國分別投入一單位勞動於顯示卡或電腦生產的產量如下表，下列敘述何者正確？

生產者 產品	臺灣	美國
顯示卡	50個	100個
電腦	10台	80台

(A)臺灣在電腦生產上具有比較利益
(B)臺灣在顯示卡生產上具有比較利益
(C)臺灣在顯示卡和電腦的生產上皆具有絕對利益
(D)美國在顯示卡及電腦的生產上皆具有絕對利益及比較利益。 [17-1]

( )47. 關於行政院國家發展委員會編製發佈之景氣動向指標中，下列何者為領先指標？
(A)總用電量　　　　　　　　(B)失業率
(C)股價指數　　　　　　　　(D)批發營業額。 [18-2]

( )48. 關於解決因經濟成長造成的環境汙染問題之對策，下列敘述何者正確？
(A)發放消費券
(B)補助工業產品的出口
(C)針對消費者課徵消費稅
(D)政府直接管制，訂定汙染排放標準。 [19-5]

▲ 閱讀下文，回答第49～50題。

聯合國第28屆氣候大會（COP28）中，與會各國代表達成「進行能源系統轉型、脫離化石燃料」的共識。甲公司為石油相關業者，在思考經濟發展與環境保護後決定投入污染防治。於是，該公司在X4年1月1日購入新儲油設備並完成驗收與安裝，設備價格為$6,000,000。另有：
①海上運輸成本$50,000
②海關關稅$30,000
③國內運費$20,000
④運送過程因碰撞，支付修理費$60,000
⑤此新儲油設備屬於汰舊換新，舊設備拆除報廢而產生拆除費$40,000
⑥儲油設備未來報廢相關的環保處理支出為$200,000，其除役成本現值為$100,000
⑦新儲油設備之估計耐用年限為4年，殘值為$200,000，採年數合計法提列折舊

( )49. 甲公司X4年底，關於新購儲油設備之敘述，下列何者正確？
(A)當年折舊金額為$2,520,000　　(B)當年折舊金額為$2,440,000
(C)帳面金額為$3,860,000　　(D)帳面金額為$3,800,000。　　[會計學]
（有關本題之研析，可請教會計學授課老師）

( )50. 關於環境保護與經濟發展之敘述，下列何者正確？
(A)政府無法經由對污染者課稅，使「外部成本內部化」
(B)使用化石燃料造成的環境汙染是導致市場失靈的原因之一
(C)若要兼顧環境保護與經濟發展，甲公司必然會面臨損失
(D)探討環境保護與經濟發展如何取捨的問題，屬於實證經濟學的範疇。　　[19-5]

解　答

答

25.B	26.D	27.C	28.A	29.C	30.B	31.D	32.B	33.A	34.A
35.D	36.B	37.A	38.B	39.C	40.C	41.C	42.B	43.D	44.D
45.A	46.B	47.C	48.D	49.D	50.B

解

25. PPC上不同點的邊際轉換率並不一定會相等。

26. 生產技術進步 ⇒ 生產力↑，成本↓ ⇒ 供給↑，S線右移。
    如下圖，此時，均衡點落在第IV象限。

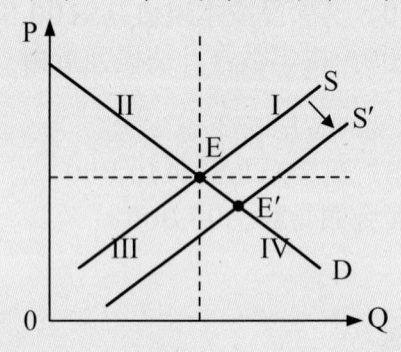

27. 如下圖，q = 9時，AC = $9^2 - 16 \times 9 + 74 = 11$。
    $\pi = (14 - 11) \times 9 = 27$。

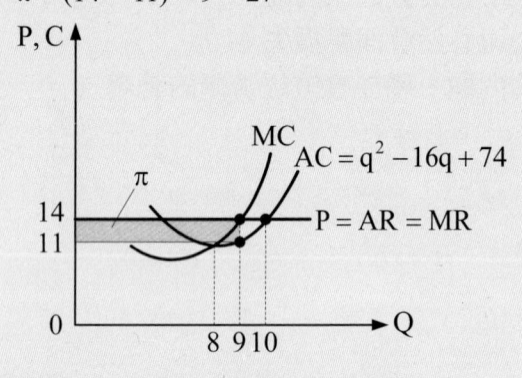

28. 將p = 1跟p = 2時的p跟q代入個別供給函數$q_s = a + bp$中，
    $\begin{cases} 8 = a + b \\ 18 = a + 2b \end{cases}$ a = -2，b = 10 ⇒ q = -2 + 10p，
    市場有10位相同生產者 ⇒ Q = -2 × 10 + 10 × 10P = -20 + 100P。

29. P = 20時，CS = $\dfrac{(X - 20) \times 10}{2} = 100$ ⇒ X = 40，
    將P = 40跟P = 20時的P跟Q代入需求函數$Q_d = a - bP$中，
    $\begin{cases} 0 = a - 40b \\ 10 = a - 20b \end{cases}$ a = 20，b = $\dfrac{1}{2}$ ⇒ $Q_d = 20 - \dfrac{1}{2}P$，
    P = 10時，$Q_d = 20 - \dfrac{1}{2} \times 10 = 15$，
    此時CS = $\dfrac{(40 - 10) \times 15}{2} = 225$。

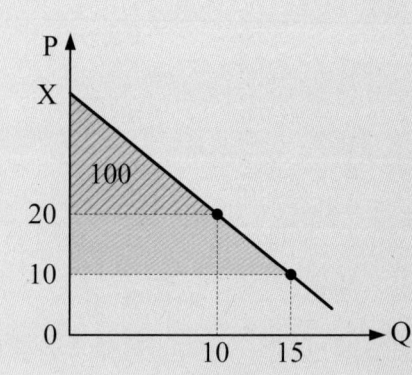

114-6

解　答

30. 生產第二階段的區間為「AP最高點到MP＝0（此時TP最大）」的階段，此時，MP處於遞減階段。

    由題表可知，當L＝3時，即進入生產第二階段。

31. LAC整條線移動 ⇒ 受外部因素所造成的外部經濟或外部不經濟。

    車用晶片市場價格變動、政府增建充電樁設施、政府實施購車補貼 ⇒ 外部因素。

    電動車廠商增加產量 ⇒ 內部因素。

32. P「＝」AR。AR及MR均為「負斜率直線」。

    TR最大時，MR「＝」0。

33. $E^S = \dfrac{1}{\text{斜率}} \times \dfrac{P}{Q_1}$，

    三條平行線的斜率均相同，且F、G、H三點的Q均相同，

    ∵ $P_F > P_G > P_H$，

    ∴三點的E^S大小為：F＞G＞H。

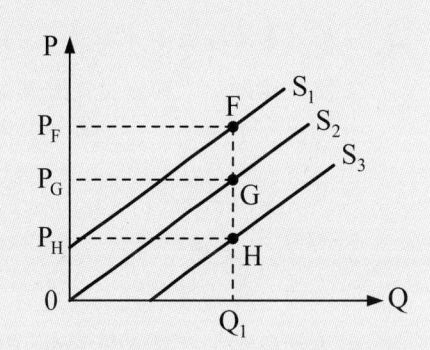

34. 針對不同市場訂定不同價格 ⇒ 第三級差別訂價法。

35. 丁廠商的市佔率最高，故其為市場價格領導者。從上表可看出，其訂價方式為「成本加成訂價法」，即訂價120元＝平均成本80元×(1＋利潤率50%)。

    甲廠商的訂價與其他廠商不同，其並非價格追隨者。

    乙廠商、丙廠商的價格與價格領導者丁廠商一致，兩者均為價格追隨者。

36. 根據邊際生產力理論，當$MRP_L < P_L$時，應減少雇用量。

37. 地價 ＝ $\dfrac{\text{年租金}}{\text{年利率}}$ ＝ $\dfrac{200萬}{4\%}$ ＋ $\dfrac{120萬}{4\%}$ ＝ 8,000萬（元）。

38. 風險與不確定說是指「利潤是企業家在生產過程中承擔風險的報酬」。

    獨占說是指「利潤是獨占廠商在無競爭的情況下的獨占所得」。

    剝削說是指「利潤是企業家剝削勞工生產剩餘價值的所得」。

39. NEW「有」計入未上市的產品及勞務價值。

    衡量經濟福利時，「須」考量物價水準及人口變動因素。

    NEW的計算需「加上」休閒價值。

40. $Y = C + I + G = a + b(Y - T) + I + G$，

    $Y_e = \dfrac{1}{1 - 0.5}(100 - 0.5 \times 50) + 300 + 100 = 950$。

41. 投資乘數是「自發性投資」增加所引起的「均衡所得」變動。

    $K_C = \dfrac{1}{1 - MPC}$。

    MPS與均衡所得呈反向變動。

42. 升息、減少注入資金 ⇒「緊縮性」貨幣政策。

    增加貨幣供給量、提振景氣的貨幣政策、降低重貼現率 ⇒「擴張性」貨幣政策。

解 答

43. 費雪的交易方程式被稱為「現金交易說」。
    貨幣流通速度「是」交易方程式考量的影響因素。
    強調貨幣「交易媒介」功能，代表社會的「總支出等於總收入」。

44. 從道德危險的角度來看，居民投保野火防治險後，可能會「不重視」房子的防火措施。

45. 東南亞國協（ASEAN＋6）「不包含」美國及英國。
    WTO較強調實質經貿利益的互惠，OECD較著重意見交流。
    瑞士並未加入CPTPP；EU是目前世界上經濟整合度最高的區域性經濟組織。

46. 美國在生產顯示卡跟電腦上，均具有絕對利益。
    美國生產顯示卡的產量是臺灣的2倍，生產電腦的產量是臺灣的8倍，
    故美國在電腦的生產上有比較利益，臺灣在顯示卡的生產上有比較利益。

47. 總用電量、批發營業額 ⇒ 同時指標。
    失業率 ⇒ 落後指標。

48. 解決因經濟成長造成的環境汙染問題之對策，包括：對製造汙染者課稅、對改善汙染者補貼、
    出售汙染權、政府直接管制、道德勸說。

50. 政府「可」經由對污染者課稅，使外部成本內部化。
    企業兼顧環境保護與經濟發展，不一定會面臨損失。
    探討環境保護與經濟發展如何取捨的問題 ⇒ 規範經濟學。